**PEARSON
BACCALAUREATE**

Español B

DEVELOPED SPECIFICALLY FOR THE

IB DIPLOMA

CONCEPCIÓN ALLENDE URBIETA • MAITE DE LA FUENTE-ZOFÍO

LWAYS LEARNING

PEARSON

Pearson Education Limited is a company incorporated in England and Wales, having its registered office at Edinburgh Gate, Harlow, Essex, CM20 2JE. Registered company number: 872828.

www.pearsonbaccalaureate.com

Text © Pearson Education Limited 2011

First published 2011

20 19 18 17 16 15 14 13

IMP 10 9 8 7 6 5 4 3 2

ISBN 978 0 435074 53 1

Edited by Sian Mavor
Proofread by Rosemary Morlin
Designed by Tony Richardson
Typeset by Woodenark Ltd
Original illustrations © Pearson Education Limited 2011
Illustrated by Woodenark Ltd
Cover design by Tony Richardson
Cover photo/illustration © CW Images / Alamy, Tony Anderson / Getty
Printed in Malaysia (CTP-VVP)

Acknowledgements and disclaimers

The authors and publisher would like to thank the following individuals and organizations for permission to reproduce photographs:

(Key: b-bottom; c-centre; l-left; r-right; t-top)

Alamy Images: Bildarchiv Monheim GmbH 4, Blaine Harrington III 190bl, Blend Images 194, Charles O. Cecil 335, chris lobina 317, Danita Delimont 43t, David Grossman 189c, Eduardo Pucheta Photo 265, Emiliano Rodriguez 299b, Foodcollection.com 329, Gaertner 190tr, Gianni Muratore 172tl, Guido Schiefer 134, Guillermo Lopez Barrera 215, Henrik Lehnerer 151, Jenny Matthews 147t, John Mitchell 274, Libby Welch 308b, Lonely Planet Images 272, Massimo Dallaglio 282, National Geographic Image Collection 275, Niday Picture Library 7, Oredia 339, Peter Crighton 271, Photos 12 172b, Robert Fried 299t, The Art Gallery Collection 204r, 247tl, TP 171bl, Victor Elias 216b, wildimage 179tr; **Bridgeman Art Library Ltd:** The Dinner Hour, Wigan, 1874 (oil on canvas), Crowe, Eyre (1824-1910) / Manchester Art Gallery, UK 26; **Corbis:** Alessandro Bianchi / Reuters 247br, Fabio Cardoso / Tetra Images 125, FILIPPO VENEZIA / epa 131b, Guedes / photocuisine 333, Hulton-Deutsch Collection 20t, Jay Dickman 276, Jim Sugar 122, John Francis 267, Jürg Carstensen / dpa 46, Maurice Rougemont / Sygma 232, moodboard 244, Norbert Wu / Science Faction 269, Reuters 33, 190tc, Ric Ergenbright 218, William Campbell / Sygma 40; **Fotolia.com:** Aaron Amat 242t, alessandrozocc 224tr, Alexey Klementiev 188, AVAVA 260t, Bob Davies 99, Brett Mulcahy 224tl, Charles Jacques 161l, Christopher Howey 266, djma 190bc, dundanim 260b, erikdegraaf 131t, 162b, francois77 140, Gerhard Egger 198, Giacomo Ciangottini 283, godfer 256, goodluck10 286, Goodluz 362, gpalmer 127, harencibia 227, Hicster 224tc, iMAGINE 12, IngridHS 234r, Isame 159, Jgz 280, Jiri Hera 226t, 231, Kablonk Micro 360, Kurhan 107, Lana Langlois 224b, lunamarina 242b, luSh 254, manfredxy 163, Marina Dyakonova 226bc, michaeljung 222, Monart Design 319, Monkey Business 101, Norman Chan 318, Oculo 281, pedrosala 161r, Pétur Ásgeirsson 50, Sergio Martínez 229, Sergiy Serdyuk 162t, Tanguy de Saint Cyr 146b, tomalu 233, 235, Toniflap 268, vilainecrevette 277; **Fran Fernandez :** photographersdirect.com 289; **Getty Images:** AFP 355, Cover 78, Latin Content 214, LatinContent 216t; **Glow Images:** Blend / Jamie Grill 241, Blend Images 312b, Cultura Creative 189b, Glowimages RM 189t, imagebroker 278, Oleksiy Maksymenko 331, Superstock 247tr, 247c; **Ronald Grant Archive:** 349, 353; **Robert Harding World Imagery:** Liba Taylor 217, Odyssey 219, R H Productions 234b; **iStockphoto:** Constance McGuire 204l, Dejan Ristovski 300, DNY59 309, elifranssens 191, Francisco Romero 199r, Jamie Carroll 130, Julia Nichols 74, manuel velasco 75, mario loiselle 164, Rafal Belzowski 145, Rasmus Rasmussen 129; **John Frank Nowikowski:** 337; **Kobal Collection Ltd:** LES PRODUCTIONS ANDRE MALRAUX 351; **Pearson Education Ltd:** Bananastock. Alamy 226br, Jules Selmes 5 (Gorka), 5 (Joan), 5 (Jordi), 106, MindStudio 5 (Mercedes), 5 (Montse), Photodisc. Photolink 264; **Press Association Images:** David Giles / PA Archive 247bl, Mahesh Kumar A / AP 312t, STUART RAMSON / AP 247bc; **Reuters:** Benoit Doppagne 24, Damir Sagolj 179tl, Eliana Aponte 43b, Yves Herman 20b; **Rex Features:** Agencia EFE 16, Alastair Muir 270, Back Page Images 295, BRENDAN BEIRNE 190tl, Canadian Press 179bl, Geraint Lewis 173, KeystoneUSA-ZUMA 179br, Olycom SPA 296, Sipa Press 171t, 172tr, 211, 292, 294; **Shutterstock.com:** AISPIX 226bl, Alfonso de Tomas 341,

The authors and publisher would like to thank the following for permission to reuse © material:

Extraer: 'El cambio climático' tomado de http://www.cambioclimatico.org/contenido/el-cambio-climatico-podria-aumentar-las-muertes-por-olas-de-calor-y-las-enfermedades; extraer: 'El cambio climático global' tomado de http://www.ecologiablog.com/post/3426/el-cambio-climatico-amenaza-a-las-aves-migratorias; extraer: 'Tsunami' tomado de http://www.nim.nih.gov/medlineplus/spanish/tsunamis.htm; extraer: 'Desastres naturales' tomado de http://www.ojocientifico.com/users/james-rocaforte; extraer: 'Terremoto de Haití' tomado de http://www.intermonoxfam.org/es/page.asp?id=3708; extraer: tomado de http://www.ojocientifico.com/2010/08/22/desastres-naturales-recientes; extraer: 'Rafael Lapesa El español de América. Las lenguas indígenas y su influencia' tomado de www.elcastellano.org/america2.html; extraer: 'DICTADURAS MILITARES EN LATINOAMERICA' tomado de http://elagorasociales.blogspot.com/2009/07/dictaduras-militares-en-latinoamerica.html; extraer: 'El otoño del patriarca' por Gabriel García Márquez; extraer: 'Racismo, un azote mundial' tomado de http://news.bbc.co.uk/hi/spanish/news/newsid_1456000/1456507.stm; extraer: 'Latina: denuncian situación indígena' tomado de http://news.bbc.co.uk/hi/spanish/latin_america/newsid_1436000/1436429.stm; extraer: 'Pueblos Indígenas' tomado de Protegiendo a los refugiados ACNUR 22 Enero 2011 http://www.acnur.org/index.php?id_pag=5493. Protegiendo a los refugiados ACNUR 22 Enero 2011; extraer: 'En Centroamérica hay un profundo racismo hacia indígenas' tomado de http://www.informador.com.mx/cultura/2011/269454/6/en-centroamerica-hay-un-profundo-racismo-hacia-indigenas-experta.htm; canción: Amutuy – Soledad, de Rubén Patagonia, tomado de http://www.youtube.com/watch?v=wb-lkhKFZXw&feature=player_embedded#at=289; extraer: 'SUPERSTICIONES' tomado de El Mundo; canción: "Tocar madera" Manolo Tena; extraer: Eufemismos para cualquier época, por Luis del Val; extraer: 'Reglas de etiqueta y buen comportamiento', "Las reglas de etiqueta parecen haber quedado en el olvido o tal vez nunca se supieron. En cualquiera de los casos, es fácil retomar el buen comportamiento", por Ilonka Reyes Hayos 8th October 2010 ; extraer: 'Titulares' tomado de noticias de Google en Internet; extraer: "Las revistas del corazón" Extraído de "Puesta a punto: La expresión escrita", por Amando de Miguel; extraer: Entrevista con Lydia Lozano, por Ramón Suárez (Entrevistador); extraer: 'La muerte de Orlando Zapata Tamayo', por Rodolfo Noda Ortega, tomado de www.miscelaneasdecuba.net; extraer: anuncio «Gallina. Atrévete. Di NO». Reproducido con permiso del FAD; extraer: anuncio "No siempre se tiene tanta suerte. No juegues con drogas" (mayo, 2010). Reproducido con permiso del FAD; extraer: anuncio "Bad Night. Esta noche te puede tocar a ti" (junio, 2009). Reproducido con permiso del FAD; extraer: anuncio 'La mejor manera de proteger la naturaleza es por imitación', tomado de RENFE (Red Nacional de Ferrocarriles Españoles). Reproducido con permiso de la RENFE; extraer: anuncio 'La mejor manera de proteger la naturaleza es por imitación', tomado de RENFE (Red Nacional de Ferrocarriles Españoles). Reproducido con permiso de la RENFE; extraer: you-tube anuncio 'Yo tampoco usaba el cinturon de seguridad', tomado de Carabineros de Chile; extraer: you-tube anuncio 'Si se puede evitar no es un accidente', tomado de Cumplir la ley salva vidas; extraer: you-tube anuncio 'Estadisticas mundiales indican que en el 95% de los casos, no se utiliza el cinturon de seguridad en los asientos traseros', tomado de Grupo Sancor Seguros (www.rutasenrojo.com.ar); extraer: Boletín realizado por los Equipos Generales de los sectores de Alburquerque; extraer: El lenguaje chat o lenguaje SMS; extraer: 'LENGUAJE SMS: LA ALFABETIZACIÓN DE LOS JÓVENES EN EL SIGLO XXI', por José Luis Hernández Pacheco, Emilio Miraflores Gómez, tomado de http://www.cesdonbosco.com/revista/revistas/revista%20ed%20futuro; extraer: 'Acerca de los Realities', Por: Juan Felipe Amaya González, Colegio San Carlos a través de un concurso organizado por La Universidad Sergio Arboleda, de Bogotá, Colombia; extraer: 'La siguiente lista comprende 10 consejos que nos hace reflexionar sobre el uso de la televisión, tomado de http://www.alumnosonline.com/notas/vertelevision.php; extraer: 'Migración' tomado de http://www.mequieroir.com/migracion/migracion_porque.phtml [October 2010]; extraer: '¿Qué están haciendo los latinoamericanos en el exterior?' tomado de http://www.mequieroir.com/migracion/migracion_porque.phtml [October 2010]; extraer: '¿Realmente me quiero ir?' tomado de http://www.mequieroir.com/test/; extraer: 'Me quiero ir a vivir a…, Ser un «recién llegado» tomado de http://www.mequieroir.com/vivir/vivir_adaptacion.phtml; extraer: 'Testimonio' tomado de http://www.mequieroir.com/migracion/test_detalle.php?id=365&page=1; extraer: 'La gente cambia de hogar en todo el mundo' tomado de http://www.mequieroir.com/migracion/migracion_global.phtml; extraer: 'La integración de los inmigrantes en España' tomado de WebIslam.com; extraer: 'En ecología, sostenibilidad describe cómo los sistemas biológicos se mantienen diversos y productivos con el transcurso del tiempo'; extraer: 'Bioferias: ejemplos de sostenibilidad' Por Hernani Larrea, tomado de comunidadnegocios.com; extraer: 'Energía Eólica' Publicado por Sandra Varela Fernández; extraer: 'Inventos relacionados con la energía eólica' tomado de Erenovable.com; extraer: 'El Sol, fuente de vida' tomado de http://medioambiente.bligoo.com; extraer: 'Globalización' por Carlos Sánchez, tomado de http://www.elmundo.es/especiales/2001/07/sociedad/globalizacion/prota7.html; extraer: 'Posturas a favor y en contra' tomado de http://www.bcn.cl/carpeta_temas/temas_portada.2005-11-29.5590492629; extraer (you-tube): 'Yo simplemente cuento las cosas que veo' tomado de http://www.youtube.com/watch?gl=ES&hl=es&v=_6Ws_lAn2yI; extraer: 'Día de la

Diversidad Cultural' tomado de http://www.argentina.ar/_es/pais/C5049-dia-de-la-diversidad-cultural.php; extraer: 'diversidad cultural' tomado de www.terra.es/personal5/952260760/Escuela%20de%20dialogo/dialogo_ entre_culturas.htm; extraer: 'El Cerro de Oro' tomado de Literatura oral de los pueblos del Lago Atitlán; extraer: 'leyenda Huichol' tomado de http://www.mitos-mexicanos.com/leyendas-mexicanas-prehispanicas/la-madre-del-ma.html; extraer: 'Fiestas Populares de España' tomado de http://www.spain-culture.com/spanish-festivals.aspx; extraer: 'Fiesta de las velas en honor a san Vicente Ferrer en Juchitán, Oaxaca (México)' tomado de http://www. arts-history.mx/banco/?id_nota=16052006103226; extraer: 'Fiesta de los Diablitos' tomado de http://www. conozcacostarica.com/cultural.htm; extraer: 'INTI RAYMI' (Peru) tomado de http://www.dosmanosperu.com/ dosmanos/spanish/latin-culture/fiestas/inti-raymi.php; extraer: 'Anorexia' tomado de http://www.monografias. com/trabajos57/anorexia-paraguay/anorexia-paraguay.shtml. Reproducido con permiso; extraer: 'quierete' tomado de http://www.cyzone.com/portal/quierete/principal.asp; extraer: 'alimentos escolares' tomado de http://www.insp. mx/alimentosescolares/; extraer: 'Córdoba - TURISMO RURAL' tomado de www.turismoyargentina.com/turismo-rural-en-cordoba; extraer: 'Apreciando el pasado. - La Paz, Sucre y Salar de Uyuni' tomado de www.boliviacontact. com/turismo/es_tour/Apreciando-el-pasado-49.html; extraer: 'Robinson Crusoe' tomado de http://www. turismochile.cl/index.php?option=com_content&view=article&id=905&Itemid=557 Robinson Crusoe; extraer: 'Cartagena de Indias' tomado de http://www.colombia.travel/es/turista-internacional/destino/cartagena; extraer: 'La isla del Coco' tomado de http://www.conozcacostarica.com/parques/cocos.htm; extraer: 'LA CULTURA EN CUBA' tomado de http://www.descubracuba.com/conocerlacultura.php; extraer: 'Cuenca - Circuitos y Rutas Turísticas' tomado de www.cuenca.com.ec/index.php?id=233; extraer: 'TURISMO VERDE EN EL SALVADOR' tomado de http://www.elsalvador.travel/turismo-verde-en-el-salvador/; extraer: 'Petén' tomado de http://www. visitguatemala.com/web/index.php?option=com_content&task=view&id=19&Itemid=26. Reproducido con permiso de Al Instituto Guatemalteco de Turismo INGUAT; extraer: 'Culturas Vivas' tomado de http:// visitehonduras.com/; extraer: 'Puebla de Zaragoza' tomado de http://www.visitmexico.com/wb/Visitmexico/ puebla; extraer: 'Cayos Miskitos' tomado de http://www.visitanicaragua.com/destinos/raan.php; extraer: 'la provincia de Coclé' tomado de http://www.visitpanama.com/; extraer: 'Principales 10 razones para visitar Paraguay' tomado de www.turismo.com.py; extraer: ' Las Líneas de Nazca' tomado de http://www.turismoperu. com/lineas-de-nazca; extraer: 'Turismo Santo Domingo' tomado de http://www.turismosantodomingo.com/; extraer: 'San Juan' tomado de http://destinia.com/viajes/Puerto-Rico/; extraer: 'URUGUAY / PUNTA DEL ESTE' tomado de www.turismo.gub.uy/sol-y-playa/; extraer: 'La Selva, adéntrate en lo salvaje' tomado de www. conocervenezuela.com/cv/index.php?/la-selva.html; extraer: 'El Camino de Santiago' tomado de http://www. caminodesantiago.ws/buscador/consejos.asp; extraer: 'Rafael Nadal - una biografía' tomado de http://www. tenisweb.com/biografia-de-rafael-nadal/; extraer: 'El fútbol es el deporte rey tanto en España como en América Latina' tomado de http://www.acecmt.com/; extraer: 'Juego Tradicional de Lotería en México'; extraer: 'Adicción a los juegos de azar' tomado de http://www.nlm.nih.gov/medlineplus/spanish/compulsivegambling.html; extraer: 'Clonación, Ciencia y Ética' por Fernando Pascual, tomado de http://www.arbil.org; extraer: '¿Qué es la eutanasia?' tomado de Asociación catalana de estudios bioéticos (ACEB); extraer: 'La actividad humana está sometida a leyes éticas' tomado de "GEN-ética" por Javier Temes Rodríguez; extraer: 'Flashmob: La nueva moda callejera que cobra vida a través de Internet'. Posteado por: estelagonzalez | 1-may-2010; extraer: 'La vida a través de la webcam' tomado de http://www.lavanguardia.es/internet/20110126/54105814810/la-vida-a-traves-de-la-webcam.html; extraer: 'Internet' por Krista Moreno, tomado de http://www.suite101.net/content/encontrar-pareja-a-traves-de-internet-a22501; extraer: 'Mirar y comprar arte con un clic' Por Alicia de Arteaga, tomado de http://www.lanacion. com.ar/1348958-mirar-y-comprar-arte-con-un-clic; extraer: '¿Soy adicto a Facebook?' tomado de http://www. editum.org/Soy-Adicto-a-Facebook-p-684.html; extraer: 'Los adolescentes con dependencia de móvil fracasan en la escuela' tomado de http://www.abc.es/20090405/nacional-sociedad/adolescentes-dependencia-movil-fracasan-200904050706.html; extraer: 'Lengua, Pensamiento y Desarrollo Humano: Reflexión para una Didáctica de la Lengua' por Bartolo García Molina, M.A., Universidad Autónoma de Santo Domingo (UASD); extraer: 'Acerca del conocimiento de las lenguas' por Darío Marimón. Fundación Tres Culturas del Mediterráneo, Sevilla; extraer: 'La desaparición de las lenguas' por Jacinto Antón tomado de El País, Barcelona; extraer: 'Lenguas en extinción; UNESCO al rescate' por Guillermina Guillén, El Universal; extraer: 'El significado de las palabras' por José Prieto; extraer: 'Lenguas que mueren' Mayo 2003; extraer: '"MACHUCA" SE ESTRENA CON LA SALA COMPLETAMENTE LLENA' tomado de El Mercurio de Chile, online; extraer: 'La elaboración de un periódico en la escuela', Mayo 2005 Español B NM; extraer: 'Luis tiene hambre' tomado de 'Un kilo de ayuda'; extraer: 'El futuro de la lengua' por José Antonio Millán' tomado de Adriana Schettini, La Nación Line Revista, Buenos Aires, Argentina; extraer: 'El chat o la vida' tomado de El País (2003); extraer: 'El pueblo uro' tomado de La República, Perú, jueves 4 de noviembre de 2004; extraer: 'El silbo* gomero' tomado de http://www.vaucanson.org/espagnol/ linguistique/lenguas_silbogomero_esp.htm; extraer: 'Ver la vida de otro color' por Edwin Castro, Revista AMIGA de Prensa Libre, Guatemala; extraer: 'Polémica sobre el toreo' tomado de DIARIO EL MUNDO; extraer: 'DULCES DE ANTAÑO Y DE SIEMPRE, JÓVENES EMPRESARIOS ECUATORIANOS RESCATAN RECETAS TRADICIONALES'; extraer: ' Reconocido desfile madrileño rechaza a las modelos extremadamente delgadas' tomado de www.elpais.com/cultura; extraer: 'En la entrevista que viene a continuación faltan las preguntas del periodista que están en el cuaderno de preguntas.' Eduardo Estivil, Experto en sueño; extraer: 'Ecuador: un país estratégico para el turismo' tomado de www.vivecuador.com; extraer: 'Erick Fornaris: "Tengo el don para los sincronizados"' por EYLEEN RIOS LOPEZ , tomado de www.cubasi.com, Cuba; extraer: '¡UNA LIPOSUCCIÓN A LOS 14!' tomado de Magazine, El Mundo, España (2008); extraer: 'E-learning: ventajas y desventajas' por Carlos Álvarez, Director general de Telenium, tomado de www.Expansión&Empleo.com; extraer: 'Bilingüismo y diglosia' tomado de http://www.kalipedia.com/lengua-castellana/tema/sociolinguistica/bilinguismo-diglosia. html?x=20070417klplyllec_38.Kesccccs; extraer: 'Conflicto lingüístico' tomado de http://www.kalipedia.com/ lengua-castellana/tema/sociolinguistica/bilinguismo-diglosia.html?x=20070417klplyllec_38.Kesccccs; extraer:

CONTENTS

INTRODUCTION

Content

Welcome to your new course! This book is designed to be a comprehensive course book. It fulfils the expectations of the International Baccalaureate Group 2 (Spanish, Language B) new programme (first exams 2013).

In addition, there is a chapter connecting Theory of Knowledge with language acquisition processes. The final chapter is devoted to advice for achieving exam success, where the different components of the programme are clearly explained.

The three **Core topics** (Social Relationships, Media and Communication and Global Issues) have the objective of enhancing and stimulating **receptive** skills and will be evaluated (assessed) through a variety of reading comprehension activities by applying the techniques of skimming (Contenidos – Contents) and scanning (Manejo de texto – Text handling). Bearing these in mind, the topics that follow focus on preparing students to respond accordingly to the receptive techniques based on text comprehension.

In addition, these texts are also used for the Interactive Oral Activity (stimulating **interactive** skills) by preparing debates, round tables, simulation or any other group oral activity based on them. Finally, these materials are also the foundation for the Written Assignment (new component) at Standard Level and are also used for one of the two parts (Section B) of Paper 2 at Higher Level.

The five **Options** (Cultural Diversity, Traditions and Costumes and Leisure, Health, and Science and Technology) enhance both oral and written **productive** skills. They will therefore be assessed through written production tasks and Individual Oral practice activities based on visual stimuli. The topics presented in this section emphasise productive skills by using texts and photos meant to develop descriptive and comparative abilities. These topics expose students to different types of texts and how each type can be developed.

In spite of this division, **every** chapter stimulates **all** linguistic skills.

The **Literature** part consists of reading comprehension activities and vocabulary acquisition from the two chosen works (Novel and Drama), followed by a variety of tasks aimed at the Creative Written Assignment (only at Higher Level).

Chapters are divided into texts and activities as follows:

Contenidos

Contenidos (Contents): Under this heading you will find activities based on general comprehension.

Manejo de texto

Manejo de texto (Text handling): These are reading comprehension activities based on detailed comprehension techniques as expected in Paper 1.

Gramática en contexto

Lee el último párrafo *de Una proyección en el tiempo* y observa que los consejos para reducir los efectos de la contaminación aparecen en Imperativo informal (Mandato directo). Cámbialos a Mandato indirecto ayudándote de la siguiente estructura:

Es + adjetivo + que + Presente de subjuntivo

Gramática en contexto (Grammar in context): These boxes contain explanations of a grammar topic as it appears in the studied text, through examples and/or specific exercises.

Gramática

Los verbos para expresar opinión, pensamiento o conocimiento (Verbos de la cabeza) se usan siempre seguidos del presente de indicativo en oraciones afirmativas, puesto que las ideas que representan estos verbos siempre son reales: "Creo que hace calor.""Opinamos que es difícil.""Piensan que van a llegar tarde."

Sin embargo en oraciones negativas representan lo opuesto, es decir son meramente suposiciones, por lo tanto estas ideas deben representarse por el presente de subjuntivo: "No creo que haga calor.""No opinamos que sea difícil.""No piensan que vayan a llegar tarde."

Gramática (Grammar): These boxes contain grammar applications with specific instructions on how a particular structure is used.

Interculturalidad

Busca información sobre los desastres naturales más frecuentes en tu país.

Interculturalidad (Interculturalism): These boxes allow students to compare aspects presented in the chapter with those of their own culture.

Actividad intertextual

Para más información sobre el calentamiento global, dirígete a www.pearsonhotlinks.com y escribe el título o el ISBN de este libro. Después, selecciona el enlace número 10.1, 10.2 y 10.3.

Elige al menos tres textos de los enlaces que encuentres, léelos, compáralos y después escribe un texto con tus propias palabras.

Actividades intertextual (Intertextual activities): These boxes encourage expansion of the studied topic through links to texts exploring different aspects of the main topic (theme) presented in the chapter.

Para más información sobre sobre el racismo, dirígete a www.pearsonhotlinks.com y escribe el título o ISBN de este libro. Después, selecciona el enlace número 3.1.

Hotlinks: Hotlinks boxes direct you to the Pearson Hotlinks Site which in turn will take you to the relevant website(s).

Actividad oral interactiva

Ilustrando el texto aparece un cuadro titulado *"La hora del almuerzo".*

Describe los rasgos más importantes del cuadro. ¿Cómo se muestra a la mujer trabajadora del siglo XIX? ¿Qué diferencias radicales encuentras entre la mujer de hoy y la de hace 150 años?

Actividades orales interactivas (Interactive oral activities): Here, suggestions are made for activities supporting the skills needed for the interactive oral, based on the topics and themes in the texts and links.

Actividad oral individual

Basándote en la fotografía anterior, descríbela utilizando las preguntas que se ofrecen a continuación como orientación.

Ninots: ¿Una crítica social o una caricatura?

San José: ¿Siguen las Fallas siendo una fiesta con trasfondo religioso?

Actividades orales individuales (Individual oral activities): These boxes contain activities suitable for practising the skills needed in the individual oral assessment, and are always based on visual stimuli (authentic photos/images).

Producción escrita

Basándote en el artículo original escribe otro artículo semejante que demuestre la opinión **en contra** de esa clase de revistas.

Debes enlazar los párrafos utilizando correctamente las figuras de cohesión pertenecientes al menos a cuatro categorías lingüísticas.

Producción escrita (Written production): These activities provide writing practice based on the the different topics and themes in each chapter developing different tasks and formats (text types).

Consejos para el examen

Fíjate en el léxico de este capítulo. Te hemos hecho un listado de palabras que se repiten a lo largo del capítulo. Necesitarás estas palabras para la evaluación interna y externa. Hay muchas otras que podrías añadir a este listado. Recuerda distinguir nombres, verbos y adjetivos.

Consejos para el examen (Exam hints): Here, advice is given to help students with answering questions, applying techniques or recognising parts of speech.

En la actualidad (2011) hay 27 países miembros en la UE.

Datos interesantes (Interesting fact box): These boxes contain interesting facts about the topic discussed on the page on which they appear.

Nota cultural (Cultural facts): These boxes give you cultural information which enrich the content of the chapter.

Teoría del Conocimiento (Theory of knowledge): To support the integration of Theory of Knowledge throughout the course, these boxes offer questions that invite students to reflect on the wider issues of content studied in the chapter.

Creatividad, Acción y Servicios (Creativity, Action and Services): To support the integration of CAS throughout the course, these boxes offer students suggestions for possible activities related to the topics and themes of their studies.

In addition, you will find online learning resources to accompany the material in this book at www.pearsonbacconline.com. These resources might be extension exercises, additional practice questions, interactive material, suggestions for IA, EE and revision, or other sources of information.

IB Learner Profile

This book supports the approach expected of IB Spanish students to achieve the qualities of an IB learner, through the choices of topics, texts, materials and activities. One of the aims of the book is *to develop internationally minded people,* who are able to understand and accept the way other peoples think, act, and live, avoiding stereotypes and negativity: *who understand that other people with their differences, can also be right.*

Learning languages always broadens and opens minds, not only by acquiring the rudiments of the language by learning vocabulary and structure, but also by knowing and understanding the culture of the countries where the language is spoken. Spanish is spoken in 23 countries as a mother tongue (language users), and it is the third most popular language in the world to be chosen by language learners. We believe this book will inspire students to become internationally minded people.

We encourage students, together with all IB educators, to become:

Inquirers: We invite students *to develop their curiosity,* and to find out more about different topics. The aim is that they will have access to as many differing approaches and views as possible. This book motivates students to reflect and analyse in such a way that learning is enjoyable.

Knowledgeable: We have chosen concepts, ideas and issues that have *local and global significance*, using the language as a way to expand knowledge of the selected topics. These concepts develop understanding across a broad range of disciplines.

Thinkers: Through questions and exercises, we develop the use of critical and creative thinking and at the same time encourage students to express ideas and information confidently. The interactive and intertextual activities help students to work effectively, and willingly, in collaboration with others.

Communicators: Students are given opportunities to polish their receptive, productive and interactive skills throughout the chapters.

Principled: By understanding other cultures and ways of life, students increase and develop their *respect for the individual, for groups and for communities.*

Open-minded: Each chapter facilitates reflection on students' own cultures in order to *appreciate their own cultures and personal histories,* and through comparison with others they can seek and evaluate a *range of points of view.* This is enforced in the intercultural discussions at the end of each chapter.

Caring: Several chapters generate discussions and thinking about the need to look after the environment and people in general.

Risk-takers: *Approaching unfamiliar situations and uncertainty,* and the learning of new languages, always involves risk. In all chapters students are asked to present their ideas, and on many occasions to defend their beliefs, in the target language.

Balanced: Several chapters suggest the importance of a balanced life: intellectually, physically and emotionally. Through the study of this programme, students develop an understanding of the importance of intellectual, physical and emotional balance to achieve well-being for themselves and others.

Reflective: Throughout the chapters, students look at Spanish-speaking countries, different topics and the influence on their own families, their countries and their culture in general. To conclude, they give careful consideration to their own learning experience. Students are able to understand their particular strengths and weaknesses and assess them in order to support their own individual learning development.

TEMAS TRONCALES: RELACIONES SOCIALES

DOMINIO LINGÜÍSTICO Y MULTILINGÜISMO

Objetivos:
- Reconocer el dominio lingüístico y sus consecuencias
- Conocer la diversidad lingüística de España y Latinoamérica
- Distinguir los topónimos y gentilicios (y su ortografía)
- Dar opiniones a favor o en contra
- Aplicar los tiempos del pasado
- Revisar el pretérito pluscuamperfecto

No todos los países tienen una única identidad. En muchos hay una gran diversidad tanto lingüística como social y racial. A través de varios textos se explora este fenómeno en España y Latinoamérica.

1.1 El español y otras lenguas en España

Mira el mapa y lee el texto que viene a continuación.

Mapa lingüístico de España

Texto

Lenguas habladas en España

El latín llegó a la península Ibérica en el año 280 A. C. entonces llamada provincia de Hispania; así, bajo el dominio del Imperio Romano, el latín vulgar, que era utilizado por los soldados imperiales, se difundió rápidamente, hasta que se convirtió en la lengua común para los diversos pueblos ibéricos. El tiempo transcurrió y con la caída del Imperio Romano, las lenguas se diversificaron. Entre los siglos IX y XII surgieron una serie de lenguas modernas derivadas del latín (romances) producto de la mezcla de éste con las lenguas propias de cada región peninsular. Así nacieron el galaico-portugués, el leonés, el castellano, el navarro-aragonés y el mozárabe.

El castellano es la lengua oficial del Estado español. Sin embargo, el castellano no es la única lengua española. En la actualidad existen otras lenguas españolas que constituyen un patrimonio lingüístico singularmente rico.

La Constitución Española reconoce el derecho de las Comunidades Autónomas de usar sus propias lenguas.

Las lenguas españolas oficialmente reconocidas por los Estatutos de las Comunidades Autónomas son: el euskera (País Vasco y Navarra), gallego (Galicia), catalán (Cataluña, Islas Baleares y Comunidad Valenciana donde, según el Diccionario de la Real Academia, la variedad del catalán recibe el nombre de valenciano) y el castellano, o español, que se habla en todas las Comunidades Autónomas.

Otros Estatutos dan especial protección a las siguientes lenguas españolas: el bable en Asturias y la diversidad lingüística de Aragón (fablas aragonesas).

El idioma español, o castellano, es una lengua romance del grupo ibérico. Es uno de los seis idiomas oficiales de la Organización de las Naciones Unidas.

El español es la segunda lengua más hablada del mundo por el número de hablantes que la tienen como lengua materna tras el chino mandarín. Lo hablan como primera y segunda lengua entre 450 y 500 millones de personas. Es el tercer idioma más hablado contando a los que lo hablan como primera o segunda lengua. Por otro lado, el español es el segundo idioma más estudiado en el mundo.

Nota cultural

Fíjate que en español los nombres de gentilicios (lugares de origen de las personas) y los idiomas *nunca* se escriben con mayúsculas. Sin embargo siempre se escribe con mayúscula el nombre de un país, región, provincia y ciudad. *Ejemplo:* "*En **Galicia** se habla **gallego**.*" "*Las personas de **Madrid** son los **madrileños**.*"

Contenidos

1 Después de leer el texto y mirar el mapa, identifica las regiones o Comunidades Autónomas que aparecen.

2 ¿Cuántas regiones bilingües logras identificar?

3 También aparecen los nombres de las diferentes Comunidades, el nombre de sus habitantes (patronímico) y el nombre de las lenguas habladas en cada una. En algunos casos tendrás que deducir. Completa la tabla con los datos que faltan.

COMUNIDAD	LENGUA	HABITANTES
Galicia		
	vascuence o euskera	
		catalanes
Aragón		
	castellano	
		andaluces

4 Basándote en el contenido del texto, responde a estas preguntas:

a En el proceso de trasformación del latín al romance, ¿qué *cinco* lenguas surgieron?

b ¿En qué regiones de España se hablaban?

c ¿Cuáles son las que han sobrevivido?

d El español es una de las lenguas más importantes del mundo: Menciona las *tres* razones que aparecen en el texto.

Interculturalidad

En España existe interacción cultural debido al bilingüismo. ¿Ocurre este mismo fenómeno en tu país? Compáralo con la situación en España.

Manejo de texto

1 Basándote en el párrafo 1 del texto anterior, busca las palabras que significan:

   a popular, del pueblo

   b se expandió

   c se diferenciaron

2 Basándote en las ideas más importantes expresadas en el texto, decide si los enunciados son verdaderos o falsos y justifícalo con la expresión correcta.

   a La España actual se llamaba Hispania en la época del Imperio Romano.

   b El castellano es producto de la mezcla de las lenguas ibéricas.

   c La Constitución española contempla cuatro lenguas oficiales.

   d El valenciano puede considerarse un dialecto del catalán.

   e El español es la segunda lengua más hablada como lengua extranjera.

Para más información sobre lenguas relacionadas con el español, dirígete a www.pearsonhotlinks.com y escribe el título o ISBN de este libro. Después, selecciona el enlace correspondiente, número 1.1, 1.2 y 1.3.

Texto

Bilingüismo y diglosia

La convivencia de varias lenguas en un Estado es una circunstancia muy común. El bilingüismo es el empleo habitual de dos lenguas en un mismo territorio. Cuando una de ellas goza de mayor prestigio social, hablamos de diglosia.

El bilingüismo

En algunos de los Estados en que conviven dos o más lenguas, cada lengua ocupa un área geográfica distinta; en otros Estados, en cambio, en una misma zona se hablan dos o más lenguas. Sólo en este último caso se produce una situación de bilingüismo. Hay, por tanto, **bilingüismo** o **multilingüismo** cuando en una misma área geográfica conviven dos o más lenguas.

Lógicamente, en una comunidad bilingüe puede haber hablantes que sólo hablen una de las dos lenguas, cualquiera que sea, y otros hablantes que sean bilingües. Por lo general, la mayor parte de los hablantes de áreas bilingües son también bilingües y viven esa situación con total normalidad.

Bilingüismo: señal de tráfico en castellano y euskera

Nota cultural
La lengua vasca es la única lengua no romance (es decir que no procede del latín) de la Península Ibérica y está considerada como una de las lenguas más antiguas que todavía se hablan en la actualidad. Observa las señales bilingües y te darás cuenta de que no hay ninguna semejanza idiomática entre las expresiones.

Actividad oral interactiva

Mira esta ilustración sobre el uso bilingüe para dar información. Basándote en la imagen, prepara una pequeña presentación oral dónde se exploren los beneficios y/o las desventajas de la señalización bilingüe y que significado puede tener que en algunas ocasiones aparezca el castellano por encima del euskera o al contarrio. ¿Estamos ante un caso de diglosia?

Conflicto lingüístico

En algunas comunidades bilingües las dos lenguas tienen la misma consideración social, de modo que se utiliza indistintamente una u otra en los medios de comunicación, la enseñanza y, la administración de justicia, el comercio y, en general, en cualquier situación de carácter formal. Esta no es, sin embargo, la situación más habitual.

Cuando dos lenguas conviven, una de ellas suele convertirse en lengua dominante, y la otra, a la que se denomina lengua minorizada, va quedando relegada a un ámbito familiar o como lengua propia de una minoría. Incluso es posible que, con el paso del tiempo, la lengua minorizada desaparezca. Esta es una situación que se ha dado en numerosas ocasiones. Por ejemplo, de las lenguas que se hablaban en la Península Ibérica antes de la llegada de los romanos, tras la dominación de Roma solo pervivió el vascuence; las demás desaparecieron bajo el peso del latín.

Diglosia

Cuando en una zona bilingüe la mayoría de los hablantes prefiere utilizar una lengua u otra según las situaciones, se produce una situación de **diglosia**.

Hay diglosia siempre que entre las lenguas no exista una situación de equilibrio, lo cual se manifiesta, por ejemplo, en que se opta por una lengua para el uso familiar y otra para la enseñanza o para usos más formales. También hay diglosia cuando el empleo de una de las lenguas implica menor consideración social.

Contenidos

1 Después de leer el texto *Bilingüismo y diglosia,* responde a estas preguntas.

a ¿A qué se llama lengua dominante?

b ¿A qué se llama lengua minorizada?

c ¿En qué circunstancias sociales se usa una u otra lengua?

d ¿Qué se entiende por conflicto lingüístico?

e ¿Qué diferencia existe entre bilingüismo y diglosia?

Entrevista con alumnos catalanes sobre el bilingüismo

¿Qué piensan los jóvenes catalanes sobre el bilingüismo?

A continuación se ofrecen los resultados de una encuesta sobre bilingüismo en Cataluña. Después de leer los testimonios, debes decidir si existe una **lengua dominante** y una **lengua minorizada**, y explica por qué.

Declaraciones de alumnos en Cataluña sobre el bilingüismo

Hicimos una encuesta en varios institutos acerca de la situación de los jóvenes en Cataluña. Una de las preguntas se refirió al bilingüismo. Recibimos muchas respuestas, algunas muy cortas, y otras más largas. Aquí hemos representado las respuestas más interesantes.

Pregunta:
En Cataluña se hablan dos lenguas: ¿Crees que este hecho es un enriquecimiento o hay desventajas también?

"Creo que es un enriquecimiento. Creo que deberíamos saber hablar las dos lenguas por igual, y después, que la gente escogiera la que es de su agrado. Para mí, es muy importante el catalán, porque es mi lengua, pero también veo importante el castellano, aunque no sé hablarlo muy bien."
Mercedes, 15 años

"Yo pienso que por una parte hay ventajas. Así te entiendes con la gente que vive en España, pero también hay desventajas: estropean la cultura de nuestro país, Cataluña El catalán es mi lengua materna, es la lengua con la que hablo. El castellano sólo me sirve para escribir o entenderme con gente de otros países que estudia el español. Para mí es más importante hablar el catalán que el castellano."
Jordi, 16 años

"Creo que es un enriquecimiento porque si sabes dos lenguas te es más fácil aprender otras. Para mí la más importante es el catalán, pero para hablar en otras zonas del estado es importante saber castellano."
Joan, 15 años

"Pienso que dos lenguas enriquecen, pero también hay desventajas: conflictos entre las dos lenguas y los que las hablan. Pero hay diversidad entre dos lenguas y eso es bueno en un país. Por un lado el catalán es la lengua que hablo y es la principal para mí y la otra define mi país."
Montse, 19 años

"Es un enriquecimiento cuando la lengua española no se impone a la autóctona. Las señales bilingües sabiendo varias lenguas."
Gorka, 16 años

Gramática en contexto

En las respuestas de los estudiantes encuestados aparecen estructuras para expresar opiniones tanto positivas como negativas; identifícalas según su categoría.

Expresiones positivas	Expresiones negativas
"Creo que es un enriquecimiento"	"Estropea la cultura"

En algunas de estas expresiones se observa la siguiente estructura:

Creo/Pienso +que + presente de indicativo

Ejemplo: *"Creo que hay ventajas."*

Es conveniente recordar que esta estructura requiere el uso del presente de subjuntivo en su forma negativa:

No creo/No pienso +que + presente de subjuntivo

Ejemplo: *"No creo que tenga muchas desventajas."*

Basándote en los datos del texto, ¿puedes practicar la estructura poniendo algunos ejemplos?

Positivas	Negativas
"Pienso que dos lenguas enriquecen"	"No pienso que el uso de lenguas enriquezca"

Interculturalidad

¿Cuáles son los aspectos más relevantes que se destacan en las respuestas?

¿Cuáles son los temores que se reflejan en algunas respuestas?

Si vivieras en Cataluña como extranjero, ¿cómo te comportarías ante la situación de dos lenguas?

¿Hay una situación similar en tu país?

Gramática

Los verbos para expresar opinión, pensamiento o conocimiento (*Verbos de la cabeza*) se usan siempre seguidos del presente de indicativo en oraciones afirmativas, puesto que las ideas que representan estos verbos siempre son **reales**: *"Creo que **hace** calor." " Opinamos que **es** difícil." "Piensan que **van** a llegar tarde."*

Sin embargo en oraciones negativas representan lo opuesto, es decir son meramente suposiciones, por lo tanto estas ideas deben representarse por el presente de subjuntivo: *"**No** creo que **haga** calor." "**No** opinamos que **sea** difícil." "**No** piensan que **vayan** a llegar tarde."*

Manejo de texto

1 Lee los testimonios anteriores de nuevo y decide *quién* dice y *cómo* dice las siguientes expresiones:

¿Quién dice que… y cómo lo dice?

a …sólo se enriquece la cultura cuando no hay una lengua dominante.

b …debería ser la libre elección del que habla.

c …una lengua es importante y la otra le identifica como español.

d …el castellano sólo sirve para entenderse con los extranjeros.

e …es importante hablar castellano si viajas por España.

Actividad oral interactiva

Debate

Tras la lectura de estos textos debes decidir si en Cataluña existe diglosia. En caso afirmativo, ¿cuál es la lengua dominante?

¿Cuál de estos testimonios es más radical en cuanto al uso del catalán? ¿Cuál es el más permisivo?

Opciones para el debate:

a Imagina que eres un estudiante catalán y defiendes el uso de la lengua autónoma.

b Eres un estudiante extranjero y no comprendes la prioridad del catalán sobre el castellano.

La clase va a dividirse en dos grupos que defenderán cada una de las dos posturas.

1.2 Lenguas habladas en América Latina

Lenguas indígenas: Quechua, Aymara, Maya, Náhuatl (o Nahua), Guaraní y otras lenguas (oficiales y no oficiales)

Moctezuma recibe a los conquistadores.

Texto **1.2.1**

Las lenguas indígenas y su influencia

El español de América, Rafael Lapesa

Las relaciones históricas y lingüísticas entre el español y los idiomas aborígenes de América responden a las más diversas modalidades que pueden presentarse en el contacto de lenguas o, con terminología más vieja, pero más exacta, en los conflictos de lenguas y de cultura.

Existen fenómenos y problemas de influjo de la lengua dominante sobre la dominada Rocío; en nuestro caso,
5 penetración de hispanismos en el nahua, en el zapoteco, en el quechua, en el guaraní, etc. Hay hechos y problemas de adstrato, mutua influencia entre lenguas coexistentes, ya por bilingüismo en determinado territorio, ya por vecindad de las áreas respectivas; entran aquí desde el simple trasvase de elementos fonéticos, morfosintácticos o léxicos de una lengua a otra, hasta la formación de lenguas híbridas. Se dan, por último, manifestaciones y problemas de substrato, influjo de una lengua eliminada sobre la lengua eliminadora mediante supervivencia de
10 caracteres y hábitos que actúan de manera subterránea, a veces en estado latente durante siglos. Claro está que todo fenómeno atribuible a la acción de un substrato ha tenido que ser en su origen fenómeno de adstrato, por lo cual son muy borrosos los límites entre una y otra categoría. En todos los casos se trata de hechos de transculturación. Para mayor complejidad, la situación de unas lenguas indias respecto de otras no fue de igualdad antes ni después de la conquista por los españoles; los dos grandes imperios prehispánicos, el azteca
15 y el incaico, habían impuesto respectivamente el nahua y el quechua a pueblos sometidos que hablaban antes otras lenguas. Junto a las lenguas generales, como conquistadores y misioneros llamaron a las más extendidas, hubo y hay infinitas lenguas tribales que subsisten por debajo o al margen de aquéllas.

Las principales zonas bilingües y las dominantes o casi exclusivamente amerindias se extienden hoy sin continuidad por el Sur de México, por Guatemala, Honduras y El Salvador, la costa del Pacífico desde Colombia al Perú, las
20 sierras y altiplanos de los Andes, las selvas de Orinoco, Amazonas y sus afluentes, el Chaco, Paraguay, regiones colindantes argentinas y el área del araucano en Chile, con alguna penetración en Argentina; pero hay multitud de pequeñas zonas dispersas por toda Hispanoamérica. El número de lenguas y variedades lingüísticas amerindias es elevadísimo: sólo para América del Sur «alrededor de dos mil tribus y nombres de dialectos pueden ser inventariados en 23 secciones que comprenden 173 grupos». Algunas de estas lenguas han desaparecido; por
25 ejemplo, el taíno de Santo Domingo y Puerto Rico; y, más recientemente, las que se hablaron en las regiones centrales de la Argentina. En 1959 se pudieron comprobar las características del vilela —lengua del Chaco— oyéndolas a una viejecita india, «última hablante calificada» de aquel idioma. Frente a las lenguas extinguidas ya o en vías de extinción resalta la pujanza de otras: en primer lugar el quechua, extendido por el Sur de Colombia, Ecuador, Perú, parte de Bolivia y Noroeste argentino, con más de 4 millones de hablantes y declarado co-oficial
30 en el Perú desde hace pocos años; le sigue, con más de dos millones, el guaraní, que goza de carácter oficial, junto al español, en el Paraguay y que además se habla en parte del Nordeste argentino; viene a continuación el náhuatl o nahua, la principal lengua india de México, con cerca de 800.000 usuarios; otros tantos cuenta el maya-quiché del Yucatán, Guatemala y comarcas vecinas; el aymara de Bolivia y Perú y el otomí de México tienen aproximadamente medio millón cada uno; el zapoteco, tarasco y mixteco, también mexicanos, y el araucano
35 de Chile y zonas limítrofes argentinas alcanzan de 200.000 a 300.000. En total, pueden calcularse en menos de 20 millones los hablantes de lenguas amerindias, pero muchos de ellos son bilingües; en 1950, estadísticas mexicanas referidas a toda la nación cifraban sólo en un 3,6% de la población el número de quienes ignoraban el español, mientras que los bilingües llegaban al 7,6% y los hablantes exclusivos de español sumaban 88,8%. Las proporciones son muy distintas atendiendo sólo al Sur del país, en cuyo estado de Oaxaca hablaba lenguas indias
40 el 48,4% de los habitantes, el 43,7 en Quintana Roo y el 63,8 en Yucatán, y donde los monolingües vernáculos llegaban al 13,7% en Chiapas, al 17,5 en Oaxaca. En igual fecha el censo del Paraguay registraba un 40% que sólo hablaba guaraní, un 55% bilingüe y un 5% sólo hispanohablante; por entonces también en la región Sur de los departamentos peruanos de Ayacucho, Apurímac y Cuzco el 98% de la población hablaba quechua; el 80% no hablaba español, los bilingües hacían el 18% y los hispanófonos que desconocían el quechua no pasaban del
45 2%. Dentro del bilingüismo hay distintos grados, desde el conocimiento incipiente del español hasta su empleo con el mismo dominio que el de la lengua vernácula.

Contenidos

1 Contesta las siguientes preguntas basándote en las líneas 22 a 35 del texto.

    a ¿Cuántas lenguas prehispánicas hay aproximadamente en América Latina?

    b ¿Cuáles son los idiomas más hablados en los países hispanoamericanos?

    c ¿Están todas las lenguas latinoamericanas autóctonas en peligro de desaparición? Explica la situación.

Manejo de texto

 1 Identificar pronombres. Basándote en las líneas 9 a la 40 indica a qué o a quién(es) se refieren las palabras subrayadas.

En la frase…	La palabra o parte de palabra…	En el texto se refiere a…
Ejemplo: En **cuyo** estado de Oaxaca (líneas 39)	cuyo	Estado localizado en el sur de México
…**por lo cual** ((línea 12)	lo cual	
…**oyéndolas** (línea 27)	…las	
…**de aquel idioma** (línea 27)	…aquel…	
…de quienes ignoraban… (línea 37)	…quienes…	

2 Indica si las afirmaciones siguientes son verdaderas o falsas. Justifica siempre tu respuesta con elementos del texto.

    a Ninguna de las lenguas americanas autóctonas se ha perdido.

    b La presencia más notable de lenguas autóctonas se concentra en el norte de México.

    c En situaciones de coexistencia de lenguas hay una influencia mutua.

    d En realidad quedan muy pocas lenguas originarias de América.

3 Contesta las siguientes preguntas basándote en las líneas 4 a 17 del texto.

    a ¿Fue el español la primera lengua que se impuso a la fuerza a los nativos americanos?

    b ¿Cuál es uno de los ejemplos de la influencia del español en las lenguas amerindias?

 4 Buscar sinónimos. Basándote en las líneas 4 a 17, busca una palabra del texto que signifique:

Ejemplo:
dificultad   *complejidad*

    a que conviven

    b que sobreviven

    c costumbres

    d bajo tierra

    e anuladora

Gramática

Observa los usos de los tiempos del pasado.

El pretérito indefinido (Perfecto simple) se usa para explicar hechos puntuales representados por acciones únicas (ocurren solamente una vez: **Nací** en Madrid.), acciones cortas (periodo temporal preciso: *Ayer martes **llovió** mucho.*) o una serie de acciones sucesivas (**Me levanté, me bañé, me vestí**…); igualmente, presenta acciones *acabadas o completas*. El pretérito imperfecto se usa para describir situaciones o dar explicaciones representadas por acciones rutinarias o repetidas (ocurren de modo constante y permanente: *Todos los veranos **íbamos** a la playa de La Concha.*), acciones largas (periodos largos de tiempo: *Cuando* era *pequeña me **encantaba** dibujar.*) o acciones simultáneas (ocurren al mismo tiempo: *Mientras **hacía** los deberes **escuchaba** música.*).Las acciones representadas por este tiempo son *continuas,* es decir no se conoce su final.

El pretérito pluscuamperfecto: este tiempo verbal es "más que perfecto", es decir contiene acciones "doblemente perfectas".

Se utiliza para explicar una acción pasada (y perfecta o completa) **anterior** a otra también pasada: *Cuando **llegué** a casa ya **te habías ido.*** La acción **irse** ocurre antes que la acción **llegar** pero ambas están en el pasado y son acciones acabadas o perfectas.

Gramática en contexto

Completar la tabla con explicaciones de conjunciones y expresiones adverbiales.

Ejemplo:

Pretérito indefinido o perfecto simple	Pretérito imperfecto	Pretérito pluscuamperfecto
fue	*hablaban*	*habían impuesto*

Fíjate en el uso del pretérito imperfecto y el pretérito indefinido. ¿Cuál predomina y por qué?

Se dice que hay tiempos que indican hechos puntuales, mientras que otros sirven para dar explicaciones o describir situaciones. En este texto, ¿qué tiempo crees que mantiene el ritmo narrativo (explica y añade información) o marca hechos puntuales?

Siguiendo un orden temporal, el pretérito pluscuamperfecto **habían impuesto**, ¿ocurre antes o después que el pretérito indefinido e imperfecto?

Ahora fíjate en las siguientes oraciones:

1 *ya por bilingüismo en determinado territorio, **ya** por vecindad de las áreas respectivas* (líneas 6)
Analiza el significado de **ya** al inicio de cada oración.
Escribe ahora tus propias oraciones en donde uses la misma forma.

2 *desde el simple trasvase de elementos fonéticos, morfosintácticos o léxicos de una lengua a otra, **hasta** la formación de lenguas híbrida* (líneas 7)
Analiza el significado de **desde** y **hasta** en las oraciones. (limite espacial o temporal)
Escribe oraciones usando **desde** y **hasta** con distintos significados.

Y ahora, fíjate en la utilización de las siguientes palabras **en negrita** y añade la explicación en cada caso en la tabla siguiente:

En el segundo párrafo	Nos sirve para	En el tercer párrafo	Nos sirve para
...*por último*... (línea 8)	(sacar conclusiones...)	*en primer lugar* (línea 28)	*(empezar una serie de hechos en orden...)*
Claro está que... (línea 10)		*le sigue* (línea 30)	
Por lo cual... (línea 12)		*junto al* (línea 31)	
En todos los casos... (línea 12)		*viene a continuación*... (línea 31)	
Para mayor complejidad... (línea 13)		*con cerca de*... (línea 32)	
		Otros tantos... (línea 32)	
		En total... (línea 35)	

Escribe oraciones utilizando estas expresiones.

¿De qué otra forma podrías decir lo mismo?

Ahora prepara un resumen oral de las acciones en el texto indicando una secuencia temporal.

En la siguiente expresión:

*En **cuyo** estado...*

¿Cuál es el significado de *cuyo?*

Escribe oraciones utilizando *cuyo, cuya, cuyos, cuyas.*

Ahora lee las siguientes expresiones y explica el significado:

En igual fecha...

Por entonces...

Escribe oraciones utilizando estas palabras y otras con el mismo significado.

En el texto aparecen las palabras *monolingüe* y *bilingüe.* Estas palabras están compuestas de un prefijo, ¿cuál es el prefijo en estos casos? ¿Qué significado aportan estos prefijos a las palabras?

¿Puedes crear otras palabras compuestas con los mismos y con otros prefijos? Haz una lista con los prefijos más comunes y escribe el significado.

Interculturalidad

Compara la situación del español y las lenguas indígenas americanas con tu propia lengua y otras lenguas habladas en tu país. Escribe un texto con tus propias palabras, utilizando las ideas principales del texto y los conectores, y después preséntalo oralmente.

Dibuja tu propio mapa (o mapas) sobre las zonas lingüísticas en América Latina y en tu país.

Mapa de Latinoamérica

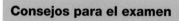

W Para más información sobre lenguas relacionadas con el español, dirígete a www.pearsonhotlinks.com y escribe el título o ISBN de este libro. Después, selecciona el enlace correspondiente, número 1.4 y 1.5.

Actividades intertextuales

Busca información sobre una de las principales lenguas indígenas americanas, y escribe un texto en el que expliques las características de esta lengua con tus propias palabras. Luego prepara una presentación oral. Compara con otras lenguas que presenten tus compañeros.

Investiga si los datos dados en el texto son correctos y corresponden con la actualidad o si hay diferencias. Escribe con tus propias palabras los resultados obtenidos. No olvides mencionar las fuentes donde obtienes tus datos. Guarda esta información en tu cuaderno.

Explica las principales características de las influencias entre el español y las lenguas indígenas.

¿Aprendemos nuestra lengua materna de la misma forma que aprendemos otros idiomas?

Cuándo aprendemos un idioma, ¿aprendemos más que la gramática y el vocabulario?

Consejos para el examen

Uno de los aspectos más difíciles en español, como en muchas lenguas, es distinguir las formas verbales; especialmente en el pasado (o pretérito). Por eso, te aconsejamos hacer una lista con los verbos que vayas encontrando en los textos. Distingue los tiempos verbales (presente, futuro y pretérito), y los modos (indicativo, subjuntivo, imperativo y condicional). Practica con cada uno de ellos para que adquieras la confianza y la fluidez necesarias para utilizarlos adecuadamente, tanto por escrito como oralmente. Te recomendamos hacer siempre varias oraciones con los verbos.

No olvides distinguir las 3 terminaciones del español:

-ar	-er	-ir

Identifica siempre los verbos irregulares.

Recuerda la importancia de la secuencia temporal a la hora de escribir y hablar sobre algo. Necesitas añadir conectores: *Primero la práctica, después el éxito.*

Creatividad, Acción, Servicio

Como estudiante del Programa del Diploma puedes dar clases de tu propia lengua a estudiantes más jóvenes o a tus mismos compañeros. También puedes organizar jornadas de discusión y/o debates sobre la importancia de las lenguas y sobre el predominio que algunas lenguas ejercen sobre otras.

PRÁCTICA - TEXTOS DE EXÁMENES IB

ESPAÑOL B – NIVEL SUPERIOR – PRUEBA 1
Mayo 2003

TEXTO D

Lenguas que mueren

La mitad de los 6.800 idiomas que se hablan en el mundo están en peligro de extinción.

❶ La mujer de cabellos grises juguetea con sus dos nietos, se deja llevar por la alegría y de pronto comienza a hablarles en su lengua natal, el aguateco. Pero como nadie la entiende, vuelve a chapurrear el español, que es ahora la lengua de sus hijos y nietos. "Mis sueños son en aguateco, pero no puedo contárselos a nadie", comentó Luisa Ortiz, quien es una de las únicas 24 personas que habla esa lengua. "Hay algunas cosas que no pueden decirse en castellano, una se siente muy sola sin poder hablar con nadie su lengua", dice.

❷ Lo que hoy se conoce como México, o como Perú, hace 500 años era para los españoles una gran Babel, por el número de lenguas que se hablaban. Hoy en día, la mayoría de ellas ha desaparecido o es despreciada por muchos de los jóvenes que prefieren el uso del español. Muchos padres incluso fomentan que sus hijos dejen de hablar sus lenguas, pues dicen que de esta manera "dejan de ser indios" y tendrán más oportunidades para encontrar trabajo. Muchos jóvenes y campesinos reubicados en las ciudades peruanas y mexicanas con frecuencia tratan de ocultar sus raíces indígenas para avanzar en la sociedad moderna. Todos ellos han comprobado que al hablar sus lenguas los toman por ignorantes y socialmente inferiores. La desaparición de estas lenguas es el fin de otras maneras de comprender el mundo.

❸ Cada idioma tiene palabras que captan ideas sumamente específicas, y cuando se pierden las palabras, también se pierden las ideas, dicen los lingüistas. "Toda pérdida de idiomas es perjudicial para todos, porque al morir una lengua muere también la cultura que lo ha sustentado", declara el lingüista Luís Benítez, que compara la diversidad lingüística con la biológica. "No es una plaga ni una epidemia, pero sí es un desastre cultural; a medida que crece el contacto entre las culturas con la globalización, se acelera el proceso de que los idiomas menos hablados sean pasados por alto por las lenguas dominantes", agregó. En la Amazonia se descubren nuevas lenguas e inmediatamente su descubrimiento las pone en peligro. "Un modo de conservar estos idiomas es enseñar a los indígenas a apreciarlos", según la lingüista peruana Sandra Fortes. "La lengua indígena no es muy útil", dijo Edolia Salcedo, vendedora callejera que sólo hablaba tzeltal cuando vino a Ciudad de México hace 15 años. "Hablando tzeltal no se gana dinero."

TEXTO D — LENGUAS QUE MUEREN

Conteste poniendo las letras de las opciones.

46   Indique las **seis** frases que recogen ideas de los **dos primeros** párrafos del texto.   *[6 puntos]*

   A   Luisa Ortiz es una indígena muy joven.

   B   Luisa Ortiz pasa de su lengua nativa al español porque si no, no la entenderían.

   C   Luisa Ortiz se expresa con gran facilidad en la lengua de sus hijos y nietos.

   D   No todo puede expresarse de la misma manera en las distintas lenguas.

   E   Uno se encuentra mal cuando no puede hablar su propia lengua.

   F   La mayoría de los indígenas ven con gran preocupación como desaparecen sus lenguas nativas.

   G   Hace 500 años que sobreviven las lenguas indígenas en Perú.

   H   Una parte de México se llamaba antes Babel.

   I   Las lenguas indígenas están muy desvalorizadas socialmente.

   J   A veces, el español es abandonado a favor de las lenguas indígenas.

   K   Para los indígenas, olvidarse de sus lenguas es aspirar a un futuro mejor.

   L   Algunos indígenas disimulan sus orígenes.

Basándose en el tercer párrafo, conteste a las preguntas siguientes.

47   ¿A qué va asociado el conocimiento de una lengua?

48   ¿Qué factor influye en la desaparición de las lenguas?

Indique si la información de la frase siguiente es verdadera o falsa. Justifique su respuesta con palabras del texto.

49   El hecho de que algunas lenguas no se conozcan las protege en cierto modo.

Busque en el texto las palabras que significan:

50   impulsar a *(2° párrafo)*

51   considerar *(2° párrafo)*

52   recoger *(3ᵉʳ párrafo)*

53   malo *(3ᵉʳ párrafo)*

54   valorar *(3ᵉʳ párrafo)*

© International Baccalaureate, May 2003

TEMAS TRONCALES: RELACIONES SOCIALES

ESTRUCTURAS Y GRUPOS SOCIALES Y POLÍTICOS

Objetivos:
- Distinguir varias formas de gobierno
- Conocer una parte de la historia política de España y algunos países latinoaméricanos
- Dar opiniones a favor o en contra
- Distinguir afirmaciones verdaderas y falsas
- Creación de palabras por sufijos y prefijos
- Palabras derivadas del griego
- Uso del subjuntivo

En este capítulo se explica cómo se organizan las naciones políticamente para poder llevar a cabo el gobierno de un país. A continuación se analiza la transición política española como ejemplo de transición democrática pacífica; seguidamente se exploran las diferencias entre nacionalismo y separatismo y se analizan las causas tanto históricas como sociales. Después, hay una incursión en el mundo de la mujer con la inclusión del voto femenino en España; luego encontrarás un texto sobre la situación en América Latina. Por último, se han escogido unos fragmentos de la novela de Gabriel García Márquez, *El otoño del patriarca*, donde se caricaturiza a los dictadores latinoamericanos.

2.1 Distintas formas de gobierno

Texto

Formas de gobierno

Lingüística

Todas estas palabras proceden del griego. El sufijo *kratos* significa autoridad (gobierno) y actúa con diferentes prefijos: *demo* (el pueblo, la gente), *auto* (uno mismo), *aristos* (los mejores); así pues *democracia* = la autoridad del pueblo. El sufijo *arkia* significa también gobierno, organización; se usa con los prefijos *mono* (uno), *oligo* (pocos), *an* (ninguno/ ausencia de); por lo tanto *monarquía* = el gobierno de una persona.

El gobierno se define como un modelo de organización, una instancia de dirección suprema y de máximo control de la administración del Estado. Los primeros estudios sobre las formas de gobierno los realizaron los griegos. De hecho, una de las más antiguas clasificaciones la formuló Aristóteles, quien planteaba que los gobiernos podían ser de formas puras e impuras. Dentro de las primeras se encontraban la monarquía, la aristocracia y la democracia, y en las segundas, estaban la tiranía, la oligarquía y la demagogia.

En la actualidad, los gobiernos se dividen en *monarquía*, *autocracia* y *democracia*.

Monarquía

Es la forma de gobierno en la cual el jefe del Estado es un rey o príncipe. Éste posee un poder vitalicio (gobierna por vida) y hereditario (recibe el poder por herencia, formándose una dinastía o familia real).

A su vez, esta forma de gobierno puede ser de dos tipos: absoluta, si el soberano ejerce los tres poderes del Estado, y constitucional, si otros órganos de gobierno participan y colaboran con el monarca.

Este último tipo de monarquía es bastante particular, por cuanto está más cercana a un régimen democrático. Un ejemplo de esto es lo que sucede en España donde está establecido que su soberano debe actuar tomando en cuenta la voluntad del pueblo, estando obligado a respetar ciertos documentos jurídicos para garantizar un gobierno conforme al bien común.

El rey Juan Carlos I

Hoy existen en Europa, además de España, otros estados con gobiernos monárquicos constitucionales o parlamentarios incluyendo: Reino Unido, Dinamarca, Holanda, Suecia, Noruega, Bélgica, Mónaco, Liechtenstein y Luxemburgo.

Autocracia

El gobierno se encuentra en manos de una autoridad arbitraria y el poder concentrado en un pequeño grupo de personas o en un solo partido.

Los gobiernos autocráticos se pueden clasificar en:

- **Régimen totalitario**: se caracteriza porque el poder se concentra absolutamente en el aparato del Estado, permitiendo el control total de las actividades de la ciudadanía. Una de sus principales características es la existencia de un único partido político.
- **Régimen autoritario**: es un sistema de gobierno con un pluralismo político limitado, que permite la existencia de algunos partidos políticos que se acerquen a sus principios. No existe un partido oficial, como en el sistema totalitario, pero sí un jefe con personalidad o un grupo que posee un mayor poder.

Democracia

Este tipo de gobierno surgió siglos antes de la era cristiana en Grecia, en los pequeños estados o ciudades, cuando la asamblea tomaba acuerdos que afectaban a toda la comunidad.

40 Por lo tanto, la democracia se define como *un sistema de organización política en la que cada uno de los miembros de la sociedad tiene reconocido el derecho a participar en la dirección y gestión de los asuntos públicos.*

Además, se caracteriza por la existencia de *procedimientos* que complementan los principios antes señalados.

Éstos son:

45
- gobierno de las mayorías respecto de las minorías
- pluripartidismo y pluralismo ideológico
- elecciones periódicas, libres e informadas
- uso de métodos pacíficos en la solución de los conflictos
- alto grado de participación ciudadana
50
- existencia de un Estado de derecho

República democrática

Las repúblicas democráticas son una forma de gobierno representativo, en el que el poder reside en el pueblo, el que lo delega libre a través de los procesos electorales.

Estas repúblicas democráticas pueden clasificarse en presidenciales y parlamentarias.

Nota cultural

Ejemplos de *régimen totalitario* son el fascismo italiano, la Alemania hitleriana y la extinta Unión Soviética; en la actualidad, un ejemplo de *régimen autoritario* es Myanmar (Birmania).

Sirven como ejemplo de *república democrática presidencial* Chile y Estados Unidos y como ejemplo de *repúblicas parlamentarias* Italia y Alemania.

Contenidos

1 Basándote en *Formas de gobierno* indica que formas de gobierno eran *puras* para Aristóteles y cuáles eran *impuras*.

2 ¿En cuál de las categorías anteriores se incluyen las formas de gobierno actuales?

3 Como hemos visto, todas las palabras para designar formas de gobierno provienen del griego. Completa este cuadro con la palabra adecuada:

Nombre de forma de gobierno o dominio	Nombre referido a persona	Adjetivo
autocracia		
		burocrático
	jerarca	
		monárquico
oligarquía		
	aristócrata	
democracia		

Existe una excepción:

anarquía	**anarquista**	anárquico

Actividad intertextual

Lee las diferentes secciones y toma nota de las características más importantes de cada forma de gobierno: *en qué* consisten, *cuál* es su clasificación, *quién* tiene el poder, *qué países* sirven de ejemplo, etc. Luego escribe un informe sobre *una* de las formas de gobierno indicadas, incluyendo todos los datos que aparecen en el enunciado.

Manejo de texto

 1 Responder preguntas. Después de leer el texto, contesta a estas preguntas con la información que ofrece.

a ¿Cuál es la definición de gobierno?

b ¿Cuántas formas de gobierno se conocen en la actualidad?

c ¿En qué consiste la monarquía?

d ¿Cuántos tipos de monarquía hay?

e ¿Qué es la autocracia?

f ¿Cómo se clasifican estos gobiernos autocráticos?

g Finalmente, ¿qué es la democracia?

h ¿De qué formas se manifiesta?

2 Basándote en la lista de procedimientos democráticos, identifica las siguientes palabras con su sinónimo o definición.

a grupo de personas que domina

b existencia de varios partidos políticos

c capacidad de elegir libremente

d cada cierto periodo (de tiempo)

e que no presentan violencia

f la gente es parte activa del proceso

El texto que viene a continuación explica como las transiciones democráticas pueden llevarse a cabo de una manera pacífica y alcanzar sus objetivos de forma duradera. La transición democrática española todavía hoy sirve de ejemplo a muchas otras transiciones.

Además, el texto muestra una serie de fechas históricas en esta evolución de la estructura social y política de España que sigue siendo relevante para comprender a la España pluralista de hoy.

2.2 España y la transición

Texto

¿Qué fue la transición democrática española?

En España hubo una dictadura desde 1939 hasta 1975. Una dictadura es un sistema político que no permite la libertad ni la democracia. Por eso, durante aquellos años, los españoles no podían decir lo que pensaban ni elegir a sus representantes políticos de una forma democrática. Ese largo periodo se conoce como *franquismo* porque el país estuvo
5   gobernado por el general Francisco Franco. Pero, en noviembre de 1975, Franco murió. Se inició entonces el reinado de Juan Carlos I. Desde que fue consagrado, el Monarca dejó bien claro su deseo de que la *democracia* y la *libertad* regresaran a España.

En julio de 1976, Juan Carlos I pidió a Carlos Arias Navarro, el último jefe de gobierno nombrado por Franco, que dejara su cargo. Juan Carlos I eligió presidente a Adolfo Suárez,
10   y le encargó que dirigiera el cambio de todo el sistema político español. Suárez también estaba convencido de que ese cambio era necesario. Su política se basó en algunas ideas muy importantes: *democracia, libertad...* y *consenso*. Esta última palabra fue decisiva en la transición española. Para alcanzar la democracia y la libertad, todos los españoles debían tolerarse entre ellos. Para crear nuevas instituciones libres y democráticas, los grupos
15   políticos tenían que llegar a acuerdos que todos ellos respetaran.

Con Suárez, España vivió momentos fundamentales para su historia. España no sería la que hoy es si no se hubieran producido aquellos hechos. Estos son los más relevantes:

Ley para la Reforma Política

Puso fin a las instituciones políticas del franquismo y creó otras nuevas. El pueblo español manifestó que estaba de acuerdo con esta reforma un referéndum que tuvo lugar en diciembre de 1976. El Rey la promulgó en enero de 1977.

Legalización de partidos políticos y sindicatos

Hasta entonces estaban prohibidos. El más perseguido por el franquismo, el Partido Comunista de España (PCE), fue legalizado en 1977.

Primeras elecciones democráticas

Tuvieron lugar el 15 de junio de 1977, y la victoria fue para la Unión de Centro Democrático (UCD), el partido político que había creado Suárez (UCD volvió a ganar en las urnas en 1979).

Constitución de 1978

Las Cortes elegidas por los ciudadanos en las elecciones de 1977 se prepararon para elaborar una Constitución. Esa Constitución, que hacía de España una monarquía parlamentaria, basada en instituciones democráticas, se convirtió en una realidad para los españoles en diciembre de 1978.

Estado de las autonomías

La Constitución de 1978 permitía que las distintas regiones de España, que a partir de entonces se llamarían *comunidades autónomas,* pudieran tener su propia asamblea legislativa y su propio gobierno para poder establecer políticas propias y autogobernarse en determinadas materias que le dejaría el gobierno central del país. En diciembre de 1979, se aprobaron los estatutos de autonomía de Cataluña y del País Vasco. Más tarde, las demás comunidades autónomas aprobarían los suyos.

La democracia amenazada

En enero de 1981, Suárez dimitió. Otro miembro de la UCD, Leopoldo Calvo-Sotelo, pasaría a ser presidente del gobierno. Pero antes debería aprobarlo el Congreso de los Diputados. El día que los políticos se reunieron para su aprobación, cuando estaban votando, miembros de la Guardia Civil asaltaron el Congreso. El golpe de Estado del 23 de febrero de 1981 puso en peligro la transición. Algunos no querían que España fuera un país democrático, y trataron de imponerse por la fuerza. En aquellos momentos, muchos españoles tuvieron miedo; pero alguien los tranquilizó: el Rey. Juan Carlos I apareció aquella noche en televisión y aseguró, como jefe del Ejército, que la monarquía parlamentaria no sería derrotada. Al día siguiente, el golpe ya había fracasado. La democracia se había salvado.

España desde 1982

En octubre de 1982, hubo nuevas elecciones. Ganó el Partido Socialista Obrero Español (PSOE), y su principal dirigente, Felipe González, se convirtió en presidente. Un gobierno de izquierdas sustituía al de centro. Estas elecciones demostraron la transformación de la sociedad española: los españoles habían decidido vivir en paz; cada ciudadano estaba dispuesto a respetar los resultados de las urnas, aunque el partido que gobernara no fuera el suyo. En 1986, durante el gobierno socialista, España pasó a ser miembro de la Comunidad Económica Europea (la actual Unión Europea).

60 Los socialistas volvieron a ganar las elecciones en 1986, 1989 y 1993, por lo que Felipe González siguió siendo presidente del gobierno hasta 1996. En marzo de ese año, la victoria fue para el Partido Popular (un partido de centro-derecha que se había creado en 1989 con otro nombre: Alianza Popular). Por eso, en 1996, el líder del Partido Popular, José María Aznar, sustituyó a González como presidente del gobierno español.

65 Desde 1982 hasta 2004, con Felipe González y José María Aznar, España fue completando su integración en Europa. Algunos historiadores han llamado a este periodo *segunda transición*. Un momento muy importante de esta etapa se produjo en 2002, cuando España y otros países europeos dejaron de usar su moneda (los españoles, la peseta) y comenzaron a utilizar el euro. Tras las elecciones de marzo de 2004, ganadas
70 por los socialistas, Aznar fue sustituido en la presidencia del gobierno por el presidente del gobierno actual (2011) José Luís Rodríguez Zapatero.

Adolfo Suárez, presidente del gobierno, 1976–1981

Felipe González, presidente del gobierno, 1982–1996

Contenidos

1 En esta lista aparecen los principales acontecimientos de la transición democrática española de una forma desordenada. ¿Puedes ordenarlos cronológicamente, poniendo el año en qué ocurrieron?

1976 1977 1978 1979 1981 1982 1986 2002

a Creación de los estatutos de autonomía

b Intento de golpe de estado militar

c Legalización de los partidos políticos

d Ley para la Reforma Política

e Primeras elecciones democráticas

f Constitución democrática

g Miembro de la Unión Europea

h Introducción de una moneda única

i Primera victoria electoral del partido socialista

Gramática en contexto

Usos del pretérito imperfecto de subjuntivo en cláusulas nominales y adverbiales

Observa las siguientes oraciones:

Cláusulas nominales:

*"Juan Carlos I pidió a Arias Navarro que **dejara** su cargo."*

*"Juan Carlos I le encargó a Suárez que **dirigiera** el cambio político."*

*"La Constitución permitía que las comunidades autónomas **pudieran** tener su propia asamblea legislativa."*

Cláusulas adverbiales:

*"El Rey promulgó la ley para que se **cumpliera**."*

*"Los ciudadanos respetaban los resultados de las elecciones aunque el partido que **gobernara** no fuera el suyo."*

Todos los verbos principales aparecen en pasado; los verbos *pedir, encargar, permitir, promulgar* o *respetar* se conjugan en pretérito indefinido o pretérito imperfecto de indicativo.

Señala en cuál de los dos tiempos aparecen estos verbos en los ejemplos anteriores.

Oración principal (en pasado)	Oración subordinada (en pasado)
Juan Carlos pidió	que dejara su cargo.
Juan Carlos le encargó	que dirigiera el cambio.
La Constitución permitía	que las comunidades pudieran…

¿Puedes re-escribir las oraciones anteriores que aparecen en la tabla con los verbos en presente?

Oración principal (en presente)	Oración subordinada (en presente)
Ejemplo: Juan Carlos *pide*	que *deje* su cargo

Observa: verbo principal en presente de indicativo, verbo subordinado en presente de subjuntivo

Gramática

El pretérito imperfecto de subjuntivo se forma a partir de la tercera persona del plural del pretérito indefinido (forma *ellos*) a la que se quita la terminación *-ron* y se añaden las terminaciones *-ra (*o *-se)* a la conjugación:

cantar = (cantaron) canta**ra** o canta**se**, canta**ras** o canta**ses**, canta**rais** o canta**seis**

comer = (comieron) comie**ra** o comie**se**, comié**ramos** o comié**semos**, comie**rais** o comie**seis**, comie**ran** o comie**sen**

Manejo de texto

Decide que definición corresponde a las siguientes palabras especializadas que aparecen en el texto:

1 dictadura

   a forma de gobierno tolerante

   b forma de gobierno totalitaria

   c forma de gobierno democrática

2 consenso

   a acuerdos que deben firmar los partidos políticos en una democracia

   b aceptación de una ley por la mayoría

   c tolerancia que se exige a los miembros de un gobierno democrático

3 promulgar

   a hacer público el contenido de una ley

   b hablar en público sobre una nueva ley

   c publicar una ley para que se cumpla

4 urnas

   a recipientes de cristal

   b figurativamente "las elecciones democráticas"

   c contenedores de papel

5 dimitir

   a abandonar un cargo público voluntariamente

   b dejar un cargo público por orden directa

   c ser expulsado de un cargo público

2.3 Nacionalismos

Texto

¿Cuál es el origen del nacionalismo del País Vasco y Cataluña?

Las Comunidades autónomas de Cataluña y el País Vasco han defendido siempre su espíritu nacionalista, es decir, sus orígenes y evolución diferentes a las del resto de España. Han conservado su lengua y sus leyes a través de los siglos y por eso se sienten catalanes o vascos antes que españoles. Ahora bien, sentirse nacionalista no siempre implica el separatismo
5 (convertirse en una nación independiente).

Aquí aparecen algunos testimonios respondiendo a esta pregunta:

Nacionalismo, separatismo ¿es lo mismo?

1 *El nacionalismo no es un sentimiento, es una doctrina política, que si bien es cierto que hace uso de los sentimientos, no es eso simplemente. Dicho esto, la respuesta es NO. El nacionalismo*
10 *español no es separatista. El nacionalismo se construye sobre un enemigo muchas veces imaginario. El actual enemigo de los nacionalistas españoles frente al cual hacen causa común son los nacionalismos separatistas. Este fenómeno existe en los viejos Estados europeos, básicamente es fundar un Estado nuevo por razones étnicas, por historias del pasado. Es decir, que hablar en catalán o en vascuence no lo convierte a uno en nacionalista, ni separatista como*
15 *muchos intentan hacer creer.*

2 *¿Por qué algunos ciudadanos y políticos de estas dos comunidades autónomas (País Vasco y Cataluña) se sienten tan mal perteneciendo a España?, ¿dónde están los orígenes de este problema? Realmente ¿tienen motivos históricos para pensar que no debería ser así? ¿Es la educación impartida en esas comunidades autónomas la causante de tergiversar la realidad o es*
20 *la educación que hemos recibido nosotros?*

3 *Pues a ver, partiendo de que todos los nacionalismos son un invento del siglo XIX. Las revoluciones liberales "se inventaron" este término para legitimar la soberanía de su gobierno, ya que la legitimidad anterior recaía en que el rey era descendiente de Dios. Al acabar con los reyes, la legitimidad de su gobierno recaería en los habitantes de los territorios del antiguo reino, que*
25 *no por estar bajo el mismo reino formaban parte del mismo pueblo o cultura. Podríamos decir que la nación española como tal surge con la constitución liberal de 1812 y los primeros textos nacionalistas vascos y catalanes llegaron antes del siglo XX por lo tanto no es que el nacionalismo español sea mucho más tradicional.*

4 *Los nacionalismos son un invento sin sentido y que sólo sirven para que la gente se los crea, son*
30 *como las religiones pero más modernos y sólo sirven para enfrentar a los pueblos, al igual que hacen en algunos casos las religiones, para que sus fieles creyentes se crean en posesión de la verdad absoluta y piensen que el resto están equivocados.*

5 *Digamos que a nivel histórico la Generalitat catalana existió durante siglos, al igual que los Fueros navarros y vascos hasta que los Borbones llegaron a la península con su centralismo*
35 *francés y fue a partir de ahí donde se empezó a ir todo por la borda. Pero para mí el gran y definitivo impulso que necesitaba el nacionalismo fueron los 40 años de prohibición y ostracismo que tuvieron que sufrir en sus carnes los habitantes de estas regiones durante el franquismo, no pudiendo emplear su propio idioma ni manifestar su cultura.*

6 *Estoy de acuerdo con muchos que piensan que la transición no rompió con el franquismo*
40 *sino que fue su último legado, y la creación de las autonomías ha creado el caldo de*
cultivo para que hoy nos encontremos en una sociedad que carece de una base y de una
cultura política y a la cual se la ha distorsionado tanto desde un lado como desde otro y
haya desembocado en la creación de toda una retahíla de partidos nacionalistas. Y claro
esos partidos interpretan la historia como les interesa y sus fieles creyentes se lo creen a
45 *pies juntillas al igual que se creen los católicos ciertos dogmas de fe.*

Jordi Pujol, Convergencia i
Unió

Contenidos

1 Según las opiniones que se recogen en el texto:

a ¿Qué es el nacionalismo?

b ¿Pueden considerarse los nacionalismos españoles separatistas?

c ¿Por qué?

d ¿Qué razones históricas han creado la idea nacionalista?

e ¿Qué importancia política tiene mantener esta idea nacionalista?

2 Según los testimonios anteriores, ¿están a favor o en contra del nacionalismo? Pruébalo en la tabla usando oraciones concretas.

A FAVOR	EN CONTRA
"El nacionalismo español no es separatista"	*"Los nacionalismos son un invento sin sentido"*

Manejo de texto

 1 Basándote en los testimonios 1, 2 y 3 del texto anterior, decide si estos enunciados son verdaderos o falsos y justifícalo con una oración correspondiente.

    a Los nacionalismos separatistas son un peligro para el estado español.

    b Hablar las lenguas locales es un símbolo nacionalista.

    c Los políticos vascos y catalanes se sienten nacionalistas por razones históricas.

    d Los nacionalismos sirven para darle la soberanía al pueblo.

    e La constitución de 1812 marca el comienzo de la España actual.

 2 Busca en los testimonios 4, 5 y 6 del texto expresiones que signifiquen:

    a tener la razón en cada instante

    b fracasar, empezar a desaparecer

    c aislamiento

    d padecer (por uno mismo)

    e ambiente apropiado para el crecimiento

    f fila, serie, hilera (abundancia de)

    g sin cuestionamiento, con fe total

 3 Finalmente indica a qué fragmento(s) corresponden estas afirmaciones:

    a Compara los nacionalismos con la religión. (Cita *tres* expresiones)

    b Considera que los nacionalismos son inventos. (Cita *dos* expresiones)

    c Habla de la influencia de las monarquías. (Cita *dos* expresiones)

    d Recoge las razones históricas de los nacionalismos. (Cita *dos* expresiones)

Consejos para el examen

En las actividades para decidir si los enunciados son verdaderos o falsos debes tener en cuenta dos aspectos: generalmente los enunciados aparecen en orden y fíjate que la oración que elijas sea el sinónimo (si has elegido verdadero) o el antónimo (si has elegido falso). Observa el uso de los adverbios (más/menos) y ten en cuenta si cambian el sentido de la frase antes de elegir.

2.4 Las mujeres y el voto

Texto

El voto femenino en España

Aunque en el siglo XIX hubo en España algunos casos aislados de mujeres emancipadas, no existió un movimiento feminista bien organizado como los que había en otros países europeos y en los Estados Unidos. Hasta los años en torno a la primera Guerra Mundial, precisamente cuando la batalla sufragista estaba llegando a su fin en otros países, no cabe hablar con propiedad de organizaciones feministas en España; cuando al fin
5 surgieron fueron además mucho más bajas, en cuanto a combatividad y afiliación, que las de sus modelos foráneos. Circunstancias de todo orden abonaron estas peculiaridades del feminismo español. De una parte, el retraso en la industrialización que anclaba a la sociedad española en una economía fundamentalmente agraria y tradicional, ajena por completo a las necesidades de mejor educación y capacitación profesional para las mujeres que exigía el capitalismo. De otra, el difícil proceso de implantación entre los españoles de las doctrinas
10 liberales, anatematizadas por el conservadurismo católico ultramontano y las fuerzas absolutistas que en él se fundamentaban. Además, las tensiones políticas y sociales en España impidieron que las feministas de diferentes opiniones políticas pudieran encontrar ciertas bases comunes y despojaran a su campaña de todo sectarismo político. De hecho, el feminismo español nunca gozó de un desarrollo libre e independiente; fue arrastrado, quizá inevitablemente, al conflicto más general entre la izquierda y la derecha. Su retraso y escasa combatividad
15 se debe en parte al hecho de que la derecha apreciara más plenamente que la izquierda tanto el peligro que podría representar para la causa de una España católica y tradicional, si se le permitía desarrollarse libremente, como su posible utilidad si se explotaba debidamente. Los conservadores, al lograr hacerse con el feminismo, lo volvieron inocuo.

La corriente del feminismo socialista subrayó que la emancipación de las mujeres obreras era parte integrante
20 de la lucha proletaria.

La hora del almuerzo, de Eyre Crowe (1874)

Contenidos

1 Fíjate en las siguientes expresiones que aparecen en el texto anterior. ¿Sabes lo que significan? Intenta explicarlas, discutiéndolas con un compañero; luego escribe sus definiciones.

a mujeres emancipadas

b movimiento feminista

c batalla sufragista

d modelos feministas foráneos

e liberalismo anatemizado

Manejo de texto

1 Responde a las siguientes preguntas con la información precisa del texto anterior.

a ¿Cuándo se pone de manifiesto el movimiento feminista en España?

b ¿Qué dos características diferenciaban a las organizaciones feministas españolas?

c ¿Qué palabra del texto significa *paralizaba, dejaba sin evolucionar*?

d Y, ¿cuál expresión significa *extremista, pasado de moda*?

e ¿Tuvo el feminismo español un contexto político?

¿Cómo lo sabes?

f ¿Qué consiguieron los conservadores al controlar el movimiento feminista?

1 Que fuera un feminismo poco progresista

2 Que se volviera prácticamente inofensivo

3 Que la izquierda no ganara las elecciones

Actividad oral interactiva

Ilustrando el texto aparece un cuadro titulado *"La hora del almuerzo".*

Describe los rasgos más importantes del cuadro. ¿Cómo se muestra a la mujer trabajadora del siglo XIX? ¿Qué diferencias radicales encuentras entre la mujer de hoy y la de hace 150 años?

Interculturalidad

Pon en común todo lo que se ha tratado hasta ahora en cuanto a formas de gobierno, transiciones políticas, movimientos separatistas o nacionalistas y la integración social de la mujer. ¿Cómo funcionan en tu país estos conceptos? Compara cada uno de ellos con tu país.

2.5 Estructuras sociales y políticas en América Latina - dictaduras y dictadores

Al hablar de América Latina hablamos de un conjunto de países que tienen en común hablar lenguas derivadas del latín, principalmente español, portugués y, aunque en menor medida, francés. Por otro lado, se utiliza este término para designar a todos los países que están al sur de los Estados Unidos. Al utilizar el término Hispanoamérica, nos referimos únicamente a los países que hablan español.

Son muchos los países de América Latina, y cada uno tiene sus propias características e idiosincrasias. Podemos afirmar que muchos de los países son inmensamente ricos en materias primas y sin embargo padecen serias dificultades económicas y presentan un alto índice de pobreza debido a la mala gestión de los sistemas de gobierno. En el aspecto político, muchos de estos países han sufrido una serie de guerras civiles, golpes de estado, dictaduras militares, presidentes y políticos corruptos, y otros problemas que nunca han favorecido a una inmensa cantidad de personas que viven en la más absoluta pobreza.

Ahora lee el siguiente texto y después contesta las preguntas que se hacen a continuación.

Texto 2.5.1

Las dictaduras militares

A través de la historia de la humanidad, en el mundo se han presentado sucesivos golpes de Estado a causa de las distintas inconformidades entre los gobernantes y gobernados. En este sentido, desde el mismo momento que surge el poder, se da una segmentación entre ambos. Se da la división de la comunidad entre aquellos que dominan y aquellos
5 que se someten a los que gobiernan, ya sea por un acuerdo o por la fuerza.

En el mundo existen distintas formas de gobierno, en algunos el poder se representa en una persona, en otros en una institución. Según la forma adoptada, podrá hacerse una primera categorización entre presidencialismos y parlamentarismos. El carácter electivo o no de la jefatura de Estado permite hacer una segunda clasificación entre repúblicas
10 (electiva), monarquías (no electiva), oligarquía (ejercido a favor de un sector minoritario), dictadura (se da cuando las instituciones no cumplen su poder). Estos tipos de gobierno o modelos políticos reflejan la complejidad del ser humano al momento de asumir el poder en sus manos.

Cuando se presenta una dictadura en un Estado, ésta no posee un respaldo, ya sea
15 por la tradición o por la población. En este sentido una dictadura militar es una forma de gobierno autoritario en la cual, en mayor o menor grado, las instituciones ejecutivas legislativas y jurídicas son controladas por las fuerzas armadas que impiden cualquier forma de control democrático. Suelen originarse como consecuencia de la supresión del

sistema de gobierno existente hasta entonces tras un pronunciamiento militar o golpe de
20 estado.

De esta forma las dictaduras son ejercidas habitualmente (aunque no siempre) por
militares (durante el siglo XX hay muchos ejemplos de ello: Adolfo Hitler en Alemania
durante el auge del nacionalsocialismo, Benito Mussolini en Italia, Francisco Franco en
España, así como los innumerables ejemplos que se pueden encontrar en Latinoamérica,
25 África y Asia durante la segunda mitad del siglo XX).

En el mundo son muchos los países que han padecido en su historia de algún golpe de
estado por parte de sectores opositores al gobierno de facto. En el continente africano
y en Oriente próximo han sido áreas comunes al desarrollo de dictaduras militares. Una
de las razones primordiales es que las fuerzas armadas a menudo tienen más cohesión
30 y estructura institucional que la mayoría de las instituciones civiles de la sociedad en
la que toman el poder. En estos casos, los gobiernos militares vienen más a menudo
a ser conducidos por una sola persona de gran alcance, y son autocracias además de
dictaduras militares.

Latinoamérica no ha sido la excepción, el siglo XX fue un periodo política y
35 económicamente inestable para las naciones, ya que muchas solamente se encontraban
eligiendo el modelo político que mejor se aplicara a su realidad. Sin embargo, muchos
países tomaron fiel copia de tipos de gobiernos europeos que difícilmente podían ser
adaptados a este contexto. Esto trajo como consecuencia una seguidilla de golpes de
estado, algunos temporales y otros aún se conservan.

40 La dictadura militar típica en América Latina es la dirigida por una junta o un comité
integrado por la dirección del Estado mayor de los militares. Así fue como ocurrió en
Argentina, entre 1976 y 1983, años en que fue gobernado por juntas militares integradas
por los más altos representantes del Ejército, la Marina y la Fuerza Aérea. En este caso,
el presidente de la junta, primero entre iguales, suele asumir a menudo personalmente la
45 jefatura del estado. Así ocurrió con el General Jorge Rafael Videla, quien asumió el poder
en Argentina tras el Golpe de Estado de 1976, y en Chile con el general Augusto Pinochet
Ugarte, quien ostentó el poder en ese país entre 1973 y 1990.

Otras dictaduras militares están enteramente en las manos de un solo oficial,
generalmente el comandante en jefe del ejército. Ese fue el caso de Bolivia, con la
50 dictadura del General Hugo Banzer, entre 1971 y 1978. En Paraguay sobrevivió como
dictador militar el general Alfredo Stroessner, quien gobernó ese país durante treinta y
cinco años, desde 1954 hasta 1989. Otro dictador militar que se mantuvo por mucho
tiempo fue Anastasio Somoza García, quien gobernó Nicaragua entre 1936 y 1956 y
estableció una dinastía familiar que gobernó el país hasta 1979. Una de las razones
55 por las cuales América Latina en estos momentos tenga altos niveles de pobreza puede
deberse a los diferentes modelos políticos, económicos y sociales que se implementaron
en el siglo XX.

En Colombia, al contrario de lo que ha sucedido en la mayoría de países de América
Latina, que se han visto sometidos a repetidas dictaduras; tan sólo se dio un caso, que
60 fue el del golpe militar de Gustavo Rojas Pinilla, llevado a cabo en el año de 1953. Una
vez en el poder, el general Rojas Pinilla cerró el Congreso, despojando a Colombia de sus
características constitucionales y democráticas. Esta dictadura duró poco, pues cuatro
años después, en 1957, el general Rojas cedió su cargo a la Junta militar, quienes luego
darían paso al Frente Nacional.

65

Autor: **Anderson Olivares**
elagorasociales.blogspot.com

Para obtener información
sobre el tema de la
Teología de la Liberación,
y para entender la
importancia de esta
postura de la Iglesia
católica en los países
latinoamericanos, dirígete
a
www.pearsonhotlinks.
com y escribe el título
o el ISBN de este libro.
Después, selecciona el
enlace correspondiente,
número 2.1, 2.2, 2.3 y 2.4.

Otro tema de interés para entender la situación de América Latina en el siglo XX es la llamada Teología de la Liberación.

Manejo de texto

1 Contesta a las siguientes preguntas con palabras del texto anterior (párrafos 2 y 3).

a ¿Cuáles son cinco de las posibles formas de gobierno según el texto?

b Explica las características de cada una de las formas anteriores.

c ¿En qué situación, según el texto, es probable que surja una dictadura en un país?

2 Completa la oración siguiente con las frases que aparecen a continuación. Solamente cuatro de las frases (a–h) son verdaderas según la información en el texto. ¿Cuáles?

La dictadura es una forma de gobierno que   a ☐ ☐ ☐

a normalmente se establece a partir de un golpe de estado.

b se instala en el poder cada seis o cuatro años.

c se ha dado solo en países latinoamericanos.

d ha sido sufrida por muchos países en distintos continentes.

e favorece a los más débiles.

f se repitió varias veces en Latinoamérica durante el siglo XX.

g solo se ha dado una vez en Colombia.

h empezó en Chile en 1979.

3 Completa las siguientes frases con palabras del texto, (párrafos 7, 8 y 9) como en el ejemplo.

Ejemplo: (párrafo 1)

Desde el primer instante en que el poder se crea,

se da una segmentación entre gobernantes y gobernados

a A diferencia de otros países, en Colombia…

b Es común que las dictaduras latinoamericanas sean dirigidas por…

c En Bolivia, Paraguay y Nicaragua, sin embargo…

d Una de las posibles razones para la extrema pobreza en América Latina…

4 Contesta las siguientes preguntas con palabras del texto. (líneas 14 al 25)

a ¿Es una dictadura militar una forma democrática de gobierno?

b ¿Se delega siempre el poder en una persona?

c ¿Por qué se dice que una dictadura es un poder arbitrario?

5 En la oración "…el carácter electivo o no de la jefatura de Estado permite hacer una segunda clasificación…" (párrafo 2). ¿A qué se refiere?

Nota cultural
Si te interesa el tema
te recomendamos
leer (aunque sea en
traducción):
El señor presidente de
Miguel Ángel Asturias
Tirano Banderas de Valle
Inclán
*Las venas abiertas de
América Latina* de
Eduardo Galeano
*Historias de amor y de
guerra* de Eduardo
Galeano
La muerte de Artemio Cruz
de Carlos Fuentes
Cien años de soledad de
Gabriel García Márquez
Pedro y el capitán de
Mario Benedetti
Boquitas pintadas de
Manuel Puig
*El Coronel no tiene quien le
escriba* de Gabriel García
Márquez
El otoño del patriarca de
Gabriel García Márquez

6 Las siguientes frases, (párrafos 4, 6 y 7) son verdaderas o falsas. Indica cuáles son verdaderas y cuáles falsas. Utiliza siempre la justificación del texto.

Ejemplo: Los golpes de estado son un fenómeno propio del siglo XX. Falso

Justificación: A través de la historia de la humanidad, en el mundo se han presentado sucesivos golpes de estado.

a No hay ningún ejemplo de dictadura militar en Europa.

b Durante el siglo XX hubo una gran seguridad política y económica.

c En Latinoamérica siempre han funcionado bien formas de gobierno típicamente europeas.

d La dictadura militar característica latinoamericana esta integrada por un grupo de militares de alto rango

e Mussolini, Hitler y Franco son claros ejemplos de gobernantes democráticos.

7 Busca en los párrafos 3, 4 y 5 las palabras o expresiones que significan:

Ejemplo: contrarios <u>opositores</u>

b son desempeñadas

c de hecho

d principales

a eliminación

Interculturalidad

Y en tu país, ¿cuál es el sistema de gobierno actual?

Escribe un artículo para la revista del colegio y haz también una presentación oral sobre la situación política de tu país. Explica si hay algún tipo de represión o discriminación política.

Intenta explicar a tus compañeros la historia y los cambios que haya sufrido tu país en los últimos años.

Gramática en contexto

Párrafo 8

. . .*Una de las razones por las cuales América Latina en estos momentos* **tenga** *altos niveles de pobreza puede deberse a los diferentes modelos políticos, económicos y sociales que se implementaron en el siglo XX*. . .

Esta oración expresa una probabilidad o posibilidad. Lo vemos tanto en la perífrasis verbal *puede deberse* como en la utilización del subjuntivo *tenga*.

Tenga es la forma del verbo *tener* en modo subjuntivo. A través del modo subjuntivo se expresa la irrealidad, la posibilidad, el deseo o el miedo, etc., a diferencia del modo indicativo que expresa realidad. Lo que no es seguro, lo que esperamos que ocurra, o que no ocurra, lo que deseamos que suceda, o que no suceda, lo que manifestamos como un miedo de que pueda suceder o no, lo expresamos utilizando el subjuntivo.

Tener es un verbo irregular y forma el subjuntivo también de forma irregular. Sin embargo, hay también un patrón que varios de los verbos irregulares siguen.

Observa en la siguiente tabla algunos de los verbos irregulares. Completa las formas que faltan:

Infinitivo	Subjuntivo	Imperativo *usted* (afirmativo y negativo)	Imperativo *tú* (afirmativo)
tener	tenga		ten
poner		ponga	pon
salir	salga		sal
decir		diga	di
traer	traiga		trae
oír		oiga	oye
hacer	haga		haz

Recuerda:

El subjuntivo sirve para expresar duda y deseo, incertidumbre o emociones y sentimientos:

*Deseo que **tenga** tiempo/Dudo de que **venga** pronto.*

También se utiliza para expresar ruego, exhortación o mandato:

*No **tengas** miedo/Te ruego me **escuches**.*

Es igual que la forma del imperativo para usted (tanto en oraciones afirmativas como en negativas).

Ahora en tu cuaderno, escribe *diez* oraciones en las que expreses probabilidad o miedo o deseo de que algo suceda.

A continuación, completa el siguiente cuadro con otros verbos en subjuntivo.

Infinitivo	Subjuntivo	Imperativo *usted* (afirmativo y negativo)	Imperativo *tú* (afirmativo)
llegar	llegue		llega
colgar		cuelgue	
pagar			paga
negar	niegue		
amargar			amarga
rogar	ruegue		
jugar		juegue	

El autor colombiano Gabriel García Márquez inspirado en las excentricidades y extravagancias de los dictadores latinoamericanos escribió la novela *El otoño del patriarca* para satirizar y caricaturizar la imagen de estos tiranos. A pesar de ser una obra de ficción contiene muchas semejanzas con los comportamientos reales de ciertos dictadores de nuestros días.

Texto **2.5.2**

El otoño del patriarca
(sinopsis)

Publicada en 1980 y ambientada en un supuesto país situado a orillas del Caribe, *El otoño del patriarca* relata la vida de un dictador que muere viejísimo, llegando a conservar el poder durante más de cien años. A través de sus recuerdos, el lector se entera de que es hijo de una mujer del pueblo, Bendición Alvarado, única persona a quien quiso de verdad; que no supo quién fue

5 su padre; que su primera infancia transcurrió en la miseria y que llegó a dictador, después de varias contiendas y golpes de estado, por voluntad de los ingleses, donde al llegar a tan importante cargo, decide desquitarse de la miseria en que había vivido y organiza una serie de campañas para limpiar y purificar el país de

10 la podredumbre anterior.

Se relata también la historia de su doble, Patricio Aragonés, que murió en un atentado, vengado sangrientamente. Luego, cómo su lugarteniente más fiel, el general Rodrigo de Aguilar, acaba traicionándole,

15 por lo que él manda que lo maten y guisen y obliga a sus ministros a que se lo coman, ya en su ancianidad se casó con una novicia raptada, Leticia Nazareno, la única mujer que consiguió llevarle al matrimonio; también ésta y su hijo mueren en un atentado, a cuyos autores

20 se encarga de perseguir José Ignacio Sáenz de la Barra, quien, como antes el general Rodrigo de Aguilar, gobierna con mano férrea y acaba cruelmente asesinado y mutilado durante un levantamiento instigado por el mismo dictador,

25 quíen le teme.

El autor colombiano Gabriel García Márquez

Ya en los últimos años de su vida, el endeudamiento del país le obliga a vender incluso el mar a los "gringos". Toda su vida es una continua angustia por conservar el poder, cosa que hace sin contemplaciones, pues "el único error que no puede cometer ni una sola vez

30 en toda su vida un hombre investido de autoridad y mando es impartir una orden que no esté seguro de que será cumplida". Sus represiones son crueles y totales, ya que "todo sobreviviente es un mal enemigo para toda la vida". Se niega a pensar en lo que vendrá después de él porque "ya lo verán, decía, se volverán a repartir todo entre los curas, los gringos y los ricos, y nada para los pobres".

Al final, "más solo que nunca", morirá de muerte natural y lo encontrarán medio comido por los gusanos. El

35 autor intenta transmitir a sus lectores el sentimiento de soledad que embarga al dictador y poner en evidencia las atrocidades a que puede conducir un poder sin límites.

Los hechos se narran en primera persona, tanto por parte del dictador como por otros personajes de la novela que toman respectivamente la palabra sin solución de continuidad. Esto y la escasez de puntos (ningún punto y aparte, excepto los de final de capítulo), hacen que la lectura resulte muchas veces

40 difícil. No obstante el autor, con su estilo brillante, consigue dar vivacidad y colorido al relato y hacer llegar su mensaje al lector.

En la página anterior se ofrece la sinopsis de la novela *El otoño del patriarca* y a continuación tres fragmentos que pertenecen a la misma.

Después de leerlos, identifícalos según aparecen en la sinopsis y ordénalos cronológicamente según lo que sugiere su título.

a El traslado del mar Caribe

b La limpieza del país

c El banquete antropófago

Fragmento 1

…se llevaron El Caribe en abril, se lo llevaron en piezas numeradas los ingenieros náuticos del embajador Ewing para sembrarlo lejos de los huracanes en las auroras de sangre de Arizona, se lo llevaron con todo lo que tenía dentro, mi general, con el reflejo de nuestras ciudades, nuestros ahogados tímidos, nuestros dragones dementes…

El otoño del patriarca, Gabriel García Márquez

Fragmento 2

(el general) ordenó establecer en cada provincia una escuela gratuita para enseñar a barrer, cuyas alumnas, fanatizadas por el estímulo presidencial siguieron barriendo las calles después de haber barrido las casas y luego las carreteras y los caminos vecinales, de manera que los montones de basura eran llevados y traídos de una provincia a la otra sin saber qué hacer con ellos, en procesiones oficiales con banderas de la patria grandes letreros de Dios guarde al purísimo que vela por la limpieza de la nación.

El otoño del patriarca, Gabriel García Márquez

Fragmento 3

…entró el egregio general de división Rodrigo de Aguilar en bandeja de plata, puesto cuan largo fue sobre una guarnición de coliflores y laureles, macerado en especias, dorado al horno, aderezado con el uniforme de cinco almendras de oro de las ocasiones solemnes y las presillas del valor sin límites en la manga del medio brazo, catorce libras de medallas en el pecho y una ramita de perejil en la boca, listo para ser servido en banquete de compañeros por los destazadores oficiales ante la petrificación de horror de los invitados que presenciamos sin respirar la exquisita ceremonia del descuartizamiento y el reparto, y cuando hubo en cada plato una ración igual de ministro de la defensa con relleno de piñones y hierbas de olor, él dio la orden de empezar, buen provecho señores.

El otoño del patriarca, Gabriel García Márquez

Manejo de texto

Basándote en la sinopsis del libro *El otoño del patriarca* completa las siguientes actividades.

1   Responde a estas preguntas con la información de los párrafos 1 y 2.

   a ¿Quién es el protagonista de la novela?

   b ¿Dónde tiene lugar la acción?

   c ¿Cómo llegó a convertirse en dictador?

   d Patricio Aragonés y el dictador eran…
     1   muy parecidos emocionalmente.
     2   de la misma ideología política.
     3   de gran semejanza física.

   e Leticia Nazareno era…
     1   una joven de buena familia.
     2   una aspirante a monja en un convento.
     3   una viuda respetable.

   f Los personajes relacionados con el dictador…
     1   son muy queridos y respetados.
     2   mueren de manera trágica.
     3   son víctimas de su ambición.

2   Responde a estas preguntas con la frase exacta del texto (párrafo 3).

   a ¿Por qué lucha el dictador para conservar el poder?

   b ¿Por qué actúa de forma tan cruel y represiva?

   c ¿Por qué no le interesa pensar en el futuro?

3   Según la información que se ofrece en el párrafo 4, un dictador totalitario…

   a se siente seguro de si mismo.

   b se niega a dejar el poder.

   c se siente enormemente aislado.

4   ¿Qué frase resume las características de un dictador?
5   Para terminar (último párrafo), ¿cómo consigue García Márquez llevar estas sensaciones a la novela?

Basándote en los fragmentos, completa lo siguiente:

Fragmento 1:

a ¿Cómo compara el clima del Caribe con el de Arizona?

b Figurativamente, ¿qué se llevan los gringos además de su mar?

Fragmento 2:

c ¿Qué ironía encierra el lema del dictador con el traslado de los montones de basura?

Nota literaria

Lo *real* significa que existe en la realidad; lo *imaginario* solamente existe en nuestra imaginación. *Realista* significa que reproduce fielmente la realidad o que se asemeja a ella mientras que *fantástico* representa lo que reproduce nuestra imaginación (sea real o no). Por último lo *verosímil* es creíble o fácil de creer al contrario que lo *inverosímil* que resulta difícil de creer o increíble (aunque pueda ser cierto).

Fragmento 3:

d ¿Cómo se vale García Márquez de elementos culinarios y militares usándolos en doble sentido?

e Cita ejemplos:

6 Después de haber completado las lecturas, indica cómo calificarías cada uno de los episodios que se relatan:
- ¿real o imaginario?
- ¿fantástico o realista?
- ¿verosímil o inverosímil?

7 La literatura de Gabriel García Márquez forma parte del movimiento llamado *Realismo Mágico*, también conocido como *Lo Real Maravilloso*: ¿Puedes explicar ahora por qué se llama así?

Consejos para el examen

Haz una lista con los sufijos, infijos y prefijos más comunes. Recuerda su significado y practica con ellos. Las palabras pueden cambiar de significado completamente al añadirles estos morfemas. Practica formando palabras con ellos.

Muchas veces en los exámenes vas a tener que encontrar la *justificación* para tu respuesta. Asegúrate de tener la explicación adecuada a tus respuestas. A veces las respuestas pueden presentar cierta ambigüedad.

Presta especial atención a los sinónimos y antónimos y a los adverbios que pueden negar lo que parecen afirmar.

El subjuntivo es el modo más difícil para cualquier no hispano hablante. Practica mucho y prepara oraciones para distintas situaciones.

¿En qué medida la pertenencia a un grupo (grupo cultural, grupo de género) afecta en cómo se adquiere el conocimiento lingüístico?

¿Hay factores sobre lo anterior que deban considerarse entre individuos dentro de un grupo y entre grupos?

¿Puede modificar a un pueblo su tipo de gobierno?

Creatividad, Acción, Servicio

Puedes organizar actividades de ayuda de distinta índole (como enseñar la lengua o lenguas tanto a adultos en general, como a mujeres, o niños específicamente) hacia refugiados políticos o trabajadores inmigrantes en la comunidad.

PRÁCTICA - TEXTOS DE EXÁMENES IB

ESPAÑOL B – NIVEL MEDIO – PRUEBA 1
Mayo 2007

TEXTO C

"MACHUCA" SE ESTRENA CON LA SALA COMPLETAMENTE LLENA

[SUBTÍTULO X]

Con un lleno total se estrenó en Estados Unidos la película chilena "Machuca", del director chileno Andrés Wood. Tras esa presentación de la noche del sábado, fecha que coincidió con el día de la independencia del país del norte, el director respondió preguntas y agradeció a los asistentes que llenaban la sala, muchos de ellos compatriotas suyos. Wood dijo que se sentía orgulloso de la acogida que ha tenido el filme en Estados Unidos y también en su país, donde se ha transformado en un fenómeno de taquilla desde su presentación.

[SUBTÍTULO I]

"Machuca" narra la historia de dos niños de estratos sociales opuestos que se conocen gracias a un programa de integración de niños de bajos recursos en un colegio de un sector acomodado. El plan educacional es abruptamente interrumpido por el golpe militar de 1973.

[SUBTÍTULO II]

"Mientras hacíamos la película, estábamos pendientes de que era un tema algo difícil, pero yo tenía confianza en la perspectiva que estábamos ofreciendo, la perspectiva de los niños protagonistas", dijo Wood. "Una cosa que ha pegado muy fuerte en los espectadores es que aquí son los niños los que sufren las consecuencias de vivir en un país donde los grupos humanos permanecen muy aislados", agregó.

[SUBTÍTULO III]

A pesar de lo duro del argumento, Wood dice que "curiosamente fue una película muy gozosa de hacer, porque me gustó mucho volver a esos años y creo que se nota en la película que le tengo mucho cariño a esa edad mía". Wood confiesa que "me acuerdo de todo lo que hice en esos años, pero no me acuerdo de lo que hice ayer. En ese sentido, estoy como un viejo".

EXPECTATIVAS SOBRE EL FUTURO

[– X –] la presentación en Nueva York, la cinta seguirá su camino por una serie de festivales en EE.UU. y Wood confiesa que está muy interesado en que "Machuca" sea la candidata chilena a optar por un cupo en las nominaciones al Oscar para la Mejor Película Extranjera. [– 23 –] dijo que es muy importante que la cinta consiga distribución comercial en EE.UU., y que eso sería muy bueno [– 24 –] para él, sino para todos los cineastas chilenos.

"Yo creo que en cierto modo todos los cineastas chilenos estamos reconstruyendo el cine nacional, y [– 25 –], mientras más lejos llegue una película, la otra que viene detrás va a llegar con más impulso", concluyó el director.

TEXTO C — "MACHUCA" SE ESTRENA CON LA SALA COMPLETAMENTE LLENA

Conteste a la pregunta siguiente.

17   ¿Qué circunstancia histórica significativa se recordaba el día del estreno de la película "Machuca" en Nueva York?

Indique la letra de la opción correcta.

18   ¿En qué países tuvo éxito el estreno?

    A   Solamente en Estados Unidos.

    B   Solamente en Chile.

    C   En Estados Unidos y en Chile.

    D   En los países de la América hispana.

*Indique la opción correcta y **escriba las palabras del texto** que justifican su respuesta.*

19   Según lo que propone el texto en [SUBTÍTULO I], ¿son pobres los dos niños protagonistas de la película?

Busque en [SUBTÍTULO II] los grupos de palabras que significan

Ejemplo: prestar mucha atención . . . . ***estábamos pendientes…***

20   impresionar mucho

21   existir poca relación social

Indique la letra de la opción correcta.

22   En [SUBTÍTULO III] Wood dice que está como un viejo porque

    A   siempre le falla la memoria.

    B   recuerda el pasado lejano, pero no el cercano.

    C   vive obsesionado por sus experiencias del pasado.

    D   le resulta difícil recordar las experiencias infantiles.

Basándose en el fragmento EXPECTATIVAS SOBRE EL FUTURO indique la letra de la opción correcta para cada espacio numerado del texto.

Ejemplo: [– X –]   … B…

    A   Antes de

    B   Tras

    C   A pesar de

    D   No obstante

23   **[– 23 –]**

    A   Aunque

    B   Porque

    C   También

    D   Tal vez

24   **[– 24 –]**

    A   solamente

    B   especialmente

    C   incluso

    D   no sólo

25   **[– 25 –]**

    A   sin embargo

    B   en cambio

    C   por eso

    D   por desgracia

TEMAS TRONCALES: RELACIONES SOCIALES
RACISMO Y DISCRIMINACIÓN

Objetivos:
- Reflexionar sobre la injusticia en general
- Conocer a un personaje importante: Rigoberta Menchú (premio Nobel de la Paz)
- Percibir estilo y textos periodísticos
- Utilizar diálogo directo e indirecto
- Practicar la distribución de la información
- Reconocer la importancia del contexto para el significado

El **racismo**, según el diccionario de la Real Academia Española, RAE, se define como:

1. m. Exacerbación del sentido racial de un grupo étnico, especialmente cuando convive con otro u otros. 2. m. Doctrina antropológica o política basada en este sentimiento y que en ocasiones ha motivado la persecución de un grupo étnico considerado como inferior.

La **discriminación**, viene de discriminar (del lat. *discriminare*), que según la RAE, se define como:

1. tr. Seleccionar excluyendo. 2. tr. Dar trato de inferioridad a una persona o colectividad por motivos raciales, religiosos, políticos, etc.

El racismo es una forma de discriminación, que implica la creencia de que un grupo es superior a otro por motivos de raza, color, linaje u origen nacional o étnico.

La discriminación, que suele basarse en motivos racistas, supone la acción de separar y formar grupos separados a partir de diversos criterios: religión, sexo, altura, peso, nociones de belleza, lengua, costumbres, etc. La discriminación implica en algunos casos la anulación de los derechos humanos y la pérdida de libertades y privilegios.

Interculturalidad

¿Entiendes la diferencia entre racismo y discriminación?

Y tú, ¿has sufrido en algún momento algún tipo de discriminación? ¿Hay en tu país casos de discriminación? Busca información y haz una lista con los casos que encuentres. Haz lo mismo concretamente para casos de racismo. ¿Dirías que en tu país hay racismo?

Prepara el texto de una presentación oral, en forma de Powerpoint, e-movie, video, póster, folleto, etc. Utiliza imágenes para describir durante tu presentación, ya sea por tus oyentes, o por ti mismo(a).

Para más información sobre sobre el racismo, dirígete a www.pearsonhotlinks.com y escribe el título o ISBN de este libro. Después, selecciona el enlace número 3.1.

3.1 Racismo en el mundo

Racismo, un problema actual

En pleno siglo XXI, el racismo está todavía presente en el mundo, y no hay ninguna sociedad que **esté libre de** esta plaga.

Tal parece ser la conclusión en un informe realizado por un grupo de expertos y periodistas, que **fue presentado** en la sede de la *Sociedad contra el racismo*, en la ciudad de Cartagena, Colombia, después de una serie de encuentros en distintos países latinoamericanos.

Socorro León, antropóloga mexicana, **señala**: *"… muchas veces el ejército, la policía, o el propio sistema judicial, son los que preservan el racismo, manifestando los prejuicios de la sociedad, cuando son ellos los que deberían luchar tenazmente contra esta situación y proteger a los débiles de abusos padecidos a manos de los fuertes."*

Hay varios organismos internacionales que sensibilizan y se enfrentan a la población en general para acabar con esta herencia del pasado, cuando se justificaban actos inhumanos de violencia sobre ciertos grupos étnicos a partir de la propagación de la superioridad de unas razas sobre otras. Uno de estos organismos, Amnistía Internacional, elabora informes en distintos países en los que se corrobora la existencia casi diaria de actuaciones racistas contra grupos específicos.

"El racismo, la discriminación y la intolerancia, destrozan individuos y sociedades enteras, al privar a las personas de sus derechos como seres humanos, y al fomentar en el peor de los casos odios étnicos y su posible consecuencia: el genocidio", **indican** en el informe.

Hay muchos casos de abusos y arbitrariedades judiciales en su mayoría relacionados con motivos raciales. *"Cuando la víctima es un individuo de raza negra, o un latinoamericano, hay una tendencia a la negligencia policial que redunda en la prescripción del caso"*, **indica** Isabel Cano, una periodista boliviana residente en los Estados Unidos. Por otro lado, *"aunque las víctimas son tanto blancos como negros, muchos de los ejecutados fueron condenados por haber matado a un blanco. El caso contrario es más infrecuente"* **se indica** en el informe de esta periodista.

Hay infinidad de ejemplos de racismo, algunos fomentados por personas en el poder, tanto en Europa (el actual trato a los "roma" o gitanos europeos, la escalofriante masacre de Oslo y las revueltas en Inglaterra en 2011), como en Estados Unidos (la Ley Arizona, la ejecución de Troy Davis), África (el Apartheid, el genocidio en Ruanda), Latinoamérica (la pobreza extrema de los indígenas y la falta de acceso a agua potable, educación), los aborígenes en Australia, los kurdos en Turquía, el desprecio hacia los *intocables* de la India, etc.

Según el informe de Cano, *"no podemos olvidar que muchos de los casos de racismo no son ni siquiera documentados o declarados; la situación padecida por un elevado número de indígenas en la mayoría de los países latinoamericanos, tanto como los aborígenes en Australia, chinos ilegales en Europa o Estados Unidos, turcos en Alemania, albaneses, rumanos, roma y otros en Europa, y en general, la de casi todas las nacionalidades que se ven obligadas a emigrar a otros países en busca de una mejor forma de vida y que acaban formando parte de las llamadas minorías, está íntimamente relacionada con la discriminación y el racismo."*

Los organismos internacionales convocan a los gobiernos en general, para que tomen medidas que permitan evitar en todo momento cualquier tipo de discriminación hacia todos los seres humanos, asegurándose de examinar a fondo cualquier denuncia, y aún más, cualquier presunta actuación de discriminación aunque no sea denunciada por la/s víctima/s. De igual forma se indica la necesidad de examinar cualquier conducta improcedente por parte de los funcionarios de justicia o de miembros de los cuerpos de policía y ejército.

Después de leer el texto, contesta a las preguntas que vienen a continuación.

¿En qué te hace pensar esta foto? ¿Conoces algunos grupos racistas? ¿Crees que el racismo es algo del pasado?

Actividades intertextuales

Busca un texto similar, en español, que explique los casos de discriminación en tu país, o cualquier otro país, y haz una serie de preguntas similares a las que te proponemos a lo largo del libro, para que tus compañeros las contesten. Tienes también que aportar las respuestas correctas para poder corregir entre todos después de realizar la actividad. Añade imágenes para su descripción.

Manejo de texto

1   Contesta las siguientes preguntas basándote en la Introducción y en Amnistía Internacional.

a   Según el texto, ¿cuál es el deber de los sistemas judiciales respecto al racismo?

b   ¿Por qué, según el texto, esos sistemas judiciales mantienen el racismo en algunos casos?

c   ¿Podemos afirmar, según el texto, que en algún país no hay racismo?

2   Indica si las siguientes afirmaciones son verdaderas o falsas. Justifica siempre tu respuesta con elementos del texto.

Ejemplo: El racismo fue abolido hace más de un siglo en la mayoría de los países. Falsa.

Justificación: El racismo esta todavía presente en el mundo.

a   El artículo se centra en informes relacionados con casos de racismo entre comunidades de los Estados Unidos.

b   En todos los países, hay un mayor número de condenados a muerte de raza blanca que de raza negra.

c   En la India, nadie puede ofender a los "intocables" ya que gozan de una serie de privilegios derivados de su origen.

d   En la mayoría de los países, la policía trata todos los casos de igual forma, sin tener en cuenta la raza de los acusados ni de las víctimas.

NS 3   Busca palabras en los párrafos 1 a 6 que signifiquen:

Ejemplo: conservan   preservan

a   convencionalismos

b   epidemia

c   luchan

d   desidia

e   sufrida

Consejos para el examen

Hay palabras muy semejantes en español (y también en otras lenguas). Hay que prestar mucha atención a esas palabras para no confundirlas.

Por ejemplo piensa en la palabra **prejuicios,** que aparece en el 3er párrafo, y la palabra **perjuicios.**

Explica el significado de las dos y escribe oraciones en las que utilices estas palabras.

Tienes que leer cuidadosamente los textos, y todas las palabras, antes de contestar las preguntas. Si no conoces el significado de la palabra, fíjate en el contexto y deduce el significado antes de contestar algo relacionado con esa palabra desconocida.

Gramática en contexto

Fíjate en las expresiones que aparecen en el texto:

Tal. . .

¿A qué se refiere? Construye oraciones utilizando esta palabra.

¿ Y las otras palabras que aparacen **en negrita**?

> *. . .indica. . .*
>
> *. . .indican. . .*
>
> *. . .se indica. . .*
>
> *. . .se señala. . .*
>
> *. . .según el informe. . .*

Estas expresiones nos advierten que el texto está basado en algún informe o artículo, y que se citan afirmaciones tomadas de ese informe. De esta forma puedes presentar tus citas de *forma directa.*

¿Puedes captar la diferencia entre las siguientes palabras?

> *. . .indica. . .*   /   *. . .se indica. . .*
>
> *. . .señala. . .*   /   *. . .se señala. . .*

Explica la diferencia con tus propias palabras.

Fíjate en otra expresión marcada con **negrita** en el texto:

> *. . .está libre de. . .*

Escribe oraciones con esta expresión.

Producción escrita

Ahora escribe un texto en el que utilices algún artículo periodístico y copia citas del mismo, utilizando expresiones semejantes a las anteriores. Piensa qué otras palabras o expresiones podrías utilizar con la misma función y utilízalas también.

Practica también como presentar la misma información de *forma indirecta.*

3.2 # Racismo en América Latina

Texto **3.2.1**

América Latina y la población indígena

El nivel de mortalidad infantil indígena es tres veces superior al de niños no indígenas.

La UNICEF, en diversos análisis de la situación de la población infantil indígena en América Latina, ha comprobado que existe una fuerte discriminación y que dicha población no recibe los medios necesarios para desarrollar una vida normal en comparación con poblaciones. El nivel de mortalidad infantil indígena es tres veces superior al de niños no indígenas.

Mujer y niña indígenas con trajes tradicionales.

Es absolutamente imprescindible, según todos los expertos, trasformar la situación de esta población y acabar con la discriminación que han padecido por siglos. Y debe ser un compromiso a nivel de gobiernos y naciones conseguir que esto sea una realidad.

La OEA (Organización de Estados Americanos), se reunió para discutir la creación del ***Proyecto de Convención Interamericana contra el Racismo y Toda Forma de Discriminación e Intolerancia***. Según un informe presentado por la delegación mexicana ante esta organización:

La Convención deberá garantizar a estas personas y grupos sociales, en especial a los indígenas, migrantes y afrodescendientes, un trato no discriminatorio, promoviendo el pleno ejercicio sobre bases igualitarias de los derechos y garantías fundamentales tales como aquellos reconocidos en la Constitución de nuestro país. Esto, con el objeto de que en condiciones de igualdad tengan acceso a los servicios que el Estado proporciona, tales como el servicio a la salud y a la atención médica, la educación y los incentivos para su permanencia en el sistema escolar, la capacitación, el derecho al sufragio activo y no condicionado y para garantizar el acceso a la justicia, un trato imparcial, humano y con asistencia de intérpretes en procedimientos administrativos o judiciales, así como capacitación del personal que se encarga de la procuración y administración de la justicia. De igual manera, garantizar el respeto al uso de su lengua, usos y costumbres y cultura en actividades públicas o privadas.

(Consejo Permanente de la OEA. Comisión de Asuntos Jurídicos. OEA/Ser.G CAJP/GT/RDI-4/05 add.1 16/11/2005).

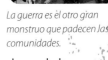

La tasa de mortalidad infantil en Latinoamérica refleja, sin lugar a dudas, una relación directa con ciertas condiciones económicas. Sin embargo, poco se ha estudiado al respecto.

La guerra es otro factor que acaba con la población indígena y les obliga a trasladarse a otros lugares abandonando sus casas, tierras y pertenencias.

La guerra es el otro gran monstruo que padecen las comunidades.

Otro de los grandes problemas de la población indígena es la guerra, que ha asolado a muchos países por varias décadas, y que de una forma u otra continúa en la actualidad en un país como Colombia. Durante estas guerras, el segmento de la población más afectado ha sido la indígena, siendo en muchos casos obligados a trasladar su residencia, dejando atrás sus pocas pertenencias; y en muchos otros a abandonar su propia lengua y cultura para integrarse en otras sociedades que los acogen con resquemor y desconfianza.

Actividad lingüística

Lee con atención el texto sobre América Latina y la población indígena.

¿Sabes por qué se utilizan algunas oraciones dos veces en los dos textos anteriores?

Escribe un texto similar y elige las oraciones que tu repetirías.

Manejo de texto

Basándote en el texto anterior, indica la opción correcta (a, b, c ó d).

1   La población indígena…

   a   tiene una tasa de mortalidad muy por encima del promedio nacional.

   b   tiene acceso a los mismos tratamientos que el resto de la población.

   c   tiene en un 80% una excelente salud.

   d   supone un 80% de la población.

2   Un gran porcentaje de los indígenas latinoamericanos… (línea 1 a 10)

   a   tiene un 80% más de hijos en el sistema educativo.

   b   tiene un número elevado de mujeres solas con hijos.

   c   recibe todas las facilidades para acceder a la educación.

   d   padece una situación de pobreza y de falta de integración.

3   En países donde ha habido conflictos bélicos …

   a   nunca se involucra a los indígenas.

   b   siempre están protegidos los indígenas.

   c   los indígenas tienen que trasladarse a otro lugar.

   d   los indígenas tienen que participar en el conflicto.

Protegiendo a los refugiados

ACNUR

22 Enero 2011

Pueblos Indígenas

En casi todas las regiones del mundo han surgido tensiones y conflictos interétnicos [x] interraciales. Estos conflictos suelen tener sus raíces en las luchas [1] el poder y se ven agravados por desigualdades socioeconómicas. Los grupos minoritarios nacionales, étnicos y religiosos **suelen quedar** desamparados en tales situaciones y

5 son los miembros de comunidades indígenas [2] se ven obligados a huir de sus países por miedo [3] ser perseguidos. [4], muchas comunidades indígenas de diferentes partes del mundo han acogido a miles de refugiados que buscan seguridad. [5] violaciones de los derechos humanos y el desplazamiento forzoso guardan relación entre sí. La subordinación social, política y económica de los pueblos indígenas [6] de los países

10 del mundo les hace vulnerables a las violaciones de los derechos humanos. En muchos casos se **han visto obligados** a abandonar sus hogares y sus tierras debido a la persecución. Por ejemplo, más de 200.000 guatemaltecos, la mayoría pertenecientes a pueblos indígenas, abandonaron su país a principios de 1980 huyendo de la guerra civil, las graves violaciones de los derechos humanos y la campaña contra los insurrectos.

15 Entre los refugiados más destacados de la historia **figura Rigoberta Menchú, laureada con el premio Nóbel de la paz, cuya contribución** a la causa de los derechos de los pueblos indígenas sigue siendo un ejemplo. En el contexto del mandato de protección internacional de los refugiados confiado al ACNUR, los pueblos indígenas en su condición de grupo específico interesan a la Oficina, cuando constituyen una población

20 refugiada real o posible. **Se ha prestado** especial atención a ciertas características de los refugiados indígenas en los programas de asistencia y repatriación, en particular a la relación especial que existe entre los refugiados indígenas y sus territorios patrios o su lugar de origen, a la estructura socioeconómica y cultural de la comunidad, y al deseo de mantener su propio idioma, su cultura y sus tradiciones, así como al sentido

25 de autonomía, durante su permanencia en campamentos y asentamientos para refugiados. El ACNUR, como parte de las Naciones Unidas y con arreglo a su mandato, ha contraído un compromiso total de cooperar con el Relator Especial y con el Foro Permanente para las Cuestiones Indígenas.

Rigoberta Menchú

Interculturalidad

¿Sabes quien es Rigoberta Menchú? Busca su biografía y después escribe un artículo para el colegio explicando su importancia. Da los detalles más importantes sobre ella y sobre su familia. ¿Conoces a algún personaje de tu país que sea famoso por haber luchado por los derechos humanos?

Manejo de texto

1   Basándote en las líneas 1 a 11 del texto anterior, relaciona cada espacio numerado con una de las palabras de la siguiente lista. **Cuidado**: Hay más palabras de las necesarias.

Ejemplo: [– X –]   *e*

por otra parte	y	quienes
por	así	a
en la mayoría	porque	las
e	sin	porque

2   Contesta las siguientes preguntas basándote en las líneas 12 a 29 del texto.

   a   ¿Qué expresión utiliza el texto para decir que los indígenas se fueron escapando.

   b   ¿Qué palabra en el texto significa *sublevados*?

   c   ¿Qué persona destaca de entre los indígenas que sufrieron las consecuencias de la guerra civil en Guatemala, y por qué?

   d   ¿Pretende el ACNUR que los refugiados cambien su idioma y así se integren en la comunidad de acogida?

   e   ¿Qué palabra significa *independencia* en el texto?

3 Busca una palabra del texto que signifique:

Ejemplo: *asilados* *refugiados*

a gestión u orden

b encargado

c regreso

d anhelo

e estancia

Texto **3.2.3**

NS

'En Centroamérica hay un profundo racismo hacia indígenas': Experta

Enfatizó la necesidad de que sea la sociedad la que "asuma conciencia"

Marta Casaús, afirmó que en Centroamérica hay un profundo racismo hacia los indígenas

SAN SALVADOR, EL SALVADOR (07/FEB/2011).

5　La investigadora social de la Universidad Autónoma de Madrid, Marta Casaús, **afirmó** hoy en San Salvador que en Centroamérica hay "un profundo racismo" hacia los indígenas, aunque reconoció la lucha de organizaciones civiles por la "reivindicación" de los pueblos originarios.

"Existen diferentes expresiones de racismo, unas son más discriminatorias, otras son más segregacionistas, funciona con lógicas diferentes en los países" de la región, **dijo** hoy Casaús, quien visita El Salvador para impartir una conferencia en el marco del bicentenario del Primer
10　Grito de Independencia.

La investigadora **aseguró** que en Guatemala hay "racismo manifiesto, casi de insulto", con "chistes y estereotipos" que difunden los medios de comunicación y que, a su juicio, "elite de poder tiene un discurso racista muy aferrado".

Consideró, además, que en El Salvador se "encubrió la identidad étnica" de los pueblos
15　originarios, se les hizo "invisibles" y "vergonzosos", a raíz del levantamiento indígena de 1932, que fue duramente reprimido y en donde murieron unas 30 mil personas.

No obstante, Casaús **reconoció** que desde la década de los 90 la situación de los indígenas centroamericanos "ha mejorado sustancialmente", debido a la "lucha por la reivindicación de sus derechos" y el reconocimiento de sus costumbres promovida por organizaciones civiles.

20　**Enfatizó** la necesidad de que sea la sociedad la que "asuma conciencia" de la situación "discriminatoria" contra los indígenas para tratar de frenarla, en un esfuerzo en el que, según dijo, deben participar los estados promoviendo "un proyecto de nación pluricultural".

Durante su visita a El Salvador, promovida por la Secretaría de Cultura, la investigadora se entrevistará con los directivos de esa entidad para avanzar en el desarrollo de un diagnóstico sobre
25　la situación de los indígenas en el país.

Manejo de texto

NS **1** Contesta las siguientes preguntas.

  a ¿Sabes qué es el Primer Grito de Independencia?

  b ¿A qué independencia se refiere?

  c ¿Qué países se independizaron, y de quién?

  d ¿Cuántos años hace que se dió el Grito?

  e ¿Por qué crees que todavía hoy, en países independientes, se sigue discriminando a los indígena?

NS **2** Ahora contesta según el texto.

  a ¿Ha empeorado la situación de los indígenas centroamericanos?

  b ¿Qué factores han favorecido a los indígenas?

  c ¿Qué supone en este contexto el *proyecto de nación pluricultural*?

NS **3** En el texto aparecen una serie de palabras con conotación negativa, bien por su significado, o por la necesidad de lograr un cambio en la situación real. Explícalas.

Ejemplo: discriminatorias

que discriminan, que marcan diferencias de una forma negativa

  a segregacionistas

  b racismo aferrado

  c encubrió

  d invisibles

  e vergonzosa

  f reprimido

  g reivindicación

  h reconocimiento

Gramática en contexto

Fíjate en las **palabras en negrita en el texto**:

afirmó

dijo

aseguró

consideró

reconoció

enfatizó

El periodista introduce en forma de *dialogo directo*, con el uso de las comillas [« »], lo que la investigadora expresa durante su visita a El Salvador.

Sin embargo, estos mismos verbos pueden introducir lo mismo de forma indirecta.

Escribe un texto semejante, utilizando la forma directa y la indirecta.

Utiliza también los conectores que aparecen en el texto:

además [para añadir información]

no obstante [para cambiar de tono]

Y otros que te pueden servir. . .

Para añadir información:

así mismo

aparte de

a esto se añade que

también

por si fuera poco

Para cambiar de tono o de idea:

sin embargo

apesar de esto

aunque por otro lado

no obstante

Para distribuir la información:

En primer lugar / En segundo lugar

Por un lado / Por otro lado

Por una parte / Por otra parte

Para unos / Para otros

Hay quien opina/piensa que

Para más información sobre Argentina y sus indígenas nativos y para escuchar una canción, dirígete a www.pearsonhotlinks.com y escribe el título o ISBN de este libro. Después, selecciona el enlace número 3.2.

Para más información sobre la declaración de los derechos humanos indígenas del año 2007, dirígete a www.pearsonhotlinks.com y escribe el título o ISBN de este libro. Después, selecciona el enlace número 3.3.

Busca mas información sobre ACNUR y sus actividades en distintos países. Prepara una presentación oral y elige uno o algunos de los casos con los que esta organización trabaja.

No te olvides de incluir siempre imágenes para describir durante tu presentación, por ti, o por algún compañero.

Interculturalidad

Busca ejemplos de racismo en tu país. Puedes utilizar poemas o canciones que ejemplifiquen el racismo o la discriminación.

¿Por qué crees que ha sido necesario crear un documento especial sobre los derechos humanos indígenas?

¿Somos los seres humanos distintos por raza, o por religión, o por pertenecer a un grupo social o económico distinto?

¿Cómo podemos aceptar o rechazar esa diferencia y qué implicaciones tiene sobre la noción de derechos humanos?

Consejos para el examen

Es muy fácil confundir los términos. A la hora de hablar y escribir hay que ser muy precisos. Cada concepto tiene un significado específico y puede depender del contexto.

Se muy cuidadoso con las palabras que elijas.

Por esta razón es muy importante usar el diccionario y distinguir las distintas acepciones.

Practica el diálogo indirecto y el directo.

Cuando escribas recuerda usar conjunciones y adverbios para formar oraciones compuestas.

Creatividad, Acción, Servicio

Puedes organizar una exhibición de arte u otros objetos, cuyo tema sea No al racismo e invitar a la comunidad escolar. Se puede cobrar una mínima cantidad y entregarla después a una ONG que ayude a personas que hayan sufrido cualquier situación de racismo o discriminación.

PRÁCTICA - TEXTOS DE EXÁMENES IB

ESPAÑOL B – NIVEL MEDIO – PRUEBA 1
Mayo 2008

TEXTO A

Rigoberta Menchú

Rigoberta Menchú Tum. Su nacimiento fue el 9 de enero de 1959 en el municipio de Uspantán, Departamento del Quiché, Guatemala.

Era hija de Vicente Menchú Pérez y Juana Tum Kótoja', dos personajes muy respetados en su comunidad. Su padre fue un gran luchador por las tierras y los
5 derechos indígenas y su madre, una indígena experta en los saberes de los partos* (tradición indígena pasada de generación en generación, generalmente realizada en zonas rurales donde no llegan los servicios médicos).

Desde muy niña, Rigoberta aprendió a querer y a respetar la naturaleza, así como las tradiciones y la vida colectiva de su comunidad indígena. De pequeña también
10 experimentó la pobreza extrema en la que viven muchos de los indígenas mayas. A los cinco años comenzó a trabajar en una finca de café en condiciones muy duras y vio morir a dos de sus hermanos, Nicolás y Felipe, y a su mejor amiga, todavía a medio crecer, a causa de los pesticidas utilizados en las plantaciones.

Su Premio Nóbel de la Paz en 1992 está basado, en parte, en su libro *Yo,*
15 *Rigoberta Menchú*, donde narra la represión de los indígenas mayas por parte de la dictadura militar en Guatemala. Como adulta participó en protestas contra el régimen militar por sus violaciones a los derechos humanos.

La violencia la forzó a ir al exilio en 1981. Poco tiempo después su padre fue asesinado en la toma a la embajada de España en la Ciudad de Guatemala,
20 lo cual significó un duro golpe para la familia. Los Menchú son miembros del grupo indígena Quiché-Maya. En 1991 se produjo su regreso a Guatemala como Embajadora de la UNESCO para mejorar las condiciones de la mayoría indígena. Actualmente es Embajadora de Buena Voluntad del gobierno electo del presidente guatemalteco Oscar Berger (2006).

http://es.wikipedia.org/wiki/Rigoberta_Menchu_Tum [Texto adaptado]

TEXTO A — RIGOBERTA MENCHÚ

Basándose en el párrafo, indique la opción correcta:

1 El padre de Rigoberta fue:

    A   profesor de cultura indígena.

    B   especialista en técnicas agrícolas.

    C   defensor de los intereses de su comunidad.

    D   médico reconocido de su pueblo.

2 La mamá de Rigoberta aprendió a ayudar en los nacimientos:

    A   en la escuela de su comunidad.

    B   de su madre y de su abuela.

    C   en la Facultad de Medicina.

    D   de una compañera de su edad.

Transcriba las palabras o expresiones del párrafo ❸ que indican que Rigoberta:

3 Fue una amante de la tierra.

4 Conoció la situación de necesidad en la que vive el pueblo maya.

Conteste:

5 ¿Qué provocó la muerte de su amiga y de sus hermanos?

Basándose en el párrafo ❹, transcriba la palabra del texto que significa:

Ejemplo: hombre originario de un país .... *indígenas*........

6 acto de opresión para impedir actividades políticas o sociales

7 expresión de oposición o disconformidad

8 desconocimiento y ataque a leyes o principios democráticos

Basándose en el párrafo ❺ del texto, complete las siguientes frases con palabras del texto:

Ejemplo: Tuvo que irse a otro país por...

.... *la violencia* ....

9 La familia de Rigoberta sufrió una gran pérdida cuando...

10 Rigoberta y su familia forman parte de...

Basándose en los párrafos ❶ a ❺ del texto, complete la siguiente cronología con la palabra que indica una circunstancia fundamental en un momento determinado de la vida de Rigoberta. Las palabras aparecen en el texto en la forma adecuada.

Ejemplo: 1959 ....*nacimiento*.............

11 1981

12 1991

13 1992

14 2006

© International Baccalaureate, May 2008

TEMAS TRONCALES: RELACIONES SOCIALES

COMPORTAMIENTOS Y LO SOCIALMENTE ACEPTABLE

Objetivos:
- Considerar las supersticiones en distintas culturas
- Comparar eufemismos
- Cotejar diferencias sobre *etiqueta y el buen comportamiento*
- Importancia del registro formal e informal: Usted y tú
- Usar expresiones varias

En este capítulo se habla de las supersticiones, su origen y su influencia en la sociedad y en los comportamientos sociales. También se exploran los eufemismos como recurso al hablar de temas tabú o poco apropiados y por último se revisan ciertas reglas de etiqueta siempre aconsejables para comportarse correctamente en acontecimientos sociales.

4.1 Supersticiones

Texto 4.1.1

SUPERSTICIONES

Introducción

En todas las culturas existen ciertas creencias por las que hacer o no hacer algo en determinadas circunstancias trae buena o mala suerte. ¿Por qué? ¿dónde esté el origen de estos rituales?

Aunque parezca que cada vez somos más racionales, la realidad muestra lo contrario y a pesar de que todos sabemos que estas creencias no tienen una explicación lógica, han perdurado a través de los siglos.

En una encuesta realizada en España se demuestra que los españoles en la actualidad se declaran más proclives a creer estos detalles irracionales que conocemos como supersticiones.

La encuesta demuestra que entre todas las supersticiones que se refieren a la mala suerte, la relacionada con el número trece es la que provoca más inquietud.

El número trece trae malos augurios desde antiguo: Desde el número de comensales que asistieron a la Última Cena hasta que la venida del Anticristo aparece en el capítulo trece del Apocalipsis, pasando porque en las cartas del tarot esta cifra hace referencia a la muerte.

Por eso este número trece no aparece por ejemplo en las filas de asientos de los aviones, está omitido en los billetes de lotería e incluso hay bloques de apartamentos que pasan directamente del piso doce al catorce. De hecho uno de los dichos más populares dice que en martes y 13 ni te cases ni te embarques, indicando que una boda traería mala suerte y emprender un viaje sería negativo para los proyectos de futuro. Otra

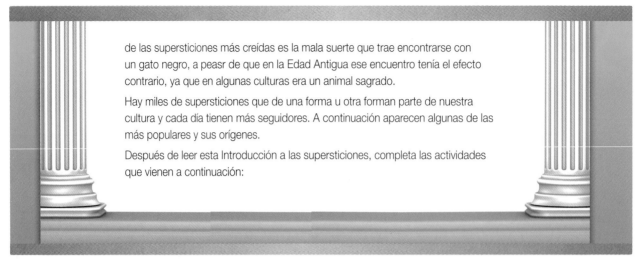

de las supersticiones más creídas es la mala suerte que trae encontrarse con un gato negro, a peasr de que en la Edad Antigua ese encuentro tenía el efecto contrario, ya que en algunas culturas era un animal sagrado.

Hay miles de supersticiones que de una forma u otra forman parte de nuestra cultura y cada día tienen más seguidores. A continuación aparecen algunas de las más populares y sus orígenes.

Después de leer esta Introducción a las supersticiones, completa las actividades que vienen a continuación:

El Mundo

Nota cultural

Dan mala suerte: los gatos negros, romper un espejo, tirar sal, abrir el paraguas dentro de casa, pero también no mirar a los ojos cuando se brinda, encender un cigarrillo con una vela, ver el traje de la novia antes de la boda, si no te acabas la comida mañana hace mal tiempo, acostarse con los pies cerca de la puerta significa que vas a morir pronto, etc. Sin embargo, *cruzar los dedos* sirve como antídoto a la mala suerte.

Contenidos

1   Responde a las siguientes preguntas:

  a   ¿Cómo describe el texto a las supersticiones?

  b   Cita TRES razones por las que se considera al número trece como símbolo de la mala suerte.

  c   ¿Sabías explicar con tus propias palabras el significado "ni te cases ni te embarques"?

Manejo de texto

Basándote en la información que se ofrece, indica cuál de los enunciados es correcto justificándolo con la expresión correspondiente:

1   A pesar de que somos más racionales, las supersticiones…

  a   son más populares y la gente cree en ellas más que nunca.

  b   están pasadas de moda y practicamente nadie cree en ellas.

  c   son difíles de creer porque no tienen una explicación lógica.

2   La superstición del número trece…

  a   es la más popular a la hora de buscar apartamentos.

  b   es la que provoca más inquietud desde hace siglos.

  c   es la que menos afecta a los españoles según los resultados de una enuesta.

3   La historia de los gatos negros…

  a   muestra que siempre han sido símbolo de la mala suerte.

  b   explica la importancia que tenían en la antigüedad.

  c   cuenta que estuvieron prohibidos en la antigüedad.

Texto

Interculturalidad

¿Qué más supersticiones se te ocurren? ¿Hay supersticiones en tu cultura que no se hayan mencionado aquí? ¿Sabes cómo se aplican?

¿Hay supersticiones comunes? ¿Conoces las leyendas que las originaron?

supersticiones más comunes

su origen histórico

1. **Un gato negro que camina hacia ti o que se cruza en tu camino**

   Aunque en Egipto se creía que el gato era la reencarnación de los dioses, siglos después, la Iglesia Católica lo **ha considerado** como la reencarnación del diablo, por lo que eran quemados. El negro se **ha identificado** con el diablo por ser el color de la noche. En casi toda Europa y en Norteamérica se **ha creído** que un gato negro trae mala suerte si se aleja de ti, pero buena suerte si camina hacia ti.

2. **Derramar la sal**

   Su origen data del año 3.500 a.C. Ya entonces se creía que la sal era incorruptible, razón por la cual se convirtió en símbolo de amistad. Desde entonces se **ha pensado** que si se tira, la amistad se romperá. Para contrarrestar ese supuesto efecto maldito, se debe echar una pizca de la sal derramada sobre el hombro izquierdo.

3. **Romper un espejo**

   Se dice que ocasiona siete años de maldición. El espejo era un elemento mágico de adivinación, por lo que si se rompía, era para no mostrar una imagen aterradora del futuro. Siete años se **ha considerado** el tiempo que, supuestamente, tarda en renovarse un cuerpo.

4. **Apagar las velas de un soplido**

   Fue en la Baja Edad Media alemana donde surgió la idea de colocar en las tartas de cumpleaños tantas velas como años cumplían los niños más una. Para dejar atrás los años cumplidos y pasar a los siguientes, se debían apagar todas las velas de un solo soplido. Esta práctica se **ha extendido** a muchas culturas.

5. **Pasar debajo de una escalera**

Es por el triágulo que forma ésta con la pared. Antiguamente se pensaba que todos los triángulos eran un símbolo sagrado, tanto las pirámides como la trilogía de la Santísima Trinidad y, por lo tanto, era un sacrilegio pasar bajo ese arco.

Se cree que, una vez que se **ha pasado**, el mal se conjura cruzando los dedos, escupiendo una vez bajo la escalera o tres veces después de cruzarla. También se relaciona esta superstición con el patíbulo: siempre **han utilizado** una escalera de mano para colocar la soga y también para retirar el cadáver: la muerte y la escalera iban siempre muy unidas.

6. **Dejar las tijeras abiertas**

Este instrumento debe permanecer cerrado mientras no se usa porque atrae la mala suerte. Si se **ha caído** al suelo y queda con las puntas abiertas apuntando hacia ti, recógela y echa sal por encima del hombro izquierdo para ahuyentar los malos espíritus. En Grecia se creía que la parca Atropos cortaba con las tijeras el hilo de la vida, así que de alguna forma los objetos cortantes siempre **han dirigido** el destino y son símbolo de muerte repentina.

7. **Tocar madera**

Posiblemente proviene de Estados Unidos, donde hace 4.000 años los indios veneraban al roble como la morada de los dioses. Este material también **ha simbolizado** la protección maternal y aleja el peligro. Otro origen tiene que ver con los trozos que se conservaron de la Santa Cruz.

8. **Empezar el día con el pie izquierdo**

Ya Petronio aludía en el "Satiricón" a la mala suerte de entrar en un lugar con el pie izquierdo. En España **ha podido** tener su origen en la tradición celta y en el movimiento solar, siempre hacia la derecha. El efecto negativo se elimina al santiguarse tres veces.

9. **Martes y 13**

La maldición del número trece tiene su origen en la Última Cena de Jesucristo con los doce apóstoles, en la que fue delatado.

Se cree que si se **han sentado** a comer trece personas en una misma mesa, una de ellas morirá antes de un año.

El día de la semana varía: en España, México y Grecia se teme al martes y trece; y en los países anglosajones al viernes y trece, porque en viernes fue crucificado Jesús.

10. Ir de luna de miel

El viaje postnupcial proviene de la huida que en tiempos de Atila, rey de los hunos, seguía al rapto y matrimonio de la hija, y se **ha llamado** así por la costumbre de que los novios bebieran un brebaje durante el viaje que contenía vino y miel.

11. Abrir el paraguas bajo techo

La primera noticia que se tiene de esta creencia data del siglo XVIII en Inglaterra, donde creían que daba mala suerte por la negatividad que existía entre el paraguas y la casa, ya que ésta siempre **ha protegido** a sus habitantes y no **ha tolerado** ninguna protección adicional. Si alguien lo abría sobre su cabeza, supuestamente esa persona moría antes de que acabase el año.

12. Cruzar los dedos

Antes de la era cristiana, existía la costumbre que dos personas enlazaran sus dedos indices formando una cruz para expresar un deseo; una apoyaba a la otra mentalmente para que éste se cumpliera. La cruz, en la era precristiana, siempre **ha sido** el símbolo de la perfección y en su unión residían los espíritus benéficos. La costumbre se **ha ido** simplificando hasta nuestros días, donde se da por valido con cruzar dos dedos de una mano.

13. Poner la escoba al revés detrás de la puerta

En realidad, en relación a esta superstición, no podemos hablar realmente de buena o mala suerte. A las brujas siempre se las **ha descrito** subidas en una escoba para acudir a los aquelarres; de ahí que antiguamente se creyera que colocando una escoba a las puertas de una casa donde se sospechaba que había entrado una, ésta no resistiría la tentación de cogerla y salir volando. Así, si **ha llegado** una visita molesta, hay que colocar una escoba invertida detrás de una puerta y el inoportuno abandonará tu casa.

14. Una pestaña caída

El Diablo colecciona pestañas y, según la tradición, perder una significa correr toda clase de peligros. Así que si se te **ha caído**, colócala en el dorso de la mano y lánzala por encima del hombro o sitúala en la punta de la nariz, sopla para que salte y pide un deseo.

15. Tirar monedas a un pozo o una fuente

Viene del antiguo rito adivinatorio de arrojar alfileres o piedras a un pozo, con el fin de saber si un hecho se iba a cumplir o no. Si al caer salen burbujas, significa que lo que se **ha solicitado** se llegará a cumplir.

Contenidos

Después de leer las descripciones completa la tabla decidiendo cuáles supersticiones, según los contenidos, traen buena o mala suerte.

Buena suerte	Mala suerte
Apagar las velas de un soplido	Abrir un paraguas bajo techo

Para cada una, elige una o dos oraciones que justifiquen tu elección.

Ejemplo: "La negatividad que existe entre un paraguas y la casa"

Luego, basándote en las que traen mala suerte busca que remedios se sugieren para eliminar sus efectos.

Ejemplo: "Arrojar sal sobre el hombro izquierdo"

Manejo de texto

Empareja las supersticiones que aparecen en la lista con sus significados: ¡cuidado¡ hay más elementos en la segunda columna.

1	Ver un gato negro	a	Siete años de mala suerte
2	Derramar la sal	b	Bancarrota económica
3	Romper un espejo	c	Fracaso en el matrimonio
4	Apagar las velas de un soplido	d	Peligro de accidente doméstico
5	Pasar por debajo de una escalera	e	Atraer a los malos espíritus
6	Dejar las tijeras abiertas	f	Muerte violenta
7	Tocar madera	g	Perder las amistades
8	Empezar el día con el pie izquierdo	h	Dejar paso a los años venideros
9	Martes y trece	i	Ahuyentar la mala suerte
10	Ir de luna de miel	j	Perder la protección del hogar
11	Abrir el paraguas bajo techo	k	Librarse del diablo
12	Cruzar los dedos	l	Cumplir un deseo
13	Poner la escoba al revés	m	Hacerse algo realidad
14	Perder una pestaña	n	Las personas no deseadas se irán de la casa
15	Tirar monedas a un pozo	o	Mala suerte por ir en contra del movimiento de los astros
		p	Romper la protección divina
		q	Mala suerte hasta el punto de morir
		r	Liberación

Interculturalidad

Y en tu país ¿son populares las supersticiones? ¿Has leído alguna superstición que no conocías?

¿Aparecen supersticiones que también existen en tu cultura?

¿Hay alguna superstición en tu país que no aparece en la lista? Explícala.

Gramática en contexto

Fíjate en todos los verbos **en negrita** que aparecen en el texto (**ha llegado, ha sido, se ha descrito**)

Este tiempo verbal se llama Pretérito Perfecto y está formado por:

Presente de indicativo del verbo Haber+ Participio Pasado del verbo que se conjuga.

Te recordamos los dos elementos de este tiempo verbal:

Presente de Haber:

Yo he, tu has, él ha, nosotros hemos, vosotros habéis, ellos han

Participio pasado

-AR=-ado

-ER/-IR=-ido

Hay una serie de verbos que tienen el participio pasado irregular:

Abrir= Abierto	Hacer=Hecho
Cubrir= Cubierto	Morir=Muerto
Decir=Dicho	Poner=Puesto
Escribir=Escrito	Ver=Visto

El tiempo verbal será pues un tiempo compuesto e inseparable:

He hablado, hemos visto, han salido

El Pretérito Perfecto tiene fundamentalmente dos usos:

Enlazar el pasado con el presente (pasado próximo)

Hacer un balance o un resumen de acciones en un período (de tiempo)

Ahora lee los verbos que aparecen y asegúrate que entiendes su significado. Después, trata de identificar el uso de cada uno.

Ejemplo:"La Iglesia lo ha considerado. . ." significa que ese hecho ha ocurrido durante mucho tiempo y que hoy sigue ocurriendo.

Eufemismos

Es de *buena educación* evitar el uso de algunas palabras o expresiones que por muy diversas razones *suenan mal*.

Para no utilizarlas, se sustituyen con frecuencia por otras palabras que, aunque tienen el mismo significado, suenan más correctas: a estas palabras se las llama eufemismos.

Los eufemismos se utilizan principalmente en áreas como trabajos humildes (servicio doméstico) donde hoy abundan los inmigrantes, defectos físicos (ceguera, sordera), enfermedades mentales y la muerte o aquellos con connotaciones sexuales (homosexualidad, prostitución o embarazos).

El uso de los eufemismos en ciertos conceptos se ha liberalizado, somos más abiertos; pero por otro lado seguimos tratando de ocultar ciertos temas o mostramos recelo hacia ellos. Hoy día se denomina eufemísticamente *políticamente correcto* a aquello que se denominaba con un eufemismo.

Así pues, el uso de eufemismos depende del tipo de educación recibida, del carácter de cada individuo y de la situación en que se halle.

Lee el artículo sobre los eufemismos donde el autor indica que son *para cualquier época*:

Eufemismos para cualquier época

por Luis del Val

Me eduqué en una dictadura que denominaba a los porteros empleados de fincas urbanas y logró que los proletarios y trabajadores se llamaran productores. Productores como Carlo Ponti, que era productor cinematográfico, y producía tan bien, que se casó con Sofía Loren, mientras los productores franquistas sólo producían tornillos o planchas de madera y se casaban con quien podían. El eufemismo, como el traje Chanel de las señoras, sirve para cualquier época.

El PP (*) llama a su descarnada lucha por el poder democracia interna, y la terrible crisis económica que nos devora es definida por el presidente del gobierno como desaceleración profunda. Las subidas terribles de los precios son meros ajustes económicos, y las compañías de seguros, mucho antes de que llegara la democracia a España, ya mencionaban los fallecimientos como decesos.

El ser humano aprendió a leer hace sólo seis mil años, después de una larga noche analfabeta que duró centenares de siglos, y es tan soberbio que todavía cree que cambiar el nombre de las cosas cambia a las cosas. Desde los cultos economistas que a fuer (**) de imbéciles califican las pérdidas como crecimiento negativo, hasta los doctos y estúpidos gurús de la sociología, que denomina a la marea de enfado que se avecina, y que estallará en manifestaciones, como malestar social.

Un malestar social suena a jaqueca, la leve jaqueca que tiene un chico de barrio una tarde de viernes, pero estas jaquecas suelen traer consecuencias dramáticas y, a veces, trágicas. Predicar que el eufemismo sólo sirve para disimular en el primer tiempo, y para que, en la segunda parte, el eufemismo encocore (***) y subleve mucho más que si se hubiera dicho la verdad resulta inútil. Es un principio que repele a los políticos, sean de derechas o de izquierdas, gobiernen o estén en la oposición. Y es desolador, pero se prefiere la búsqueda del eufemismo, a la búsqueda de soluciones.

(*) Partido Popular y en la actualidad es el partido de la oposición
(**) además de, en exceso
(***) enoje, enfade

Manejo de texto

Después de leer el texto, completa las siguientes actividades.

 1 Empareja las frases de las dos columnas de manera que reflejen las ideas principales del texto. *Cuidado:* Hay más oraciones de las necesarias en la segunda columna.

a Los eufemismos…	**1** es como un dolor de cabeza.
b Los partidos políticos…	**2** sólo sirve para demorar la búsqueda de soluciones.
c Los humanos son tan arrogantes…	**3** nunca pasan de moda.
d El llamado malestar social…	**4** que llegan a contradecirse con los eufemismos.
e En realidad, el uso de los eufemismos…	**5** puede desembocar en un final trágico.
	6 disfrazan los problemas con eufemismos.
	7 corresponde solamente a los políticos de derechas.
	8 creen que los eufemismos solucionarán la crisis.

 2 Responde a estas preguntas.

a ¿Con qué compara Luis del Val a los eufemismos?

b ¿Qué expresión indica que los eufemismos están siempre de actualidad?

c ¿Qué frase del segundo párrafo significa ambición *desmedida* (por presidir el gobierno)?

d Y en el tercer párrafo, ¿qué significa la expresión *larga noche analfabeta*?
  1 Tiempo en el que descansan los analfabetos
  2 Periodo oscuro en la evolución cultural de los humanos
  3 Duración en el tiempo del analfabetismo mundial

e En el mismo párrafo, ¿qué eufemismo resulta una expresión contradictoria?

f Explica el significado de *jaqueca*:
  1 Dolor de cabeza pertinaz
  2 Dolor de cabeza leve
  3 Dolor de cabeza epidémico

g ¿Por qué se prefiere el uso del eufemismo al de expresar el concepto exacto?

> **Nota cultural**
> Aunque el uso del registro formal (usted) se ha relajado bastante en España, en América Latina sigue siendo imprescindible. Igualmente las reglas de cortesía se aplican allí con mayor intensidad.

Actividad oral interactiva

En grupos o parejas, discute con tu(s) compañero(s) en qué circunstancias podrían aplicarse ciertos eufemismos y luego presentalo a la clase. Puedes basarte en algún acontecimiento social o político tal como "El día del orgullo gay", "Intervenciones raciales en la literatura". . . etc.

Políticamente correcto ¿significa esa expresión lo mismo que utilizar eufemismos? Discútelo y apóyalo con ejemplos.

4.2 Etiqueta y comportamiento en sociedad

Lo socialmente aceptable: ¿Regresamos a las buenas maneras? Lee los textos que vienen a continuación.

Texto 4.2.1

Reglas de etiqueta y buen comportamiento

"Las reglas de etiqueta parecen haber quedado en el olvido o tal vez nunca se supieron. En cualquiera de los casos, es fácil retomar el buen comportamiento". (Teresa Reyes)

Las reglas de etiqueta se aplican en todo momento y existen para cada situación. Se podría alegar que son demasiadas para atenderlas todas, sin embargo hay reglas básicas que todas las personas deberían de saber y aplicar.

Reglas de etiqueta y buen comportamiento en la mesa

La mesa parece ser justo el lugar en el cual las personas olvidan las reglas de etiqueta y de pronto se encuentran con una invitación a cenar y desean haber puesto atención al protocolo. Es verdad que la generalidad de los individuos desea comportarse adecuadamente o por lo menos no permitir que los demás duden de que tan finos sean. Aquí se enumeran unas cuantas reglas y claves que se pueden seguir a la mesa, o en un restaurante:

- El celular no se pone sobre la mesa, es de pésimo gusto y peor es contestarlo aún sentado.
- Primero se le debe servir a la mujer de mayor edad en la mesa, y después a las demás mujeres. Al terminar de servir a las mujeres se le sirve al hombre de mayor edad y después a los demás hombres.
- La servilleta tiene un propósito, hay que usarla para limpiar las manos y alrededor de la boca, no el mantel o la lengua.
- Tomarse el cabello en la mesa es de mala educación.
- Utilizar gorra o sombrero a la mesa es de mal gusto.
- Si se encuentra en un restaurante se debe hablar con voz baja, jamás gritar o reír a carcajadas.
- Mientras la gente sigue comiendo no se deben prender cigarros ni puros.
- El postre se ordena primero y después el café, no se toman juntos.
- Siempre se debe dejar propina por lo menos el 10%.

Reglas de etiqueta y buen comportamiento en reuniones

En teoría las reglas de etiqueta deberían ser utilizadas siempre sin importar al lugar en que se encuentre la persona, pero por lo menos se deberían aplicar en reuniones por ejemplo con la familia de la pareja, reuniones de trabajo y eventos más formales. Si una persona no se encuentra familiarizada con las reglas de etiqueta y protocolos de comportamiento en reuniones, atendiendo las siguientes reglas podrá pasar por todo un caballero o una dama.

- Siempre que se acuda a una reunión se debe llevar postre o una botella de vino.
- Ser el último en irse e insistir en continuar la fiesta será una invitación a no volver a ser invitado.
- Llevar niños a una reunión de adultos es una de las faltas más cometidas y peor vistas.
- Si se es el anfitrión, pedir a los invitados que lleven bebida o comida, jamás.
- Nunca llegar sin anunciarse a casa de un amigo, familiar o conocido.
- Llegar temprano es tan malo como llegar tarde. Se debe llegar a la hora acordada.
- Abarcar la conversación, hablar sobre uno mismo o no permitir un cambio de tema es falta de respeto hacia los demás.

Reglas de etiqueta y buen comportamiento en la persona

El físico y el arreglo hablan mucho de una persona. El dicho *Como te ven, te tratan.* es cierto en la mayoría de los casos por lo que procurar siempre verse bien, decente, presentable y aseado ayudará a que se abran las puertas en diversos lugares. No se debe olvidar que el cuerpo es el templo de cada persona y se le debe prestar la mayor atención y procurar el mejor cuidado.

- Un par de accesorios es suficiente.
- Un tatuaje jamás va a ser elegante ni de buen gusto, lo mismo con las perforaciones.
- Las extensiones pueden usarse siempre y cuando se vean naturales.
- Demasiado bronceado solo hará ver a las personas como zanahorias, jamás sexy.
- Demasiado maquillaje pertenece a la calle.
- Uñas largas y con adornitos, jamás.
- Se debe elegir entre minifalda y escote, es de mal gusto usar ambos al mismo tiempo.

- Cuidado con las faldas o vestidos muy cortos y los tacones, combinación peligrosa.
- Demasiado perfume no es elegante.
- No es buena idea promocionar a una marca sin cobrar publicidad. Los logotipos exagerados estampados sobre todo lo que llevas puesto no hace a las personas más elegantes.
- Las copias de marcas nunca, no se necesita usar cosas de marca para verse bien.
- El botox en exageración no hace maravillas, hace lo contrario.
- Cabello rubio exagerado nunca, menos con raíces oscuras.
- Hombres: Las camisetas sin mangas no se ven bien ni en la playa ni en el gimnasio.

Reglas de etiqueta en temas generales

Diversas reglas de acuerdo al protocolo se enlistan abajo. Estos pequeños detalles harán un enorme cambio en quien los aplique pues permitirán a la persona adquirir mayor clase, ser apto para invitaciones importantes y no un riesgo vergonzoso para quienes lo rodean. Es muy fácil ser alguien correcto y propio y esto no significa ser una persona aburrida o falsa, simplemente significa que se es una persona educada.

- Siempre se debe confirmar la asistencia a cualquier evento. Jamás se debe llegar de sorpresa.
- Antes de subir a un elevador o ascensor se debe esperar a que bajen las personas que vienen en él.
- Elegancia va de la mano con sencillez, es de mal gusto ser ostentoso.
- Los chándales son para correr no para viajar en avión.
- Los jabones, toallas, champús, cremas, etc. de los hoteles no son para llevar.
- Chicle en eventos públicos o fiestas se ve fatal.
- Besar siempre a puerta cerrada.
- Jamás decir "¿Sabes quién soy?" o "¿Sabes quién es mi papá?"
- Canciones como tono en el celular o al pitar el coche jamás.
- Pedir prestado y no pagar es falta de educación.

- Enseñar fotos de los niños a todo momento, no hablar de otra cosa que no sean los hijos, llevarlos a todo lugar es de mal gusto y la gente comenzará a evitar a esos padres.
- Las invitaciones sociales jamás se deben enviar a un lugar de trabajo.
- Excusarse para ir al baño justo al momento que llega la cuenta en algún lugar habla mal de la persona.

Etiqueta y elegancia

La etiqueta va de la mano con la elegancia. Las reglas de etiqueta existen para facilitar la convivencia entre personas estableciendo códigos a seguir para no molestar o faltar al respeto a alguien más, lo cual suele suceder generalmente por accidente y como consecuencia de no saber cómo comportarse.

Se podría pensar que es exagerado, sin embargo no lastima a nadie intentar apegarse a lo que es generalmente catalogado como correcto y evitar los comportamientos que podrían causar incomodidades.

Muchas personas quieren ser elegantes, el seguir las reglas de etiqueta es un buen comienzo para serlo.

Carta de la Lotería Popular mexicana que representa al perfecto caballero

Sugerencias para actividades intertextuales

Para más información sobre varios aspectos de las reglas de etiqueta, dirígete a www.pearsonhotlinks.com y escribe el título o ISBN de este libro. Después, selecciona el enlace correspondiente, número 4.1, 4.2, 4.3 y 4.4.

Manejo de texto

1 Responde si estos enunciados son verdaderos o falsos y justifícalo con la expresión del texto:

Comportamiento en la mesa

a La gente siempre desea guardar las buenas maneras en la mesa.

b Se sirve primero a los mayores, hombres o mujeres.

c Sentarse a la mesa con la cabeza cubierta no demuestra buenas maneras.

d En el restaurante se requiere un comportamiento discreto.

e El café y el postre se piden al mismo tiempo.

Comportamiento en reuniones

f Es importante saber comportarse en público en cualquier ocasión.

g Es aconsejable llevar un regalo o un pequeño detalle a las reuniones.

h Los niños no son admitidos en ciertas reuniones de adultos.

i Es importante llegar a tiempo a una reunión.

2 Explica los significados de las siguientes expresiones

Comportamiento en la persona

a *Como te ven te tratan.*
   1 El aspecto físico es muy importante.
   2 Solamente tratan bien a los ricos.

b *El cuerpo es el templo de cada persona.*
   1 El cuerpo es un lugar de recogimiento y oración.
   2 El cuerpo es un lugar digno de respeto.

c *Hará ver a las personas como zanahorias.*
   1 Se refiere al color rojizo del bronceado en exceso.
   2 La piel se vuelve anaranjada con el exceso de sol.

3 Elige cinco consejos que se refieran a usos exagerados de la moda o complementos, por ejemplo *Uñas largas y con adornitos jamás.* Aplica estructuras modales para dar consejos:

Deber + Infinitivo

Tener + que + Infinitivo

Ejemplo: No debes llevar *uñas largas y con adornitos.*

Comportamiento en temas generales (Introducción)

4 ¿Cómo dice el texto lo siguiente?

"No debe confundirse la educación con la falsedad o el aburrimiento"

Interculturalidad

Expresiones:

Ser de mal gusto

Ser ostentoso

Verse fatal

Jamás

Ser una falta de educación

Hablar mal (de alguien)

¿Sabes lo que significan las expresiones anteriores?

¿Podrías aplicarlas a algún caso concreto en tu propia cultura?

¿Piensas que estas reglas de etiqueta pueden ser aplicables en tu cultura?

Explica cuáles son aceptables y cuáles no.

¿Qué otras reglas de etiqueta puedes compartir con la clase?

Manejo de texto

Etiqueta y elegancia

5 Responde a las siguientes preguntas.

a ¿Para qué sirven las reglas de etiqueta?

b ¿Por qué es necesario establecer códigos de comportamiento?

Contesta con tu opinión personal:

c ¿Crees que es exagerado seguir estas reglas de etiqueta?

d ¿Piensas que seguir estas reglas es un comienzo para ser elegante?

Consejos para el examen

Aprende algunas de las expresiones relacionadas con los tabúes, eufemismos y reglas sociales del idioma español, para que puedas utilizarlas en tus conversaciones y en tus escritos. Haz tu propio listado y trata de usarlas de una forma natural.

Creatividad, Acción, Servicio

Puedes crear una web en la cual los estudiantes extranjeros puedan aprender los comportamientos que se consideran apropiados en el país donde estudiáis, tanto como aquellos que hay que evitar. La web puede incluir una serie de consejos sobre como relacionarse con las personas del país, temas de conflicto, aspectos culturales, históricos, políticos, etc.

 ¿Conocer otra cultura y sus comportamientos nos hace capaces de comprender mejor la nuestra?
¿Es realmente importante conocer las reglas de comportamiento, lo considerado aceptable en nuestra cultura y en otras?

PRÁCTICA - TEXTOS DE EXÁMENES IB

ESPAÑOL B – NIVEL MEDIO – PRUEBA 1

Mayo 2000

¿QUÉ ME VA A PASAR?

Escena i

Escena ii

Escena iii

ESCENA IV

ESCENA V

ESCENA VI

ESCENA VII

ESCENA VIII

TEXTO A ¿QUÉ ME VA A PASAR?

En el siguiente diálogo falta lo que dicen los personajes de la historieta contada en los dibujos.
Elija la opción correcta para cada hueco.

CUIDADO: *Hay más opciones que las necesarias.*

Ejemplo: ESCENA I   Señora: B
                    Señor: O

1   ESCENA II   Señora:
                Señor:

2   ESCENA III   Señora:
                Señor:

3   ESCENA IV   Señora:
                Señor:

4   ESCENA V   Señora:
                Señor:

5   ESCENA VI   Señora:
                Señor:

6   ESCENA VII   Señora:

7   ESCENA VIII   Señor:

Señora

A   Sí, pero va a tener suerte, le van a cuidar muy bien.

B   Vamos a ver qué dicen las cartas.

C   ¡Es usted un sinvergüenza¡ !tome¡ ¡fuera de aquí!

D   ¡Usted va a tener un accidente!

E   Sí, y además va a enamorarse, casarse, tener familia...

F   ¡No me hable así! ¡Cállese!

G   ¡Un momento ! ¿qué estoy viendo en su oficina?

H   Sí, y también su trabajo va a ir muy bien.

Señor

I   ¿Voy a curarme completamente?

J   No me asuste, señora... ¿Qué ve en mi trabajo?

K   He olvidado pagarle.

L   ¡No me diga usted eso! ¿Voy a ir al hospital?

M   ¿Qué habrá visto para pegarme?

N   Eso es maravilloso.

Ñ   Amor, trabajo, familia ¿qué más se puede pedir?

O   Espero que sea bueno.

TEMAS TRONCALES: MEDIOS Y COMUNICACIÓN
SENSACIONALISMO Y PARCIALIDAD

5

Objetivos:
- Confrontar y emplear titulares de textos periodísticos
- Identificar la parcialidad / imparcialidad en la prensa
- El uso del pronombre *se* y sus funciones
- Extracción de ideas principales, explicación e ideas opuestas
- Concluir, contraponer, añadir, ordenar y exponer ideas a través del uso de conectores

En este capítulo se exploran dos de las manipulaciones de la información más frecuentes en los medios de comunicación: el sensacionalismo, a través de una serie de titulares de prensa, un artículo dedicado a las revistas del corazón y una entrevista a una de las periodistas que fomentan este tipo de prensa y que además colabora en un programa de televisión; y la parcialidad, explicando el fenómeno y poniendo como ejemplo un artículo publicado en la prensa cubana.

5.1 **Sensacionalismo**

Texto **5.1.1**

Emezeta**blog**

Inicio   Artículos   Categorías   Publicidad   Contacto   RSS

Sensacionalismo en la prensa

Introducción:

Uno de los «juegos» más frecuentes en los medios de comunicación y prensa, es el de utilizar el sensacionalismo de una forma intensiva.

El sensacionalismo se define como:

Tendencia a producir sensación, emoción o impresión, con noticias, sucesos, etc. (RAE)

Forma de ser extremadamente polémico y querer llamar mucho la atención.

Esto, utilizado de forma moderada y con ciertos límites, podría ser incluso una herramienta encomiable. No hay nada de malo en intentar hacer titulares más interesantes para llamar la atención del público.

Sin embargo, el problema está en cuando se utiliza de forma exagerada, llegando a uno de estos puntos:

- **Ser pretencioso:** Presuntuoso, conseguir darle relevancia a algo que no lo tiene.

- **Desinformador:** Deformar o restar importancia a datos que deberían serlo.

- **Subjetivismo:** Información poco neutral o imparcial, omitir información.

- **Manipulación:** Pretender cambiar o manipular la opinión.

emezeta.com

Recortes de titulares

Se han seleccionado dos noticias: una sobre la ilegalidad de las retransmisiones deportivas por Internet, otra sobre los usos de los blogs que hacen los políticos:

Roja Directa y los enlaces a retransmisiones

La web Roja Directa facilita enlaces para poder ver en directo, en canales extranjeros, retransmisiones deportivas que no se emiten en España. Como suele ser común en casi todas estas denuncias, se acabó en sobreseimiento.

Texto

'Roja directa' se libra de la acusación de AVS

prnoticias

Rojadirecta.com humilla a Prisa

Periodista Digital

El juez no ve delito enlazar a partidos de fútbol en directo por internet

ABC.es

Sogecable pierde la "guerra del fútbol" en internet

formulatv

Un 20% de los diputados tienen blog

Un 20 por ciento de los diputados del Congreso ya tienen bitácora en Internet

europa press

Medio centenar de diputados del PSOE tienen blog propio

elmundo.es

El 80% de los diputados españoles "pasan" de internet

dMinorías

Los socialistas, los más blogueros

nuevatribuna.es

Es necesario añadir que no siempre la prensa escribe con afán de manipulación o sensacionalismo, pero hay que tener cuidado, ya que muchas personas son fácilmente influenciables sólo con el titular y el sentido de redacción de la noticia.

Manejo de texto

1 Después de leer los titulares, decide qué puntos clave del sensacionalismo muestran los titulares y por qué.

	Roja Directa	Blog socialista
ser pretencioso		
ser desinformador		
subjetivismo		
manipulación		

Roja Directa:

2 En el titular 1 aparece la expresión: *"Roja Directa **se** libra…"*

   a ¿A qué identifica el pronombre *se*?

   b ¿Sabes cómo se llama y en qué consiste su uso?

3   En el titular 3 aparece la expresión *"El juez **no ve** delito…"*. Este uso implica que probablemente haya algo cierto aunque el juez no lo vea.

¿Es parcial el juez al dictar sentencia?

4   Por último en los titulares 2 y 4 aparecen dos expresiones negativas, ¿qué significan?

a humillar
- abusar
- considerar inferior
- poner en vergüenza

b *"La guerra del fútbol"*
¿Quiénes pelean en esta *"guerra"*? ¿Quién gana la guerra?

Un 20% de los diputados tienen blog:

Se comenta que un 20% de los diputados tiene blog. No comentan datos como cuántos artículos han escrito o si la actividad es frecuente o sólo se trata de algo pasajero.

5   Mirando los titulares, responde a estas preguntas:

a ¿Utilizan los diputados españoles Internet de forma habitual?

b ¿De qué dos maneras se menciona al partido político que más utiliza este sistema?

c ¿Cómo se expresa la idea del uso mayoritario del blog?

d ¿Cuál de los tres titulares te parece más efectivo?

e ¿Qué aspecto del sensacionalismo (pretencioso, manipulador, desinformador) se manifiesta en el titular?

Gramática

Pronombre *se*

Pronombre reflexivo de tercera persona en singular y plural:

*"Juan **se** levanta temprano."* (singular)

*"Juan y Pedro **se** van a pasear."* (plural)

Pronombre de objeto indirecto en oraciones de doble objeto:

"Yo le regalé un yate a Juan." ⟶ *" Yo **se** lo regalé"*

se ⟶ a Juan (objeto indirecto); **lo** ⟶ un yate (objeto directo)

Pronombre de sujeto en oraciones impersonales (colectivas o anónimas):

*"**Se** dice que va a llover."*

*"**Se** piensa que hay crisis."*

Se ⟶ todos/todo el mundo (colectivo)

Se ⟶ cualquiera (anónimo), el verbo siempre aparece en singular.

Pronombre pasivo reflejo:

Se convierte en reflexivo un verbo que no lo es para explicar la acción pasiva donde el sujeto (el que realizó la acción) carece de importancia.

"Ellos talaron algunos árboles." ⟶ *" Algunos árboles **se** talaron."* (por ellos)

"Las bombas destruyeron varios edificios." ⟶ *"Los edificios **se** destruyeron."* (por las bombas)

5.2   Las revistas del corazón

Como ocurre siempre, no todas estas revistas son iguales: Las hay respetuosas, las hay objetivas, las hay exageradas y las hay escandalosas; en fin, las hay para todos los gustos. Por eso, las reacciones que provocan pueden dividir la opinión de los lectores y de ahí, resultar en un tema polémico.

¿Sabes en qué consisten exactamente los contenidos de estas revistas?

¿Te parece que estas publicaciones invaden la intimidad de una persona?

El hecho de que una persona sea famosa ¿nos da derecho a intervenir en su vida privada?

Texto 5.2.1

Las revistas del corazón

Extraído de "Puesta a punto: La expresión escrita", por Amando de Miguel

Este texto es un artículo **a favor** de las revistas del corazón.

Y TÚ ¿QUÉ OPINAS?

¡TEMAS QUE PROVOCAN POLÉMICA!

Las revistas del corazón

Me gustaría hacer una defensa de las revistas del corazón, aunque sólo sea para darlas a conocer y entenderlas.

En lo que a mí concierne, confieso que, aunque me cansan, intento leerlas y con frecuencia me he metido en ellas. Considero que son uno de esos elementos útiles en nuestra vida de ocio.

Para empezar, en este país la mayoría de la gente no lee nada, o lee revistas del corazón. Algunos pensarán que en este caso es mejor no leer nada. Esto es un error. Si la mayoría no lee nada, al menos los que leen revistas del corazón acabaran leyendo otra cosa, ellos o sus hijos.

Por otro lado, para muchas personas esto de leer 'historias de famosos' es una especie de ventana abierta al mundo. Será un mundo irreal y estúpido,

sin duda, pero mucho más irreal es el que uno puede crearse a solas con su propia miseria o incomunicación.

Se puede añadir que estas revistas acostumbran a muchas personas puritanas a ver como normales algunas conductas que consideran desviadas. Si las toleran en los famosos, después lo harán en el vecino.

En conclusión, lo que siento es la imagen que dan estas revistas de ser 'femeninas', cuando deberían llegar a muchos hombres. Y deberían escribir en ellas los buenos escritores. Y los estudiantes de periodismo deberían analizarlas muy bien, y hacer otras nuevas.

Y yo termino ya deseando que alguna vez se vendan tantos ejemplares de periódicos como hoy se tiran de las revistas del corazón.

Amando de Miguel en La expresión escrita. Ed. Teide.

Para más información sobre las revistas del corazón o el sensacionalismo, dirígete a www.pearsonhotlinks.com y escribe el título o ISBN de este libro. Después, selecciona el enlace correspondiente, número 5.1, 5.2 y 5.3.

Como se ha visto, una polémica exige la división de opiniones: a favor/en contra; de acuerdo/en desacuerdo; defendiendo/atacando.

Para ayudar a expresar estos conceptos el capítulo va a explorar el uso de las figuras de cohesión (conectores) para mostrar **acuerdo** o **desacuerdo** sobre una idea, para **añadir información** y para **ordenar una secuencia**.

Igualmente va a trabajar con las ideas que se presentan tanto defendiendo o apoyando como atacando a través del vocabulario especializado en el tema de estudio y las técnicas comunicativas correspondientes.

Interculturalidad

¿Qué te sugiere el título "Y tú, ¿qué opinas?"

¿Habías oído hablar sobre este tipo de prensa? ¿Existe en tu país este tipo de publicación?

Menciona algunas de las publicaciones de tu país y explica sus características

Contenidos

El texto está organizado en párrafos y cada uno de ellos contiene **una idea relevante** y su explicación (o apoyo de la misma) correspondiente; además en cada párrafo aparecen las **ideas que se contraponen** a la idea principal.

1 Lee el texto y completa la tabla con la información apropiada para cada párrafo:

Idea principal	Explicación	Idea opuesta
"Me gustaría hacer una defensa…"	"Aunque solo sea…entenderlas"	"Aunque me cansan"

Gramática en contexto

Tras esta primera lectura fíjate que los párrafos están unidos mediante las figuras de cohesión o conectores. Identifica estas figuras de cohesión según aparecen en el texto.

Funciones lingüísticas de los conectores

Sacar conclusiones	Contraponer afirmaciones	Añadir puntos de vista
por lo tanto	sin embargo	además
así que	ahora bien	de todas maneras
por eso	sino que	con lo que
en cualquier caso	aun así	incluso
total que	por otra parte	por añadidura

Ordenar secuencias	Exponer argumentos
primero	de hecho
para empezar	debido a que
seguidamente	asimismo
a continuación	ciertamente
finalmente	sin duda alguna

Una vez identificadas las funciones, aplícalas a los conectores del texto. Explica a qué grupo de conectores pertenecen y por qué.

en lo que a mí concierne

por otro lado

se puede añadir

en conclusión

¿Se te ocurren otros conectores con similares funciones que puedas añadir a estas listas?

Completa las siguientes oraciones con la figura de cohesión (conector) de los que aparecen en el recuadro que mejor convenga. Fíjate que cada uno representa una diferente función lingüística.

por esa razón	ahora bien	de hecho	además	finalmente

La gente famosa puede servir de ejemplo de conducta. _____ , ayuda a ser más tolerantes y comprensivos.

Las revistas del corazón son muy populares: _____ se venden semanalmente millares de ejemplares.

Las vidas de los famosos atraen a la gente joven y _____ pueden influir en su comportamiento.

_____ , cualquier tipo de lectura es mejor que no leer nada en absoluto.

Mucha gente piensa que los famosos llevan una vida regalada, _____ muchos sufren el acoso de la prensa y otros inconvenientes.

Manejo de texto

1   Busca cómo expresa el texto las siguientes ideas:

a   *"Sirven como entretenimiento en nuestro tiempo libre"*
b   *"Pueden llegar a fomentar otro tipo de lecturas"*
c   *"Pueden mostrarnos la vida bajo otros puntos de vista"*
d   *"Ayudan a aceptar ciertos comportamientos"*
e   *"Tendrían que servir como escuela de aprendizaje periodístico"*
f   *"Es el tipo de prensa que más se vende"*

2   Seguidamente, encuentra en el texto las palabras o expresiones que signifiquen lo mismo que las siguientes (sinónimos):

a   interesar, importar
b   tiempo libre
c   equivocación
d   aislamiento
e   austeras, inflexibles
f   que se salen de la norma
g   publican

3   Por último, vuelve a leer el texto y responde a las siguientes preguntas.

a   ¿Por qué son estas revistas importantes según el autor?
b   ¿Por qué dice el autor que leer las revistas del corazón hace a las personas más tolerantes?
c   ¿Cuál debería ser el objetivo de estas revistas en opinión del autor?
d   ¿Qué significa la última frase del artículo?

Producción escrita

Basándote en el artículo original escribe otro artículo semejante que demuestre la opinión **en contra** de esa clase de revistas.

Debes enlazar los párrafos utilizando correctamente las figuras de cohesión pertenecientes al menos a cuatro categorías lingüísticas.

Actividad oral interactiva

La clase se divide en dos grupos, uno que **defienda** estas publicaciones y otro que **se oponga** a ellas. Para llevar a cabo el debate deben utilizarse como argumentos principales las ideas, tanto a favor como en contra, que aparecen en el texto de apoyo.

Naturalmente, cada uno puede añadir o elaborar estas ideas para realizar su punto de vista.

Actividad intertextual

Sería interesante leer algún reportaje real de estas revistas para ayudar a tomar una decisión sobre este tipo de publicaciones; igualmente resulta útil el comparar los diferentes estilos de este tipo de prensa.

ENTREVISTA A LYDIA LOZANO

LEE SUS RESPUESTAS:

Esta es una entrevista a la periodista Lydia Lozano. Además de escribir en varias publicaciones, Lydia es copresentadora en un programa sensacionalista de variedades llamado "¡Sálvame!".

Lydia Lozano: "Lo que hacemos en "¡Sálvame!" parece un sketch de Hostal Royal Manzanares."

Ramón Suárez (Entrevistador) Esta fiera de la comunicación, que toca todos los "palos", que llora como nadie pero también sabe reír con gracia, que baila, que canta sin complejos, responde al nombre de Lydia Lozano.

Esta periodista sabe mostrar dureza contra los que ella considera que mienten
5 y los rebate con argumentos basados en sus muchos años de trabajo que cimentan una carrera plagada de exclusivas. Madrileña criada en La Palma (Islas Canarias), diariamente se asoma en la pantalla de los televisores de muchos españoles gracias a su colaboración en el exitoso, "¡Sálvame!" Lydia ha conversado sobre su visión de la profesión y sus pareceres sobre la vida en
10 general.

"EN EL MUNDO DEL CORAZÓN SOBRAN FRIKIS QUE DICEN: 'TE VOY A DEMANDAR'"

Motera, dependienta del Corte Inglés, mecánica de coches, por supuesto periodista... Eres polifacética y en Sálvame, además, cantas y
15 **bailas. ¿Qué es lo más revolucionario que ha aportado a tu vida el hecho de trabajar en un programa tan variopinto como "¡Sálvame!"?**
-(Ríe) Lo de cantar y bailar lo hago como una broma, para divertirme, sin ninguna pretensión... Yo sigo siendo la misma pero en "¡Sálvame!" voy más allá. Allí me siento como en una reunión de amigos y me siento muy próxima
20 al espectador. Lo que hacemos en Sálvame parece un sketch de "Hostal Royal

Manzanares" (*). Cuando estamos en la barra... Que si uno toma una Coca-Cola, que si otro va a la nevera... Esa naturalidad nos acerca al público. Y, luego, cuando nos ponemos más serios pues, por ejemplo,

25 entrevistamos a Carmen Posadas en otro apartado. En "¡Sálvame!" no hay guión, aunque muchos piensen lo contrario. Jorge Javier sigue unas pequeñas pautas pero, luego, él también se las salta.

-En "¡Sálvame!" estás rodeada de gente que no
30 **son periodistas. Antes eras más crítica con el**
intrusismo profesional. ¿Mantienes la misma
crítica?

-Yo ya no puedo hacer nada y menos en un programa como "¡Sálvame!" donde una periodista como yo canta
35 y baila (ríe). El tema del intrusismo es muy relativo. ¡Tampoco todo el mundo que presenta un telediario tiene la carrera de periodista!

En una ocasión comentaste que si un día
redactaras tus memorias tendrías que retirarte
40 **del panorama rosa por todos los entresijos que**
conoces del mundo de la fama. ¿Qué personajes
saldrían más perjudicados?

-No daré nombres. Hay cosas que no se pueden contar porque son demandables.

45 **-¿Y sin dar nombres?**

-A lo que me refiero es a la gente que cambia fotos comprometidas por entrevistas o, por ejemplo, a algunas personas que mantienen una vida falsa ante los medios y todos sabemos que son homosexuales.
50 El caso de Ricky Martin fue muy notorio. Luego, hay muchos políticos que están muy protegidos... Ese tipo de cosas.

-Te iniciaste en la prensa rosa en una época en
la que resultaba más fácil conversar con las
55 **celebridades. Ahora el "modus operandi" ha**
cambiado estrepitosamente. ¿Qué sobra y qué
falta en el periodismo del corazón que se realiza a

día de hoy?

-Hombre, antes no había ni 500 fotógrafos ni 500
60 cámaras, antes se hacían reportajes gratis, la gente te abría las puertas de su casa... Hoy todo el mundo cobra y eso es así por la televisión. Pero lo que sobra, sobre todo, son esos frikis del "te voy a demandar".

MÁS ÍNTIMO

65 **-¿Por qué casi todos tus novios han sido de**
Santander?

-(Ríe) ¡Mi marido es de Madrid! Pero, bueno, sí es verdad que ha sido así porque desde pequeña me pasé los veranos en Santander.

70 **-¿Eres feminista como Karmele (**) o igualitaria?**

-Igualitaria. Los extremos me ponen de los nervios. El hombre y la mujer han de estar en el mismo plano. Karmele es de las extremistas del hombre `malo' y la mujer "buena".

75 **-¿Eres de izquierdas, de derechas o de centro?**

-Me horroriza hablar de política y en ese terreno no me gusta pronunciarme. Me cabreé cuando Jorge Javier insinuó que yo era votante del PP. Yo creo que un periodista no debe desvelar su ideología.

80 **-Frases que sean motores de tu vida.**

-No soy de frases hechas pero... Por la amistad soy capaz de matar y la verdad, aunque duela, hay que decirla.

(*)   "Hostal Royal Manzanares" fue una serie cómica emitida por Televisión Española que protagonizaba la actriz Lina Morgan.

(**) Karmele es una compañera que colabora también en "Sálvame"

lydialozano.es

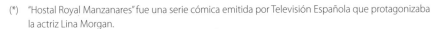

Manejo de texto

1 Basándote en la introducción del entrevistador, completa las siguientes actividades.

    a ¿Qué palabra indica que Lydia practica un periodismo agresivo?

    b ¿Cómo se manifiesta que es una persona polifacética?

    c ¿Qué palabra significa *consolidan*?

    d ¿Dónde nació Lydia?

    e ¿Qué expresión indica que *aparece por televisión*?

2 Lee la entrevista hasta **"MÁS ÍNTIMO"** e identifica si las siguientes ideas aparecen en el texto:

    a Lydia además de periodista es cantante y bailarina.

    b El programa "Sálvame" provoca un comportamiento muy informal.

    c Fue la protagonista de "Hostal Royal Manzanares".

    d El programa se basa principalmente en la improvisación.

    e Es bastante benévola con el intrusismo profesional.

    f Es intransigente con las personas que no le gustan.

    g El mundo del corazón no ha evolucionado con el paso de los años.

    h El periodismo del corazón se mueve por dinero.

3 Después de leer la última parte de la entrevista, indica las características sobre la personalidad de Lydia que aparecen en sus respuestas.

    Ejemplo: Es igualitaria. *"Los extremos me ponen de los nervios"*

    a Es apolítica.

    b Es amistosa.

    c Es sincera.

    d ¿Te parece compatible que una persona de esas características se dedique a la prensa del corazón?

 ## 5.3 Prensa parcial o imparcial

A continuación vas a leer sobre otro fenómeno actual de los medios de comunicación: la parcialidad en la prensa. Primero, vamos a identificar qué es la parcialidad y a continuación se ofrecen algunos ejemplos.

Email   Pasword   Log in

Identificando la prensa parcial

Los medios de comunicación tienen gran influencia sobre el público en general y sobre los gobiernos. En consecuencia, queremos que nuestros medios de comunicación sean equilibrados y exactos.

Esta guía está diseñada para ayudar a identificar medios de comunicación parciales; con estos conocimientos podemos actuar al respecto.

Los métodos principales de deformación de los medios de comunicación son los siguientes:

- Fuentes selectivas / Omisión selectiva y reportes no equilibrados
- Doble sistema de valores
- Estereotipos
- Suposiciones indiscutidas
- Deformación de los hechos / Uso de hechos para rescatar falsas conclusiones
- Lenguaje cargado / Definiciones engañosas y terminología
- Falta de contexto
- Opiniones personales disfrazadas como noticias
- Confusión entre títulos y artículos
- Ubicación del artículo / Prominencia o falta de prominencia para cierto artículo
- Parcialidad visual
- Tergiversación / Cambio del orden de los acontecimientos en la frase

Se explican en más detalle dos de estas deformaciones periodísticas:

Falta de contexto

El contexto se refiere al ambiente alrededor de un artículo. Si algo es sacado del contexto, su significado se puede alterar. Por ejemplo, "El hombre se golpeó la cabeza repetidas veces contra la pared hasta que la sangre goteaba por su cara." Esto parece describir a un individuo muy perturbado. Miremos en la misma situación otra vez, pero dentro del contexto. "El hombre no era capaz de encontrar su medicina y como resultado sufrió un severo ataque epiléptico. Era una situación desgraciada. El hombre se golpeó la cabeza repetidas veces contra la pared hasta que la sangre goteaba por su cara." Como se puede ver aquí, en el primer ejemplo, la falta del contexto alteró la historia.

Tergiversación

Tergiversar significa deformar o falsear la verdad para el beneficio de una de las partes. Esta tendencia, sumada a la omisión selectiva de los hechos permite crear una imagen que es muy difícil de combatir.

Como tergiversación puede ponerse el caso de tomar las acciones de auto defensa por un lado y reclamarlas como la causa del ataque. Por ejemplo, imaginemos que alguien lo ataca a usted en la calle y usted se defiende y en el acto de defensa le produce una agresión al atacante. Si esa persona señala la agresión y aduce que esa es la razón de la pelea, eso es también tergiversación. Si a Ud. le preguntan "¿usted le provocó a esa persona un golpe/una agresión?" En el momento en que usted conteste afirmativamente, usted es ya culpable en un medio de comunicación.

Contenidos

1   Después de leer la introducción del texto responde a las siguientes preguntas.

   a   ¿En qué consiste la parcialidad?

   b   ¿Qué *dos* adjetivos describen a la prensa imparcial?

2   Mira la lista de los métodos de deformación y fijándote en los ejemplos para *falta de contexto* y *tergiversación*, escribe una definición para cada uno.

Ejemplo: Omisión selectiva = no mencionar parte relevante de la información

3   Una vez que hayas escrito las definiciones imagina situaciones para probar otros métodos de deformación periodística. (Toma como base los ejemplos del texto.)

Actividad oral interactiva

Debes traer a la clase un artículo o titular que muestre parcialidad en la prensa. Después de presentarlo oralmente a tus compañeros, la clase abrirá una *mesa redonda* para discutir este fenómeno de ciertos tipos de prensa.

Para terminar, hemos elegido un artículo de la prensa cubana criticando la parcialidad:

Texto **5.3.2**

PRENSA PARCIAL

Rodolfo Noda Ortega, Periodista Independiente

(La muerte de Orlando Zapata Tamayo ha volcado a los medios serviles e incondicionales del gobierno, en una búsqueda desesperada por toda noticia europea que indique tratos crueles y denigrantes en cárceles y comisarías policiales. El diario Granma ha comenzado una secuencia de escritos con titulares bien escogidos. Dato curioso el suicidio de un niño.)

La oposición aún no reconocida por la ancianidad dirigente, guarda la esperanza que esta vez despierte para siempre la Comunidad Europea y junto a ella los demás continentes.

El noticiero televisivo Mesa Redonda utiliza la inocencia del pueblo exponiéndolo a declarar mentiras. El valor de las noticias es distorsionado confundiendo más la realidad de los acontecimientos. Repiten intencionalmente que Zapata Tamayo era preso común, y la palabra político es extraída.

Según los medios cubanos los opositores son grupúsculos, mercenarios, vende-patrias al servicio del imperio. Reconociendo opositores de cualquier parte del mundo.

El General Raúl hace saber que no cederá, reafirmando una posición de línea dura y oídos sordos para todo el que intente opinar o cambiar lo que comenzaron hace medio siglo.

Sencillamente no dicen la verdad e intentan involucrar a personalidades dentro y fuera de Cuba convirtiéndolos en cómplices de los actos y conductas de la élite gobernante y su descendencia.

Manejo de texto

1 Basándote en la noticia sobre la muerte de Orlando Zapata al principio del artículo, indica con qué *Dos* palabras se describe a la prensa parcial de Cuba.

2 ¿Cómo se explica la repercusión internacional de esta noticia?

3 ¿Cómo se defiende el periódico cubano *Granma*?

4 ¿De qué titulares se sirve para desviar la noticia principal?

Ahora lee el artículo de Rodolfo Noda, periodista independiente, y completa las siguientes actividades.

5 Busca en el texto palabras o expresiones que signifiquen:

  a gobernantes de avanzada edad

  b ingenuidad de la gente

  c removida, olvidada

  d agrupaciones sin importancia

  e traidores

  f rigidez política

  g ignorar las reclamaciones

6 Finalmente, ¿piensa el autor que el pueblo cubano está a favor de la parcialidad en la prensa?

  ¿Cómo lo dice?

Interculturalidad

¿Existe parcialidad en los medios de comunicación de tu país?; si es así, ¿cómo se pone de manifiesto?
¿Qué tipo de prensa tiende más a ser parcial en tu comunidad? ¿Sabes por qué?

Consejos para el examen

El lenguaje periodístico es especial. Fíjate en los titulares de periódicos y revistas, y trata de adivinar de qué trata el texto. Te servirá para aprender a dar títulos a tus escritos y también para tener una idea a la hora de leer cualquier texto.

Practica el pronombre *se*, y distingue su función en los verbos reflexivos, pasivos reflejos, impersonales, etc.

Practica los conectores para explicar o contraponer ideas.

Elabora entrevistas para compañeros, profesores o cualquier otra persona que pueda darte información sobre algún tema que sea de tu interés.

Desarrolla tu destreza a la hora de dar noticias; crea titulares que provoquen controversia.

Creatividad, Acción, Servicio

Puedes crear una revista para el colegio, en donde se incluyan artículos sobre temas de actualidad, información general, entrevistas, juegos, etc., en todos los idiomas del colegio y de interés para toda la comunidad.

 ¿Cómo se contemplan los valores humanos (amistad, autoridad) en las diferentes culturas lingüísticas? ¿Comprendes el mundo de forma diferente cuando aprendes un idioma, por ejemplo en cuanto a tiempo libre, sentido del humor, etc.?

PRÁCTICA - TEXTOS DE EXÁMENES IB

ESPAÑOL B – NIVEL MEDIO – PRUEBA 1
Mayo 2005

TEXTO B

El periódico en la escuela: un trabajo de lectura y escritura en colaboración

La elaboración de un periódico en la escuela es una experiencia en la que se alienta a los estudiantes a trabajar en colaboración, asumiendo distintos roles. Cada autor de un artículo es también su corrector: debe separarse de su texto y contrastarlo con sus intenciones iniciales, con las nuevas ideas que se le ocurren después de escribirlo, con otras posturas, etc. La lectura y la escritura se convierten entonces en prácticas que invitan a reflexionar, en espacios de debate cuyo fin es plantear opiniones, compararlas con otras y negociar.

La experiencia de Javier

En el grupo del profesor Javier, los estudiantes estaban muy emocionados por la idea de hacer un periódico. Todos se lanzaron a redactar noticias sin ninguna planificación previa. Pronto descubrieron que la mayoría de ellos habían escrito la misma noticia, y que esos textos no servían para elaborar algo parecido a los periódicos que conocían. Algún alumno señaló que faltaban informaciones y secciones importantes como la de deportes o la de sociedad. Otra estudiante dijo que nadie se había preocupado de las ilustraciones. Entonces el profesor les propuso analizar varios periódicos para tener una idea más clara de cómo proceder. Les sugirió que, como punto de partida, podían observar los directorios de los periódicos, donde figuran las noticias agrupadas por secciones, los nombres de los que trabajan en los diarios y su función. Esto les llevó a darse cuenta de los distintos tipos de textos que hay en el periódico y les permitió comprender qué papel desempeñaban las distintas personas que participan en la elaboración de estas publicaciones. Al cabo de múltiples negociaciones, los alumnos constituyeron una mesa de redacción integrada por el director del periódico, los jefes de cuatro secciones (Noticias, Deportes, Cultura y Entretenimiento) y una jefa de redacción. Los diez alumnos restantes adoptaron el rol de reporteros. Cuando concluyeron el primer número

del periódico, los estudiantes rotaron en sus funciones para elaborar el segundo número. También incluyeron secciones nuevas, como el Editorial, el Horóscopo, el Crucigrama y los Avisos de Ocasión.

La experiencia de Guadalupe

La maestra Guadalupe piensa que durante la elaboración del periódico es importante que los niños se organicen y se familiaricen poco a poco con las múltiples habilidades que el proceso exige y que además requieren trabajo colaborativo:

- investigar y hacer entrevistas para escribir luego los artículos;
- ilustrar los artículos con fotos;
- escribir artículos de opinión;
- revisar los textos y corregir errores de distintos tipos;
- ampliar o recortar textos y darles forma definitiva.

En particular, la maestra nos narró cómo los niños que cumplían con la función de editores adquirieron mucha práctica, porque todos les entregaban trabajos demasiado extensos. Debieron resumir, recortar e incluso reescribir varias veces los textos, negociando siempre con los reporteros que los habían escrito, con los columnistas responsables de comentar los acontecimientos y con los correctores que los mantenían libres de fallos. Tardaron más de tres sesiones, pero finalmente lograron conservar toda la información esencial en el poco espacio que tenían y todos, hasta los fotógrafos, que a veces entregaban demasiadas fotos, se quedaron satisfechos.

TEXTO B — EL PERIÓDICO EN LA ESCUELA: UN TRABAJO DE LECTURA Y ESCRITURA EN COLABORACIÓN

Basándose en el párrafo introductorio del texto:

*Indique en cada grupo cuál es la palabra con un significado **distinto** al de las otras dos.*

Ejemplo: C

    A   alienta (línea 1)

    B   invitan (línea 6)

    C   plantear (línea 7)

1

    A   contrastar (línea 3)

    B   reflexionar (línea 6)

    C   comparar (línea 7)

2

    A   posturas (línea 5)

    B   prácticas (línea 6)

    C   opiniones (línea 7)

Complete el cuadro siguiente.

En la frase..	la	en el texto se refiere a..
Ejemplo: ...en la que se alienta a los estudiantes a trabajar en colaboración... (líneas 1–2)	"la"	.... experiencia......
15 ...contrastarlo con sus intenciones iniciales,... (líneas 3 – 4)	"lo"	
16 ...las nuevas ideas que se le ocurren después de escribirlo... (línea 4)	"le"	
17 ...compararlas con otras y negociar. (línea 7)	"otras"	

3   Indique las cuatro frases que recogen ideas del fragmento "La experiencia de Javier", escribiendo la letra correspondiente en la casilla de la derecha. CUIDADO: Hay más frases de las necesarias. [4 puntos]

    A   En las primeras etapas las informaciones se repetían.

    B   El primer número del periódico carecía de información deportiva.

    C   Desde el comienzo, los estudiantes propusieron incluir muchas ilustraciones.

    D   *Los primeros textos que escribieron los alumnos no eran útiles como textos periodísticos.*

    E   Según Javier, era recomendable para los estudiantes mirar detenidamente los directorios de los periódicos.

    F   Cada estudiante debía escribir el tipo de artículo que le indicaba el profesor.

    G   El profesor determinó quiénes serían los jefes de las diferentes secciones.

    H   La mayoría de los estudiantes trabajaron como reporteros.

    I   El segundo número tuvo menos secciones que el primero.

En "La experiencia de Guadalupe" se enumeran las "múltiples habilidades que el proceso exige". ¿Cuál de esas habilidades corresponde a cada uno de los siguientes grupos?

Ejemplo: fotógrafos

1 correctores

2 editores

3 columnistas

4 reporteros

    A   escribir artículos de opinión

    B   *ilustrar los artículos con fotos*

    C   investigar y hacer entrevistas para escribir luego los textos

    D   ampliar o recortar textos y darles forma definitiva

    E   revisar los textos y corregir errores de distintos tipos

Las frases siguientes resumen algunas de las experiencias vividas en la clase de Javier o en la clase de Guadalupe. Indique con ✓ y escriba las palabras que justifican su respuesta.

Ejemplo: El trabajo comenzó en forma muy desordenada. ✓

Justificación: ...Todos se lanzaron a redactar noticias sin ninguna planificación previa. ...

	CLASE DE JAVIER	CLASE DE GUADALUPE
5 La tarea fue un entrenamiento muy bueno para los editores. Justificación:	☐	☐
6 El análisis de periódicos permitió identificar que existen diferentes clases de textos. Justificación:	☐	☐
7 Nunca se perdieron informaciones importantes. Justificación:	☐	☐
8 Cuando adquirieron experiencia, los niños cambiaron de roles. Justificación:	☐	☐

TEMAS TRONCALES: MEDIOS Y COMUNICACIÓN

LA PUBLICIDAD Y LOS ANUNCIOS COMERCIALES

Objetivos:
- Reconocer la importancia de la publicidad y de la imagen
- Analizar y practicar la creación de campañas publicitarias
- Comparar la publicidad en prensa, radio, televisión e Internet
- Usar el imperativo en forma afirmativa y negativa

En este capítulo, se espera que reflexiones sobre la presencia, la importancia y la influencia de la publicidad en la vida diaria.

Según el Diccionario de la Real Academia, (RAE), la **publicidad** se define como:

1. Cualidad o estado de público. *La publicidad de este caso avergonzó a su autor.*

2. Conjunto de medios que se emplean para divulgar o extender la noticia de las cosas o de los hechos.

3. Divulgación de noticias o anuncios de carácter comercial para atraer a posibles compradores, espectadores, usuarios, etc.

Y un **anuncio,** también según el diccionario RAE, es definido como:
(Del lat. *annuntius*)

1. Acción y efecto de anunciar.

2. Conjunto de palabras o signos con que se anuncia algo.

3. Soporte visual o auditivo en que se transmite un mensaje publicitario. Los anuncios de la radio, de la televisión.

4. pronóstico (acción de pronosticar)

5. pronóstico (señal que sirve para pronosticar)

Según su acepción número 3, la que nos interesa en ambos casos, la publicidad, a través de anuncios en los medios de comunicación, sirve para informar al público sobre productos o servicios a su alcance.

Para ser efectiva, la publicidad utiliza la psicología, la sociología, la economía, las técnicas de comunicación, y así, a partir de estas disciplinas logra la atención y el interés de un cierto público, o bien del público en general, por dichos productos o servicios. A través de la publicidad se logra conseguir una dependencia y necesidad de esos productos por parte del público. También se genera la aceptación de que ciertos productos, mejor que otros, representan un cierto estatus social considerado por la mayoría como apetecible y deseable. La finalidad de las técnicas publicitarias es la persuasión del público para incrementar o mantener las ventas y crear una imagen de marca que sea reconocida a simple vista.

Estamos tan acostumbrados a la publicidad, que ni siquiera nos damos cuenta de en qué medida estamos en constante contacto con ella. En general, la consideramos como un mal menor, que nos acompaña casi en todos los momentos de nuestras vidas; cuando vemos una película, en el cine o por la televisión, cuando recorremos las calles, cuando abrimos el

Para más información sobre la drogadicción y las distintas campañas, dirígete a www.pearsonhotlinks. com y escribe el título o ISBN de este libro. Después, selecciona el enlace correspondiente, número 6.1 y 6.2. Al abrir los enlaces, podrás ver la forma en que se han presentado estas campañas cada año. Podrás también acceder a los anuncios de televisión y de radio, así como a los afiches que se han creado.

buzón, cuando llegamos a una estación de trenes, autobuses o a un aeropuerto, al navegar por Internet, en nuestro propio teléfono, etc.

Sin embargo, la publicidad también tiene una función muy positiva y valiosa para la comunidad. En este capítulo queremos enfocarnos en este aspecto útil y necesario de la publicidad.

Vas a ver una serie de afiches, y de anuncios, que corresponden a distintas campañas realizadas por varias agencias de publicidad contra la drogadicción, otra por el uso del casco; ambos problemas importantes y críticos de nuestras sociedades hoy en día. También añadimos unos anuncios de RENFE (Red Nacional de Ferrocarriles Españoles) y otros sobre el uso del cinturón de seguridad en los coches.

Primero tomaremos como ejemplo algunos afiches de la campaña contra las drogas que la *Fundación de ayuda contra la drogadicción* ha estado llevando a cabo desde el año 1988.

Para este capítulo, hemos elegido varios afiches. Obsérvalos con calma y después describe en tu cuaderno todo lo que ves. Después vas a preparar una presentación oral en la que vas a describirlos y a dar tu opinión crítica sobre la efectividad de cada afiche y sus técnicas.

6.1 Campañas

A: Contra las drogas (Fundación de ayuda contra la drogadicción)

1 – Campaña de 1993/1994

No 8: "Gallina. Atrévete. Di NO" (1993/1994)

Agencia: Lintas

Público Objetivo: Jóvenes de 14 a 25 años

Comentario: Reta a los jóvenes a rechazar activamente el ofrecimiento de drogas. Utilizando la provocación como herramienta, se centraba en el momento en el que el joven, responsable de sus decisiones, recibe una oferta de drogas.

¿Cómo describirías el afiche? ¿El anuncio de televisión? ¿Sabías que en español se utiliza el término *gallina* como un sinónimo de cobarde?

El afiche y el anuncio presentan una dualidad entre lo que sugiere a primera vista y lo que realmente propone.

Es común que en el mundo de las drogas se anime a la gente a probar, a ser capaz de experimentar algo distinto; pero en este caso, el mensaje final es animar a la gente a todo lo contrario: a no probar.

¿Crees que lo consigue? ¿Te parece una buena técnica? ¿Por qué?

2 – Campaña de mayo 2010

No 37: "No siempre se tiene tanta suerte; No juegues con drogas"
(mayo, 2010)

Agencia: DDB Madrid

Público Objetivo: Jóvenes de 15 a 24 años

Comentario: El objetivo de esta campaña es hacer patente que todo consumo de drogas implica un riesgo y que, en cualquier momento, ese riesgo puede desencadenar consecuencias no deseadas. No sólo en el ámbito sanitario, sino también en el ámbito social (accidentes, situaciones violentas, problemas escolares y/o familiares, etc.)

Fíjate en las características del afiche y descríbelo.

¿Qué ves? ¿Qué elementos se utilizan para dar énfasis al mensaje? ¿Te parece efectivo?

¿Qué te parece el comercial? Descríbelo. ¿Crees que es una buena publicidad? ¿Por qué?

Para más información y para ver el anuncio de televisión, dirígete a www.pearsonhotlinks.com y escribe el título o ISBN de este libro. Después, selecciona el enlace número 6.3.

Para más información y para ver el anuncio (o comercial) de televisión y de radio, dirígete a www.pearsonhotlinks.com y escribe el título o ISBN de este libro. Después, selecciona el enlace número 6.4.

Para más información y para ver el commercial televisivo, dirígete a www.pearsonhotlinks.com y escribe el título o ISBN de este libro. Después, selecciona el enlace correspondiente, número 6.5 y 6.6. Explica el efecto que este anuncio, utilizando técnicas de cine de terror, puede tener en el público. ¿Te parece una buena idea?

Gramática en contexto

En los afiches anteriores, fíjate en el uso del imperativo en las siguientes expresiones:

Afirmativas	Negativas
Venga, hombre.	No te cortes.
Prueba un poco.	No seas gallina.
Hazlo ahora.	No juegues con las drogas.
Dí que sí.	

Escribe oraciones semejantes en imperativo. Utiliza todas las formas posibles: tú, usted, vosotros, ustedes.

Combina oraciones en forma afirmativa y en forma negativa.

Explica por escrito cuando utilizarías una forma u otra.

Recuerda que el imperativo nos sirve para dar instrucciones, sugerencias, consejos, órdenes y para pedir ayuda.

El imperativo sólo puede concebirse en la 2ª persona: un hablante da órdenes o consejos a un oyente o a varios oyentes, pero no a terceras personas.

Texto

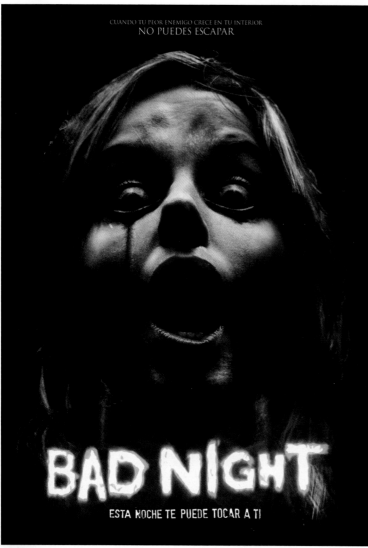

CUANDO TU PEOR ENEMIGO CRECE EN TU INTERIOR
NO PUEDES ESCAPAR

BAD NIGHT
ESTA NOCHE TE PUEDE TOCAR A TI

3 – Campaña de junio 2009

No 35: "Bad Night. Esta noche te puede tocar a ti" (junio, 2009)

Agencia: DDB Madrid

Público Objetivo: Jóvenes de 15 a 24 años

Comentario: La campaña pretende señalar como las expectativas placenteras de las drogas pueden frustrarse y convertirse en lo contrario. Para ello se ha utilizado un lenguaje basado en los códigos cinematográficos del cine de terror a los que el público está habituado.

Describe este afiche. ¿Qué elementos puedes distinguir en él? ¿Cuál es la técnica utilizada? ¿Qué sensación te produce? ¿Por qué crees que utilizan una imagen semejante? ¿Por qué crees que usan el idioma inglés?

Manejo de texto

Analiza los tres lemas utilizados por los anuncios:

1 *Gallina. Atrévete. Di NO.*

2 *No siempre se tiene tanta suerte. No juegues con drogas.*

3 *Bad Night. Esta noche te puede tocar a ti.*

Actividad intertextual

Después de ver y analizar los tres afiches elegidos, busca los anuncios de otros años y elige el que te parece mejor de todos. Explica tus razones a la hora de tu selección. Da detalles sobre el mensaje, el público a quién se destina, la técnica utilizada y los lemas elegidos en cada uno de ellos.

Interculturalidad

Y en tu país, ¿hay problemas de drogas? ¿Es tu país un país importador o exportador de drogas? ¿Qué sectores de la población se ven más afectados por esta adicción? ¿Se utilizan también los medios de comunicación para las campañas contra el uso o la producción de drogas? ¿Recuerdas alguna?

Actividad oral interactiva

Prepara una presentación oral para tu grupo de clase con una de esas campañas.

Después, te recomendamos visitar una página web donde puedes acceder a distintos anuncios creativos. Para ver los commerciales televisivos, dirígete a www.pearsonhotlinks.com y escribe el título o ISBN de este libro. Después, selecciona el enlace número 6.7.

Echa una ojeada y elige uno o varios que te gusten. Explica las razones para tu elección.

B: Sobre el uso del casco en motocicleta

Ve al enlace 6.8 (mira el cuadro de la derecha), y describe el póster de la municipalidad de Baradero, en Argentina, y la eficacia de su mensaje. Explica el destinatario, el problema social, la estructura del anuncio, y el eslogan elegido. ¿Conoces la expresión "ser un cabeza dura"? ¿Te parece una buena expresión para esta campaña?

C: Anuncios comerciales

RENFE (Red Nacional de Ferrocarriles Españoles)

Los siguientes son anuncios de RENFE. En la parte superior se lee: *La mejor forma de proteger a la naturaleza es imitándola.*

 Dirígete a www.pearsonhotlinks.com y escribe el título o ISBN de este libro. Después, selecciona el enlace número 6.8 para acceder a una campaña por la difusión del uso del casco en Argentina.

RENFE tiene una serie de excelentes anuncios que te recomendamos buscar. Como ejemplo, la nueva campaña sobre sus trenes, hecha por la agencia TBWA: *Nuevos tiempos, nuevos trenes.* Para ver los anuncios, dirígete a www.pearsonhotlinks. com y escribe el título o ISBN de este libro. Después, selecciona el enlace, número 6.9.

Describe las imágenes anteriores. Explica los elementos que componen las dos imágenes y explica si te parecen buenos anuncios o no y por qué.

Para ver los anuncios, dirígete a www.pearsonhotlinks. com y escribe el título o ISBN de este libro. Después, selecciona el enlace correspondiente, número 6.10, 6.11 y 6.12.

D: Sobre el uso obligatorio del cinturón de seguridad en los coches

Otra campaña interesante en relación con la publicidad es la del **cinturón obligatorio** en los coches. Aquí incluimos anuncios de Chile y Argentina.

CHILE

YO TAMPOCO USABA
EL CINTURON DE SEGURIDAD

ARGENTINA

SI SE PUEDE EVITAR NO ES UN ACCIDENTE.
CUMPLIR LA LEY SALVA VIDAS

Estadisticas mundiales indican que en el 95% de los casos, no es utiliza el cinturón de seguridad en los asientos traseros

Observa los textos anteriores y ve los videos con los anuncios de cada uno. ¿Cuál crees que es más efectivo? ¿Por qué?

Actividad intertextual

Para finalizar, ahora tú prepara una campaña en contra o a favor de algún tema importante: hacer deporte, comer bien, cuidar el medio ambiente, el alcohol, los métodos anticonceptivos, esforzarse por una buena preparación académica, el sexo, etc. O si así lo prefieres, prepara una serie de anuncios publicitarios.

Puedes trabajar individualmente o en grupo.

No olvides que primero tienes que decidir varios aspectos y objetivos:

- a qué público va a ser dirigida: niños, adolescentes, jóvenes, adultos, etc.
- el tipo de mensaje que quieres transmitir
- el lema que va a servir para atraer la atención
- y por último la forma de presentación.

Otro tema importante al hablar de campañas publicitarias, es la *violencia de género* (la violencia contra las mujeres o doméstica). Para más información, dirígete a www.pearsonhotlinks.com y escribe el título o ISBN de este libro. Después, selecciona el enlace correspondiente, número 6.13, 6.14, 6.15 y 6.16. Y a ti, ¿qué te parecen? Haz una selección de 5 anuncios y preséntalos a tus compañeros. Explica las razones por las que los has elegido.

Interculturalidad

Piensa en la publicidad en tu país. ¿Cuáles son los temas que se abordan en campañas publicitarias? ¿Son los mismos que hemos incluido en el capítulo o distintos? Haz una lista en tu cuaderno sobre los temas que preocupan en tu país y después compara con las de tus compañeros. Si hay diferencias, piensa en cuáles pueden ser las razones.

Consejos para el examen

Inventa tus anuncios de publicidad. Juega con oraciones o frases que puedan transmitir la idea central, y a su vez acaparar la atención. Es parecido a los titulares de prensa, pero a diferencia de éstos, los anuncios deben quedar grabados en la mente del público. Practica los imperativos.

Creatividad, Acción, Servicio

Puedes crear una serie de anuncios, en webs, afiches, periódicos, revistas, radio, etc., en donde promover una vida sana, el respeto a los demás, y diversas campañas sobre temas de interés y actualidad en la comunidad escolar y local.

¿Qué influencia tiene la publicidad en el lenguaje? ¿Puede la publicidad manipular al público y conseguir que modifique sus gustos?

PRÁCTICA – TEXTOS DE EXÁMENES IB

ESPAÑOL B – NIVEL MEDIO – PRUEBA 1

Noviembre 2002

TEXTO A

Luis tiene hambre

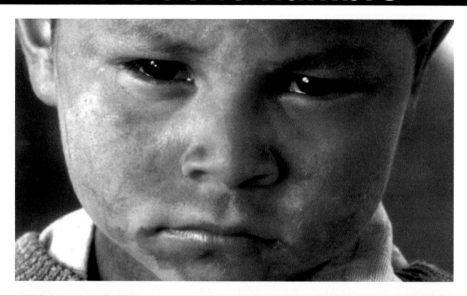

de aprender, de reír, de crecer

Dales Un Kilo de Ayuda

La desnutrición es un problema grave que afecta a millones de niños mexicanos, y que cuando se padece entre los 0 y los 5 años tiene consecuencias físicas y mentales irreversibles; entre otras, disminución de la capacidad intelectual, menor peso, talla y capacidad de trabajo físico, así como mayor propensión a enfermedades y en algunos casos la muerte. Estos niños merecen reír, crecer y aprender como cualquier otro niño, pero son muchos y necesitamos tu ayuda.

Un Kilo

de ayuda

Para llegar a ser grandes

[-X-]
Somos un programa enfocado a combatir la desnutrición infantil.

[- 4-]
El programa se concentra en niños de 0 a 5 años y a sus familias, que viven en zonas marginadas, principalmente indígenas, de nuestro país.

[- 5-]
Los fondos recaudados se utilizan en un programa permanente que combina alimento, salud, información y seguimiento; indispensables para una buena nutrición.

[- 6 -]
Comprando las tarjetas Un Kilo de Ayuda en las principales cadenas de autoservicio en toda la república. Haciendo un donativo llamando por teléfono al 5520-01-42 y del interior de la república al 01-800-000-5456, el cual es deducible de impuestos. Depositando en la cuenta bancaria No. 5899353 suc. 197 Banamex, a nombre de Un Kilo de Ayuda A.C.

TEXTO A - UN KILO DE AYUDA

Conteste a las siguientes preguntas.

1   ¿Dónde viven estos niños?

2   ¿Cuál es la edad más sensible en el desarrollo de los niños?

3   ¿A qué tienen derecho los niños?

*Los espacios numerados de 4 a 6 corresponden a unas de las siguientes preguntas. Relacione cada número con la letra de la pregunta adecuada. **Cuidado**: Hay más preguntas de las necesarias.*

Ejemplo: *[- X -]*   *E*

4	A	¿A quién ayudamos?
	B	¿Cuánto dura el programa?
	C	¿Qué efecto tiene la ayuda?
5	D	¿Cómo ayudamos?
	E	***¿Qué hacemos?***
6	F	¿Cómo puedes ayudar?

Conteste a la siguiente pregunta.

7   ¿Dónde se venden las tarjetas ***Un Kilo de Ayuda***?

TEMAS TRONCALES: COMUNICACIÓN Y MEDIOS
TELEFONÍA MÓVIL Y MENSAJES DE TEXTO

Objetivos:
- Recapacitar sobre el uso y abuso del móvil
- Analizar los símbolos en mensajes
- Explorar sus consecuencias gramaticales, sintácticas y ortográficas
- Reconsiderar la alfabetización
- Usar conectores entre oraciones subordinadas

Este capítulo trata de los usos y abusos del teléfono móvil entre la gente joven. Seguidamente se explora el contenido y la ortografía de los mensajes de texto y cómo afectan a la alfabetización de los jóvenes. Se contrasta un testimonio de un adicto a estas tecnologías (joven) con la reacción de un padre al recibir este tipo de mensajes.

 **Móvil**

Texto

Teléfono móvil: NO ES UN JUGUETE

Boletín realizado por los Equipos Generales de los sectores de Alburquerque, Badajoz 1, Badajoz 2, Montijo y Equipo de Atención Temprana de Badajoz, constituidos en grupo de trabajo en el CPR de Badajoz.

Tener localizado a tu hijo y evitar que no se sienta discriminado por ser el único que
5 no tiene móvil en su grupo, son las razones que padres y madres alegan a favor de este "medio de comunicación".

Estas razones, junto al peso de una publicidad que sabe crear necesidad, han convertido al móvil en el regalo estrella de los cumpleaños, las comuniones y las navidades. Pero no debemos olvidar la importancia de conocer los inconvenientes
10 que presenta este tipo de telefonía en manos de los niños, cuando el uso se *convierte en abuso.*

SALUD: según varios estudios existe un mayor riesgo para la salud de los niños, ya que al no haber completado su desarrollo físico, las radiaciones les afectan más. Las conclusiones de estos estudios han llevado a otros países a retirar incluso
15 teléfonos diseñados para niños a partir de 4 años.

DEPENDENCIA: a pesar de que los móviles comenzaron a popularizarse con la excusa de realizar o recibir llamadas en circunstancias de apuro o necesidad, en la actualidad se han convertido en auténticos ordenadores de bolsillo con multitud de funciones (SMS, chatear, mp3...) con lo cual su uso se ha extendido hasta el
20 punto de causar dependencia:

Los menores cuando no pueden utilizar el móvil por avería, falta de cobertura o saldo pueden llegar a sentir intranquilidad e incluso ansiedad. En definitiva, no son capaces de pasar un día sin enviar mensajes, escuchar música, chatear, jugar…. y recurren a él en cualquier momento que no están ocupados, como en una sala de
25 espera, un semáforo rojo, etc.

GASTO ECONÓMICO: el móvil es más caro que el teléfono fijo. El poder llamar desde cualquier sitio y en cualquier momento favorece su uso, y por lo tanto el gasto que comporta.

CAUSA DE CONFLICTO EN CASA: resulta paradójico que se compre un móvil con
30 el fin de comunicarte y saber cómo y con quién está tu hijo/a, y acabe siendo el motivo de discusiones porque *"el teléfono está apagado o fuera de cobertura"*, *"las facturas aumentan"*, *"no hay quien entienda los dichosos mensajes"*…

◀ El teléfono no es un juguete

Manejo de texto

1   Después de leer, responde a las siguientes preguntas.

a   ¿Qué dos razones positivas dan los padres para el uso del teléfono móvil?

b   ¿Qué provoca que *el uso se convierte en abuso*?

c   ¿Por qué es más peligroso el teléfono móvil para los niños que para los adultos?

d   ¿Qué factores contribuyen a aumentar la dependencia del móvil?

e   ¿Qué dos síntomas sirven para reconocer la dependencia?

f   ¿Por qué y cuándo se producen estos síntomas?

g   ¿Qué factores implican un mayor gasto del uso de móvil?

h   ¿En qué consiste la paradoja que ocurre en casa?

CONSEJOS:

"El móvil debe utilizarse cuando es necesario."

- En ausencia de los padres y fuera del ámbito disponible de un teléfono fijo.
- Aunque haya un teléfono fijo cerca, los padres pueden considerar adecuado que su hijo lleve el teléfono móvil por motivos de tranquilidad, responsabilidad, etc.
- Cuando se encomienden al niño tareas de cierta responsabilidad, como ir solo a casa.
- Como el móvil sirve para comunicarse, su uso se justifica cuando, por motivos personales o familiares tranquilice a los padres.
- Apagar el móvil en determinados momentos, y siempre que su uso pueda molestar a terceras personas.
- No pasa nada por no contestar a una llamada o mensaje en un momento en el que estamos hablando físicamente con otras personas. En el caso de que se considere necesario contestar al instante, pedir disculpas a la persona con la que estamos.

Gramática

Uso del presente de subjuntivo en claúsulas adverbiales: conectores que lo provocan.

Busca en el texto las oraciones señaladas abajo y fíjate en el uso de los conectores:

Aunque *haya un teléfono fijo. . .*

Cuando *se encomienden al niño tareas. . .*

Cuando *por motivos personales, tranquilice a los padres.*

Siempre que *su uso pueda molestar. . .*

En el caso de que *se considere necesario. . .*

Fíjate en la diferencia entre las oraciones:

Aunque haya un teléfono ⟶ La acción no es segura

Aunque hay un teléfono ⟶ La acción es segura

Estos conectores pueden usarse con el presente de indicativo si la acción es real, cierta o segura, y con el presente de subjuntivo si la acción es probable o simplemente no ha sucedido todavía.

Texto 7.1.2

INDICACIONES PARA USAR EL MÓVIL CON RESPONSIBILIDAD:

- El móvil tiene que dejarse en casa entre semana.
- Se puede utilizar a partir de la tarde del viernes o una vez finalizada la jornada escolar del menor.
- Si el móvil es suyo, también lo son los gastos: conviene que las llamadas se financien con el dinero de la paga, que no debe aumentar, independientemente del consumo que nuestro hijo o hija realice.
- Aunque el padre o la madre proporcione el primer móvil, conviene dejar claro que los próximos, más equipados seguramente, se los costearán ellos mismos.
- Es importante facilitarles móviles que en todo momento permitan ver la duración de la llamada.
- Seguimiento de una serie de pautas relacionales, por ejemplo: si los menores viven en el mismo portal o en el de al lado, ¿no es mejor quedar para hablar personalmente?
- Como el teléfono móvil es suyo, las llamadas a los amigos con móvil deben realizarse desde su terminal y no desde el teléfono fijo de casa, tampoco cuando se les acabe el saldo. Es importante que asuman su responsabilidad y las consecuencias de un uso abusivo.
- Se recomienda enseñarles a no utilizar el móvil cuando estén realizando otras actividades como asistir a clases particulares, cuando practican deporte, etc.; y también a utilizar la opción del silenciador en todos los lugares públicos, incluido el autobús escolar.
- Tratar de que no abusen del envío de SMS, sobre todo cuando apenas han pasado 10 minutos de estar con sus amigos.

Jóvenes hablando por el móvil

Gramática en contexto

Lee las indicaciones para usar el móvil y busca todas las estructuras donde aparezca el presente de subjuntivo. Identifica el verbo principal y el conector que lo provoca en cada caso y completa la tabla:

Conector	Verbo en indicativo	Verbo en subjuntivo
que	*conviene*	*se financien*

 7.2   **Chat y MSM**

Texto **7.2.1**

Lenguaje *chat*

Se llama lenguaje *chat* a una forma abreviada de escritura de algunas palabras para que los mensajes escritos resulten más cortos y más rápidos. El resultado es una codificación adicional al idioma en el que se escribe el mensaje ya que cada idioma tiene sus propias abreviaturas. Este tipo de lenguaje suele utilizarse para contactos como SMS y otros tipos de mensajería instantánea. Su utilización se hizo popular con el auge de este tipo de mensajes, especialmente los mensajes SMS. Como se ha mencionado no se trata de un lenguaje universal porque cada idioma lo ha adaptado según las reglas de formación de abreviaturas y de la fonética de cada lengua. Aquí vamos aexplorar como funciona este lenguaje aplicado al español.

Una evolución: los mensajes SMS

El primer medio de comunicación en usar esta técnica fue el telégrafo, y la han heredado los teléfonos celulares. Este tipo de comunicación es restrictivo ya que cada mensaje solamente puede contener un máximo de 160 caracteres, por eso la cantidad de palabras que pueden utizarse para formar un mensaje es limitada.

Mensajes cortos: Símbolos más utilizados en los mensajes cortos

n	= no	**1**	= un/a	**+ o -**	= más o menos
xa	= para	**dnd**	= donde	**md**	= me despido
s	= si	**t**	= te	**Kte?**	= ¿qué tal estás?
xo	= pero	**w/b**	= contéstame	**xq**	= porque
x	= por	**d**	= de	**salu2**	= saludos
tb	= también	**T echo de – –**	= te echo de		
q	= que	menos			
m	= me	**tq**	= te quiero		
:p	= una broma	**1 bso**	= un beso		

Con los símbolos del recuadro escribe un mensaje de texto.

A continuación vas a leer un fragmento de un estudio realizado por dos profesores sobre la influencia de la telefonía móvil y los mensajes de texto en la ortografía y la expresión escrita.

LENGUAJE SMS: LA ALFABETIZACIÓN DE LOS JÓVENES EN EL SIGLO XXI

José Luis Hernández Pacheco y Emilio Miraflores Gómez
cesdonbosco.com

Introducción

Dentro de los progresos de nuestro tiempo y como parte de las nuevas tecnologías tenemos la telefonía móvil en sus múltiples variedades, calidades y formatos. Es innegable que ha sido una revolución de 10–12 años atrás, hasta nuestros días.
Un elemento que ha cambiado la forma tradicional de comunicarse son los Mensajes de
5   Texto a través de móviles, o los también llamados SMS (Short Messages Standard), es decir, sistema de mensajes cortos sin cables.

Si cada generación de jóvenes se ha caracterizado en el último siglo por su rechazo a las normas preestablecidas adoptando formas y costumbres que les diferencien de la anterior, la juventud actual ha encontrado en los SMS su signo de identidad, y la víctima
10   inocente en quien recaen las consecuencias involuntarias de su rebeldía no es otra que la ortografía.

También la técnica de lectura puede verse afectada. Hace dos meses hemos recibido el siguiente e-mail:

"Sgeun un etsduio de una uivenrsdiad ignlsea, no ipmotra el odren en el que las ltears
15   *etsan ersciats, la uicna csoa ipormtnate es que la pmrirea y la utlima ltera esten ecsritas en la psiocion cocrrtea. El rsteo peuden estar ttaolmntee mal y aun pordas lerelo sin pobrleams. Etso es pquore no lemeos cada ltera por si msima preo la paalbra es un tdoo. Pesornamelnte me preace icrneilbe..."*

Esto demuestra que la práctica lectora desarrolla mecanismos intelectuales que
20   permiten comprender el significado de las palabras presentes en cada instante en nuestro campo visual sin necesidad de deletrearlas, por lo cual no importa que algunas de sus letras estén trastocadas si no deforman extremadamente su aspecto.

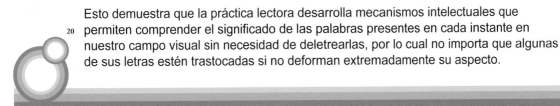

Manejo de texto

1   Responde con la información del texto.

a   ¿Piensan los autores que la telefonía móvil ha contribuido al progreso?

b   ¿Qué expresión del texto lo prueba? (Justificación)

c   ¿Qué expresión usan los autores para decir *los jóvenes siempre se han mostrado rebeldes*?

d   ¿Qué parte del lenguaje es la victima de esta rebeldía con respecto al SMS?

7.3 El lenguaje SMS

SMS (Short Messages Standard)

Se trata de una tecnología europea que apareció en 1991 en nuestro continente donde también nació la tecnología digital sin hilos que fue bautizada como GSM (patrón global para móviles). En un principio se desarrolló para dar informes de la bolsa y horóscopos.

Los emoticonos

Son un conjunto de símbolos que se pueden escribir con los mismos carácteres que usamos regularmente. Todo el alfabeto, los números y signos de puntuación son útiles para expresar emociones, actitudes o situaciones individuales. La palabra emoticón es la contracción de las palabras *icono* y *emoción*. En inglés se les conoce como *smileys* (caritas sonrientes), debido a que el símbolo más común es una carita sonriente generalmente representada por dos puntos, un guión y el cierre de un paréntesis:

: -)

Para interpretarlos se debe girar la cabeza hacia un lado pero manteniendo la vista en la pantalla. No hay una norma para los emoticonos, aunque aquí presentaremos los más comunes.

Texto

MANUAL PARA ESCRIBIR MENSAJES CORTOS

NO SE ACENTÚA

No todos los sistemas son compatibles con los acentos y la ñ

Uso de la *H* y de la *E*.
La letra *h* es muda en la pronunciación, así que en mensajes cortos se obvia y de esta forma se ahorra un carácter. La *e* al principio de palabra también se suprime (***Ejemplo:*** *str* por estar; *n* por en)

SIN VOCALES

En aquellas palabras que se usan con frecuencia se pueden perfectamente eliminar las vocales. ***Ejemplo:*** mañana – *mñn*; hacer – *hcr*

SONIDO DE CONSONANTES

En aquellas palabras que se eliminan las vocales innecesarias, se aprovechan su totalidad el sonido de las consonantes. La *k* representa el sonido de *ca*; la *t* al de *te*; la *m* el de *me*; y la *q* el de *cu*.

NI *CH* NI *LL*

La Real Academia de la Lengua las eliminó como letras independientes, en los mensajes cortos desaparecen por completo. De tal forma que la *x* sustituye a la *ch* y la *y* sustituye a la *ll*. Se ahorra un carácter.

SIGNOS DE INTERROGACIÓN Y ADMIRACIÓN

Sólo se usan al final de la oración.

EL USO DE LAS MATEMÁTICAS

Cuando es posible se usan signos matemáticos o números en sustitución de expresiones o sílabas. Por ejemplo: - significa *por menos*; + significa *por más*; *x* puede significar sonidos como *por, per, par*; el *1* sustituye a *uno* y *una*. Se puede escribir *t2* que significa *todos* y *s3* que significa *estrés*.

EVITAR LAS MAYÚSCULAS

Escribir frases en mayúsculas significa que usted está gritando. Sólo se admiten en las siglas.

ABREVIATURAS

La abreviatura es la representación de una palabra escrita con una o varias de sus letras, conservando el orden de éstas. ***Ejemplo:*** teléfono – *telf.*; locución – *loc.*; volumen – *vol.*
También puede terminar en vocal si ésta es la última letra de la palabra. ***Ejemplo:*** Señora – *sra.*; avenida – *avda.*; apartado – *apdo.*
También se puede eliminar el punto al final de la abreviatura.

DE FRASES A SIGLAS

Las frases de uso frecuente se abrevian con unas pocas letras. ***Ejemplo:*** ¿Qué tal estás? – *Kte?*; te quiero mucho – *tqm*

La sigla es una palabra nueva, formada, en general, por las iniciales de otras palabras que integran un enunciado, título o denominación. Existen dos tipos de siglas: propias e impropias o acrónimos.

Las propias se forman sólo con las iniciales de las palabras con significado como por ejemplo: *ONU* – Organización de Naciones Unidas

La impropias cuando se componen con letras no sólo iniciales. A las siglas impropias se les denomina también acrónimos. ***Ejemplo:*** *Radar* – Radio

 Para escuchar una canción sobre los mensajes de texto, dirígete a www.pearsonhotlinks.com y escribe el título o ISBN de este libro. Después, selecciona el enlace número 7.1.

Interculturalidad

Lee las explicaciones anteriores sobre los mensajes de texto (lenguaje SMS) y reflexiona sobre las similitudes y las diferencias que tiene este lenguaje aplicado al español con el utilizado en tu lengua.

Actividad intertextual

Escribe mensajes y mándaselos a tus compañeros. Interpreta y traduce los que te manden a ti.

EXPERIENCIAS

Email Pasword Log in

La vida desde el móvil: Diario de un adicto al móvil

Domingo: Son las 10 de la noche y programo las alertas que quiero recibir desde myalert.com.

Lunes: Son las 8 a.m. Suena el móvil graciosamente gracias a la melodía que he creado y así me reconozco. Miro su pantallita, hay una carita que me sonríe y unos
5 buenos días que me aparece entusiasta. ¡Ya me levanto de otra manera!

Ojalá se pudiera programar el móvil para que nos prepare el café, pero por el momento hay que levantarse y hacerlo o rogárselo a alguien muy cercano.

Con el café vuelve a sonar la alerta del móvil: primeras noticias del día.

Ninguna novedad: polución, extranjeros sin derechos, etc. Luego las noticias del "Hola"
10 para tener qué decir en el ascensor. También nos queda tiempo para la previsión meteorológica.

Nos vamos al trabajo.

En el metro no me entretengo a mirar las caras de otros dormidos ni me detengo a leer ningún libro.
15 Es tiempo de soñar y por eso tengo las alertas programadas para las ofertas de viajes. ¡Ah! Se me olvidaba... antes tengo que saber cómo será este largo día. Sí, la alerta de horóscopo es lo que necesito.

20 Mañana rutinaria con algunas risas, si hay suerte. En la pausa del café aprovecho para darle una miradita a los estrenos de cine, salta la alerta programada. La última de Bruce Willis suena muy bien.

25 Ya es hora de comer. ¡Qué bien! Pues ya puedo leer las recomendaciones de vinos para impresionar a ese compañero de trabajo tan simpático que me acompaña.

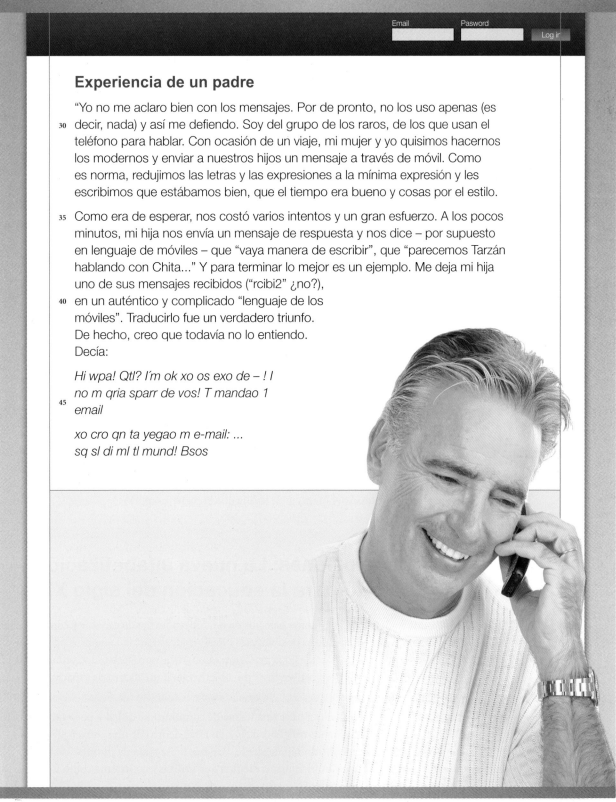

Email   Pasword   Log in

Experiencia de un padre

"Yo no me aclaro bien con los mensajes. Por de pronto, no los uso apenas (es
30 decir, nada) y así me defiendo. Soy del grupo de los raros, de los que usan el
teléfono para hablar. Con ocasión de un viaje, mi mujer y yo quisimos hacernos
los modernos y enviar a nuestros hijos un mensaje a través de móvil. Como
es norma, redujimos las letras y las expresiones a la mínima expresión y les
escribimos que estábamos bien, que el tiempo era bueno y cosas por el estilo.

35 Como era de esperar, nos costó varios intentos y un gran esfuerzo. A los pocos
minutos, mi hija nos envía un mensaje de respuesta y nos dice – por supuesto
en lenguaje de móviles – que "vaya manera de escribir", que "parecemos Tarzán
hablando con Chita..." Y para terminar lo mejor es un ejemplo. Me deja mi hija
uno de sus mensajes recibidos ("rcibi2" ¿no?),
40 en un auténtico y complicado "lenguaje de los
móviles". Traducirlo fue un verdadero triunfo.
De hecho, creo que todavía no lo entiendo.
Decía:

Hi wpa! Qtl? I'm ok xo os exo de – ! I
no m qria sparr de vos! T mandao 1
45 *email*

xo cro qn ta yegao m e-mail: ...
sq sl di ml tl mund! Bsos

* stop: punto

Para más información sobre los mensajes de texto, dirígete a www.pearsonhotlinks.com y escribe el título o ISBN de este libro. Después, selecciona el enlace correspondiente, número 7.2 y 7.3.

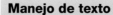

Manejo de texto

Diario de un adicto al móvil

1 Señala qué funciones pueden realizarse con un teléfono móvil:

  a Preparar café instantáneo

  b Programar las noticias del día

  c Programar la melodía de llamada

  d Saludar y desear los buenos días

  e Proporcionar consejos sobre vinos

  f Mirar las caras de los pasajeros del metro

  g Adivinar el futuro

Experiencia de un padre

2 Busca en el párrafo 1 las palabras que significan:

  a no comprendo

  b poco, casi nada

  c costumbre, regla

3 En el segundo párrafo, "*parecemos Tarzán hablando con Chita*" significa…

  a que se expresan como los monos.

  b que usan un lenguaje inapropiado.

  c que no saben usar los signos.

4 ¿Te atreves a traducir el mensaje de la hija que el padre no pudo?

7.4 Conclusiones: La nueva alfabetización – un reto para la educación del siglo XXI

Hemos intentado mostrar algunos aspectos de esta nueva forma de escribir y comunicarse que nos parecía curiosa y que es posible que la Real Academia de la Lengua se pronuncie al respecto en su momento. Pues, es una variación idiomática, aprovechando la fonética de las palabras, sílabas y letras para conseguir como objetivo final un ahorro de espacio, tiempo y dinero.

A los profanos en el tema nos parece una forma de comunicarse difícil y poco factible, pero suponemos que se hace menos dificultosa cuando estás dentro de una conversación y los signos indicados toman sentido rápidamente. Por eso, no se trata de iniciarse de forma directa, sino que, hay que ambientarse a medida que utilizas este sistema como fórmula de comunicación rápida y concisa.

Actividad oral interactiva

¿Piensas que es un ahorro de espacio y tiempo o una forma de comunicación difícil y poco factible? Desarróllalo con ejemplos.

¿Piensas que los mensajes de texto verdaderamente afectan la ortografía y la calidad de expresión?

Consejos para el examen

Una de las actividades que presentan más dificultades en la Prueba 1 es insertar conectores en un fragmento de texto. Lo primero a tomar en cuenta es la forma verbal que aparece después del conector: Si está en presente de indicativo o de subjuntivo. Esto te ayudará a la elección del conector correspondiente. Hay una serie de estructuras que siempre funcionan:

"No sólo. . .sino (que) . . ."

"Cuando (presente de subjuntivo), (futuro imperfecto)" y otra serie de conectores que solamente se usan con el presente de subjuntivo

Creatividad, Acción, Servicio

Puedes recoger todos los móviles y aparatos eléctricos y electrónicos que la comunidad escolar descarta, para ponerlos al día y entregarlos a personas u organizaciones con escaso poder adquisitivo. Así mismo se pueden recoger juguetes, ropa, libros, muebles, y toda clase de artículos.

Hemos hablado de lenguaje mediante la utilización de símbolos: ¿Qué diferencias importantes existen entre este lenguaje y un lenguaje natural?

¿Se adquieren los dos tipos de lenguaje de la misma manera? ¿Cómo se aplica el conocimiento lingüístico?
¿Cómo se refleja el perjuicio que los SMS han causado en el lenguaje, y la lectura de los niños y jóvenes en el mundo? ¿Hay algo positivo respecto a estos mensajes?
¿Crees que realmente estamos en la época de la comunicación? ¿Qué tipo de comunicación tenemos ahora?
¿Por qué parece ser más importante hablar con los que están lejos que con los que están cerca, quizá a nuestro lado?

PRÁCTICA - TEXTOS DE EXÁMENES IB

ESPAÑOL B – NIVEL MEDIO – PRUEBA 1
Noviembre 2007

TEXTO C

El futuro de la lengua

José Antonio Millán, madrileño, es licenciado en Filología Hispánica y escritor. Aquí nos habla de un tema muy actual.

– ¿Ha descuidado la escuela la enseñanza de la puntuación?
– Parte del problema es que, a diferencia de lo que sucede con la ortografía, para la puntuación hay pocas normas rígidas. Puede ocurrir que dos modos de puntuar una misma frase sean correctos, entonces los docentes tienen dudas en el momento de transmitirles este tipo de conocimiento a sus
5   alumnos.

– ¿Qué relación percibe entre las nuevas tecnologías y la pureza de la lengua?
– Cada medio de escritura y de comunicación tiene sus problemas. El e-mail permite una escritura tan demorada como la de una carta, es decir, que no presenta dificultad para cuidar la lengua.
En el chat y en los mensajes de texto de los teléfonos, en cambio, hay formas rápidas de expresión
10   y abreviaturas, pero podríamos asemejarlos a los telegramas antiguos, en los que también se suprimían los artículos y la única puntuación era el stop*. A mí no me preocupa que una persona escriba de ese modo cuando chatea con sus amigos, siempre que en el momento de redactar una carta formal lo haga como corresponde.
Claro, los jóvenes que estén todo el día enviando mensajes cortos a través del celular y chateando
15   tendrán una escritura deforme, pero creo que la lectura es el mejor antídoto contra los abusos.

– ¿Le molesta que a causa de la informática se incorporen tantos vocablos extranjeros al idioma español? — Yo estoy bastante tranquilo en estos temas. El idioma español está lleno de "préstamos" del francés, el inglés o el árabe, que se han integrado a él perfectamente. Creo que la lengua se defiende bastante bien. A medida que pasan los años, ella misma asimila los términos
20   que puede, arroja fuera de sí los que le resultan cuerpos demasiado extraños y se queda con otros. La palabra "email", por ejemplo. La gente comienza a llamarlo, cariñosamente, "emilio". Otros preguntan: "Oye, ¿por qué no me *imeleas?*" Así, sin darnos cuenta, la palabra pasa a ser nuestra.

– ¿Qué futuro prevé para el libro?
– El libro en formato papel es una herramienta muy depurada que se ha ido perfeccionando a lo
25   largo de varios siglos. La verdad es que tal y como lo conocemos hoy en día está muy bien. Esto hace que pueda soportar perfectamente la competencia de las lecturas en pantalla y en e-books. Mientras que algunos formatos, como las enciclopedias, pasan a las pantallas, parecería que el ensayo, la narrativa y la poesía seguirán reclamando papel. Es que están muy cómodos allí, dispuestos a permanecer, quién sabe hasta cuándo, encerrados en un libro.

* stop: punto   Por Adriana Schettini, La Nación Line Revista, Buenos Aires, Argentina (Texto adaptado)

TEXTO C — EL FUTURO DE LA LENGUA

Basándose en las líneas 1 a 4 del texto, conteste:

1 ¿Qué expresión significa "No existen reglas tan claras"?

2 ¿Qué expresión significa "Los maestros se sienten inseguros"?

Entre las líneas 5 a 21 del texto:

3 José Antonio Millán, compara, según el tipo de lengua que usan al e-mail con...

4 José Antonio Millán, compara, según el tipo de lengua que usan al chat y a los mensajes de texto con...

5 Dice que la lectura es un arma muy eficaz para luchar contra las incorrecciones del lenguaje adolescente. ¿Con qué palabra expresa esta idea?

6 Solo **tres** de las siguientes afirmaciones son correctas. Basándose en las líneas 22 a 29 del texto, indique cuáles son escribiendo las letras adecuadas.   *[3 puntos]*

    A Millán mira con optimismo la incorporación de vocablos extranjeros.

    B En español hay muchas palabras provenientes de otras lenguas.

    C La lengua es débil frente al impacto de las nuevas palabras.

    D Una palabra extranjera puede asimilarse completamente a otra lengua.

    E A través de los e-mails se incorporan muchas palabras.

    F Las comunidades siempre son conscientes de que incorporan vocablos.

Busque en las líneas 30 a 36 del texto las expresiones que significan:

Ejemplo: con el paso de mucho tiempo

. . . . *a lo largo de los siglos* . . . .

7 en la forma que lo vemos

8 al situación determina

9 sin fecha límite

© International Baccalaureate, November 2007

TEMAS TRONCALES: COMUNICACIÓN Y MEDIOS

EL INTERNET, LA PRENSA Y LA TELEVISIÓN

Objetivos:
- Debatir sobre las ventajas y desventajas del Internet, la prensa y la televisión
- Analizar la influencia de los medios en el lenguaje
- Prestar atención a pequeñas diferencias en palabras que pueden aportar significados totalmente distintos
- Ordenar ideas al escribir y al hablar

 ¿Qué es el Internet?

Según la RAE, el Internet, es una r*ed informática mundial, descentralizada, formada por la conexión directa entre computadoras u ordenadores mediante un protocolo especial de comunicación.*

Hoy en día, una gran mayoría de gente en el mundo está conectada desde su casa al Internet, y así tienen a su alcance información de todo tipo. Sin embargo, no todos tienen acceso a Internet. En algunos países, o en algunas zonas aisladas, esto no es fácil. Eso supone que una parte de la población ha quedado en desventaja; por ejemplo ancianos que encuentran difícil manejar computadoras y no han recibido formación adecuada para familiarizarse con ellas; zonas rurales, y zonas marginadas de las ciudades donde no se ha creado la infraestructura necesaria para que el Internet pueda llegar a todas las casas. Y por supuesto, también por cuestiones económicas es inaccesible todavía para muchos.

Te incluimos una serie de ventajas y desventajas del Internet, según opiniones varias.

Ventajas
- La comunicación es más fácil, rápida y barata.
- Puedes mantener contacto con gente que está lejos, en cualquier parte del mundo.
- Puedes acceder a información desde casa o la oficina, sin moverte.
- Puedes acceder a distintos puntos de vista de una noticia sin tener que comprar varios periódicos o revistas.
- Puedes obtener ayuda técnica en línea para tu propia computadora o programas.
- Tienes acceso a la información inmediatamente.
- Puedes hacer todas tus compras desde tu computadora o teléfono móvil.
- Puedes compartir fotos, videos, etc. con tus amigos o con todos si así lo prefieres.
- Se pueden hacer negocios más rápidamente.
- Se pueden ver películas, programas de televisión que no pudimos ver en su momento, o acceder a música que de otra forma no podríamos escuchar.
- Su uso como herramientas de educación y aprendizaje.

Desventajas
- Hay mucha información errónea o superficial.
- Hay muchas páginas que fomentan la violencia, el acoso, el terrorismo, etc.
- Hay acceso a la pornografía para todos.

- Los estudiantes se limitan a *copiar y pegar*.
- Se pasa demasiado tiempo accediendo a páginas inútiles.
- Se pierde mucho tiempo en las páginas sociales.
- Algunas funciones dependen totalmente del Internet y si falla no hay otra forma de realizarlas (bancos, billetes de tren o avión en las oficinas, etc.).
- Se deja de hacer ejercicio o de pasar tiempo real con amigos.
- Se utiliza para *acosar* y atemorizar a gente vulnerable.
- Distrae a la gente en su trabajo o en su estudio.
- Los virus.
- El uso del Internet para acceder a información personal y utilizarla para actividades fraudulentas.
- Excesiva publicidad.
- El abuso en las escuelas.

Contenidos

1 Señala las cinco características que te parezcan más positivas sobre el Internet, según las opiniones anteriores y explica por qué.

2 Y tú, ¿puedes añadir alguna otra característica que no aparezca en la lista anterior?

3 Ahora haz lo mismo pero con los aspectos negativos del Internet.

4 Y de igual forma, escribe otro aspecto que no aparezca en la lista anterior.

5 ¿Cuál crees que podría ser una solución para que el Internet llegue a todos por igual?

 8.2 La prensa

Al hablar de **prensa** nos referimos tanto al conjunto de publicaciones periódicas, o diarias, como al conjunto de personas que se dedican al periodismo, a las noticias.

La prensa está íntimamente relacionada con la invención de la imprenta moderna a mediados del siglo XV. Los primeros escritos de prensa aparecieron como hojas sueltas a fines del XV. Fue durante la época industrial, en el siglo XIX, cuando los periódicos proliferaron.

Poco a poco las técnicas de impresión, corrección y de reparto fueron refinándose. En esta época hay millones de periódicos y revistas vendidas diariamente en todo el mundo.

Las publicaciones de prensa informan, entretienen y forman opinión. Puede ser diaria (diario, también llamado periódico), semanal (semanario o revista), mensual (revistas especializadas generalmente), o anual (anuario). Aparte de las noticias diarias, normalmente incluye información sobre el clima, ocio, servicios, pasatiempos, tiras cómicas, información deportiva, económica, etc.

Una de las partes más importantes de estas publicaciones es *la portada* y sus *titulares*, y otra es la *página editorial* donde se presentan artículos de opinión.

Las noticias son las mismas, sin embargo, la selección y la forma de presentarlas, varían mucho de un periódico a otro. ¿Por qué motivos? Para entender esta selección subjetiva tanto de hechos como de interpretaciones, lo primero que tenemos que hacer es observar las portadas, y tener en cuenta los siguientes aspectos:

- Semejanzas y diferencias
- La noticia principal en las portadas. ¿A qué hechos se refiere?
- Titulares y la forma en que éstos se presentan
- Fotografías centrales
- Los pies de foto

Muchas veces hay dudas respecto a la *credibilidad* de las noticias. Esto se debe en general a las fuentes, generalmente anónimas, a los errores muy comunes, tanto de información como de ortografía o sintaxis, y sobre todo a la parcialidad o imparcialidad de cada publicación. Casi siempre es muy posible ligar cada diario con un partido o tendencia política, y por lo mismo la supuesta objetividad de la información resulta dudosa.

Actividades intertextuales

Comparación de las portadas de varios diarios

Ahora queremos que veas las portadas de varios diarios de hoy. Compara diarios del mismo país y después compáralos con los de otro país. Busca diarios de varios países hispanoamericanos y de España. Compara también como se presentan las noticias mundiales y la importancia que cada diario le da a esas noticias.

Fíjate en los siguientes aspectos:

- Semejanzas o diferencias entre portadas
- La noticia principal en las dos portadas. ¿A qué hechos se refiere?
- Si la noticia se repite en las portadas, compara los titulares y la valoración que sugiere la forma en que se presenta.
- Compara las fotografías centrales.
- Lee los pies de foto.

Escribe tus conclusiones; explica el porqué de las diferencias entre los titulares, las noticias seleccionadas, y el orden y el tamaño de cada titular en las portadas.

Para más información sobre la prensa, dirígete a www.pearsonhotlinks.com y escribe el título o ISBN de este libro. Después, selecciona el enlace número 8.1.

Actividad oral interactiva

Haz una presentación oral con las portadas. Primero pide a alguno de tus compañeros que las describan. Después, explica tus conclusiones.

8.3 La televisión

La Universidad Sergio Arboleda, de Bogotá, Colombia, organizó el concurso *Mejor Artículo de Opinión sobre los Realities* con un premio de $200.000 pesos en libros de la librería de la universidad, además de todas las publicaciones de la escuela.

Aquí te incluimos el artículo ganador.

Para más información sobre la universidad, dirígete a www.pearsonhotlinks.com y escribe el título o ISBN de este libro. Después, selecciona el enlace correspondiente, número 8.2.

Ensayo ganador del concurso "Los realities"

Acerca de los realities
Por: Juan Felipe Amaya González, Colegio San Carlos

Una serie de programas **ha infestado** nuestra televisión últimamente. Son una expresión de ese inconsciente voyerismo del ser humano. La modernidad ha explotado esto ya que vende
5   mucho, y los reality shows (espectáculos de la realidad) son la expresión máxima de esta tendencia. Los hay en todas las formas y colores, pero "Gran Hermano" y "Protagonistas de Novela" resaltan en este país.

Pero, estos programas, ¿en serio nos muestran la realidad? Nietzsche alguna vez dijo que los hechos no existen, sólo las interpretaciones. Y yo creo, precisamente, que estos programas
10   no pueden ser interpretados como reales. Primero, porque en el mundo real, los hechos que aparecen allí no existen: personas que tratan de actuar con naturalidad sabiendo que miles de individuos las están viendo; una casa de ensueño, con gente bonita conviviendo (o, mejor aún, compitiendo) por ganar más reconocimiento y/o un jugoso premio; es que, en el mundo real no hay un "Gran Hermano" o una "Casa Estudio" o una isla con tribus de citadinas enemistadas
15   por el dinero. Toda esta realidad no es más que una ilusión, una realidad de televisión y, en últimas, sólo una fantasía. En el mundo real, por desgracia, hay muertos, violencia, feos, pobreza, entre tantos otros aspectos, pero también hay gente que lucha por ser alguien, y no precisamente encerrándose en una casa con cámaras y vendiendo su privacidad. Si uno quiere ver la realidad basta con salir a la calle. Segundo, porque toda esta realidad es sólo
20   una infraestructura montada en torno a la publicidad, que enriquece a los medios. El único propósito, incluso por encima del de entretener, es el de vender espacios publicitarios, recibir millones de llamadas (nada baratas, por cierto) y recibir astronómicas sumas por todo esto. Es un negocio muy rentable, y más adelante trataré de explicar por qué le gusta a la gente.

Como dije antes, y como todos bien sabemos, los más famosos 'realities' son "Gran
25   Hermano" y "Protagonistas de Novela". Pero estos programas no son del todo reales y son pura publicidad. En ellos sólo nos muestran un concurso, en el que más de una decena de desconocidos son encerrados en una casa, a disfrutar de todo el dinero que un canal les pueda dar. Porque no lo podemos negar, más que una posibilidad de salir adelante (muy fácilmente) es todo un sueño cumplido para alguien. Pero esto se vuelve todo un inconveniente cuando
30   la imagen de estas personas es manipulada para crear una trama. Ellos parecen títeres y son puestos en ridículo ante nosotros. Uno cree que tiene el criterio suficiente a la hora de ser juez, a la hora de votar por quién se tiene que ir, gracias a esta trama. No importa cuál de ellos merezca ganar, porque uno tendría que estar viviendo con ellos para tener una idea válida. Claro, uno aprende quiénes son, los conoce virtualmente, y puede hasta aprender
35   de ellos. Parecen gente igual a nosotros, pero no lo son. Tal vez esto sea un reflejo de nuestra incapacidad de conocer gente real. Quedamos encantados por sus lágrimas, por sus confesiones, por sus risas, por sus enfados, por sus cuerpos, por sus sentimientos. Pero al mismo tiempo todo esto es sólo una imagen que está siendo transmitida, una señal. Lo único

40   que nos muestra es lo rico que lo pasan unos cuantos jóvenes de clase media cuando son
encerrados. Pueden aparecer celebridades, el presidente promocionando su referendo, cantantes,
actores (pero verdaderos); pueden mostrarnos lo que quieran, el racismo, la homofobia, el
clasismo, el sexo; pueden saturar nuestras vidas con estos programas, pero todo ello se reduce a
arreglarle la vida a gente anónima.

Ahora bien, ¿por qué todo esto le gusta tanto a la gente? Volviendo a lo dicho por Nietzsche,

45   no vemos los hechos sino lo que el canal ha editado, lo que quieren que interpretemos.
Probablemente esta es la forma más fácil de crearnos una realidad virtual. Una forma de salir
de nuestras aburridas vidas. Vidas donde no hay estrellas, no hay dinero, no hay aventura,
no hay reconocimiento, no hay emoción. Es nuestro deseo de fama, nuestro deseo de dinero,
nuestra propia ambición. Todo esto le termina gustando a la gente porque es una forma fácil

50   de ver cómo se triunfa siendo mediocre. Es todo lo que la gente quiere y sueña, porque,
lastimosamente, no existe en la vida real.

Consejos para el examen

Fíjate en la palabra en negrita en la línea 3 del texto:

- **ha infestado**, del verbo *infestar*.

¿Sabes su significado? Búscalo en el diccionario si no lo sabes y compáralo con el verbo *infectar*.

¿Cuál es la diferencia de significado entre los dos?

Recuerda que hay muchas palabras que parecen iguales pero son totalmente distintas. Fíjate siempre muy bien en cada palabra.

Contenidos

 1   Contesta las siguientes preguntas con palabras del texto.

a   ¿Por qué dice el autor que los *reality shows* se venden mucho?

b   ¿Según el autor, esos programas son reflejo de nuestras realidades sociales? ¿Cómo lo explica?

c   ¿Qué expresión utiliza para decir que hay muchísimos tipos de *reality shows*?

d   Según el texto, ¿qué hay en el mundo real?

Manejo de texto

1   Contesta a las siguientes preguntas (líneas 16 a 51) indicando si son verdaderas o falsas. Justifica siempre tu respuesta con elementos del texto.

Ejemplo: El verdadero objetivo de los *realities* es ingreso obtenido a través de la publicidad. *Verdadero*

Justificación: *El único propósito,… es el de vender espacios publicitarios*

a   Las productoras ganan mucho dinero con estos programas.

b   Los personajes son manejados como marionetas.

c   Los espectadores ven la realidad de cada día de los personajes.

d   En general, la gente disfruta porque ve lo que no puede conseguir.

Gramática en contexto

Ahora fíjate en las siguientes expresiones:

Primero (línea 10)

Segundo (línea 19)

Más adelante trataré de explicar (línea 23)

Como dije antes, (línea 24)

Ahora bien, (línea 44)

Volviendo a lo de Nietzsche, (línea 44)

¿Puedes explicar qué función tienen dentro del texto?

Producción escrita

Escribe un texto sobre la televisión utilizando esas expresiones. En el texto tienes que expresar ideas contrarias y explicar las razones por las que crees que esos programas son excelentes. Si prefieres, puedes elegir otro tipo de programas que consideres de calidad.

Los miembros de una Asociación de Padres de Alumnos en México, han elaborado el siguiente decálogo sobre el buen uso de la televisión

Texto

La siguiente lista comprende 10 consejos que nos hace reflexionar sobre el uso de la televisión. Si los seguimos, lograremos que la televisión esté a nuestro servicio y no ser esclavos de ese medio de comunicación.

1   Los padres debemos enseñar a nuestros hijos, tanto a ver espacios televisivos enriquecedores, como a no ver aquellos que puedan ser inconvenientes o que puedan afectarlos en su desarrollo integral como personas. Si los padres no enseñamos a ver televisión a nuestros hijos, ¿quién lo hará por nosotros?

2   Podemos enseñar a los hijos a que no hay que "ver televisión", sino que ver programas de televisión. Así podremos desarrollar la capacidad de selección y de discriminación, que los habilitará para ver aquello que nos conviene y no mirar aquello que no nos conviene ver. Debemos preguntar a nuestros hijos ¿Qué programa quieren ver?, en lugar de ¿Quieren ver televisión? No olvidemos que la televisión utilizada con el criterio de ayudar a la educación de los hijos puede ser una herramienta muy eficaz.

3 Para crear un criterio de selección al momento de ver televisión, es preciso evitar tener prendida la televisión cuando no hay nadie viendo un programa determinado. Siempre es positivo preguntarse: ¿Es necesario que en este momento esté prendido el televisor? Cuantas veces la televisión permanece horas funcionando sin que nadie esté realmente viendo un programa determinado. Si la apagamos, cuando no es necesario que esté prendida, no sólo ahorramos energía y dinero, sino que lo más importante, ganamos silencio y tiempo para nosotros mismos y para la familia.

4 Un buen modo de afirmar las ideas anteriores, es no tener a mano el control remoto. El "zapping", o la costumbre de cambiar permanentemente de canal de televisión, es contrario al criterio de selección que debemos desarrollar en nuestros hijos. Por otro lado, "la lucha" por el control remoto muchas veces es injusta e inconveniente, ¿no sería preferible acordar de antemano el programa que queremos ver, para no ser esclavos del control remoto, que nos lleva por un vagabundeo interminable que no permite concentrarse ni entender ningún programa?. Si el "zapping" con el control remoto es inevitable, porque se está buscando qué ver, al menos es conveniente enseñar que todos tienen derecho a opinión, y que la selección del programa no es monopolio del mayor, el más fuerte o el dueño de la televisión, para así enseñarles a respetar los derechos y los gustos de cada uno de los miembros de la familia.

5 No es conveniente que nuestros hijos tengan un aparato de televisión en su habitación. Esta costumbre incentiva el aislamiento de nuestros hijos, provoca una adicción a la televisión y es contrario a la vida de familia. Tengamos presente que una adicción desordenada a la televisión impide el juego de nuestros hijos, el crecimiento de su creatividad y afecta inevitablemente la convivencia familiar.

6 Es siempre conveniente tener un horario preestablecido para ver programas de televisión. Como todas las cosas, la televisión tiene "su lugar" en la vida familiar, junto a otras actividades. En este punto debemos tomar conciencia que nuestro día sólo tiene 24 horas, y si le restamos el tiempo en que dormimos y trabajamos o estudiamos ¿cuánto tiempo libre nos queda? ¿Es necesario dedicar el escaso tiempo libre que tenemos sólo a la televisión? ¡Donde queda el tiempo para el juego, la amistad, la cultura, la imaginación y la convivencia familiar!

7 No usemos la televisión como una "niñera electrónica", dado que ella no cuida verdaderamente a nuestros hijos, especialmente si los dejamos ver "lo que están dando". Recordemos que la televisión, no puede dar cariño, ni es capaz de advertir a los niños de un eventual peligro. Cuando ambos padres trabajan, este criterio es especialmente importante.

8 No tengamos prendida la televisión cuando almorcemos o comamos en familia. Cuando se está juntos en familia, durante las comidas, toda nuestra atención debemos ponerla en compartir con nuestros hijos y cónyuge, cuidando ese verdadero tesoro que es estar juntos y con tiempo para conversar y conocernos mejor. No arruinemos o desperdiciemos los mejores momentos en familia "metiendo al medio" una intrusa como invitada principal, que obliga a ser vista y escuchada.

9 La capacidad de imitación que tiene el niño debemos orientarla hacia el conocimiento de personajes reales y ejemplares, por ejemplo deportistas, hombres ilustres, héroes de nuestra historia, personas destacadas en la ayuda a los demás, poetas, etcétera, y no hacia "héroes imaginarios", "monstruos", o personajes inexistentes. De esta forma, pondremos a su alcance las vidas de personas que han pasado haciendo el bien, y que merecen ser imitadas.

10 Los padres debemos tratar de acompañar a nuestros hijos a ver televisión. De esta forma podremos conocer verdaderamente los contenidos de los programas para tener juicios más apropiados al momento de emitir nuestra opinión sobre la televisión. Mirando televisión con ellos nos podremos dar cuenta de sus gustos o preferencias, y los efectos que los distintos programas pueden producir en cada uno de ellos.

Manejo de texto

1 Identifica los testimonios siguientes con los consejos anteriores. ¡Cuidado! Varios se repiten.

a Siempre obligo a mi hijo a que apague la televisión cuando termina el programa que ha visto.

b Me gusta sentarme con mis hijos a ver documentales o a veces una película cómica: Lo pasamos muy bien.

c Tengo un sistema excelente de bloqueo de canales, así no pueden estar cambiando de canal continuamente ni ven programas inapropiados.

d Siempre seleccionamos juntos el programa que queremos ver. No me gusta que vean programas violentos o sin sentido porque luego lo imitan; por eso nos sentamos a decidir que queremos ver.

e Los tengo acostumbrados a que pidan ver un programa concreto y no a encender la televisión sin sentido.

f Si viene alguien o estamos hablando en familia, apagamos la televisión como norma de respeto.

g Soy enemiga de que tengan televisión en su cuarto. Con un aparato en casa es más que suficiente.

h A veces viendo la televisión se aprende: puede ser una herramienta útil si sabe usarse.

i Les he explicado que no hay que encender la televisión nada más llegar a casa. Es un derroche de energía y además impide hablar en familia.

j Siempre hay una hora adecuada para ver la televisión. Después de hacer los deberes y antes de cenar puede ayudar a relajarnos.

k La televisión no cuida de los niños ni está inventada para tenerlos entretenidos. Los niños necesitan el apoyo y cariño de su familia.

l Ponernos de acuerdo para ver un programa es difícil, pero siempre respetamos el derecho a opinar de los demás en la familia.

Actividad oral interactiva

Y ahora tú escribe *diez* consejos sobre el uso del Internet en casa. Después compáralos oralmente con los de tus compañeros y elegid los *diez* mejores entre todos.

Interculturalidad

Y en tu país, ¿hay programas de este tipo? Explica si son muy populares o no. Haz un listado de otro tipo de programas que se exhiban en la televisión y explica cuales son los más populares. Haz también un listado con los programas considerados *culturales* y sus características.

Y, el Internet, ¿es común tener Internet en todas las casas? ¿Se hacen las compras por ese medio?

Y la prensa, ¿cómo describirías la prensa de tu país?

Consejos para el examen

Acostúmbrate a describir ventajas y desventajas de distintos temas y objetos. Considera las partes de las palabras y como algunas veces el significado puede cambiar por completo. Fíjate en el uso de nexos o conectores para relatar distinguiendo las secuencias temporales.

Creatividad, Acción, Servicio

Puedes organizar clubs de enseñanza de computadoras y programas informáticos para otros estudiantes en el colegio, y para personas de fuera: para personas mayores, niños, desempleados, etc.

 ¿De qué forma influye la televisión en el lenguaje? ¿Crees que los niños aprenden a hablar antes gracias a la televisión? Y el Internet, ¿podemos decir que ha creado un nuevo campo semántico? ¿Qué influencia ha tenido el Internet a nivel político en los últimos años en el mundo?

PRÁCTICA - TEXTOS DE EXÁMENES IB

ESPAÑOL B – NIVEL MEDIO – PRUEBA 1

Noviembre 2005

TEXTO D

El *chat* o la vida

El promedio de españoles aficionados al *chat* es superior al de otros países como Estados Unidos o Francia donde hay uso mayor del internet. En poco tiempo han aumentado las ciberrelaciones y las kedadas, encuentros semanales de una comunidad de chateadores. La mayoría de los internautas son hombres menores de 36 años quienes se comunican más en las vacaciones y en los veranos. Sólo la televisión atrae a más personas que el internet en España.

Hacer amigos virtualmente no es muy diferente de lo que han hecho los humanos toda la vida. Sin embargo, la falta de comunicación cara a cara es una ventaja para los tímidos, para quienes no hacen amigos fácilmente y para los que no tienen confianza en sí mismos. Las salas de "chat" se organizan por temas, lo que permite hablar de cine, fútbol o sexo. Los que están conectados se identifican por un apodo o nick y con sólo pulsar uno de ellos pueden tener una conversación privada. Esto te hace anónimo y puedes comunicarte muy rápido.

La opción de volverte un personaje sin tus defectos y con todas las virtudes que desearías tener es otro atractivo. Internet te da lo que quieres sin pedir nada a cambio y sin juzgarte. Pero esta conveniencia tiene un riesgo: la adicción.

¿Cuándo sabes si eres un adicto a los chats? Si pierdes más de 5 horas de sueño, o si descuidas a tus amigos o a tus estudios. Algunos sugieren que vas camino a la adicción si piensas en el internet constantemente aunque no estés conectado; o si te irritas cuando la conexión es lenta o no la puedes hacer. Otros creen que si pierdes la noción del tiempo mientras estás conectado o finalmente, si tus amigos y familiares se quejan del poco tiempo que les dedicas.

El éxito de estas conversaciones via internet se resume en tres palabras: anonimato, conveniencia y escape. Por otra parte, Enrique Echebúrua, catedrático de la Universidad del País Vasco, cree que la adicción aparece cuando no se emplea el chat para comunicarse, sino para escapar de una forma compulsiva de los problemas y buscar satisfacción inmediata.

'El *chat* o la vida', El País (2003)

TEXTO D — EL CHAT O LA VIDA

*Realice la siguiente tarea basándose **sólo** en la información del texto D. Escriba 100 palabras **como mínimo**. No se limite a copiar grandes fragmentos del texto.*

Un amigo o una amiga hispanohablante quiere saber cuál es la actitud de los españoles frente al "chat" y cuál es su opinión personal al respecto. Basándose en la información del Texto D, escríbale una carta en la cual le da la información que pide y le indica si usted está a favor o en contra de los "chats" y por qué.

© International Baccalaureate, November 2005

TEMAS TRONCALES: ASUNTOS GLOBALES
MIGRACIÓN

Objetivos:
- Reflexionar sobre la migración: razones y consecuencias
- Diferencias entre inmigración y emigración
- Influencia de la migración en el lenguaje
- Considerar el léxico relacionado con el tema
- Usar el condicional

Nota cultural

¿Conoces a alguien que haya emigrado de tu país, o a alguien que ha inmigrado a tu país? ¿Te has planteado alguna vez los motivos de esos cambios? ¿Qué tipo de implicaciones crees que la migración tiene en la sociedad en general y en el individuo en particular?

Migración, según el Diccionario de la Real Academia Española (RAE), se define como:

La acción y efecto de pasar de un país a otro para establecerse en él; el desplazamiento geográfico de individuos o grupos, generalmente por causas económicas y sociales.

También hablamos de migración cuando nos referimos al *viaje periódico de las aves, peces u otros animales migratorios.*

En esta época de **globalización** la migración ha recibido un impulso importante y el número de personas que se traslada de un país a otro, parece haberse multiplicado. ¿Puedes explicar la diferencia entre **emigración** e **inmigración**?

Antes de leer los textos que te presentamos en este capítulo queremos invitarte a reflexionar: ¿Por qué crees que la gente emigra a otro país? ¿Cuáles son, en tu opinión, los principales motivos que la gente tiene para irse de su país? Haz un listado con todos los motivos.

9.1 Migración en Latinoamérica

Ahora vas a leer varios textos extraídos de una página web venezolana en la que se plantean diversas razones de la gente para dejar su país. También vas a leer algunas entrevistas con venezolanos que viven en el extranjero.

Inmigrantes latinoamericanos en California ▶

Latinoamérica: naciones de orígen

En el año 2000 casi 20 millones de latinoamericanos y caribeños vivían fuera de su país y siete de cada diez vivían en los Estados Unidos, muchos de ellos en condición ilegal,
5 aunque entre los emigrantes es cada vez mayor el porcentaje de profesionales y técnicos.

Migración

La crisis económica, política y social que viven muchos de los países de América Latina ha
10 forzado a una creciente migración en países como Colombia, Venezuela y Argentina.

El Census Bureau de los Estados Unidos reveló hace poco que el número de inmigrantes e hijos de inmigrantes ha alcanzado en ese país el nivel
15 histórico más alto hasta ahora registrado: 56 millones, de los cuales 34 millones llegaron en las últimas tres décadas. México aporta más de la cuarta parte de estos migrantes, la cual constituye la porción más grande de extranjeros
20 de un solo país, con la excepción del censo de finales del siglo XIX, en 1890, que dio a conocer que el 30% de los inmigrantes provenían de Alemania.

Sin embargo, para muchos países
25 sudamericanos, Europa está desplazando a los Estados Unidos como la región más atractiva, en parte por razones culturales y de idioma, pero también por el notable crecimiento económico de España e Italia en las últimas dos décadas. Otros
30 destinos importantes son Canadá (con medio millón de emigrantes latinos), los Países Bajos, el Reino Unido y Australia.

Es importante destacar el caso de los más de 100.000 latinoamericanos, un 60% de ellos
35 argentinos, que viven actualmente en Israel, algunos por motivos religiosos, pero muchos atraídos por las ventajas económicas que ese país ofrece a los inmigrantes.

El caso venezolano

40 Hasta hace unos diez o doce años, Venezuela era un país que no tenía emigración por las excelentes condiciones sociopolíticas en general (financiadas por el petróleo) que permitían a los ciudadanos tener esperanza, creer en las
45 posibilidades de mejorías sistemáticas en su calidad de vida y la de los suyos.

El censo estadounidense del año 2000 registra oficialmente más de 91 mil venezolanos viviendo a lo largo y ancho de ese país. Las últimas
50 estimaciones calculan que podrían haber aumentado hasta en un 80% en los últimos años, llegando a más de 200 mil venezolanos en Estados Unidos.

Según estudios recientes de opinión pública,
55 más del 43% de la población general venezolana se marcharía si se le presentara la oportunidad de hacerlo, indicador que aumenta de manera importante cuando se interroga a jóvenes menores de 24 años (53%), pero que es
60 consistente en las argumentaciones para la acción:

- No visualización de un futuro promisorio y seguro; "No hay oportunidades"
- Inseguridad personal
65 - Mejor oportunidad en el exterior
- No hay desarrollo profesional
- Incertidumbre política

Otras investigaciones señalan el fenómeno denominado "crisis de oportunidades para el
70 crecimiento personal" como la principal razón para la diáspora. Emigrar, para la mayoría de los venezolanos, es algo más que la búsqueda de oportunidades económicas, o de un trabajo. Nos encontramos con profesionales jóvenes
75 que sienten que la crisis está haciendo difícil el desarrollo de la simple vida cotidiana, por lo tanto el exterior es el contexto ideal para la búsqueda de la autorrealización.

Manejo de texto

1 Contesta las siguientes preguntas, indicando si son verdaderas o falsas. Justifica siempre tu respuesta con elementos del texto.

   a Venezuela es el país latinoamericano con mayor número de inmigrantes en Estados Unidos.

   b Los latinoamericanos emigran únicamente a los Estados Unidos.

   c Hace muchas décadas que los venezolanos dejan su país en busca de mejores condiciones de vida.

   d En la actualidad, los venezolanos prefieren quedarse en su país.

2 Contesta las siguientes preguntas basándote en el texto.

   a ¿Cuáles son las dos razones predominantes por las que los argentinos viven en Israel?

   b En la actualidad, ¿de qué país provienen la mayoría de los inmigrantes en Estados Unidos?

   c ¿Cuál era la nacionalidad predominante de inmigrantes en Estados Unidos a fines del siglo XIX?

   d ¿Cuál es, según el último párrafo, el principal objetivo de los venezolanos al emigrar?

3 Basándote en los párrafos indicados busca una palabra del texto que signifique:

Ejemplo: rutinaria   cotidiana. . .

   a En el párrafo *Migración*:
- períodos de diez años
- resaltar
- hizo público
- obligado

   b En el párrafo *El caso venezolano*:
- investigaciones
- incrementa
- duda
- motivo

Interculturalidad

¿Es tu país un país de inmigrantes o de emigrantes?

¿Cuáles son los principales países de origen o de destino para las personas de tu país?

¿Cuál es tu opinión sobre los inmigrantes en general?

Y tú, ¿eres también un inmigrante? ¿Hay algún miembro en tu familia que lo sea?

Analiza tu propia situación y compárala con la de tus compañeros.

¿Qué están haciendo los latinoamericanos en el exterior?

Los latinoamericanos en el exterior están, también, prestando mucha atención a lo que pasa en sus países, en una especie de "persistencia de la memoria" motivadora de la más variada serie de situaciones que demuestran una importante presencia e influencia del país de origen en la diaria realidad de estos emigrantes, lo que ha creado, sin dudas, manifestaciones económicas y sociales tan variadas como:

1 La existencia de medios de comunicación en español y con contenidos latinos en los Estados Unidos y hasta en países tan lejanos como Australia (donde una emisora de radio con acento chileno sorprende al turista distraído en Sydney) o la circulación diaria de periódicos sobre Venezuela en el sur de la Florida (Estados Unidos);

2 capítulos y secciones sobre los "Migrantes" o "Migración" en los diarios de Ecuador o Perú;

3 la creación de un nuevo indicador económico en casi todos los países latinoamericanos: las remesas (envío de dinero) desde el extranjero, principalmente desde los Estados Unidos, país desde dónde según un estudio del Banco Interamericano de Desarrollo (BID), en 2001 llegaron a la región US$ 23.000 millones (liderados por México con US$ 9.200 millones, Brasil con US$ 2.600 millones y El Salvador con US$ 1.900 millones);

4 el mantenimiento por parte de las empresas latinoamericanas productoras de alimentos y bebidas de una sólida presencia en mercados internacionales a través de distribuidores propios o alianzas con terceros;

5 el enorme tráfico de información electrónica (correos electrónicos o mensajería instantánea por internet) con los familiares que quedaron en los países de origen;

6 el aumento de opciones de comunicación telefónica, desde y hacia el exterior, con tarifas especiales de larga distancia;

7 la existencia del denominado "encargo" (envío de las más variadas mercancías y regalos desde y hacia el exterior por parte de amigos y conocidos);

8 un enorme porcentaje de usuarios residenciados en el exterior (especialmente Estados Unidos, Canadá y varios países de Europa) de las versiones on-line de los diarios y televisoras latinoamericanas;

9 y la programación de una visita al país de origen con frecuencias que van desde por lo menos una vez al año hasta cada dos, así como el mantenimiento de casilleros postales.

Nos encontramos, entonces, con personas que se han insertado en un contexto donde se puede hablar de "ciudadanos globales", personas que viven en un país industrializado, pero que tienen nacionalidad latinoamericana.

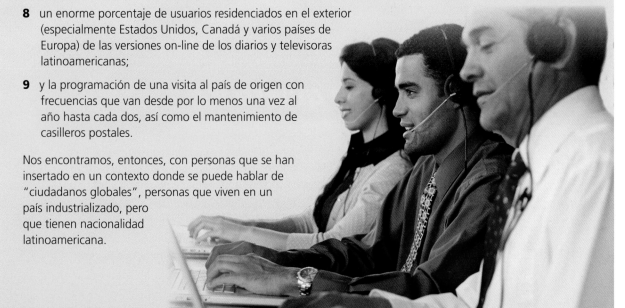

Manejo de texto

1 Contesta las siguientes preguntas, indicando si son verdaderas o falsas. Justifica siempre tu respuesta con elementos del texto.

a Una parte de inmigrantes con una profesión académica están ilegalmente en los nuevos países.

b Nadie acepta realizar un trabajo por debajo de su nivel social y académico.

c La mayoría de inmigrantes latinoamericanos en los Estados Unidos no quiere volver a saber nada de sus países de origen.

d En países como Australia o los Estados Unidos, hay muchísima información radiofónica y televisiva en español.

e Cada día hay más opciones para hablar por teléfono con la familia o amigos que se quedaron en los países de origen.

Actividad oral interactivia

Busca información sobre las consecuencias de *las remesas* en los Estados Unidos y en los países receptores del dinero. Después, escribe un artículo para una exposición oral en clase, sobre dichas consecuencias. Tienes que proponer ideas controvertidas en tu exposición y promover un debate en clase.

¿Crees que esta situación puede afectar a un país como los Estados Unidos? Explica tu respuesta. Haz un listado de los aspectos positivos y negativos del envío de dinero desde los Estados Unidos (o cualquier otra nación receptora de inmigrantes) a otros países.

Actividad intertextual

¿Hasta qué punto influye la migración en la producción de comidas y bebidas?

Este fenómeno está creando cambios en la lengua hablada, el arte, la estética, la cultura popular, los hábitos de comida, la moda, y los valores en general. Busca información y fotografías, videos o películas que demuestren esta afirmación, y después escribe un artículo periodístico con tus conclusiones.

Texto 9.1.3

¿Realmente me quiero ir?

Dejar tu país para comenzar una nueva vida en otras latitudes es una decisión muy seria. Para mequieroir.com es importante que estés bien informado y preparado para planificar tu partida. Queremos saber de ti para ofrecerte información adaptada a tus verdaderas necesidades. Al llenar este cuestionario obtendrás como resultado una serie de recomendaciones que constituyen una guía para utilizar todas las facilidades e información valiosa que ofrece este portal.

Sométete a este test para medir tu verdadera disposición al cambio y a los retos que tendrás que enfrentar al tomar la decisión de irte.

Escoge, en cada pregunta, la respuesta que más se parezca a ti.

1 Ya estás ubicado en otro país y estás comenzando a consolidarte. Tus familiares te llaman para decirte que un pariente muy querido está gravemente enfermo. ¿Qué haces?
- Llamas a tu familia para darles consuelo moral a distancia.
- Te regresas inmediatamente al país.
- Aunque te preocupa su salud, jamás te planteas la posibilidad de devolverte.
- Llamas constantemente ya que si empeora te regresas.

2
- Te deprimirías y pensarías en la posibilidad de regresarte.
- Jamás aceptarías un trabajo en condiciones inferiores a las que tenías en tu país.
- Aceptarías el trabajo inmediatamente.
- Aceptarías sólo mientras consigues una mejor oferta.

3
- Has dejado tu casa por más de dos meses seguidos (intercambio, vacaciones largas, campamento, etc.).
- Nunca has dejado tu casa, ni tu ciudad por más de un mes.
- Te mudaste a otra ciudad / nación para ir a estudiar.
- Te fuiste a tu propia casa tan pronto te independizaste económicamente.

4
- La inseguridad social, física y jurídica.
- Ansiedad cultural, inconformidad con la idiosincrasia.
- Crecimiento académico, mejoras profesionales.
- Bajos ingresos económicos / desempleo.

5
- Business class: viajas con todas las comodidades.
- Aventurero: con «morral al hombro» si hiciese falta e improvisando cada día.
- Desconfiado: con mucha precaución ante lo desconocido y con boleto en mano para regresarte en cualquier momento.
- Seguro: tratas de planificar y de tomar todas las previsiones.

6
- Menos de 6 meses.
- Un año.
- Dos años.
- Más de dos años.

Manejo de texto

1 En el texto faltan algunas preguntas. Relaciona cada espacio numerado del texto con una de las preguntas de la columna de la derecha. Cuidado: hay más preguntas de las necesarias.

Ejemplo: [2] [e]

[2]	**a** ¿Desde cuándo has estado pensando en la posibilidad de irte?
	b ¿Cómo reaccionaría tu familia ante tu partida?
[3]	**c** ¿Cuál de estos tipos de emigrante se parece a ti?
	d ¿Cuál es la razón principal por la cual pensarías dejar tu país?
[4]	**e** ¿Qué harías si sólo consigues trabajos inferiores a tus cualificaciones?
[5]	**f** ¿Intentarías ocultar tu origen si eso te ayudase a encontrar un mejor trabajo?
[6]	**g** ¿Cuál de estos cambios de vida has experimentado?

2 Busca en el texto palabras o expresiones que significan lo mismo que:

a instalado

b trasladaste tu residencia

c características propias de un grupo o individuo

d volver a tu país

e suspicaz, cauto

f falta de trabajo

g cuidado

h situaciones laborales más positivas

i localización geográfica

j organizar detalladamente

Actividad oral interactiva

Ahora prepara una encuesta similar a la del texto y descubre los motivos de cada uno de tus compañeros para estudiar en tu colegio. Después haz una presentación oral sobre los resultados.

Interculturalidad

Y en tu país, ¿es fácil acceder a información periodística, de televisión o de radio, en español?

¿Hay información en otros idiomas? ¿Cuáles?

¿Por qué crees que existe información en esos idiomas?

Explica cual es la situación de los inmigrantes en tu país.

Compara tus experiencias con las de tus compañeros y prepara una presentación oral.

Texto 9.1.4

Me quiero ir a vivir a...

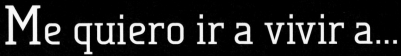

**Ser un "recién llegado": Antes
de tomar la decisión de partir es
necesario informarse sobre las
características socio-culturales del**
5 **país de destino, para que sepas qué
esperar y qué se esperará de ti como
nuevo integrante de esa comunidad.**

Nuestra forma de ser latina a veces
puede chocar con la cultura del país
10 receptor. Es completamente normal en
un proceso de adaptación pasar por
varias fases de cambios emocionales
y de "cortocircuitos" con las nuevas
realidades. Este proceso es conocido
15 como "adaptación intercultural".

El primer año suele ser el más difícil ya que cambiarás de casa, de
trabajo, de universidad, de colegio para tus hijos. También enfrentarás
muchos retos. Por ejemplo, tal vez debas mejorar tus habilidades con
los idiomas o tendrás que recibir algún adiestramiento especializado
20 o cursos de nivelación para empezar un nuevo empleo o realizar
equivalencias para iniciar un plan de estudios. Incluso es probable que
al principio debas aceptar un trabajo inferior a tus expectativas.

Ser un "recién llegado" (newcomer) implica, con frecuencia, dejar atrás
cosas a las que estabas acostumbrado, lo cual te puede hacer sentir
25 ansioso o temeroso, especialmente durante las primeras semanas.
Estas emociones van cediendo una vez que te has adaptado.

mequieroir.com

Manejo de texto

1 Contesta las siguientes preguntas basándote en el texto anterior.

a ¿En qué consiste la *adaptación intercultural*?

b ¿Qué tipo de sentimientos vive una persona cuando se acaba de instalar en un
nuevo lugar?

c ¿Qué tipo de retos pueden presentarse a un *recién llegado* en un nuevo país?

d ¿Cuál es la recomendación del texto para los que piensan irse a vivir a otro país?

Texto 9.1.5

TESTIMONIO DE UNA EMIGRANTE MEXICANA EN ALEMANIA

Testimonio

AMZ	
Profesión:	Estudiante
Edad:	16 años
Ciudad/ País de origen:	México
Fecha de salida:	7 de agosto de 2009
Ciudad/País de destino:	Alemania

¿Por qué te fuiste de tu país?
Desde siempre quise vivir la oportunidad de conocer una nueva cultura a fondo.
También deseaba obtener una mejor educación.

¿Qué fue lo más difícil de la decisión?
5 Pues, simplemente, que quizás estaba muy joven para irme. No obstante,
siempre había sido mi sueño venirme para acá y lo veía posible al terminar la
universidad. De modo que, en cuanto vi una posibilidad de partir, no dudé en
luchar por ella.

¿Por qué seleccionaste el país o ciudad de destino?
10 Cuando empecé a aprender el idioma alemán, pensé en la posibilidad de ir a Alemania algún día. Aparte de mejorar mis habilidades
con la lengua, me parecía un país interesante y tenía inmensas ganas de experimentar su cultura directamente.

Describe los primeros tiempos.
Al principio todo era nuevo y perfecto. Me sentía emocionada, ya que llegué e hice varios viajes por algunas de las ciudades más
conocidas de Alemania. El ambiente era hermoso y yo me sentía cómoda. Llegué a la casa de una familia alemana que me acogió
15 muy bien y han sido muy amables. Al entrar a la escuela, mi vida cambió poco a poco, porque ya no era la "Alemania turística"
que había disfrutado antes. Empezaba a percibir lentamente las diferencias culturales, no tenía amigos y en las clases exigían
muchísimo, sin tomar en cuenta mi dificultad con el idioma y el hecho de que en esta nación la educación es mucho más avanzada
que en México. El pueblo en el que vivo es pequeñito, con personas que se conocen muy bien entre sí y a los extranjeros (de
otro país o alemanes no nacidos aquí) les ponen mala cara. En fin, fue un principio difícil, hubo muchos momentos en los cuales
20 consideraba volver; pero luego recordaba que este era mi sueño y que tenía que continuar. Me sentía sola, sin familia y sin amigos,
no me adaptaba y las cosas se volvían más y más difíciles.

Describe tu situación actual.
He logrado integrarme cada vez más, tengo pocos amigos pero los pocos que tengo me han ayudado significativamente. En la
escuela, el trabajo sigue siendo muy difícil, a decir la verdad. Sin embargo, con mucho esfuerzo, salgo adelante.

25 **¿Te arrepientes de la decisión? ¿Qué harías distinto si pudieras repetir la experiencia?**
No, no me arrepiento para nada. Ha sido increíblemente difícil, pero eso me ha ayudado a crecer mucho como persona y a madurar
bastante. Creo que me hice grandes ilusiones e imaginé que todo sería más fácil; que la gente sería mas abierta y que pronto
tendría muchos amigos. En fin, que no me resultaría tan difícil. Al llegar me di cuenta de que estaba equivocada. Sucedió igual en la
escuela donde, a pesar de que sabía que en Alemania estarían un poco más avanzados, nunca me imaginé que me exigirían tanto.
30 De manera que me hice muchas ilusiones y me llevé incontables decepciones. En realidad, ha sido un gran reto y he aprendido
mucho de esas experiencias.

¿Piensas volver a tu país?
Sí, pero solo para acabar el bachillerato. Después, pienso salir otra vez para estudiar mis estudios universitarios en España. Por el
momento, hago los trámites para obtener la nacionalidad española (mediante la nueva ley de memoria histórica), aunque, sin duda
35 alguna, me gustaría regresar a Alemania en el futuro.

Manejo de texto

1 Contesta las siguientes preguntas, indicando si son verdaderas o falsas. Justifica siempre tu respuesta con elementos del texto.

a AMZ se fue de México porque necesitaba trabajar.

b Desde los primeros días se dio cuenta de que no había diferencias culturales.

c Extrañaba a su familia y pensó en regresar.

d Cree que ha sido una experiencia enriquecedora.

e Los trabajos escolares le resultan muy fáciles.

2 Busca en el texto palabras o expresiones que significan lo mismo que:

a captar

b innumerables

c desafío

d gestiones

Texto 9.1.6

EMIGRAR, FENÓMENO GLOBAL

La gente cambia de hogar en todo el mundo. Millones de personas se mueven en los puertos y aeropuertos, en las estaciones de tren, a través de fronteras vigiladas o no, y miles de ellas van en camino hacia algún nuevo destino al cual llamarán "hogar", tal vez por siempre. Estos desplazamientos de personas están cambiando el tejido social de una gran cantidad de naciones.

La migración humana se puede definir como el tránsito permanente de personas de un hogar a otro; en un sentido más amplio, no obstante, la migración se refiere a todas las maneras con que los ciudadanos de cualquier nación satisfacen la siempre existente necesidad de cambiar de lugar de residencia.

Esa necesidad es, a la vez, un derecho inalienable garantizado en la Declaración Universal de los Derechos Humanos, en su artículo 13: "toda persona tiene derecho a circular libremente y a elegir su residencia en el territorio de un Estado. Toda persona tiene derecho a salir de cualquier país, incluso el propio, y a regresar a su país".

Actividad intertextual

Busca información sobre migración en otros países de América Latina.

Y tú, ¿qué opinas sobre el artículo 13 de la Declaración de los Derechos Humanos? ¿Crees que se respeta en todo el mundo? Explica tu respuesta. Escribe un artículo para el colegio.

Actividad oral interactiva

Plantea las razones por las cuales la gente emigra a otro país y las ventajas y desventajas que la emigración y la inmigración tienen en los países y en las personas. Sugiere una fórmula para evitar la migración económica y política involuntaria.

Producción escrita

Ve una de las películas mencionadas y luego escribe una reseña cinematográfica sobre ella. (Puedes escribir sobre cualquier otra película que veas en clase con tu profesor/a, o en tu casa).

Gramática en contexto

El condicional

Con el condicional expresamos una acción que depende de una condición. Para poder realizar algo necesitamos una situación, una condición especial. Si está condición no se da, entonces nuestra acción no puede realizarse. Normalmente expresa una acción posterior a otra, que es la condición. ***Ejemplo:*** *Estaría muy cansado pero estaba en la fiesta.* También puede expresar una posibilidad o sustituir al presente como forma de cortesía:

Ejemplo: *¿Me **daría** un vaso de agua, por favor?*

Escribe cinco oraciones utilizando el condicional como expresión de posibilidad.

Escribe otras cinco oraciones utilizando el condicional como una forma de cortesía.

Ahora lee nuevamente el texto Latinoamérica, naciones de origen, en la pagina 123 y fíjate el las líneas 55 y 56:

*… la población (…) **se marcharía** si se le presentara…*

El condicional simple se relaciona con pretéritos imperfectos de subjuntivo:

*Si **fuera** rico, me **compraría** ese coche.*

*Yo también **iría** de excursión si **tuviera** tiempo.*

*Si me lo **pidieses**, te **ayudaría**.*

*Lo **llevaría si fuese** en tren.*

*Su **fuera** él, me **iría** ahora mismo.*

En español se utiliza el **imperfecto del subjuntivo** con la cláusula **condicional** y el modo condicional en la cláusula dependiente:

Ejemplo: *Si yo **fuera** rico, **compraría** una casa en Cancún.*

Podemos cambiar el orden de las cláusulas sin afectar el sentido:

Ejemplo*: **Compraría** una casa en Cancún si yo **fuera** rico.*

Con el **condicional** también damos y pedimos consejos:

*Yo, en tu lugar, **cambiaría** de dentista.*

*Yo **dejaría** de fumar.*

*Yo no **aceptaría** la invitación.*

*¿Qué **harías** en mi lugar?*

*Y tú, ¿con quién **hablarías**?*

Formamos el condicional añadiendo las terminaciones:

-ía   **-íamos**

-ías   **-íais**

-ía   **-ían**

Para los verbos regulares añadimos las terminaciones al verbo en infinitivo:

trabajar –ía   escribir –ía   correr – ía

Para los verbos irregulares, usamos las formas del futuro simple irregulares.

Completa la siguiente tabla:

tener	tendr-	tendría
poder	podr-	podrías
poner		pondríamos
haber	habr-	
	sabr-	sabríais
salir		
	vendr-	
	har-	haría
	dir-	
		querrían

Cláusulas condicionales:

Son oraciones compuestas que sirven para explicar las acciones que dependen de una condición. El verbo principal aparece en Condicional Simple y el verbo subordinado en Pretérito Imperfecto de Subjuntivo. El conector para estas cláusulas es siempre *si*.

Ejemplo:

Si me lo pidieses, te ayudaría.

[Si + verbo subordinado, verbo principal]

o

Te ayudaría si me lo pidieses

[verbo principal + si + verbo subordinado]

Ahora, crea *cinco* oraciones con tus propias palabras practicando la estructura:

*¿Qué **harías** si **tuvieras** (o **tuvieses**) que emigrar?*

Si tuviera que emigrar…

Si emigrara/ emigrase…

9.2 Inmigración en España

Para terminar, vas a leer un texto sobre la integración de los inmigrantes que llegan a España:

Nota cultural
España recibe inmigrantes constantemente. Dada su estratégica posición geográfica como puente a Europa entre África y América muchas personas utilizan este camino para alcanzar el continente europeo. Algunos sólo están de paso, sin embargo otros deciden quedarse.

Texto 9.2.1

La integración de los inmigrantes en España

Los conceptos de inserción, integración y asimilación

"Se requiere estar empadronado para recibir atención social".

En voz alta se repite mucho que debemos integrar a los inmigrantes. Pero a veces parece que no existe una voluntad real.

Seguramente la clave para decidir cómo tratamos a los inmigrantes depende de la valoración
5   que hagamos de los efectos de la inmigración, y en último término de qué tipo de sociedad queramos construir contando o no con ellos. Existe un consenso generalizado en cuanto a que las democracias occidentales deben asimilar la inmigración conforme a los principios de las sociedades pluralistas. Pero a veces también se las llama multiculturalistas, aunque se discute que ambos términos sean equivalentes. Preguntémonos por tanto: ¿Qué es una sociedad pluralista?

10   Para algunas personas la sociedad pluralista es aquella que permite la diversidad, entendida ésta como algo positivo, enriquecedor. Pero que por su propia naturaleza exige algunas condiciones para permitir la
15   convivencia. Dos, básicamente.

En primer lugar, que haya una tolerancia recíproca hacia lo diferente (que no implica relativismo, sino respeto hacia el que creemos
20   que está equivocado). En segundo lugar, que exista un consenso básico como base de la democracia.

Proceso de integración

La integración del inmigrante es un proceso que debe insertarse en un ciclo, por el que transcurre la experiencia migratoria del individuo:
- Inserción: El inmigrante está recién llegado y apenas tiene vínculo con la sociedad de acogida.
- Integración: El inmigrante lleva ya algún tiempo y adoptó ciertos comportamientos de la sociedad receptora.
- Asimilación: El inmigrante tiene tanto arraigo en la sociedad que lo acoge que ha mimetizado los comportamientos básicos de ella, e incluso la propia sociedad adopta características del inmigrante.

Ambitos para conseguir la integración

1   Acogida
- Se trata de la información inicial que se da al recién llegado, en situación de especial vulnerabilidad (derivarán a servicios de carácter general o se les dará una intervención específica en virtud de su perfil).
- En España existen Centros de Acogida, integrados en la Red Pública de Centros de Migración.

2   Educación
- Es fundamental facilitar el aprendizaje del idioma y las costumbres. Para esto, se requieren traductores y trabajadores sociales.
- Facilita la integración que los inmigrantes desarrollen trabajos acordes con sus titulaciones. Por eso se han suscrito convenios específicos de homologación de títulos.
- Además, en el sistema educativo se proyectan programas específicos de interculturalidad.

3   Empleo
- Un colectivo amplio de inmigrantes suele trabajar en empleos de menor calificación que los que suelen desempeñar los nacionales, lo que puede causar su segregación.
- Además, los contratos suelen tener peores condiciones en términos de salarios y estabilidad.

4   Salud
- En general, el primer contacto que tienen los inmigrantes con el sistema sanitario se debe a las farmacias y a la Atención Primaria.
- Requieren información sobre los servicios que pueden recibir. En España, el sistema es universal y gratuito para todos los ciudadanos residentes en el estado, independientemente de su situación administrativa.

5   Servicios sociales
- Se requiere estar empadronado para recibir los servicios, y esto constituye una cuestión controvertida.
- Las principales demandas de los inmigrantes son: información sobre el acceso a la educación, empleo, vivienda, sanidad e información jurídica.
- Los servicios sociales de atención primaria les prestan información, alojamiento, prevención e inserción y gestión de ayuda económica.

6   Otros ámbitos de actuación
Vivienda, justicia, planificación territorial o urbanismo y transportes, participación ciudadana, etc.

Para más información sobre la migración, dirígete a www.pearsonhotlinks.com y escribe el título o ISBN de este libro. Después, selecciona el enlace correspondiente, número 9.1, 9.2 y 9.3.
Escribe un informe con los datos más significativos que encuentres tras leer los diferentes artículos.

Contenidos

Después de leer el texto, completa las siguientes actividades.

1 Lee la primera parte (hasta "*base de la democracia*") y responde con la información del texto.

   a ¿De qué dos factores depende la integración de los inmigrantes?

   b ¿Puedes explicar la diferencia entre pluralismo y multiculturalismo?

   c ¿Cómo se define la diversidad?

   d ¿Qué dos condiciones permiten la convivencia plural?

2 Lee el "*Proceso de integración*".
Identifica a qué parte del ciclo (A = Inserción, B = Integración, C = Asimilación) corresponden estos enunciados:

   a El inmigrante piensa y reacciona como un nativo del país de acogida.

   b El inmigrante apenas comprende el lenguaje del país receptor.

   c El inmigrante forma una familia educada en las costumbres nuevas.

   d El inmigrante se comporta básicamente como los habitantes del país de acogida.

   e El inmigrante echa en falta su país pero hace lo posible por integrarse.

3 Lee "*Ámbitos para la integración*" y completa la tabla con la información más importante para cada apartado. Se ofrece un ejemplo.

	Características
Acogida	*Información inicial para el proceso de integración*
Educación	
Empleo	
Salud	
Servicios sociales	
Otros	

¿De qué forma impacta el ambiente o las características físicas que nos rodean en la forma de aprender un idioma? ¿Cómo se relacionaría la percepción, la cultura, la realidad y la verdad? ¿Por qué algunos inmigrantes no quieren aprender el idioma del país de acogida?

Actividad oral interactiva

Con la información que has recogido en este capítulo sobre las experiencias de los inmigrantes bajo diferentes puntos de vista, identifícate con uno de ellos en cualquiera de las fases de integración (inserción, integración, asimilación) y exponlas a la clase.

Consejos para el examen

Hay muchas actividades que nos gustaría realizar pero no podemos por infinidad de motivos. Para estos casos necesitamos el *condicional*. Practica el uso del condicional en diversas situaciones.

Creatividad, Acción, Servicio

Puedes organizar jornadas de sensibilización (a nivel escolar o local) sobre la problemática de la inmigración o emigración y sus posibles consecuencias traumáticas para los individuos y las familias que se ven obligados a dejar su país por razones políticas o económicas. Puedes contactar organizaciones de refugiados y pedirles su participación en dichas jornadas, a la vez que ofrecerles ayuda.

ESPAÑOL B – NIVEL MEDIO – PRUEBA 1

Noviembre 2004

TEXTO D

HACEN CAMINO AL ANDAR PERO GANAN MUCHO MENOS

A pesar de las dificultades que enfrentan en Estados Unidos, muchos inmigrantes indocumentados, es decir, ilegales, consiguen buenos empleos, estudian, aprenden inglés y mejoran su calidad de vida, según un estudio de la Universidad de Illinois. El estudio calcula que en el Estado de Illinois viven unos 300 000 extranjeros que carecen de la documentación legal para hacerlo.

De acuerdo con estas cifras, los inmigrantes indocumentados representan un 5 por ciento del mercado laboral de Chicago y una contribución importante a la economía local ya que el 70 por ciento de ellos paga impuestos. Los inmigrantes indocumentados, según el estudio, consiguen empleo en el mismo tiempo que el resto de la población en general.

Los indocumentados que aprenden inglés, mejoran su educación o se unen a algún sindicato o asociación laboral son capaces de salir de ocupaciones con bajos ingresos y consiguen empleos bien pagados. Pero la situación legal marca una gran diferencia a la hora de cobrar los salarios.

El salario mínimo promedio que gana un indocumentado por hora de trabajo es de 5,5 dólares aunque la media de toda la población se sitúa en 7 dólares. El estudio encontró que los inmigrantes indocumentados que son latinos cobran, en promedio, hasta un 20% menos por su trabajo, aunque si hablan inglés sus posibilidades aumentan un 15%. La condición de inmigrantes indocumentados obliga a muchos a trabajar en condiciones peligrosas o a conformarse con empleos en los cuales frecuentemente sufren abusos o engaños.

Pero la mayoría de indocumentados nunca denuncia las situaciones de abuso a las autoridades por miedo a ser deportados. Otra desventaja son las limitadas posibilidades de cambio de empleo. A pesar de sus habilidades y de su experiencia la mayoría de indocumentados no son valorados como se merecen en el mercado laboral, simplemente porque carecen de papeles.

TEXTO D – HACEN CAMINO AL ANDAR PERO GANAN MUCHO MENOS

Realice una de las siguientes tareas basándose en la información del texto D. Escriba 100 palabras como mínimo. No se limite a copiar grandes fragmentos del texto.

1   Usted es un inmigrante indocumentado latino que vive en Chicago desde hace seis meses. Como no habla inglés, ni tiene documentación legal tiene muchos problemas. Escriba en su diario las dificultades a las que se enfrenta y la mala situación en la que vive la mayoría de los ilegales.

2   Usted es un inmigrante latino y vive en Chicago desde hace dos años. Ha conseguido la legalización hace unos meses y su situación ha mejorado mucho. Escriba una carta a su familia contándoles lo contento que está, y explicando las ventajas que tiene ahora y como es su situación profesional actual.

TEMAS TRONCALES: ASUNTOS GLOBALES

CALENTAMIENTO GLOBAL, CAMBIO CLIMÁTICO Y DESASTRES NATURALES

Objetivos:
* Meditar sobre el cambio climático y sus consecuencias
* Definir términos relacionados con el tema

Este capítulo trata del tema del calentamiento global, el cambio climático y sus consecuencias a través de una serie de textos informativos. Además, aparecen imágenes que sirven para desrrollar actividades orales interactivas basadas en estímulos visuales. Finalmente se habla de los desastres naturales en general enfatizando algunos de los desastres recientes.

10.1 Calentamiento global

Calentamiento global, su definición y problemáticas

Texto

¿Qué es el calentamiento global?

El calentamiento global se refiere a un aumento gradual de la temperatura en la atmósfera terrestre y en los océanos registrado en las últimas décadas. Aunque el término no lo indica, este calentamiento suele asociarse a las actividades realizadas por el hombre. La producción excesiva de dióxido de carbono aumenta la existencia de los gases con efecto invernadero, que son aquellos que captan fotones procedentes de la tierra al ser calentada por el sol, pero que no generan ninguna reacción química sino que rotan aumentando la temperatura del aire.

Una proyección en el tiempo

Las proyecciones en el tiempo acerca del calentamiento global son terribles. Peligran los glaciares y los polos, todo ese hielo derretido genera inundaciones mortales y un desequilibrio ecológico muy difícil de controlar.

La tala descontrolada de árboles empeora la situación de manera alarmante. Grandes extensiones de selvas y bosques son deforestadas para la obtención de madera o para liberar la tierra y plantar semillas nocivas que agotan la tierra en dos cosechas dejándola seca y pedregosa para uso agrícola o para el pastoreo.

¿Cómo colaborar a reducir los efectos de la contaminación en el cambio climático?

Hay algunas cosas sencillas que puedes hacer para disminuir el calentamiento global, pues implican directa o indirectamente una menor producción de dióxido de carbono con efecto invernadero.

- Cambia tus focos de luz por aquellos clasificados como bajo consumo.
- Restringe al máximo tu uso de agua y en particular de agua caliente.
- Recicla tu basura, aunque el consejo exacto es tratar de producir la menor cantidad de basura posible.
- No conduzcas; utiliza medios de transporte que no produzcan dióxido de carbono: la bicicleta es una buena opción.
- Compra papel reciclado y recicla tu papel.
- Educa siempre tanto a niños como a adultos respecto a estos temas.

Crear conciencia de la realidad y de los efectos de nuestras acciones es la única posibilidad de corregir los efectos nocivos de la actividad humana. No hay razones para no solucionar este problema puesto que contamos con la información y los medios necesarios para hacerlo.

artigoo.com

Contenidos

Después de leer el texto, completa las actividades que vienen a continuación:
lee la definición de calentamiento global y empareja los elementos de las dos columnas para formar oraciones que reflejen las ideas más importantes:
CUIDADO: En la segunda columna hay más elementos de los necesarios.

a	El calentamiento global	**1**	aumenta al no producirse una reacción.
b	Las causas son provocadas	**2**	en exceso produce gases con efecto invernadero.
c	El dióxido de carbono	**3**	reduce la producción de gases invernaderos.
d	Los gases invernaderos	**4**	consiste en un aumento constante de la temperatura.
e	La temperatura del aire	**5**	disminuye la temperatura de los océanos.
		6	principalmente por los humanos.
		7	giran calentando la atmósfera.

Manejo de texto

Lee *Una proyección en el tiempo* y completa las siguientes actividades:

1   ¿Cuáles son los *dos* peligros del calentamiento global?

2   Haz dos listas con las consecuencias de cada uno de estos dos peligros.

3   Busca en el párrafo la palabra que corresponde a cada definición:

a   Aumento alarmante de los niveles del agua

b   Resultado de cortes masivos de árboles

c   Perjudiciales, consecuencias negativas

d   Recolección de los productos de la tierra

e   Actividad para la alimentación del ganado

Gramática

Lee el último párrafo *de Una proyección en el tiempo* y observa que los consejos para reducir los efectos de la contaminación aparecen en Imperativo informal (mandato directo). Cámbialos a mandato indirecto ayudándote de la siguiente estructura:

Es + adjetivo + *que* + presente de subjuntivo

Ejemplo: 'Es mejor que recicles.'

Sugerencias: Es mejor que…, Es importante que…, Es necesario que…

Cambia

Restringe

Recicla

No conduzcas (*)

Compra

Educa

(*) Los imperativos negativos usan las formas del presente de subjuntivo.

Actividad intertextual

Para más información sobre el calentamiento global, dirígete a www.pearsonhotlinks.com y escribe el título o el ISBN de este libro. Después, selecciona el enlace correspondiente número 10.1 y 10.2.

Elige al menos tres textos de los enlaces sugeridos, compáralos y después escribe un texto con tus propias palabras.

Cambio climático

¡La Tierra se derrite!

Actividad oral interactiva

Basándote en el estímulo visual, desarrolla con un compañero una discusión sobre lo que sugieren los títulos que aparecen a continuación:

TÍTULOS

- El calentamiento global y como afecta al planeta.
- El aumento del nivel del mar y sus consecuencias.

Basándote en el simbolismo del estímulo visual, desarrolla los siguientes subtemas con un compañero:

SUBTÍTULOS

- Comparación de la Tierra con una bola de helado.
- Analizar el significado del helado derretido aplicado a la naturaleza.

Preséntalo a la clase y compara tus ideas con las de otras parejas.

La Hora del Planeta

La Hora del Planeta es una organización ecologista que se ha manifestado para demostrar el apoyo global a la acción contra el cambio climático. A continuación aparecen unos textos que hablan de algunos de los problemas que se plantean a causa de este cambio. Léelos y completa las actividades.

Texto

El cambio climático podría aumentar las muertes por olas de calor y las enfermedades infecciosas en España

"El cambio climático no ha tenido aún 'ningún tipo de incidencia' en la salud de los españoles," según ha asegurado la ministra de Sanidad y Política Social, Trinidad Jiménez. A pesar de ello, a lo largo de los próximos años podrían aumentar las muertes por olas de calor y enfermedades infecciosas, como el dengue, la encefalitis o el paludismo.

"Los primeros efectos del cambio climático que se han empezado a percibir en nuestro país no han tenido ningún tipo de incidencia en la salud," manifestó Jiménez durante la firma del protocolo marco del Observatorio de Salud y Cambio Climático.

cambioclimatico.org

Texto

El cambio climático amenaza a las aves migratorias

El cambio climático global se suma a la pérdida de hábitat y a la contaminación ambiental como factor de grave amenaza para la supervivencia de las poblaciones de aves migratorias. ¿Qué consecuencias del cambio climático suponen un mayor peligro para los pájaros del mundo? – sequías más profundas y largas, inundaciones más intensas, y más incendios, entre otros.

El informe dice que las aves marinas, como los petreles y los albatros, corren mayor peligro. Las aves en regiones áridas y en bosques muestran, en cambio, una menor vulnerabilidad al cambio climático. En España este cambio afecta principalmente a la zona sur donde se encuentra el Parque de Doñana, hábitat natural de numerosas especies de aves migratorias.

El Parque de Doñana es un parque ecológico de gran importancia para toda Europa. Para más información sobre el Parque de Doñana, dirígete a www.pearsonhotlinks.com y escribe el título o el ISBN de este libro. Después, selecciona el enlace número 10.3 y 10.4.

Texto 10.1.4

El nivel del mar podría aumentar hasta 70 centímetros

Los niveles de los océanos podrían aumentar hasta 70 centímetros para el año 2100 a causa del cambio climático, un incremento que no podría afrontar ninguna ingeniería, como la limitación del efecto de los rayos del sol o cambiar el ciclo del carbono, según un nuevo estudio.

Hoy por hoy, no existe ninguna solución para la que se nos avecina. Ni los ingenios más sofisticados y extremos podrían detener el cambio climático ni uno de sus principales resultados, el avance del mar.

cambioclimatico.org

Contenidos

Lee los tres textos sobre *La Hora del Planeta* y completa las actividades que vienen a continuación.

Olas de calor y enfermedades

1 Indica como explica el texto que el cambio '*no ha afectado a la salud de los españoles*'.

2 ¿Qué nombre recibe el aumento constante de la temperatura durante un tiempo?

3 ¿Cuáles enfermedades se mencionan en el texto? ¿Sabes en qué consisten?

4 ¿Cómo muestra el texto que '*en el futuro pueden aumentar*' estas enfermedades?

Aves migratorias

5   Busca en el texto palabras o expresiones que signifiquen:

a   Se añade

b   Lugar donde vivir

c   Falta o escasez de agua

d   Exceso de precipitaciones

e   Seca, estéril

f   Una mayor resistencia

Nivel del mar

Elige la opción que mejor explique el significado de las expresiones subrayadas:

"Ninguna ingeniería podría afrontar este problema."

a   El mar destruirá las obras de ingeniería.

b   No se encontrará ninguna solución.

c   El nivel del agua es culpa de los ingenieros.

"No existe solución para la que se nos avecina."

a   Lo que nos espera en el futuro

b   Lo que esperamos que ocurra

c   Lo que piensan los países vecinos

Actividad oral interactiva

Para más información sobre el cambio climático, dirígete a www.pearsonhotlinks.com y escribe el título o el ISBN de este libro. Después, selecciona el enlace correspondiente número 10.5 y 10.6.

En el último enlace verás varias fotos que puedes usar para tu **Actividad oral interactiva**. Descríbelas y relaciónalas con el tema de cambio climático.

Vamos a definir los desastres naturales y sus consecuencias.

Desastres naturales

Hay fenómenos naturales que ocurren con mayor o menor frecuencia como la lluvia, los terremotos, los huracanes o las erupciones volcánicas. Estos fenómenos se convierten en desastres cuando superan el llamado "límite de normalidad" que se mide generalmente a través de una serie de parámetros como por ejemplo la escala Richter para los movimientos sísmicos o la escala Saphir-Simpson para huracanes.

Al hablar de desastres se hace referencia a las pérdidas tanto humanas como materiales que son ocasionadas por estos fenómenos naturales.

Muchos de los desastres son causados por las actividades humanas que pueden alterar el equilibrio de la naturaleza. Entre estos se pueden citar la contaminación del aire y del agua, la explotación indiscriminada de recursos naturales, como la deforestación, o la construcción masiva de viviendas especialmente en zonas de alto riesgo.

Contenidos

1 ¿A qué se denomina desastre?

2 ¿Qué consecuencias tiene un desastre?

3 ¿Qué tipos de actividades humanas causan desastres?

 10.2 Desastres naturales

Texto

Tipos de desastres naturales

Avalancha

Una avalancha o alud es un deslizamiento brusco de material, mezcla de hielo, roca, suelo y vegetación ladera abajo. Las avalanchas pueden ser de piedras o de polvo. Las avalanchas son el mayor peligro durante el invierno en las montañas, pueden recorrer kilómetros, y provocar la destrucción total de la ladera y todo lo que encuentre a su paso.

 Para más información sobre accidentes causados por avalanchas en los Andes, dirígete a www.pearsonhotlinks.com y escribe el título o el ISBN de este libro. Después, selecciona el enlace número 10.7, 10.8 y 10.9.

Para más información sobre corrimientos de tierra en México, Guatemala y Bolivia, dirígete a www.pearsonhotlinks.com y escribe el título o el ISBN de este libro. Después, selecciona el enlace número 10.10, 10.11 y 10.12.

Corrimientos de tierra

Un **corrimiento de tierra** es un desastre estrechamente relacionado con las avalanchas, pero en vez de arrastrar nieve, llevan tierra, rocas, árboles, fragmentos de casas, etc.

Los corrimientos de tierra pueden ser provocados por terremotos, erupciones volcánicas o inestabilidad en la zona circundante. Los corrimientos de barro o lodo son un tipo especial de corrimientos cuyo causante es el agua que penetra en el terreno por lluvias fuertes, modificando el terreno y provocando el deslizamiento.

Para más información sobre la erupción volcánica, dirígete a www.pearsonhotlinks.com y escribe el título o el ISBN de este libro. Despues, selecciona el enlace correspondiente número 10.13 y 10.14.

Erupción volcánica

Los volcanes son aberturas o grietas en la corteza terrestre a través de la cual se puede producir la salida de lava, gases, o pueden explotar arrojando al aire grandes bloques de tierra y rocas. Este desastre natural es producido por una **erupción volcánica**, y éstas pueden darse de diferentes formas. Grandes erupciones recientes son las ocurridas en Ecuador.

Hambruna

La **hambruna** es una situación que se da cuando un país o zona geográfica no posee suficientes alimentos y recursos para proveer alimentos a la población, elevando la tasa de mortalidad debido al hambre y a la desnutrición.

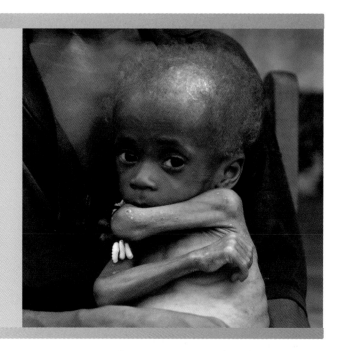

Actividad intertextual

Lee los textos que te recomendamos (y otros que encuentres sobre el tema) y escribe un texto con tus propias palabras.

 Para más información sobre la hambruna, dirígete a www.pearsonhotlinks.com y escribe el título o el ISBN de este libro. Después, selecciona el enlace correspondiente número 10.15, 10.16 y 10.17.

Huracán

Un **huracán** es un sistema tormentoso cíclico a baja presión que se forma sobre los océanos. Es causado por la evaporación del agua que asciende del mar convirtiéndose en tormenta. *El efecto Coriolis* hace que la tormenta gire, convirtiéndose en huracán si supera los 110 km/h. En diferentes partes del mundo los huracanes son conocidos como ciclones o tifones. En Guatemala se registró un hundimiento de tierra, tras el paso de la tormenta Agatha, en la zona 2 capitalina.

 ¿Sabías que la palabra huracán viene de la lengua maya (hurakan)? ¿Por qué crees que los mayas crearon una palabra para designar este fenómeno y no otras lenguas o culturas? Busca en un mapa el área en que la cultura maya se desarrolló e información sobre la influencia que la naturaleza tuvo en esta cultura.

Para más información
sobre pronósticos
de huracanes para el
año 2011 en Yucatán,
México, dirígete a
www.pearsonhotlinks.com
y escribe el título o el ISBN
de este libro. Después,
selecciona el enlace
correspondiente número
10.18, 10.19, 10.20 y 10.21.

Actividad oral interactiva

Para ver fotos para tu práctica de **Actividad oral interactiva**, dirígete a www.pearsonhotlinks.com y escribe el título o el ISBN de este libro. Después, selecciona el enlace número 10.21.

Datos Interesantes

En la mitología maya *Huracan o Hurakan* (él de una pierna) fue el dios del fuego, viento y de las tormentas.

Es representado como un ser con cola de serpiente y también de aspecto reptil, porta, un objeto humeante (posiblemente una antorcha) y una gran corona. De su nombre proviene la palabra huracán que designa al fenómeno meteorológico.

Según la mitología, fue uno de los dioses que participaron en la creación del hombre a partir del maíz. Hurakan había enviado *El Gran Diluvio maya,* un diluvio universal, enviado para destruir a los primeros hombres que habían enfurecido a los dioses. El había vivido en las nubes sobre la inundada Tierra mientras la repetía empujando el agua hasta las costas originales.

Sobre *el efecto Coriolis*

El efecto Coriolis, descrito en 1836 por el científico francés Gaspard-Gustave Coriolis, es el efecto que se observa en un sistema de referencia en rotación (y por tanto no inercial) cuando un cuerpo se encuentra en movimiento respecto de dicho sistema de referencia.

Para más información
sobre incendios forestales,
dirígete a
www.pearsonhotlinks.com
y escribe el título o el ISBN
de este libro. Después,
selecciona el enlace
correspondiente, número
10.22 y 10.23.

Hace años hubo en
España una campaña para
crear conciencia sobre la
importancia de cuidar los
bosques. El lema era el
siguiente:

*Cuando un bosque se
quema, algo suyo se quema.*

Poco después, Perich, un
humorista catalán, añadió:

*Cuando un bosque se
quema, algo suyo se quema,
señor Conde.*

¿Cuál crees que es la
diferencia entre los dos
lemas?

Se cree que cada año
muchos de los incendios
forestales son provocados.
En muchos casos, en
esas zonas se consiguen
permisos para construir
casas poco después.

¿Qué es más importante,
casas para que la gente
tenga una vivienda, o los
bosques naturales?

Organizad un debate oral
sobre este tema.

Incendios forestales

Un **incendio forestal** es un desastre natural que destruye prados, bosques, causando grandes pérdidas en vida salvaje (animal y vegetal) y en ocasiones humanas. Los incendios forestales suelen producirse por un relámpago, negligencia, o incluso son provocados y destruyen miles de hectáreas.

Actividad oral interactiva

Lee los textos, observa las fotos y el video sugerido, y contesta la siguiente pregunta del informe de WWF (World Wildlife Fund):

¿Recuperando bosques o plantando incendios?

Inundación

Una **inundación** es un desastre natural causado por la acumulación de lluvias y agua en un lugar concreto. Puede producirse por lluvia continua, una fusión rápida de grandes cantidades de hielo, o ríos que reciben un exceso de precipitación y se desbordan, y en menos ocasiones por la destrucción de una presa. La inundación de gran magnitud más reciente es la Inundación de Tabasco y Chiapas (México) de 2007, que ocurrió entre el 28 de octubre y el 27 de noviembre del 2007, a causa de crecidas históricas en los ríos que recorren ambas entidades. El desastre se dio en la capital tabasqueña, la ciudad de Villahermosa y en los municipios del extremo norte de Chiapas.

 Para más información sobre inundaciones, dirígete a www. pearsonhotlinks.com y escribe el título o el ISBN de este libro. Después, selecciona el enlace correspondiente número 10.24, 10.25 y 10.26.

Actividad oral interactiva

Elige algunas fotos de los enlaces que te proponemos (u otros) y haz una presentación oral sobre el tema.

Para más información sobre la sequía, dirígete a www.pearsonhotlinks. com y escribe el título o el ISBN de este libro. Después, selecciona el enlace correspondiente, e número 10.27, 10.28 y 10.29.

Actividad intertextual

Lee algunos de los textos de los enlaces sugeridos, o cualquier otro que encuentres, y escribe un texto con tus propias palabras.

Sequía

Una **sequía** es un modelo meteorológico duradero consistente en unas condiciones climatológicas secas y con escasa o nula precipitación. Es causada principalmente por la falta de lluvias. Durante este período, la comida y el agua suelen escasear y puede aparecer hambruna. Duran años y perjudican áreas donde los residentes dependen de la agricultura para sobrevivir. Ciertas áreas de España pueden sufrir sequias pertinaces que amenazan con la desertización.

Terremoto

Se da un **terremoto** en las placas tectónicas de la corteza terrestre. En la superficie, se manifiesta por un movimiento o sacudida del suelo, y puede dañar enormemente a estructuras mal construidas. Los terremotos más poderosos pueden destruir hasta las construcciones mejor diseñadas. Además, pueden provocar desastres secundarios como erupciones volcánicas o tsunamis.

Uno de los países mas sísmicos del mundo es Chile que cada 20 a 25 años sufre un terremoto sobre 7.5 grados Richter.

Manejo de texto

1 Las oraciones que vienen a continuación resumen las definiciones sobre desastres naturales. Después de leer el texto, empareja cada resumen con el desastre que describen:

a expulsión violenta de gases y sustancias ardientes

b aumento de los niveles del agua provocado por las lluvias continuas

c deslizamiento que arrastra diversos objetos producido por otro desastre

d vientos extraordinariamente rápidos que tienen su origen en el mar

e temblores de tierra de diferente intensidad

f arrastre de materiales diversos acumulados en las montañas

g períodos (de tiempo) con poca o ninguna lluvia

h carencia de nutrientes que conlleva a la muerte de la población

i fuegos que arrasan grandes superficies de bosques

Tsunami

Un **tsunami** es una serie de enormes olas oceánicas creadas por un disturbio submarino. Las causas incluyen terremotos, deslizamientos de tierra, erupciones volcánicas o meteoritos (pedazos de roca que provienen del espacio e impactan la superficie terrestre). Un tsunami puede desplazarse a cientos de millas por hora en el océano abierto. Puede alcanzar la tierra con olas de 100 pies de altura o más y provocar inundaciones devastadoras. El ahogamiento es la causa de muerte más común asociada a un tsunami.

Aunque no hay garantías de seguridad durante un tsunami, se puede tomar medidas para protegerse. Debe tener un plan de acción para casos de desastres. Estar preparado puede ayudar a reducir el miedo, la ansiedad y las pérdidas.

nlm.nih.gov

W Para más información sobre tsunamis y Japón, dirígete a www.pearsonhotlinks.com y escribe el título o el ISBN de este libro. Después, selecciona el enlace correspondiente, número 10.30, 10.31 y 10.32.

Texto 10.2.2

Desastres naturales recientes

El 2010 ha sido un año repleto de fenómenos de la naturaleza, llenaron los titulares y abajo les traigo información de los desastres naturales recientes más importantes (en términos de devastación). Así que la lista aún podría ampliarse en 2011.

Terremoto de Haití: Tuvo lugar el 12 de enero de 2010 con epicentro a 15 km de Puerto Príncipe, la capital de Haití. Alcanzó una magnitud de 7,0 grados en la escala de Richter y se habría generado a una profundidad de 10 kilómetros. También se ha registrado una serie de réplicas, siendo las más fuertes las de 5,9, 5,5 y 5,1 grados. Este terremoto ha sido el más fuerte registrado en la zona desde 1770. Fue perceptible en países cercanos como Cuba, Jamaica y República Dominicana, donde suscitó evacuaciones preventivas.

Los cuerpos recuperados hasta el momento son más de 150.000, calculándose que el número de muertos podría llegar a los 200.000. También habría producido más de 250.000 heridos y dejado sin hogar a un millón de personas. Se considera una de las catástrofes humanitarias más graves de la historia.

Terremoto de Chile: Tuvo lugar el 27 de febrero de 2010 y alcanzó una magnitud de 8,8 en la escala de Richter. El epicentro se ubicó en el Mar Chileno, frente a las localidades de Curanipe y Cobquecura cerca de 150 kilómetros al noroeste de Concepción y a 63 kilómetros al suroeste de Cauquenes, y a 47,4 kilómetros de profundidad bajo la corteza terrestre. En Santiago, capital del país, el sismo tuvo una duración aproximada de 2 minutos 45 segundos. Se constataron un total de 516 fallecidos. Cerca de 500 mil viviendas sufrieron daño severo y se estiman un total de 2 millones de damnificados, convirtiendo a ésta en la peor tragedia natural vivida en Chile desde 1960. Un fuerte tsunami producto del terremoto impactó las costas chilenas destruyendo varias localidades ya devastadas por el impacto telúrico.

Terremoto de Japón: Tuvo lugar el 11 de marzo de 2011 y alcanzó una magnitud de 8,9 en la escala de Richter. Ocurrió cerca de la costa oeste de Honshu, Japón. Fue precedido por una serie de grandes réplicas a lo largo de los dos días anteriores, comenzando por el terremoto del 9 de marzo y continuando con tres eventos mayores ese mismo día. En esa misma zona se han producido nueve eventos de magnitud igual o mayor que 7 en la escala de Richter desde 1973. A fines de marzo del 2011, se confirmaron más de 11.500 muertos y más de 16.000 desaparecidos. 80.000 edificios fueron destruidos y más de medio millón de personas fueron evacuadas. El número exacto de personas muertas y desaparecidas probablemente nunca se llegue a establecer.

ojocientifico.com

Manejo de texto

Después de leer *Desastres naturales recientes* completa las siguientes actividades:

Terremoto de Haití

Completa las siguientes oraciones con la opción que corresponda:

1 El epicentro se encontraba…

  a a 10 Km al sur de Puerto Príncipe.
  b a 15 Km de la capital del país.
  c a 15 Km de profundidad.

2 Las réplicas más fuertes de este terremoto…

  a sobrepasaban los 6 grados en la escala de Richter.
  b estaban en los límites de los 6 grados.
  c superaban los 7 grados Richter.

3 El terremoto causó que en los países vecinos…

  a se organizaran evacuaciones.
  b se percibieran otros terremotos.
  c se asolaran grandes aéreas.

 ¿De qué forma influye el medio ambiente, sus posibles cambios, y los desastres naturales en nuestra cultura y en especial en la lengua?

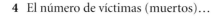

Para más información sobre desastres naturales recientes más importantes, dirígete a www.pearsonhotlinks.com y escribe el título o el ISBN de este libro. Después, selecciona el enlace correspondiente número 10.33, 10.34, 10.35 y 10.36.

4 El número de víctimas (muertos)…

a alcanza un millón de personas.

b es de medio millón de personas.

c puede llegar a un cuarto de millón de personas.

Terremoto de Chile

Elige las ideas que aparecen en el texto:

1 Ocurrió a principios del año.
2 Superó los 8 grados de la escala de Richter.
3 Asoló grandes aéreas desérticas de Chile.
4 La duración fue más larga en la capital.
5 La capital sólo sufrió una réplica.
6 Miles de casas quedaron dañadas.
7 Es la peor tragedia de todos los tiempos.
8 Las olas del tsunami alcanzaron las costas de Asia.

Para más información sobre desastres naturales recientes, dirígete a www. pearsonhotlinks.com y escribe el título o el ISBN de este libro. Despues, selecciona el enlace correspondiente, número 10.37, 10.38, 10.39 y 10.40.

Actividad oral interactiva

Habla sobre la relación entre terremotos, tsunamis y explosiones nucleares después de mirar las fotos que proponemos en los enlaces. Compara las fotos anteriores con las del terremoto en Chile.

Explica los desastres naturales que ha sufrido tu país. Busca fotos y descríbelas durante tu presentación.

El concepto de entendimiento intercultural significa: *"la capacidad para demostrar este entendimiento de la diversidad cultural y/o las similitudes entre la lengua adquirida y la propia"*; ¿hasta qué punto es cierta esta definición?

Actividad intertextual

Basándote en noticias sobre los terremotos, busca información sobre otros desastres recientes provocados por otras causas: hambrunas, corrimientos de tierra, incendios etc. que hayan ocurrido en algún lugar de España o América Latina.

Interculturalidad

Busca información sobre los desastres naturales más frecuentes en tu país.

Consejos para el examen

Fíjate en el léxico de este capítulo. Te hemos hecho un listado de palabras que se repiten a lo largo del capítulo. Necesitarás estas palabras para la evaluación interna y externa. Hay muchas otras que podrías añadir a este listado. Recuerda distinguir nombres, verbos y adjetivos.

amenaza (amenazar)
afecta (afectar)
a causa (causar)
avance del mar (avanzar)
áreas en peligro
azotan (azotar)
acumulación (acumular)
ansiedad

catástrofes
consecuencias
causante/causar/ son
   causados/a causa de

desaparecer
destruir/destruyendo/destruye
   /destrucción
devastadas
detener el cambio
desastre
dañar

desplazarse
devastadoras

epicentro
escasa o nula precipitación
exceso de precipitación
explotar arrojando
explotación errónea e irracional
   (explotar)
evacuadas/evacuar

fallecido
falta de lluvias

graves

negligencia

miedo

plan de acción
peligro (peligrar)
pérdidas humanas y materiales

provocar la destrucción
provocados
perjudican (perjudicar)
pertinaces
pérdidas

réplicas
recursos renovables

sacudida/sacudir
solución/solucionar
sufrir (ha(n) sufrido)

tasa de mortalidad
temblar

vulnerabilidad

Creatividad, Acción, Servicio

Organiza grupos de ayuda a distintas organizaciones medioambientales así como jornadas de trabajo dedicadas exclusivamente a problemas globales. Se pueden recolectar fondos para distintos desastres naturales.

TEXTO B

Ayuda para personas perjudicadas por el terremoto en el sur
El Movimiento Manuela Ramos se suma a campaña de ayuda

El Movimiento Manuela Ramos se solidariza con la población afectada por el terremoto ocurrido en nuestro país y se une a las iniciativas de colaboración con hombres y mujeres, niños y niñas, que especialmente en estos momentos necesitan de nuestro apoyo inmediato. Este fin de semana y durante los próximos días, el personal que forma parte de Manuela Ramos enviará sus donaciones traducidas en alimentos en lata, agua, frazadas, ropa para la población afectada.
Asimismo informamos a la población de los lugares en que pueden hacer sus donaciones:

AYUDA QUE SE REQUIERE PRINCIPALMENTE:
–Víveres en lata (especialmente conservas)
–Medicinas para el dolor, –analgésicos y antiinflamatorios–
–Vendas y otros implementos para fracturas
–Ropa en buen estado; frazadas y mantas
–Utensilios de cocina y elementos para dormir
–Bidones de agua

LUGARES A LOS QUE SE PUEDE LLEVAR AYUDA:
–Estadio Nacional, puerta 14
–Puertas de la PUCP –
Puertas de Canales de Televisión

La Federación de Mujeres de Ica está solicitando la solidaridad para ayudar a los distritos más afectados que son Molinos, Los Aquijes, Pueblo Nuevo, Santiago, por lo cual deben enviar sus donaciones a las cuentas corrientes que la Federación posee en el Scotiabank: en dólares (01-300-106-0203-95) y en soles (00-300-106-0204-96). Para mayor información comunicarse al teléfono de la Federación: 056 216808 o al celular de la Srta. Marina: 9766766.

DONACION DE SANGRE:
–Ministerio de Salud (Av. Salaverry 801 Jesús Maria)
–Hospitales a nivel nacional
–Plaza de Armas de Lima

TEXTO B — AYUDA PARA PERSONAS PERJUDICADAS POR EL TERREMOTO EN EL SUR

1 Solamente tres de las siguientes frases (A–H) son verdaderas según la información en el texto B. Escriba las letras correspondientes, en cualquier orden, en las casillas de la derecha, como en el ejemplo.

A   El Movimiento dirige la campaña de ayuda.

B   El Movimiento da su apoyo a los habitantes de la zona afectada por el terremoto ocurrido en Perú.

C   El terremoto tuvo lugar en el norte del país.

D   El Movimiento envió donaciones al día siguiente del terremoto.

E   Las donaciones no deben incluir alimentos frescos como frutas y verduras.

F   Se solicitan bolsas de dormir.

G   La ayuda solicitada se debe entregar únicamente en las oficinas del Movimiento.

H   Las donaciones de sangre pueden realizarse en todos los hospitales del país.

[3 puntos]

2 Basándose en la información del texto, relacione cada principio de frase de la columna de la izquierda con el final adecuado de la columna de la derecha para formar frases completas, como en el ejemplo.

Ejemplo: *El Estadio Nacional… puede recibir donaciones de alimentos, bebidas, ropas y medicamentos.*

1 La ayuda alimenticia…

2 La ayuda en dinero…

3 La donación de sangre…

A   puede recibir todo tipo de donaciones.

B   puede realizarse tanto en dólares como en soles.

C   puede hacerse en Av. Salaverry 801.

D   debe consistir exclusivamente en ropas y medicamentos.

E   debe ser entregada en las puertas de diferentes lugares.

F   debe ser enviada a la cuenta bancaria del Banco de Boston.

G   puede efectuarse en el Ministerio de Educación.

H   puede recibir donaciones de alimentos, bebidas, ropas y medicamentos.

3 Conteste las siguientes preguntas con palabras tomadas del texto.

1   ¿Cuál es la razón por la que las iniciativas de colaboración están dirigidas a las personas afectadas por el terremoto?

2   ¿Qué tipo de bebidas se solicita?

3   ¿Dónde pueden pedirse más datos para realizar depósitos bancarios?

_____

4 Indique la opción más apropiada entre las opciones dadas. Escriba la letra correspondiente en la casilla de la derecha.

1   El objetivo del Texto B es

A   brindar información sobre el terremoto.

B   contribuir con la campaña de ayuda a las víctimas.

C   informar exclusivamente sobre la ayuda brindada.

D   difundir la tarea histórica realizada por el Movimiento Manuela Ramos en todo Perú.

© International Baccalaureate, May 2009

11

TEMAS TRONCALES: ASUNTOS GLOBALES

SOSTENIBILIDAD Y ENERGÍAS RENOVABLES

Objetivos:
- Entender el concepto de sostenibilidad
- Considerar el uso de energías renovables
- Léxico relacionado con el tema
- Reflexionar sobre el futuro y sus distintos usos

En este capítulo se habla sobre el concepto de sostenibilidad y sus aplicaciones, y del uso de energías alternativas o renovables. Se han elegido la energía eólica y la energía solar por ser las más usadas y las más populares hasta el momento.

11.1 Sostenibilidad

Texto 11.1.1

Sostenibilidad

El término **sostenibilidad** describe la forma en que los sistemas biológicos se mantienen diversos y productivos durante un tiempo. También hace referencia al equilibrio existente entre una especie y los recursos de su propio entorno; igualmente puede aplicarse a la explotación de cualquier recurso natural por debajo de sus límites de renovación.

La sostenibilidad sirve para satisfacer las necesidades de la población actual sin poner en peligro a las de generaciones posteriores.

El ejemplo más claro es el uso de la madera: si la tala de los bosques resulta excesiva el bosque puede desaparecer, sin embargo si se usa la madera dentro de unos límites siempre va a haber madera disponible. En este caso, la explotación del bosque será **sostenible** o **sustentable**.

Otros ejemplos de recursos sostenibles son el agua, el suelo fértil o la pesca, pero puden dejar de serlo si se explotan sin discriminación.

Contenidos

1 Responde a estas preguntas según la información del texto:

   a ¿Qué se entiende por sostenibilidad?

   b ¿Cuáles son los fines de la sostenibilidad?

   c ¿Qué recursos son sostenibles?

   d ¿Qué relación existe entre sostenibilidad y explotación?

Bioferias: ejemplos de sostenibilidad

por Hernani Larrea

Las bioferias, ecoferias o ferias ecológicas acercan nuestra biodiversidad a la gente. Es una experiencia exitosa de comercialización de productos orgánicos con la participación de productores organizados. Además se ha convertido en un espacio de encuentro en el que los consumidores encuentran información de los diferentes
5 productos.

Así los consumidores pueden tener contacto con una amplia gama de productos de calidad. Tanto productos frescos como frutas, hortalizas, tubérculos, cereales, menestras y hierbas aromáticas y medicinales así como una variedad de productos procesados como café, mates, deshidratados, mermeladas, néctares, panificados,
10 aceites, embutidos y bebidas, todos con certificación y garantía. Y existen más productos, más ideas de negocio.

Estos lugares donde se congregan productores y consumidores, permiten al productor tener una vitrina comercial para sus productos innovadores y al consumidor la oportunidad de adquirir productos de calidad. Son un ejemplo de cómo la
15 asociatividad puede consolidar una oferta sin requerir altos niveles de productividad. Son una demostración de cómo productos de calidad son competitivos ofreciendo a la vez niveles de seguridad alimentaria. Son un modelo de como un negocio sostenible puede ser rentable.

En la actualidad, los emprendedores tienen una gran oportunidad de negocio en
20 el desarrollo de bioferias. El éxito comercial está asociado a una oferta que tenga variedad y calidad. Su poder de convocatoria ha demostrado que el consumidor siempre anda a la búsqueda de productos funcionales, que beneficien su salud a buenos precios. Ojala en un futuro cercano se creen nuevas bioferias.

Para más información sobre la sostenibilidad, dirígete a www.pearsonhotlinks.com y escribe el título o ISBN de este libro. Después, selecciona el enlace correspondiente, número 11.1.

Manejo de texto

1 Busca en el texto las palabras o expresiones que signifiquen:

a variedad biológica *(párrafo 1)*

b gran selección *(párrafo 2)*

c se juntan *(párrafo 3)*

d escaparate, muestra *(párrafo 3)*

e nuevo, diferente *(párrafo 3)*

f los impulsores del proyecto *(párrafo 4)*

g facilidad para reunir personas *(párrafo 4)*

2 Se habla de diferentes tipos de productos, selecciona la opción correcta que define a cada uno:

a productos frescos   1 elaborados con ciertas técnicas

b productos procesados   2 proceden directamente de la tierra

c productos orgánicos   3 con un lugar en el mercado

d productos funcionales   4 cultivados de forma natural

e productos competitivos   5 que cumplen con las necesidades

3 Después de haber leído el texto, responde:

a ¿Cómo ayudan o contribuyen las bioferias a la sostenibilidad?

b ¿Estás de acuerdo con la última frase? Razona tu respuesta.

11.2   Energías renovables

Texto 11.2.1

Vamos a hablar de otras formas de energía: Las energías alternativas o renovables:

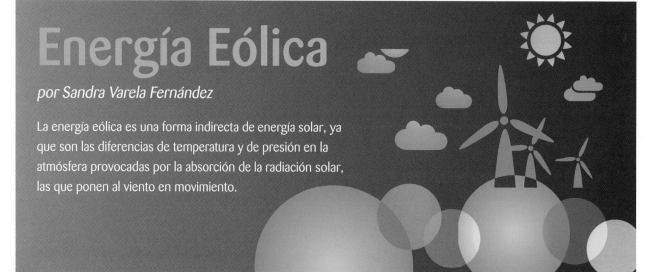

Energía Eólica

por Sandra Varela Fernández

La energía eólica es una forma indirecta de energía solar, ya que son las diferencias de temperatura y de presión en la atmósfera provocadas por la absorción de la radiación solar, las que ponen al viento en movimiento.

Molinos de energía eólica

Hace miles de años que se utiliza la energía del viento (eólica).

Esta energía recibe su nombre de Aeolus (Eolo), nombre del dios del viento en la antigua Grecia.

La energía eólica es en la actualidad una energía limpia y también la menos costosa de producir, lo que explica el fuerte entusiasmo por esta tecnología.

Existen diferentes tipos de energía eólica:

Energía eólica reciclable: las palas del molino (aerogenerador) están hechas de un compuesto termoplástico a partir de una resina de cíclicos: Esto permite la fabricación de palas reciclables para turbinas eólicas.

Aerogeneradores de eje vertical: Se pueden ajustar a 5 m. de alto en el techo de un edificio y su forma hace que pueda utilizar los vientos procedentes de muchas direcciones.

Aerogeneradores de eje horizontal: Son los más frecuentes por sus diferentes aplicaciones.

El problema de las turbinas eólicas es que no pueden reemplazar por completo a otras fuentes de energía.

Contenidos

Después de haber leído sobre la energía eólica, completa las actividades.

1   Contesta con la información del texto:

a   ¿Qué es la energía eólica?

b   ¿Cómo se produce?

c   ¿Sabes por qué se llama así?

d   ¿Qué dos cualidades distinguen a la energía eólica?

e   ¿Qué tres tipos de aerogeneradores se mencionan?

f   ¿En qué se diferencian?

g   ¿Cuál es la parte negativa del uso de energía eólica?

Nota cultural

Tanto la energía eólica como la solar son bastante conocidas en España. Es el país europeo con más horas de sol al año y ciertas partes de la costa gozan de fuertes (y provechosos) vientos.

La instalación de aerogeneradores está aumentando y cada vez más vemos *molinos eólicos* decorando los paisajes.

Texto 11.2.2

erenovable

Inventos relacionados con la energía eólica

El desalinizador eólico:

Resuelve el problema de abastecimiento de agua a través de un sistema que quita la sal al agua del mar y no consume energía de la red. Este desalinizador potabiliza el agua aprovechando la acción del aire. Siempre que sopla el viento, se potabiliza el agua.

Aerogeneradores en el mar:

Hay quien se queja de que los molinos afean el paisaje en las montañas, así que la solución es colocarlos en el mar. Ya los hay en las costas en aguas poco profundas, pero están diseñados para flotar mar adentro y aprovechar los fuertes vientos marinos.

Turbinas de viento para uso hogareño:

La energía eólica estaba alejada del hogar, pero ahora existen unas "micro turbinas" que generan electricidad con vientos tan lentos como dos metros por segundo. Son tan pequeñas que pueden colocarse en cualquier techo, o incluso en los balcones.

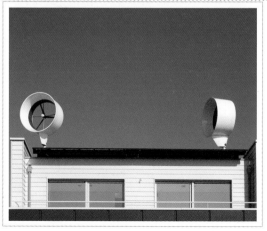

Manejo de texto

1 Identifica a qué invento se refieren las siguientes definiciones:

a Se usan en los mares y mantienen la belleza de los paisajes.

b Se usan en casa y funcionan con poco viento.

c Se usan para optimizar el uso del agua del mar.

Otro tipo de energía renovable es la energía solar. Vas a leer como funciona y que beneficios pueden obtenerse con su uso.

 Para más información sobre las energías alternativas, dirígete a www.pearsonhotlinks.com y escribe el título o ISBN de este libro. Después, selecciona el enlace número 11.2.
Busca otras aplicaciones de las energías alternativas y organiza la información en un folleto para promocionar el uso de este tipo de recursos.

Texto **11.2.3**

Energía solar

Una energía garantizada para los próximos 6.000 millones de años

El Sol, fuente de vida y origen de las demás formas de energía, puede satisfacer todas nuestras necesidades si
5 aprendemos cómo aprovechar de forma racional la luz que continuamente derrama sobre el planeta. Ha brillado en el cielo desde hace unos cinco mil millones de años, y se calcula que todavía no ha llegado ni a la mitad de su existencia.

10 Durante el presente año, el Sol arrojará sobre la Tierra **cuatro mil veces** más energía que la que vamos a consumir.

España, por su privilegiada situación y climatología, se ve particularmente favorecida respecto al resto de los países de Europa, ya que sobre cada metro cuadrado de su suelo
15 inciden al año unos 1.500 kilovatios-hora de energía, cifra similar a la de muchas regiones de América Central y del Sur. Esta energía puede aprovecharse directamente, o bien ser convertida en otras formas útiles como, por ejemplo, en electricidad.

20 Sería poco racional no intentar aprovechar, por todos los medios técnicamente posibles, esta fuente energética gratuita, limpia e inagotable, que puede liberarnos definitivamente de la dependencia del petróleo o de otras alternativas poco seguras, contaminantes o, simplemente,
25 agotables.

¿Qué se puede obtener con la energía solar?

Básicamente, recogiendo de forma adecuada la radiación solar, obtendremos *calor y electricidad*.

El calor se logrará mediante los *captadores o colectores térmicos*, y la electricidad, a través de los llamados *módulos fotovoltaicos*. Ambos procesos son independientes en
5 cuanto a su tecnología y en su aplicación.

El calor (aprovechamiento térmico) recogido en los colectores se destinará a satisfacer numerosas necesidades. Por ejemplo, obtener agua caliente para consumo doméstico o industrial, o bien para dar calefacción a nuestros hogares, hoteles, colegios, fábricas, etc. Incluso podremos climatizar las piscinas y permitir el baño durante gran parte del año.

10 También, y aunque pueda parecer extraño, otra de las más prometedoras aplicaciones del calor solar será la refrigeración durante las épocas cálidas precisamente cuando más soleamiento hay. En efecto, para obtener frío hace falta disponer de una «fuente cálida», que puede perfectamente tener su origen en unos colectores solares instalados en el tejado o azotea.

15 La electricidad que se obtiene se usará de manera directa (por ejemplo para sacar agua de un pozo o para regar, mediante un motor eléctrico), o bien se almacenará en acumuladores para usarse en las horas nocturnas. También será posible inyectar la electricidad generada en la red general, obteniendo un importante beneficio.

La energía solar puede ser perfectamente complementada con otras energías
20 convencionales, para evitar la necesidad de grandes y costosos sistemas de acumulación. Así, una casa bien aislada puede disponer de agua caliente y calefacción solares, con el apoyo de un sistema convencional a gas o eléctrico que únicamente funcionaría en los periodos sin sol. El coste de la «factura de la luz» sería sólo una fracción del que alcanzaría sin la existencia de la instalación solar.

medioambiente.bligoo.com

Tejado formado por paneles solares ▶

Gramática en contexto

Mira las siguientes formas verbales que aparecen en el texto anterior:

arrojará   obtendremos   logrará   se destinará   podremos   será   se usará   se almacenará

Y a continuación, al principio y al final del texto, estas otras:

sería   funcionaría   alcanzaría

Los verbos de la primera lista aparecen en futuro imperfecto (futuro simple) y los de la segunda en condicional. Fíjate en sus usos:

*"El Sol **arrojará** sobre la Tierra cuatro mil veces más energía de la que vamos a consumir."*

La acción **arrojará** es cierta y segura aunque todavía no ha ocurrido. Es un hecho.

*"Un sistema convencional a gas o eléctrico que únicamente **funcionaría** en periodos sin sol."*

La acción **funcionaría** es hipotética. No hay certeza de que vaya a ocurrir.

Busca en el texto las formas que se sugieren y analiza su significado. Después, crea oraciones similares con tus propias palabras sobre el **futuro de la energía solar:**

Ejemplos: *"Se obtendrá agua caliente para uso domestico."*

"Se utilizará para calentar lugares públicos, colegios, hospitales…"

Gramática

En español hay varias maneras de expresar una acción futura. La más sencilla consiste en usar un verbo en presente de indicativo + una palabra que indique futuro: *"Mañana **salimos** de viaje."*

La más utilizada es la siguiente perífrasis verbal:

Ir + a + infinitivo

para indicar acciones en un futuro próximo.

*"**Vamos** a sal**ir**", "**Voy** a trabaj**ar**", "**Van** a seleccion**ar**"* etc.

El futuro imperfecto se utiliza para acciones en un futuro medio o lejano (con diferentes grados de certeza/probabilidad) *"Los coches **volarán**." "Mañana **lloverá**."* etc.

También indica la probabilidad en el presente: *"**Serán** las 7."* quiere decir *"**Probablemente son** las 7."* o *"**Tendrá** 40 años."* significa *"**Tiene aproximadamente** 40 años."*

Manejo de texto

1   Tras la lectura de la primera parte del texto, indica si estos enunciados son verdaderos o falsos, justificando tu respuesta.

a   La energía solar se ha usado desde el principio de los tiempos.

b   La existencia del sol se calcula aproximadamente en doce mil millones de años.

c   La situación geográfica de España es un problema a la hora de usar energía solar.

d   La energía solar no puede transformarse ni cambiar.

e   La energía solar presenta muchas ventajas sobre el petróleo.

2   Ahora lee la segunda parte de **¿Qué se puede obtener…?** y empareja los elementos de las dos columnas para formar oraciones que reflejan el contenido del texto. (**Cuidado:** Hay más elementos de los necesarios en la segunda columna.

a Se obtienen calor y electricidad…	**1** …el almacenamiento de calor solar produce refrigeración.
b El proceso de la obtención de los dos…	**2** …puede abastecerse con las energías complementarias.
c El calor puede utilizarse…	**3** …es siempre dependiente de otras energías.
d Paradójicamente…	**4** …resulta tecnológicamente independiente.
e La electricidad podrá usarse…	**5** …costará menos si hay una instalación solar.
f Además, la electricidad…	**6** …almacenando adecuadamente la luz solar.
g Una casa bien aislada…	**7** …aumentando los precios del usuario.
h La factura de la luz…	**8** …incorporada a la instalación, será más económica.
	9 …se almacenará rápidamente.
	10 …o acumularse para las horas sin luz.
	11 …para usos domésticos e industriales.

Actividad oral interactiva

Defiende tu postura en cuanto al uso de energías renovables: ¿pueden resolver los problemas medioambientales que existen en la actualidad?
¿Son otra forma más de agotar los recursos?

Interculturalidad

Explica cuáles son las energías alternativas utilizadas en tu país.

Consejos para el examen

Con el futuro expresamos también duda o probabilidad. Practica este uso del futuro. Trata también de utilizar distintas formas de expresar el futuro: con el presente o con perífrasis verbales.

Creatividad, Acción, Servicio

Organiza grupos de trabajo que sensibilicen a la comunidad escolar sobre la importancia de reciclar, reducir y reusar.

¿Cuál es la importancia de las energías renovables y sostenibles en nuestra era? ¿Puede la energía alternativa modificar nuestra forma de pensar y actuar? ¿Crees que puede tener influencia también en el lenguaje?

PRÁCTICA - TEXTOS DE EXÁMENES IB

ESPAÑOL B – NIVEL SUPERIOR – PRUEBA 1

Noviembre 2002

TEXTO A

¿ES USTED UN AUTÉNTICO ECOLOGISTA?

El medio ambiente sufre un progresivo deterioro que preocupa a todos en mayor o menor medida. ¿Hace de los problemas ambientales una de sus preocupaciones?
Conteste al siguiente cuestionario para conocer su grado de sensibilidad ecológica.

[- X -]

a La ciencia que se dedica a estudiar el medio ambiente.
b La ciencia que tiene por objeto la defensa de la naturaleza.
c Se refiere a asociaciones que luchan por la naturaleza, a veces, de forma violenta e injustificada.

[-1 -]

a Que demuestran una importante valentía y dedicación al defender con tanto interés esta causa.
b Que posiblemente se encuentran aburridos, con demasiado tiempo libre, o incluso que son un poco neuróticos.
c Se identifica totalmente con ellos: matar a un animal es un crimen.

[- 2 -]

a No le parecen necesarios y nunca los usa.
b No tiene opinión: los usa y punto.
c Todo el mundo debería utilizarlos, incluso multaría a quienes tirasen sus botellas a la basura.

[- 3 -]

a Los deposita en la basura, no solo los suyos, sino también los que otros dejaron abandonados en el suelo.
b Los tira al suelo.
c Los guarda en una bolsa que después tira a la basura.

[- 4 -]

a Es totalmente imprescindible.
b Puede ser útil.
c Es una completa tontería que solo serviría para sobrecargar aún más a los escolares.

[- 5 -]

a Pasa olímpicamente.
b Las sigue y le irrita y fastidia que otros no lo hagan.
c Procura seguirlas, sobre todo si no hacerlo puede molestar a alguien.

[- 6 -]

a Que deberían mejorar sus medidas de seguridad.
b Que deberían desaparecer.
c Nada. Es un tema que no le preocupa ni le interesa en absoluto.

[- 7 -]

a De alegría: al fin podrá moverse a gusto, y a gran velocidad.
b De preocupación.
c De lucha: no se puede permitir semejante desastre.

Valoración.

Mayoría de a. Es usted un ecologista o casi llega a serlo. No sólo se preocupa por la naturaleza, sino que también participa activamente en su conservación.
[- 13 -]

Mayoría de b. Respeta el medio ambiente, no sólo por la naturaleza en sí, sino por lo que pueda afectar directa o indirectamente a los demás. Suele seguir las normas que ayudan a conservar la naturaleza, pero cuando le parecen excesivas, inoportunas o incómodas no hace tanto caso.
[- 14 -]

Mayoría de c. Para usted, la ecología no tiene ningún significado. Su actitud puede ser un poco irresponsable y hasta egoísta. Tiene razón al no querer hacer de este tema una preocupación.
[- 15 -]

TEXTO A - ¿ES USTED UN AUTÉNTICO ECOLOGISTA?

Las preguntas que vienen a continuación son las que faltan en el texto. Relacione los números en el texto con la letra de la pregunta correspondiente. CUIDADO: hay más preguntas de las necesarias.

Ejemplo: [- X -]   E

1

2

3

4

5

6

7

A ¿Qué piensa de los que luchan por algunas especies animales?

B ¿Para qué utiliza las papeleras?

C Cerca de su pueblo van a hacer una autovía totalmente necesaria, pero que altera el aspecto de la zona y el medio ambiente. ¿Cuál sería su actitud?

D ¿Le molesta la contaminación acústica?

E *¿Cómo definiría la ecología?*

F Si le dijeran que ha aparecido en el mercado una nueva gasolina mucho más barata y menos contaminante, ¿cuál sería su reacción?

G ¿Qué opina sobre la propuesta de una nueva asignatura escolar como "Educación para la salud" que, entre otros temas, se preocupase por la ecología?

H Con sinceridad, ¿qué hace con los desperdicios cuando come en el campo o en la playa?

I En unas montañas cercanas a su casa van a destruir parte del paisaje natural para hacer unas pistas de esquí. ¿Qué opina de esta situación?

J ¿Qué opina de las centrales nucleares?

K En cuanto a normas como no fumar en lugares públicos o procurar usar los transportes colectivos, ¿qué hace usted?

L Usted es un gran consumidor de refrescos. ¿Qué hace con las latas de bebidas cuando están vacías?

M Mantener una alimentación sana y natural ayuda a mejorar el medio ambiente. ¿Cuál es su actitud ante esta afirmación?

N ¿Qué opina de los contenedores que hay en las calles para recoger botellas de cristal?

Busque en las respuestas a las preguntas indicadas las palabras o expresiones que signifiquen:

Ejemplo: *Entorno (1ª columna)*   *medio ambiente*

8   Como finalidad *(1ª columna)*

9   Conserva *(1ª columna)*

10   Indispensable *(2ª columna)*

11   Intenta (2ª columna)

12   Rapidez *(2ª columna)*

En la valoración del cuestionario faltan algunos fragmentos. Ponga las letras A, B, C que correspondan a los espacios del texto. **Cuidado:** *hay más fragmentos de los necesarios.*

13   Mayoría de a

14   Mayoría de b

15   Mayoría de c

A   Procura seguir los movimientos ecologistas porque es una tendencia de moda. Si ésta cambiara, usted se dedicaría a otra cosa.

B   …Defiende las posturas ecologistas y tiene más de una discusión con quien piensa o actúa de forma contraria.

C   …Pero debe procurar respetar a los demás y hacer todo lo posible por no dañar su medio ambiente.

D   …Cree que no hay que preocuparse tanto por la defensa de la naturaleza porque le gustan mucho las grandes fiestas al aire libre.

E.   …La ecología no es una de sus preocupaciones, pero la respeta.

12

TEMAS TRONCALES: ASUNTOS GLOBALES

LA GLOBALIZACIÓN Y LA ANTIGLOBALIZACIÓN

Objetivos:
- Investigar sobre la globalización y la antiglobalización
- Obtener información sobre los "zapatistas"
- Considerar las repercusiones del Tratado de Libre Comercio de América del Norte
- Dar opiniones a favor y en contra

Para más información sobre la globalización y la antiglobalización, dirígete a www.pearsonhotlinks.com y escribe el título o ISBN de este libro. Después, selecciona el enlace número 12.1.

El diccionario de la RAE define la globalización como:

> la tendencia de los mercados y de las empresas a extenderse, alcanzando una dimensión mundial que sobrepasa las fronteras nacionales.

Lee los textos que te presentamos a continuación sobre la globalización y el movimiento que la rechaza: la antiglobalización.

 Globalización

Texto

Por Carlos Sánchez

Globalización

Un término difícil de definir pero que, en cualquier caso, está determinado por **dos variables**:

Una se refiere a la globalización de **carácter financiero** que ha tenido lugar en el mundo al calor de dos fenómenos: los avances tecnológicos y la apertura de los mercados de capitales. El Banco de Pagos Internacional ha estimado que las transacciones mundiales de dinero (en los distintos mercados de divisas) asciende a alrededor de 1,9 billones de dólares (cuatro veces el PIB español). Estos flujos de capitales han enriquecido y arruinado a muchos países, ya que la solvencia de sus divisas está en función de la entrada y salida de capitales. Y eso explica, en parte, crisis financieras como las de México, Rusia, o el sudeste asiático. De ahí que los movimientos contra la globalización hayan reivindicado el establecimiento de la llamada Tasa Tobin, que no es otra cosa que la creación de un impuesto que grave los movimientos de capitales.

La otra globalización, se trata de las **transacciones de bienes y servicios** que se realizan a nivel mundial. En este caso, son los países pobres y los mayores productores de materias primas (que en muchos casos coinciden) los que reclaman apertura de fronteras, ya que tanto en Estados Unidos como en la UE existe un fuerte proteccionismo. Muchas ONG de las que se manifiestan contra la globalización quieren desarrollar el comercio, pero no los capitales.

Contenidos

1 De acuerdo con el texto, hay dos formas de analizar la globalización; explica con tus propias palabras las dos y sus características.

Texto 12.1.2

Protagonistas de la globalización

Fondo Monefario Internacionas

En teoría su labor es la de diseñar políticas económicas y programas de ajuste en caso de la existencia de desequilibrios macroeconómicos insalvables para algún país miembro. En los últimos dos años, ya tras las protestas sociales, siempre ha introducido en las agendas de trabajo el problema de la pobreza. Ha aprobado diferentes estrategias de condonación de la deuda externa. Cuenta con 183 países miembros.

La **Organización Mundial de Comercio** nació para sustituir a las rondas de negociación del desaparecido GATT. Los países pobres son meros convidados de piedra, ya que son los ricos, los que protegen sus mercancías, los que impiden un desarrollo efectivo del comercio mundial. En total está compuesta por 142 estados.

Unión Europea

Este espacio común de integración y cooperación entre los quince estados miembros pretende llevar a la práctica el principio universal de "la unión hace la fuerza". La vieja Europa necesitaba cohesionarse para poder jugar en igualdad de condiciones con los gigantes económicos mundiales que amenazaban con zampársela.

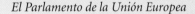

El Parlamento de la Unión Europea

Banco Mundial

Los movimientos contra la globalización están divididos sobre su existencia. Unos quieren que desaparezca y otros no. Se encarga de diseñar políticas de desarrollo utilizando para ello programas financiados por los países ricos, pero a cambio de políticas de ajuste.

El Fondo Monetario Internacional

Texto **12.1.3**

Protagonistas de la antiglobalización

Subcomandante Marcos

Subcomandante Marcos

Si Jesucristo Superstar fuera humano y no un personaje de musical, tendría el rostro resguardado del Subcomandante Marcos, cabeza del Ejército Zapatista de Liberación Nacional.

El nuevo Che Guevara, icono de la antiglobalización, logrará un día empapelar tantas habitaciones juveniles como el revolucionario argentino adoptado por la causa cubana.

Desde su levantamiento, el 1° de enero de 1994, los zapatistas utilizaron su sitio Web para denunciar las injusticias de un modelo económico en el que, como siempre, las ganancias de las grandes corporaciones condenaban a la pobreza a los indígenas.

John Zerzan

El gurú de Seattle, un filósofo anarquista de Oregón, padre del anarcoprimitivismo, capitaneó espiritualmente a los miles de manifestantes que se alzaron contra la civilización de la tecnología y el consumismo durante la cumbre de la OMC (Organización Mundial de Comercio) a finales de 1999. Entonces tenía 56 años y un pasado como activista en la Universidad de California, Berkrley durante sus años mozos, los míticos sesenta para más inri. El no se convirtió al capitalismo como sus compañeros de "guerrilla".

Escribe ensayos, se autotransporta en bicicleta y reniega de las tarjetas de crédito y el ordenador. Curioso dato, teniendo en cuenta que Internet es el principal aglutinador de los antiglobalización. El tiempo devora todo tan rápido que los cachorritos de la resistencia callejera no conocen ya su nombre.

José Bové

Líder francés apoyado por la mayoría de sus compatriotas. Este agricultor ilustrado, hijo de ingenieros agrónomos y estudiante de filosofía en los años setenta, comenzó su lucha contra el gigante de la mundialización, como se conocía entonces la globalización, en 1974. Ocupó una granja abandonada en Larzac junto a un centenar de ganaderos y agricultores de la zona para impedir que el Ejército la utilizara como campo de tiro.

Desde entonces alterna el cultivo y crianza de animales de forma tradicional con las protestas in situ contra las pruebas nucleares francesas en el Pacífico, Cumbre de Seattle o asalto a McDonalds, entre otras acciones muy bien publicitadas.

Susan George
¿Podrá la globalización cubrir las necesidades de una población de más de 8.000 millones de personas en tan solo 20 años? La rotunda respuesta es *no*. Al menos, esa es la conclusión de la escritora y politóloga norteamericana Susan George en su libro *Informe Lugano* publicado hace unos meses, lectura de cabecera de una legión de militantes antiglobalización.
Vicepresidenta de ATTAC (Asociación por una Tasación de las Transacciones Financieras para la Ayuda a los Ciudadanos), directora asociada del Trasnational Institut de Amsterdam y presidenta del Observatorio de la Mundialización de París, su historial, de profundo calado técnico y teórico, no deja lugar a dudas. La mundialización no despierta sus simpatías.

Susan George

elmundo.es

Contenidos

1 Contesta las siguientes preguntas de acuerdo con el texto.

 En la actualidad (2011) hay 27 países miembros en la UE.

a ¿Cuál es la función del FMI?

b ¿Qué ha hecho el FMI respecto a la deuda externa de los países?

c ¿Los países pobres tienen el mismo poder de decisión que los ricos en la OMC? ¿Qué expresión lo indica?

d Según el texto, ¿por qué se unió la UE?

e ¿Cuál es la condición para que el BM introduzca programas financiados por países ricos?

f ¿Con quién es comparado el Subcomandante Marcos?

g ¿Qué papel jugó el Internet en el alzamiento zapatista?

h ¿En qué época de su vida fue activista John Zerzan en la Universidad de California, Berkley?

i ¿Por qué dice el texto que es curioso que John Zerzan no use la computadora?

j ¿A qué se dedica José Bové?

k Según el texto, ¿cuál es el libro que todos los grupos contrarios a la globalización leen cada noche?

Texto **12.2.1**

12.2 Antiglobalización

Movimiento de Resistencia Global

¿QUÉ ES el Movimiento de Resistencia Global? El Movimiento de Resistencia Global (MRG) o antiglobalización es un fenómeno internacional que aglutina a multitud de grupos, asociaciones, sindicatos y partidos políticos de todo el mundo. Todos estos colectivos se caracterizan por su diversidad (estudiantes, anarquistas, homosexuales, hackers, ecologistas, neohippies…), pero tienen en común su rechazo al capitalismo y al modelo socioeconómico impuesto por el neoliberalismo.

Contenidos

1 Busca la definición de las siguientes palabras y escribe el significado:

a anarquistas   d ecologistas

b hackers   e homosexuales

c neohippies

¿Cómo surge?El MRG empezó a gestarse en los Encuentros Intercontinentales por la Humanidad y contra el Liberalismo, organizados por el Ejército Zapatista de Liberación Nacional (EZNL), en 1993. A través de Internet, los zapatistas consiguieron unir a los distintos grupos anticapitalistas y pusieron en marcha una red internacional de solidaridad, sin precedentes, que no ha dejado de crecer. La primera actuación contra la globalización fue el levantamiento del EZLN contra el Tratado de Libre Comercio de América del Norte.

Pero fue en Seattle donde esta corriente echó un pulso a los poderosos. El 30 de noviembre de 1999, más de 50.000 personas, procedentes de todo el mundo, se concentraron en esta ciudad para protestar contra la celebración de la Ronda del Milenio, organizada por la Organización Mundial del Comercio. Esta manifestación fue el origen de las movilizaciones "anti globalización" que, desde entonces, se han producido en todos aquellos lugares en los que se han reunido los representantes de los grandes grupos financieros o de los países más poderosos de la Tierra.

 Zapatistas y el Tratado de Libre Comercio

¿Has oído hablar del Ejército Zapatista de Liberación Nacional? ¿Sabes en qué país opera? Busca información sobre los zapatistas y sus características.

Hay varias páginas Web que puedes consultar:

Para escuchar a Manu Chao (francés de origen español) con un tema musical que utiliza el mensaje del Subcomandante Marcos, en el video, dirígete a www.pearsonhotlinks.com y escribe el título o ISBN de este libro. Después, selecciona el enlace número 12.2.

Para ver videos con la participación del Subcomandante Marcos, selecciona el enlace número 12.3.

Escribe un artículo sobre los zapatistas y sus propuestas. Compáralo con algún otro movimiento similar que conozcas. ¿Se te ocurre algún personaje que pudieras comparar con Marcos?

Para más información, y si te interesa el tema, tienes también información en inglés, selecciona el enlace número 12.4.

¿Sabes qué es el Tratado de Libre Comercio de America del Norte?

Busca información sobre el TLC y haz una presentación oral sobre el tema.

Explica los aspectos positivos y los negativos del Tratado. Piensa en las implicaciones que el TLC tiene para cada país integrante.

¿Por qué surge? Surge como respuesta a la mundialización impuesta por los grandes organismos financieros y políticos y las multinacionales que ejercen el control sobre las instituciones y sobre la sociedad. Se resisten a aceptar la actual situación y luchan para evitar que los países ricos sean cada vez más ricos y los pobres más pobres.

¿Contra quiénes luchan? Contra los grandes organismos económicos, como el Fondo Monetario Internacional y La Organización Mundial del Comercio; contra los grandes entidades financieras, como el Banco Mundial, contra las compañías transnacionales, como Adidas, Nike y McDonalds, a muchas de las cuales acusan de enriquecerse explotando a menores y contra los grandes poderes fácticos responsables del abismo que separa la los estados del Norte y del Sur.

¿Para qué se movilizan? Para lograr una sociedad más justa y un reparto equitativo de la riqueza, potenciar la democratización y el pluralismo de las instituciones y limitar el poder de las multinacionales y los grandes grupos financieros.

Entre sus objetivos prioritarios figuran la condonación de la deuda de los países pobres, la defensa de los derechos fundamentales de las minorías y de las poblaciones más desfavorecidas y la protección del medio ambiente.

elmundo.es

Contenidos

1 Después de leer el texto, responde a las siguientes preguntas.

a ¿Qué es la globalización?

b ¿Qué es la antiglobalización?

c ¿Son homogéneos los grupos que forman parte del movimiento de resistencia global? Justifícalo.

d ¿Qué es lo que les une?

e ¿En qué año empezó el MRG?

f ¿Cuál fue la primera intervención contra la globalización?

g ¿Cuándo supuso este movimiento por primera vez un verdadero reto a los países ricos?

h ¿En qué momento se producen las manifestaciones en contra de la globalización?

i ¿Contra qué combaten?

j ¿Cuáles son las entidades objeto del movimiento?

k ¿De qué las acusan?

l ¿Por qué luchan?

m ¿Cuál es en general la finalidad de sus acciones?

Texto

12.3 A favor y en contra

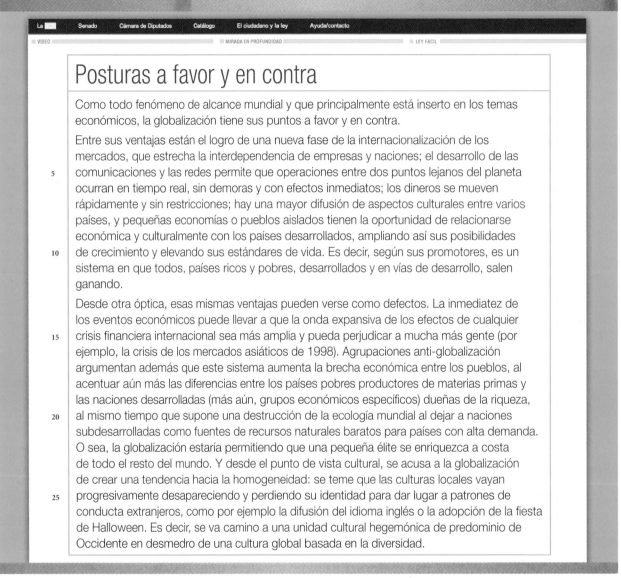

| La ███ | Senado | Cámara de Diputados | Catálogo | El ciudadano y la ley | Ayuda/contacto |

▪ VIDEO ▪▪▪▪▪▪▪▪▪▪▪▪▪▪   ▪ MIRADA EN PROFUNDIDAD ▪▪▪▪▪▪▪▪   ▪ LEY FÁCIL ▪▪▪▪

Posturas a favor y en contra

Como todo fenómeno de alcance mundial y que principalmente está inserto en los temas económicos, la globalización tiene sus puntos a favor y en contra.

Entre sus ventajas están el logro de una nueva fase de la internacionalización de los mercados, que estrecha la interdependencia de empresas y naciones; el desarrollo de las
5 comunicaciones y las redes permite que operaciones entre dos puntos lejanos del planeta ocurran en tiempo real, sin demoras y con efectos inmediatos; los dineros se mueven rápidamente y sin restricciones; hay una mayor difusión de aspectos culturales entre varios países, y pequeñas economías o pueblos aislados tienen la oportunidad de relacionarse económica y culturalmente con los países desarrollados, ampliando así sus posibilidades
10 de crecimiento y elevando sus estándares de vida. Es decir, según sus promotores, es un sistema en que todos, países ricos y pobres, desarrollados y en vías de desarrollo, salen ganando.

Desde otra óptica, esas mismas ventajas pueden verse como defectos. La inmediatez de los eventos económicos puede llevar a que la onda expansiva de los efectos de cualquier
15 crisis financiera internacional sea más amplia y pueda perjudicar a mucha más gente (por ejemplo, la crisis de los mercados asiáticos de 1998). Agrupaciones anti-globalización argumentan además que este sistema aumenta la brecha económica entre los pueblos, al acentuar aún más las diferencias entre los países pobres productores de materias primas y las naciones desarrolladas (más aún, grupos económicos específicos) dueñas de la riqueza,
20 al mismo tiempo que supone una destrucción de la ecología mundial al dejar a naciones subdesarrolladas como fuentes de recursos naturales baratos para países con alta demanda. O sea, la globalización estaría permitiendo que una pequeña élite se enriquezca a costa de todo el resto del mundo. Y desde el punto de vista cultural, se acusa a la globalización de crear una tendencia hacia la homogeneidad: se teme que las culturas locales vayan
25 progresivamente desapareciendo y perdiendo su identidad para dar lugar a patrones de conducta extranjeros, como por ejemplo la difusión del idioma inglés o la adopción de la fiesta de Halloween. Es decir, se va camino a una unidad cultural hegemónica de predominio de Occidente en desmedro de una cultura global basada en la diversidad.

bcn.cl.com

Manejo de texto

1 Contesta a las siguientes preguntas indicando si son verdaderas o falsas. Justifica siempre tu respuesta con elementos del texto.

a Para los que están a favor, la globalización reparte la riqueza a todos los lugares del mundo.

b Para los que están en contra, la globalización puede causar crisis económicas a nivel mundial.

c En el aspecto cultural, la globalización para los que la promueven, significa un mayor conocimiento entre los países.

d En el aspecto cultural, la globalización para los que la rechazan, significa la imposición de una cultura sobre otras.

Actividad oral interactiva

Y tú ¿qué opinas? Haz un listado de las ventajas y desventajas de la globalización. Después, justifica todas esas ventajas y desventajas. Para finalizar explica tus conclusiones. ¿Tiene más ventajas o más desventajas? ¿Para quién o quiénes tiene ventajas y/o desventajas?

Compara con tus compañeros y después dividid la clase en dos grupos: uno a favor y otro en contra. Tenéis que organizar un debate y discutir el tema.

Texto **12.3.2**

Como funciona el movimiento antiglobalización

Los más de 50.000 colectivos que forman parte del Movimiento de Resistencia Global (MRG) se vinculan y preparan sus actuaciones a través de Internet.

Existen numerosas páginas web (nodo50, indymedia, attac) que informan sobre las convocatorias de estos grupos y sirven de plataformas de coordinación de sus acciones de protesta.

Además, si un determinado grupo quiere sumarse a la resistencia pero no se siente identificado con ninguno de los miles que ya forman parte de ella, sólo tiene que dejar su URL y participar en las movilizaciones conjuntas.

Aunque no tienen un modelo fijo de actuación, sus acciones no son improvisadas, responden a unas determinadas pautas.

Los grupos del país anfitrión de una determinada cumbre, informan de su celebración e invitan al resto a movilizarse en contra, a través de la Red. Ellos mismos se encargan de proporcionarles alojamiento, cobertura legal y sanitaria.

Una vez en el lugar de la cumbre, se plantean cuatro estrategias de intervención:

Azul: Acciones contundentes protagonizadas por grupos radicales de corte antifascista. (Ataques a multinacionales, entidades bancarias…)

Amarilla: Desobediencia civil. Manifestaciones no violentas

Rosa: Frivolidad práctica: Son formas de protesta que van desde el teatro callejero a los desfiles de marionetas gigantes.

Grupos de afinidad: son células de 15 o 20 personas que funcionan discrecionalmente y tienen autonomía para elegir su forma de oposición.

Manejo de texto

1 Busca una palabra o expresión del texto que signifique:

Ejemplo: …….. se organizan …………*se preparan* …………

a una gran cantidad

b se funcionan

c rechazo

d unirse

e relacionado

2 Indica la opción correcta (1, 2, 3 ó 4).

Para más información sobre el tema y para ver videos, dirígete a www.pearsonhotlinks.com y escribe el título o ISBN de este libro. Después, selecciona el enlace correspondiente, número 12.5, 12.6, 12.7 y 12.8. Para más información sobre relacionar el tema de globalización con el de Internet, y para escuchar una canción y leer la letra, dirígete a www.pearsonhotlinks.com y escribe el título o ISBN de este libro. Después, selecciona el enlace correspondiente, número 12.9, 12.10, 12.11 y 12.12.

a Para formar parte de las actividades del movimiento…

1 es obligatorio aceptar unas condiciones determinadas.

2 es necesario ingresar en uno de los grupos establecidos.

3 es suficiente compartir la página web y trabajar con los demás.

4 es imprescindible operar en conjunto de una forma improvisada.

b Los grupos de los países que organizan las "Cumbres…"

1 ofrecen Internet a los visitantes.

2 se hacen cargo de la logística.

3 deciden las acciones a seguir.

4 son los responsables legales.

Extraído de una conferencia de Eduardo Galeano, escritor uruguayo:

> […] *Yo simplemente cuento las cosas que veo, las cosas que escucho… Por ejemplo el otro día yo escuché a un cocinero que reunió a las aves: a las gallinas, a los gansos, a los pavos, y a los faisanes… y a los patos.*
>
> *Yo escuché lo que decía… lo que el cocinero les decía. Me pareció interesante y quería contarles lo que escuché.*
>
> *El cocinero les preguntaba: "con qué salsa querían ser comidas"*
> *Una de las aves, creo que era una humilde gallina, dijo:*
> *"Nosotras no queremos ser comidas de ninguna manera"*
> *Y el cocinero aclaró: "eso estaba fuera de la cuestión".*
>
> *Me pareció interesante esa reunión porque es una* **metáfora** *del mundo. El mundo está organizado de tal manera que tenemos el derecho de elegir la salsa con la que seremos comidos.*

3 ¿Qué te parece la metáfora del cocinero y las aves de Eduardo Galeano?
Escribe una metáfora similar respecto a la globalización; puede ser a favor o en contra.

Intertextualidad

Te recomendamos leer la obra de Eduardo Galeano (aunque sea en traducción):

Las venas abiertas de América Latina

Días y noches de amor y de guerra

Memoria del fuego (Trilogía)

Patas arriba. La escuela del mundo al revés

Protestas contra el G20

Protestas contra la decida externa

Reunión de G8

Reunión de G20

Para ver fotos de los movimientos, dirígete a www.pearsonhotlinks.com y escribe el título o ISBN de este libro. Después, selecciona el enlace número 12.13.
Elige las que más te impacten y descríbelas por escrito y oralmente.
Para finalizar, queremos incluir una serie de fotos sobre la globalización para que las describas tanto por escrito como oralmente.

Te recomendamos buscar más información sobre la globalización.
Para información a favor, dirígete a www.pearsonhotlinks.com y escribe el título o ISBN de este libro. Después, selecciona el enlace correspondiente, número 12.14, 12.15, 12.16 y 12.17.
Para información en contra 12.18.
Al acceder a los enlaces anteriores podrás encontrar muchos más con las dos posturas.

Actividad oral interactiva

Haz una presentación oral (incluye imágenes para su descripción), sobre la situación de tu país y la influencia positiva y negativa de la globalización en distintos aspectos: económico, cultural, político, de información, de productos básicos, de productos importados y exportados, etc.

Interculturalidad

Y en tu país, ¿cómo se interpreta la globalización? ¿Qué aspectos se ven como beneficiosos y qué aspectos como perjudiciales?

Cuáles son los efectos de la globalización en el mundo? ?Tiene la globalización influencia en la lengua?
¿Es la globalización un beneficio para tu país?

Consejos para el examen

Analiza opiniones contrarias. Tienes que ser capaz de expresar estas opiniones oralmente y también por escrito. Practica y sobre todo, aprende a extraer tus propias conclusiones y a explicarlas. Practica también el uso de la metáfora.

Creatividad, Acción, Servicio

Organiza junto con otros estudiantes un día de Asuntos Globales, en el que se discuta a nivel de toda la comunidad escolar, los principales problemas y las ventajas de la llamada Globalización.

TEXTO B

LOS UROS
Un pueblo que flota sobre las aguas

El pueblo uro

❶ El pueblo uro vive en un conjunto de islas flotantes ubicadas en el lago Titicaca, que se extiende entre Perú y Bolivia. Actualmente ocupan 16 islas, agrupadas de acuerdo con la amistad existente entre las aproximadamente 350 familias. Las civilizaciones indígenas que llegaron posteriormente a la zona consideraron a los uros como los primeros habitantes del mundo. El anciano de mayor edad es la máxima autoridad. Esta organización ancestral responde al hecho de que para ellos los ancianos representan la sabiduría.

Tito Coyla

❷ Tito y Dina crecieron con la certeza de que al alcanzar la mayoría de edad debían casarse. Sus padres lo decidieron así para asegurar la supervivencia del pueblo uro. Su matrimonio fue arreglado veinte años atrás cuando ellos eran muy niños. Llegado el momento del matrimonio, ninguno de los dos protestó porque sintieron orgullo al pensar que la tradición tenía que cumplirse.

La casa y la isla

❸ Cuando su familia sea más grande, Tito tendrá que construir su propia isla flotante como hacían los ancestros, usando ramas de totora*, un vegetal esencial en la vida de los uros. En esa isla deberá edificar su casa, también de totora.

❹ Tito sabe que la vivienda necesita ser construida con la puerta hacia el lado mejor protegido del viento. La casa tendrá una sola habitación de cuatro metros de largo y dos de ancho, lugar donde vivirá toda su familia por muchos años.

❺ Además, la totora será utilizada para alimentar a la familia, especialmente las raíces, por sus cualidades nutritivas.

❻ Como el resto de los uros, Tito tendrá que construir su balsa con ramas de totora, y con ella saldrá a pescar. Los diseños de las balsas son diferentes. Para cazar aves se utiliza una pequeña, mientras que para la pesca se usa una más grande.

La relación con los de afuera

❼ Los uros cuentan con dos centros educativos estatales y uno privado, con maestros nativos, hasta donde llegan cerca de un centenar de pequeños para aprender a leer y escribir el español. El aiymara es su lengua materna y también el idioma oficial, pero los tiempos modernos reclaman una posibilidad de comunicación más abierta.

❽ Hasta sus islas se llega hoy en lanchas a motor, luego de 45 minutos de travesía desde tierra firme. En la actualidad, para sobrevivir, dependen de los turistas, por eso en cada isla hay espacios dedicados al comercio de sus artesanías, así como museos naturales donde explican a los turistas su modo de vida.

❾ Sin embargo, ni la globalización ni la modernidad han logrado cambiar sus costumbres milenarias. Siguen reconociendo como diosa a la "mama Qota" (espíritu del agua), entregándole ofrendas de coca, alcohol y aves, en una ceremonia que preside un "pako" (sacerdote) de la zona. Se trata de un rito de reconocimiento al lago que les asegura todo lo que necesitan para la supervivencia. Las ofrendas también transmiten al lago el deseo de que abunden las especies.

❿ Los nativos han formado una reserva natural comunal para proteger su hábitat. Ellos consideran que son los dueños de ese espacio y no aceptan que el Instituto Nacional de Recursos Naturales (INRENA) quiera cobrarles por la extracción de la totora. No están dispuestos a pagar un céntimo.

• Totora: planta de uno a tres metros de altura, que crece en lagos y pantanos.

Adaptado de **La República**, Perú, jueves 4 de noviembre de 2004

TEXTO B — LOS UROS – UN PUEBLO QUE FLOTA SOBRE LAS AGUAS

Indique la respuesta correcta.

1   ¿Qué factor es determinante para la distribución de las islas de los uros en medio del lago?

    A   La situación geográfica

    B   Las relaciones sociales

    C   El orden de llegada

    D   La decisión de la autoridad

*Basándose en los párrafos ❶ a ❻ del texto, complete las siguientes frases **con palabras del texto**.*

Ejemplo: Las demás comunidades indígenas de la región creían que los uros eran ..."los primeros habitantes del mundo"...

2   Los uros reconocen como su jefe a

3   Tito y Dina aceptaron casarse porque respetan

4   La casa está situada sobre una

5   En las casas de los uros, la puerta está orientada

6   En las casas de los uros, toda la familia vive en

Basándose en los párrafos ❸ a ❻ conteste a las preguntas siguientes.

7   Los uros usan la totora con cuatro fines. Uno se menciona como ejemplo. ¿Cuáles son los otros **tres**? *[3 puntos]*

Ejemplo:.........   construir su propia isla flotante ....

8   ¿Qué **dos** actividades realizan los uros cuando navegan con sus balsas? *[2 puntos]*

Basándose en los párrafos ❼ a ❿ del texto, conteste a la preguntas siguientes.

9   ¿Por qué los niños aprenden el español en la escuela?

10   ¿Cuánto dura el viaje desde el continente hacia las islas?

11   Los uros se relacionan con los turistas extranjeros a través de dos actividades sociales. ¿Cuáles son? *[2 puntos]*

12   ¿A quién están dedicadas las ofrendas de los uros?

13   ¿Qué beneficios les proporciona el lago Titicaca a los uros?

14   ¿Por qué los uros no están dispuestos a pagar al INRENA por la totora?

15   ¿Cuál es el principal objetivo del Texto B? Indique la respuesta correcta.

    A   Contar la historia del joven nativo Tito Coyla.

    B   Describir el modo de vida del pueblo de los uros.

    C   Protestar por la influencia del turismo entre los uros.

    D   Invitar a los turistas a recorrer el lago Titicaca.

© International Baccalaureate, May 2006

DIVERSIDAD CULTURAL Y SUBCULTURAS

Objetivos:
- Analizar las diferentes formas de la diversidad cultural
- Describir aspecto físico
- Describir emociones, creencias y actitudes
- Describir mágenes / situaciones a través de estímulos visuales
- Obtener información para producir un folleto
- Reflexionar sobre la importancia de la diversidad cultural

En este capítulo se exploran las diferentes manifestaciones de la diversidad cultural. Empezamos definiendo el concepto, seguimos con la presentación de subculturas y tribus urbanas y terminamos con una celebración de esta diversidad cultural en América Latina.

 Diversidad cultural

Texto

Distintas formas de abordar la diversidad cultural

A lo largo de la historia han existido diversas formas de abordar la diversidad cultural, en algunos casos con sistemas de exclusión y dominación. Entre esos modelos se ubican el racismo y la xenofobia (o rechazo del extranjero y del foráneo), con todas sus implicaciones de discriminación y segregación. El etnocidio, el holocausto, el apartheid, la limpieza étnica, son algunas de sus manifestaciones
5   en distintas épocas y lugares. Por otro lado, otras sociedades han intentado responder a esta diversidad cultural con diferentes modelos que buscaban la convivencia pacífica entre sus miembros pertenecientes a diferentes culturas. Analicemos brevemente a continuación algunos de ellos.

Asimilacionismo

Algunos sistemas se han formulado sobre el supuesto de superioridad de un grupo respecto
10   al resto. Uno de ellos es el asimilacionismo concretado en distintas formas como, por ejemplo, *occidentalización, americanización; anglicización*, etc.

El asimilacionismo se basa en dos convicciones centrales:
1º El convencimiento en la bondad, necesidad y posibilidad de la homogeneidad sociocultural. Por tanto son los nuevos miembros de la sociedad (refugiados, inmigrantes, etc.) los que unilateralmente
15   tienen que dar el paso hacia el otro, cambiar si quieren ser iguales. Son ellos, y no la sociedad en general, los que deben abandonar o no expresar sus culturas propias para incorporarse plenamente a la de la sociedad dominante o receptora.

20 2° El supuesto de que una vez asimilados los foráneos, o la minoría, vivirán sin discriminación en igualdad de condiciones que el mayoritario o el autóctono. La sociedad que acoge hace la promesa al inmigrante, si te acomodas, incorporas y asimilas, entonces pasarás a formar parte de una sociedad de ciudadanos con iguales derechos, estarás plenamente integrado. Ciertamente serás de origen marroquí, pero serás un español más, etc. El proceso que da como resultado la asimilación de los grupos inmigrantes se percibe como un proceso globalizante. Si te conviertes a nuestra cultura completamente tendrás plenos derechos en nuestra sociedad.

Integración

25 Antes de pasar a analizar el pluralismo cultural es necesario aclarar otro término muy usado cuando se habla de los inmigrantes, la integración.

El riesgo de entender la integración como asimilación o como un proceso unilateral de cambio por parte del minoritario o del inmigrante ha llevado a enfatizar que el proceso de integración afecta al
30 conjunto de la sociedad, o si se quiere al todo y no sólo a una de sus partes.

Tomemos como definición de integración la propuesta por Cáritas: *"un proceso que tiene como objetivo unir a todos los elementos que constituyen un conjunto. La integración social significa garantizar que cada persona encuentre su sitio y función en la comunidad, pueda desarrollar sus potencialidades, asuma sus responsabilidades como ciudadano/a y tenga la voluntad de asentarse y participar en la
35 vida social. A cambio, la sociedad le garantiza el disfrute de todos los bienes colectivos y la igualdad de derechos."* (Programa de Inmigrantes de Cáritas Española 1996)

Pluralismo cultural

Modelo internacionalmente hegemónico desde la segunda guerra mundial, y más marcadamente desde los años sesenta. Esta filosofía de la diversidad parte, precisamente, de que no es legítimo
40 destruir o trastocar las culturas y de que es perfectamente posible la unidad en la diversidad. El pluralismo cultural ha sido entendido y, formulado también de muchas formas pero, en general, puede sintetizarse en dos grandes principios: la igualdad de derechos, responsabilidades y oportunidades (principio que podemos denominar de ciudadanía común o general) y el respeto a las diferencias etnoculturales (o derecho a la diferencia).

Multiculturalismo

45 Este término es usado con dos sentidos:

1° En su sentido fáctico o de hecho, es decir, la convivencia en un mismo espacio social de personas identificadas con culturas variadas.

2° En su acepción normativa (cómo debe procederse a organizar la vida social y pública) el respeto
50 a las identidades culturales, no como reforzamiento de su etnocentrismo, sino al contrario, como camino, más allá de la mera coexistencia, hacia la convivencia armónica.

Principios básicos del multiculturalismo son el respeto y asunción de todas las culturas, el derecho a la diferencia y la organización de la sociedad de tal forma que exista igualdad de oportunidades y de trato y posibilidades reales de participación en la vida pública y social para todas las personas y
55 grupos con independencia de su identidad cultural, etnoracial, religiosa, o lingüística.

La interculturalidad

Se ubica dentro del pluralismo cultural.

¿Qué es la interculturalidad?

Aquí se propone una definición a partir:

60 **a** del contexto sociopolítico donde puede y debe darse la interculturalidad.

b de la "clave relacional" que entraña la interculturalidad, y

c de los principios de fondo en los que debe basarse y fundamentarse.

La interculturalidad se entiende como:

a Un planteamiento pluralista sobre las relaciones humanas que debería haber entre actores
65 culturalmente diferenciados en el contexto del Estado democrático y participativo y de la Nación
pluricultural, multilingüe y multiétnica.

b La promoción sistemática y gradual desde el Estado y desde la sociedad civil, de espacios y
procesos de interacción positiva que vayan abriendo y generalizando relaciones de confianza,
reconocimiento mutuo, comunicación efectiva, diálogo y debate, aprendizaje e intercambio,
70 regulación pacífica del conflicto, cooperación y convivencia.

c Sobre la base de tres principios:

1 El principio de ciudadanía, que implica el reconocimiento pleno y la búsqueda constante de
igualdad real y efectiva de derechos, responsabilidades, oportunidades, así como la lucha
permanente contra el racismo y la discriminación.

75 **2** El principio del derecho a la diferencia, que conlleva el respeto a la identidad y derechos de cada
uno de los pueblos, grupos étnicos y expresiones socioculturales de una nación.

3 El principio de unidad en la diversidad, concretado en la unidad nacional, no impuesta sino
construida por todos y asumida voluntariamente.

La interculturalidad tiene en cuenta no sólo las diferencias entre personas y grupos sino también
80 las convergencias entre ellos, los vínculos que unen, la aceptación de los derechos humanos,
los valores compartidos, las normas de convivencia ya legitimadas y aceptadas, las instituciones
comúnmente utilizadas aunque requieran adaptación y mejora, los intereses comunes en desarrollo
local, la identidad nacional en algunos casos, y otros puntos en común.

Fundamentos de la Interculturalidad

85 Pluralismo no asimilacionista. En cuanto a la perspectiva pluralista, es importante asumir que se
trata de una propuesta no asimilacionista. La asimilación es un modelo de organización social que
incorpora paulatina o bruscamente la cultura de las minorías a la "cultura nacional" dominante
resultando en la pérdida de identidad.

antenamisionera.com

13.2 Subculturas y tribus urbanas

Texto 13.2.1

 Para más información sobre las subculturas, dirígete a www.pearsonhotlinks.com y escribe el título o ISBN de este libro. Después, selecciona el enlace número 13.1.
En este enlace también tienes imágenes de distintas tribus urbanas y sus características.

Subculturas y tipos de subculturas

La palabra *subcultura* no aparece en el diccionario de la Real Academia Española (RAE), sin embargo se la utiliza en el ámbito de la sociología y la antropología. Se entiende como un grupo dentro de una *cultura* que se reúne por motivos como raza, edad, gustos musicales y estéticos, etc. Los integrantes de una *subcultura* son
5   fácilmente reconocibles por su indumentaria, su peinado, accesorios, símbolos y sus actitudes. Normalmente se oponen de una forma u otra a la *cultura* dominante. Se les conoce en la actualidad como **Tribus urbanas.**

¿Qué es una **subcultura** para los jóvenes? Un denominador común en los adolescentes es la búsqueda de identidad y la imagen exterior forma parte de ella. La juventud es,
10   ante todo, una población dependiente, subordinada y limitada en sus posibilidades de actuación respecto de los adultos. Pero no de los adultos en general, sino de aquéllos con los que interactúa habitualmente. La dominación se manifiesta en un estereotipo negativo que describe a los jóvenes como irresponsables, hedonistas, conformistas y negativos. Esta construcción negativa se convierte en instrumento de
15   control por parte de los adultos, pues los jóvenes que deseen integrarse en la sociedad deberán esforzarse en negarlo y actuar de una manera que no pueda ser entendida en términos del estereotipo. A esto se une, en flagrante contradicción, un discurso positivo sobre la juventud como el mejor momento de la vida y la alta valoración de todo lo joven. Así, los jóvenes se adhieren con entusiasmo a su condición social,
20   sin que dispongan del poder suficiente para cambiar el discurso negativo que circula sobre ellos.

El joven, para serlo verdaderamente, tiene que situarse en relación con otros jóvenes, y así encontrar su identidad específica dentro de la juventud. Especialmente tiene que situarse respecto a los jóvenes más cercanos a él o a ella, su grupo de interacción,
25   los amigos y los conocidos, pero también respecto a las imágenes juveniles que recibe de los medios de comunicación social. La identidad de joven no será algo estático e inamovible, como tampoco caótico y sin sentido. La persona irá añadiendo nuevos significados, abandonando otros, adscribiéndose a ciertos significantes, etc. Las subculturas juveniles dan a los jóvenes gran cantidad de materiales con los que
30   identificarse y construir su identidad. Por subculturas juveniles entendemos una serie de significados y modos de expresión comunes a una parte de la juventud que cristalizan en los diferentes estilos juveniles que comprenden un estilo musical concreto, una imagen y un atuendo reconocible y una serie de actitudes sociopolíticas. Existen estilos juveniles conocidos, más o menos seguidos por los
35   distintos jóvenes en su mayoría, mejor o peor definidos. Pero en cualquier caso, son susceptibles de ser utilizados por los jóvenes para construir su identidad. En algunas ocasiones, la adscripción al estilo es total, al menos durante un cierto tiempo. Pero en la mayoría, cada joven se reconoce sólo parcialmente con el estilo, con alguno de sus componentes significativos: la música, parte del atuendo y alguna determinada
40   actitud. La particularidad de la subcultura juvenil es su extrema variedad de significados, derivada de la muy diferente posición de unos y otros jóvenes, pero que, a pesar de ello, han de enfrentar parecida construcción social acerca de lo que significa ser joven.

TRIBUS URBANAS
EMOS

Los Emos presentan una apariencia triste y de personas con problemas emocionales.

La palabra **emo** se utiliza como un insulto: *memo* o *gilimemo*; y también como sinónimo de depresión. En inglés, se utiliza como si fuera la abreviatura de *emotive*, emotivo o afectivo.

Usan piercings, (en la ceja izquierda y en el labio inferior a la izquierda), tatuajes y, aunque parecen *góticos*, pueden añadir rosa y zapatos *Converse o Vans*, camisetas muy justas con estampados; vaqueros negros entubados. El pelo de medio lado cubriendo el ojo derecho. Se maquillan los ojos de negro (como los *góticos*) y usan ropa interior de marca Cine y Televisión.

Sus películas favoritas son las de Tim Burton, por su estética gótica. Su actor favorito Johnny Depp, por su actuación en *Charlie y la fábrica de chocolate*, y en *La novia cadáver*.

Algunos emos se cortan la piel para demostrar su descontento con el mundo que les rodea. Algunas parejas se hacen los mismos cortes. Se les califica peyorativamente como *posers*, *pura pose*.

En música se caracteriza por la carga emocional de las letras, dolor, desprecio y odio. Los subgéneros son *emo punk* y *emocore*.

Algunas de sus bandas preferidas son:
- The almost
- Fightstar
- Hawthorne Heights
- Jimmy Eat World
- Sunny Day Real Estate (o SDRE)
- Planes Mistaken for Stara
- The Get Up Kids

Su exterior es un reflejo de su filosofía:
- Deben ser delgados y altos o usar plataformas,
- El pelo les cubre la cara.
- Viven en constante depresión.
- Sus habitaciones tienen poca luz.
- No creen en dioses ni religiones.
- Símbolos: calaveras, corazones rotos y estrellas rosadas.
- Los novios deben compartir el dolor y llorar si el otro llora… deben vestirse igual de forma que no haya distinción entre sexos.

Actividad oral individual

Basándote en los estímulos visuales, descríbelos utilizando las guías que aparecen al final de las fotografías.

Pijos, chetos, fresas

Mareros

Grafiteros

Descripciones:

Aspecto físico:

Indumentaria/vestimenta:

Creencias:

Actitudes: ¿cómo se reflejan en su comportamiento?

 Para ver unas imágenes más, dirígete a www.pearsonhotlinks.com y escribe el título o ISBN de este libro. Después, selecciona el enlace número 13.2.

Producción escrita

Realiza un **folleto** explicativo sobre el fenómeno de tribus urbanas; elige al menos cinco distintas tribus. (Puedes elegir otras que tú conozcas aunque no se presenten en los textos.)

En tu folleto debes incluir: ¿Qué es una "**tribu urbana**"?

Explica la historia de cada una de las tribus elegidas y sus características: ídolos, modelos, música y grupos favoritos, vestimenta o atuendo, accesorios que utilizan, maquillaje, peinado, zapatos, etc. Puedes utilizar como ejemplo el texto que te incluimos sobre los **emos**.

(Añade fotos y videos si encuentras.)

Actividad oral interactiva

Describe las imágenes y explica tu opinión sobre cada uno de los grupos. ¿Qué crees que intentan representar con cada imagen? (lenguaje corporal/ lenguaje de gestos)

Hippies

Skinheads

Metaleros/heavys

Más tribus urbanas:

Canis	Grungers	Pijos/fresas/chetos
Cumbieros	Hip hop/raperos	Pokemones
Darks/ darketos	Hippies	Punks/punteros/punkies
Emos	Malabares	Rastafaris
Electrónicos	Metaleros/heavys	Reggaetonetos
Floggers	Mods	Rolingas
Friáisgamers	Otakus	Skaters
Góticos	Pelolais	Skinheads

Tamborileros

Electrónicos

Skaters

Si abres los enlaces que te proponemos, encontrarás textos con ideas sobre cada una de las imágenes que acabas de ver. Pueden servirte para tu trabajo escrito y oral.

En tu exposición oral debes incluir los mismos elementos que usaste para elaborar el folleto, pero debes utilizar también tus opiniones personales sobre al menos uno de los grupos. Haz preguntas a tus compañeros y decidid entre todos cuáles son las características positivas y las negativas de cada grupo.

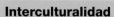

Interculturalidad

Haz un listado con las tribus urbanas de tu país. Busca información, fotos y haz una presentación oral sobre algunas de ellas; las que te parezcan más representativas, o más interesantes, o más peligrosas.

 # Celebración de la diversidad cultural

Cerramos este capítulo celebrando la diversidad cultural que se manifiesta en los países de habla hispana. Olvidamos las culturas dominadoras y buscamos la integración de todos sus habitantes: Se ha cambiado el *Día de la Raza* por *Día de la Diversidad Cultural*.

Actividad oral individual

Basándote en el estímulo visual, descríbelo utilizando los titulares que se ofrecen.

Tradiciones:

¿Derechos de los pueblos originarios o folklore turístico?

¿Se compran los derechos de los pueblos indígenas?

Mujeres indígenas en el mercado

Texto **13.3.1**

DÍA DE LA DIVERSIDAD CULTURAL: 12 DE OCTUBRE

El 12 de octubre, fecha en la que tradicionalmente se conmemoró la llegada de Colón a América, se promueve un día de reflexión histórica y diálogo intercultural acerca de los derechos de los pueblos originarios.

5 Anteriormente conocido como "Día de la Raza", el 12 de octubre, es una fecha utilizada en la Argentina para promover la reflexión histórica y el diálogo intercultural acerca de los derechos de los pueblos originarios. En este sentido, el Poder Ejecutivo Nacional envió al Congreso un proyecto de ley para modificar el nombre de "Día de la Raza" por "Día de la Diversidad Cultural Americana".

¿Qué se conmemora el 12 de Octubre?

10 El 12 de octubre, conocido anteriormente como Día de la Raza, se conmemora la fecha en que la expedición del genovés Cristóbal Colón llegó a las costas de una isla americana. De allí comienza el contacto entre Europa y América, y culmina con el Encuentro de los dos Mundos, llegándose a la transformación de todas las vidas humanas, europeas y americanas.

15 De esta manera, aquel 12 de octubre de 1492 provocó un encuentro de culturas completamente diferentes, modificó la economía mundial y desató cambios demográficos en toda América.

Actualmente con el nombre de Día de la Diversidad Cultural Americana, se busca promover desde distintos organismos una reflexión permanente acerca de la historia 20 y encaminar hacia el diálogo para una diversidad cultural, como también allí están en pie la promoción de los Derechos Humanos de nuestros pueblos originarios, como lo marca la Constitución Nacional en su articulado sobre la igualdad de las personas, dándole la garantía del respeto a la identidad y el derecho a una educación bilingüe e intercultural.

25 Una verdadera fecha para recordar, celebrar y trabajar para el bienestar de todas las culturas. Se trata de una fecha que habilita actualmente profundas reflexiones y debates, como también expresa las reivindicaciones de los pueblos originarios del continente americano.

CAMBIO EN LA EFEMÉRIDE: DÍA DE LA DIVERSIDAD CULTURAL AMERICANA

Es muy importante la decisión de cambiar el nombre del feriado del 12 de 30 octubre, ya que el término utilizado anteriormente ("Día de la Raza") es ofensivo y discriminatorio.

Desde hace años se ha venido debatiendo lo que sucedió en nuestro continente con la llegada de los conquistadores en 1492, por eso establecer un día feriado donde se conmemore el respeto por la diversidad cultural, es un reconocimiento histórico para con los pueblos originarios.

35

El cambio en el significado del día feriado "implicará armonizar la legislación nacional con el derecho de los pueblos indígenas, consagrando y reconociendo que los derechos humanos tienen los caracteres de universalidad, indivisibilidad e interdependencia", explicó Claudio Morgado presidente del Instituto Nacional contra la Discriminación, la Xenofobia y el Racismo (INADI).

40

Vale destacar que la Constitución Nacional consagra el derecho a la igualdad en sus artículos 16 y 75, inciso 23; mientras que el artículo 75, inciso 17 reconoce la preexistencia étnica y cultural de los pueblos indígenas argentinos, garantizando el respeto a su identidad y el derecho a una educación bilingüe e intercultural y el artículo 75, inciso 22 otorga jerarquía constitucional a los instrumentos internacionales de derechos humanos allí enumerados, los cuales a su vez consagran en más de una oportunidad el mencionado principio de igualdad y no discriminación.

45

Cabe mencionar, también, que esta transformación está en consonancia con la recomendación N° 84 del Plan Nacional contra la Discriminación, que aconseja "Transformar el 12 de Octubre en un día de reflexión histórica y de diálogo intercultural".

50

argentina.com.ar

Contenidos

1 Responde a las siguientes preguntas según la información del texto:

a ¿Qué se celebra el 12 de octubre?

b ¿Para qué se utiliza esta fecha?

2 Después de leer el párrafo ¿Qué se conmemora el 12 de Octubre?, completa la tabla con la información esencial y compara los contenidos.

Día de la Raza	Día de la Diversidad Cultural
Contacto entre Europa y América	Reflexión sobre la historia

3 ¿Por qué quiere cambiarse el nombre del Día de la Raza?

4 ¿Qué significado tiene ese cambio?

5 ¿Qué derechos de los pueblos indígenas se mencionan?

6 ¿Qué objetivos quiere lograr este cambio?

Actividad oral individual

Describe y explica lo que muestra la fotografía respondiendo a las preguntas que se ofrecen como guía.

¿Qué significan las manos de colores en la celebración de la Diversidad Cultural?

¿Son culturalmente diversos los niños que aparecen?

¿Cómo se distinguen en cuanto al aspecto físico, ropa al posar en la foto?

¿Cuál es la aportación de las tribus urbanas a nuestra sociedad? ¿Cuánto dura por lo general la existencia de las tribus urbanas? ¿Es algo efímero? En caso contrario, ¿qué supone su supervivencia para la sociedad en general? ¿Conoces algunas que hayan superado las limitaciones del tiempo?

Producción escrita

Imagina que eres parte de un grupo internacional de estudiantes que va a participar en una campaña para proteger las lenguas y culturas indígenas en peligro de desaparición. Escribe el texto del artículo que se va a publicar en la revista juvenil de tu colegio explicando el problema e invitando a tus compañeros a participar en esa campaña.

Consejos para el examen

A la hora de describir un estímulo visual debes tener en cuenta los siguientes aspectos:

- Leer los títulos con atención
- Relacionar los títulos con la imagen
- Describir detalladamente lo que cada imagen representa
- Contextualizar en relación al tema opcional que representa

En este capítulo se trata de describir tribus urbanas, y características de la diversidad cultural, así pues se deben describir tanto las características físicas (aparecen en la imagen) como las emocionales o ideológicas (que aparecen en el texto).

Creatividad, Acción, Servicio

Prepara, junto con otros estudiantes, diversos programas a lo largo del curso en el que el tema principal sea la interculturalidad. Podéis organizar exhibiciones pictóricas, de fotografía, representaciones teatrales, lectura de ensayos, cuentos y poemas, o invitar a personajes representativos de grupos y organizaciones culturales a dar charlas sobre el tema.

TEXTO A

EL SILBO GOMERO

El silbo* gomero se utiliza en una de las Islas Canarias, la Gomera. Lo original en los lenguajes silbados en general y en el silbo gomero en particular es que se trata de lenguajes que permiten comunicar cualquier idea que se le ocurra al hablante, con los mismos detalles que un lenguaje hablado.

El hecho de silbar para comunicarse no es exclusivo de los habitantes de la Isla de la Gomera. Se puede encontrar en varias zonas del mundo. Los lugares donde se utilizan estos lenguajes silbados tienen unas características comunes: todas son zonas montañosas en las que las comunicaciones son difíciles y la densidad de la población es baja. Un mensaje hablado se puede oír como mucho a unos doscientos metros, mientras que los silbadores se pueden entender a ocho kilómetros de distancia.

Estos lenguajes silbados no son exclusivos de una familia de idiomas precisa; suelen ser adaptaciones de idiomas hablados para ser entendidos desde lejos. Así, el silbo gomero es una forma de español en el que la vibración de las cuerdas vocales es sustituida por un silbido para facilitar la comunicación en un terreno abrupto, para que se oiga desde muy lejos.
Para el que lo oye por primera vez, el silbo gomero se parece de verdad al canto de un pájaro. Pueden ser expresadas cinco vocales aunque no tan claras como en un idioma hablado. En cambio, sólo tiene cuatro consonantes pero también cobran especial significación la línea melódica del silbo, su ritmo, sus frecuencias, sus pausas e interrupciones, sus entonaciones y la duración de los sonidos, lo que se verifica también en el lenguaje hablado.

Hasta la primera mitad del siglo XX el silbo gomero era utilizado diariamente: los campesinos lo utilizaban de casa en casa de un lado a otro del pueblo; las mujeres para llamar a sus maridos o sus hijos, los pastores para informarse si alguien había visto una cabra extraviada. Se reconocía el silbo de una persona exactamente como nosotros reconocemos la voz.

A partir de los años 50 el uso del silbo gomero empieza a decaer y eso por varios motivos. Uno de ellos fue la desaparición del pastoreo en muchos lugares. Otro, el fenómeno de la emigración. Muchos gomeros empezaron a emigrar en busca de trabajo, a Cuba, a Venezuela o a otras zonas de Canarias en las que se desconoce este uso. Por fin, el desarrollo de los medios modernos de comunicación como las primeras carreteras, la prensa escrita, la radio, más tarde la televisión y el teléfono y ahora Internet, han jugado un papel importante en el declive del uso de este lenguaje. Hoy día no ha desaparecido por completo. Se sigue utilizando en escasas zonas en particular donde existe todavía pastoreo.

* Silbo o silbido: Sonido agudo que se produce al expulsar el aire por la boca a través de los labios fruncidos o teniendo los dedos colocados en ella de una determinada manera.

TEXTO A — EL SILBO GOMERO

*Basándose en el texto completo, indique si las frases son verdaderas o falsas y **escriba las palabras del texto** que justifican su respuesta.*

Ejemplo: El lenguaje silbado se practica en varias islas de las Canarias.

Justificación: *en una de las islas*

1   El silbo gomero es un sistema de comunicación tan preciso como la lengua oral.

2   No hay lenguajes silbados fuera de las Islas Canarias.

3   Los lenguajes silbados se practican en las áreas bajas.

4   El silbo gomero llega más lejos que el lenguaje hablado.

5   El silbo de la Gomera puede ser entendido por hablantes de diferentes lenguas.

6   El silbo de la Gomera no parece un sonido producido por el hombre.

7   Todas·las letras del alfabeto están representadas en el silbo de la Gomera.

Conteste a la siguiente pregunta.

8   Indique brevemente los **tres** factores que han hecho que el silbo no se utilice tan frecuentemente como antes.   *[3 puntos]*

TEMAS OPCIONALES: DIVERSIDAD CULTURAL

CREENCIAS Y TRADICIONES: EL LAGO ATITLÁN

Objetivos:
- Conocer y comparar las creencias de distintas culturas
- Reflexionar sobre las tradiciones y su transmisión oral
- Analizar la influencia del paisaje y la geografía en algunas tradiciones
- Considerar la importancia de leyendas y mitos
- Localizar el Lago Atitlán en Guatemala, y este país en Latinoamérica

14.1 Tradición oral en el Lago Atitlán, Guatemala

Mapa Guatemala

Los textos que vas a leer a continuación, son parte de una recopilación de la **tradición oral** de la zona del Lago Atitlán, una hermosísima zona en Guatemala. La mayoría de textos del libro, ***Literatura oral de los pueblos del Lago Atitlán,*** fueron relatados en el idioma nativo, el maya, y traducidos al español manteniendo la forma de expresión propia de esa lengua y de los narradores.

Fíjate en esta forma de expresión y compárala con algunos de las tradiciones orales de tu país, si conoces alguno. Si no, búscalos.

En este capítulo vamos a hacerte preguntas sobre el contenido de los textos, pero no vamos a insistir en las actividades de gramática o de estilo, muy especialmente por ser una traducción de variantes orales de la lengua maya. Sin embargo te invitamos a reflexionar sobre la forma en que los informantes narran las historias.

El Lago Atitlán ▶

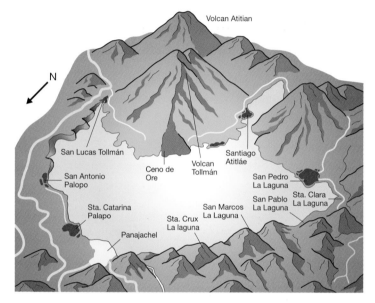

Volcan Atitian

N

San Lucas Tollmán

Ceno de Ore

Volcan Tollmán

Santiago Atitláe

San Antonio Palopo

San Pedro La Laguna

Sta. Clara La Laguna

Sta. Catarina Palapo

San Marcos La Laguna

San Pablo La Laguna

Sta. Crux La laguna

Panajachel

◀ Mapa del Lago Atitlán

▲ Mujeres guatemaltecas vestidas con la ropa tradicional de la zona

Actividad intertextual

Antes de leer los textos, te recomendamos que busques información sobre el Lago Atitlán y sobre Guatemala en general: ubicación geográfica, lenguas habladas, historia, tradiciones, tipo de vestimenta tradicional y lugares de interés histórico y cultural, etc.

Actividad oral interactiva

Realiza una presentación oral en la que incluyas: fotografías de Guatemala, fotografías de los habitantes (tanto indígenas como mestizos), fotografías de las principales ciudades modernas y antiguas, coloniales y prehispánicas, y también de la riqueza arquitectónica, artística y artesanal de este país. Busca también información sobre su gastronomía.

Producción escrita

Organiza un viaje de estudios a un país de América Latina para visitar las ruinas antiguas de las ciudades mayas, y haz una propuesta de itinerario al resto de tus compañeros, explicando por qué has elegido visitar esos lugares propuestos.

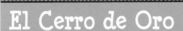

El Cerro de Oro

Relator: Francisco Nimakachi
Idioma: Kaqchikel
Edad: 30 años
Pueblo: Santa Catarina Palopó

Antes de que el lago de Atitlán creciera había solo un charco y entonces unos ángeles vinieron y quisieron cubrirlo de tierra y para eso le cortaron la punta del volcán Atitlán.

Cuando traían el pedazo del volcán se cansaron y entonces para sacarse la fatiga, dejaron el pedazo por tierra, ahí abajito pero al rato, cuando quisieron levantarlo porque ya estaban descansados, no pudieron. Estaba sembrado.

Por eso se quedo ahí, se quedo ahí y se hizo cerro, pero, realmente, es la punta del volcán Atitlán que ya no se movió de ahí.

Y el charco se puso a crecer y a crecer y se hizo lago y la gente lo llamo Lago de Atitlán y a ese pedazo empezaron a llamarlo Cerro de Oro.

Entrevistador: Perla Petrich
Escrito en Kaqchikel: Jaime Matzar

Manejo de texto

1 Basándote en el texto anterior, contesta las siguientes preguntas, con palabras tomadas del texto.

a ¿Quiénes llegaron al Lago para poner tierra encima?

b ¿Cómo se formó el Lago Atitlán?

2 Busca la palabra o expresión que significa:

Ejemplo: taparlo *cubrirlo*

a agua detenida en un hoyo o cavidad

b la cima

c trozo

d cansancio

e un momento después

f plantado

NS

El volcán Atitlán

> *Relator: María Rosario Pérez de Ordóñez*
> *Idioma: Kaqchikel*
> *Edad: 72 años*
> *Pueblo: Santa Catarina Palopó*

Dios hizo en San Pedro el volcán Tomimán. Ese volcán es un hombre. También hizo frente a Santa Catarina el volcán Atitlán. Es una mujer. Dios hizo una pareja, pero después se dio cuenta de que lo que había hecho estaba mal porque el volcán hembra era más alto. Entonces lo cortó un poco y con lo que le sobraba hizo el Cerro de Oro. Así quedaron parejo como debe ser.

Entrevistador: Perla Petrich
Escrito en Kaqchikel: Jaime Matzar

Manejo de texto

1 Indica la opción más apropiada entre las opciones dadas, según el texto *El volcán Atitlán*.

Dios decidió cortar la cumbre …

a del volcán Tomimán para igualarlo.

b de los dos volcanes por razones estéticas.

c del volcán Atitlán para que estuviesen iguales.

d de los dos volcanes porque eran demasiado altos.

2 Contesta las siguientes preguntas según el texto *El Volcán Atitlán*.

a ¿Por qué decidió Dios cortar un volcán?

b ¿Con qué creó Dios el Cerro de Oro?

Interculturalidad

¿Cuál es la noción que este texto nos transmite sobre la situación de la mujer en esta zona?

¿Hay en tu país tradiciones, creencias, leyendas, etc. que presenten una situación parecida sobre la posición que la mujer debe ocupar en la sociedad?

Texto

El Cerro de Oro y las cuatro mujeres

Relator: Bartolomé Matzar López
Idioma Kaqchikel
Edad: 80 años
Pueblo: Santa Catarina Palopó

Cuatro mujeres lavaban cerca del nacimiento de agua cuando aparecieron cuatro ángeles que cortaron la punta del volcán Atitlán y lo cargaron con **mecapal**, pero pasó que al llegar para tapar el charco, se encontraron con las cuatro mujeres lavando.

Entonces los ángeles se dijeron que lo mejor era sentarse y esperar. Dejaron la punta del volcán por tierra y descansaron. Esperaron que las mujeres se fueran. Cuando las mujeres se fueron, los ángeles trataron de levantar la punta del volcán pero ya no pudieron. Estaba sembrado ahí y no lo pudieron levantar más.

Entrevistador: Perla Petrich
Escrito en Kaqchikel: Jaime Matzar

Nota cultural
(explicación lingüística)
Mecapal: cinta que sirve para sostener carga pesada y que es usada por hombres y animales Según el diccionario de la RAE, del nahua **mecapalli**, faja con dos cuerdas en los extremos que sirve para llevar carga a cuestas, poniendo parte de la faja en la frente y las cuerdas sujetando la carga (RAE).

Manejo de texto

1 Busca palabras o expresiones del texto *El Cerro de Oro y las cuatro mujeres* que significan lo mismo que las siguientes palabras o expresiones:

Ejemplo: limpiaban *lavaban*

a la fuente

b talaron

c esconder

d en el suelo

2 Contesta las siguientes preguntas según el texto:

a ¿A qué se refiere *lo* en la última línea del texto?

b ¿Por qué no trasladaron la punta del volcán a otro lugar?

Expedición de los suizos

Relator: Francisco Nimakachi
Idioma Kaqchikel
Edad: 30 años
Pueblo: Santa Catarina Palopó

Hace como unos sesenta años vinieron dos científicos de Suiza, o vendrían de otro lado pero, de seguro, que del extranjero. Vinieron para explorar la muy grande profundidad del lago Atitlán.

Trajeron aparatos y buzos para medirla pero no pudieron encontrar esa profundidad a pesar de que el lago es más pequeño que el mar. No pues, no la encontraron por más que mucho se afanaron.

La parte más profunda es la que está frente a San Pablo la Laguna, pero no pudieron encontrarla.

Después trataron frente al volcán Tolimán. Bajaron ahí, casi en el medio del lago y bien, pero bien adentro, encontraron un templo.

Quisieron entrar, pero no pudieron porque había una enorme serpiente: una cuidadora de la entrada. Estaba allí para que nadie se acercara. Por eso los hombres se asustaron y no pudieron entrar a sacar las cosas que había dentro del templo. Sólo pudieron recoger unos pocos trastos, de esos que hacían los antiguos Mayas.

Solo recogieron unos trastos pero al templo no pudieron entrar por causa de la serpiente cuidadora.

Esta es la historia que se cuenta sobre el misterio que adentro tiene guardado el lago.

Entrevistador: Perla Petrich
Escrito en Kaqchikel por: Jaime Matzar

Manejo de texto

1 Busca palabras del texto *Expedición de los suizos* que significan lo mismo que las siguientes expresiones o palabras:

Ejemplo: intentaron   *trataron*

a se esforzaron

b encargada

c reconocer

d atemorizaron

e utensilios

2 Elige la opción que completa la oración siguiente correctamente:

Al lago Atitlán llegaron dos científicos extranjeros...

a hace exactamente sesenta años.

b que eran suizos con toda seguridad.

c que bucearon hasta lo más hondo del lago.

d que encontraron una víbora que protegía el templo.

Nota cultural
¿Has descubierto que la lengua maya todavía se habla? ¿Dónde? ¿Qué resaltarías de esta civilización?

El dueño del lago

Relator: Luis Pérez
Idioma Kaqchikel
Edad: 21 años
Pueblo: San Antonio Palopó

Resulta que un amigo de mi papá que sabía bien la historia de la época de Colón y cuando Alvarado vino a Guatemala y pidió mucho oro y los de aquí prefirieron tirarlo al lago. El amigo de mi papá decidió bucear y buscar esos tesoros, pero cuando entró al agua se topó con un señor del lago que lo agarró y le dijo que se fuera para afuera. Resulta que ese hombre tiene una casa perfecta con columnas. Ese señor tiene una señora y en realidad es ella quien tiene importancia y resulta que para dejar salir al amigo de mi papá le pidieron que mandara tres cabezas y el hombre dijo que cumpliría y cumplió y mató a tres y los mandó al lago.

Entrevistador: Perla Petrich
Escrito en Kaqchikel por: Jaime Matzar

Cristóbal Colón

Pedro de Alvarado: conquistador. Héroe para unos, ¿y para otros?

Manejo de texto

1 Utiliza palabras del texto *El dueño del lago* para responder las siguientes preguntas:

a ¿Por qué el hombre del texto fue a bucear al lago?

b ¿Con qué condición el buceador pudo salir del lago?

c ¿Cumplió el hombre dicha condición?

Actividad intertextual

Busca información sobre Cristóbal Colón y Pedro de Alvarado.

Texto

El lago

> Relator: Juan Andrés Pérez
> Idioma Kaqchikel
> Edad: 70 años
> Pueblo: Santa Cruz La laguna

Ese lago estaba en Quetzaltenango, pero dicen que no se halló allá porque era muy frío. Allá en donde estaba era una gran planicie. Entonces se retiró de ese lugar.

Primero llegó a la Laguna Seca. Se le llama así porque fue su segundo lugar allá.

Cuando llegó a la Laguna Seca, tampoco allí se halló, entonces se trasladó aquí.

Casi lo jalaron de aquí los ángeles porque ellos querían que regresara, pero dicen que nunca quiso regresar. Aquí fue donde se halló porque era clima templado.

Laguna Seca es muy pequeño, por eso el lago no quiso quedarse allá. Aquí fue en donde se halló mucho. Aquí le pareció buen lugar.

Otro motivo también fue que Santiago es grande; tiene doce tendales abajo y es lo que sostiene el lago. El lago no está así nomás, tiene quien lo sostenga.

Ese lago tiene su espíritu y guardián. Dicen que es una señora. Ella es la que lo cuida y lo mantiene. Está presente en espíritu.

Los volcanes que se encuentran cerca dicen que son los horcones del cielo. Arriba del volcán San Pedro existe una pequeña laguna. Allá dicen que existen tules y patos.

Recopilación y traducción: Gregorio Simaj García

Manejo de texto

1 Sólo *dos* de estas frases recogen ideas del texto *El lago*. Indícalas escribiendo la letra correspondiente.

a El lago no se quedó en Quetzaltenango porque hacía mucho frío.

b Los ángeles querían que se quedara en Atitlán.

c El lago tiene bases de apoyo.

d Hay una serpiente que es el espíritu del lago.

e Los volcanes protegen el lago.

Nota cultural
(explicación lingüística)

No se halló: de hallarse… no encontrarse a gusto, estar molesto… Se utiliza mucho en México y Guatemala (y seguramente en otros países; en España se ha perdido su uso excepto en zonas rurales.

tendales: cubierta de tela para hacer sombra, trozo ancho de lienzo que se pone debajo de los olivos para que caigan en él las aceitunas cuando se recogen.

horcones: troncos de madera que se usan como base para construcciones. Madero vertical que en las casas rústicas sirve, a modo de columna, para sostener las vigas o los aleros del tejado.

Interculturalidad

¿Hay en tu país creencias similares a las que hemos elegido sobre el Lago Atitlán? ¿Hay en tu país alguna civilización antigua que haya desaparecido pero haya sido muy avanzada en su momento?

Imagínate que has visitado alguna antigua ciudad maya y la comparas con alguna de las ciudades antiguas de tu país o cualquier otro país que hayas visitado. Escribe tus impresiones en forma de diario. Después, y con ayuda de imágenes y sus descripciones, haz una presentación oral.

Actividad intertextual

Ahora compara los seis textos que te hemos presentado y escribe un texto para la revista del colegio, en donde explicas las creencias sobre la formación del Lago Atitlán en Guatemala.

¿Puedes encontrar una explicación para la introducción, en estos textos de tradición oral, y por lo mismo antiguos, de elementos cristianos como *los ángeles*? ¿O sobre la aparición de elementos tan modernos como el *buceo*?

Si lo prefieres, puedes utilizar algunos de los textos que has encontrado en tu investigación sobre esta zona, sobre Guatemala o sobre otra civilización prehispánica.

14.2 Otras leyendas de países hispanohablantes

Texto

La madre del maíz

Esta leyenda cuenta como el pueblo Huichol, gracias a la madre del maíz y a un joven afortunado, conoce la planta de maíz.

El pueblo Huichol estaba cansado por la monotonía de su comida. Un muchacho del pueblo, al que le habían llegado noticias de la remota existencia de una planta con cuyos frutos se podían preparar muchas y variadas comidas, decidió partir en su búsqueda. Encontró una fila de hormigas, que solían ocultar maíz y decidió seguirlas. Caminó y caminó tras de ellas, hasta que rendido por el cansancio, se durmió.

Entonces las hormigas se aprovecharon y se comieron toda su ropa. Al despertar y verse desnudo y hambriento, el muchacho cayó en sentidas lamentaciones hasta que un pájaro se posó en una rama cercana. Cogió su arco y apuntó su flecha, pero el pájaro le habló y le dijo que no osara matarlo, puesto que era la Madre del Maíz, y estaba dispuesto a guiarlo hasta donde había maíz en abundancia.

Fueron hasta la Casa de Maíz, y el muchacho conoció a las hijas de la Madre del Maíz, con una de las cuales, Mazorca Azul, se casó y regresó a su pueblo. Como no tenían casa, el muchacho y su bella y dulce esposa durmieron en los lugares del culto.

Como un milagro, el lugar de los recién casados amanecía todo lleno de mazorcas de maíz, que Mazorca Azul repartía generosamente a quien quisiera pedirle, mientras enseñaba cómo preparar las comidas, cómo sembrar y cómo cuidar de la siembra del maíz. Cuentan que a tanto llegó la generosidad de Mazorca Azul que, después de enseñar todo lo que sabía acerca del maíz, se molió a sí misma para que su hermoso cuerpo sirviera también de alimento.

Los huicholes viven en el oeste central de México: en los estados de Jalisco, Nayarit, y partes de Durango y Zacatecas. Se caracterizan por su indumentaria y diseños llenos de color. Mantienen unas tradiciones muy puras y muy interesantes.

Para más información sobre los huicholes, dirígete a www.pearsonhotlinks.com y escribe el título o ISBN de este libro. Después, selecciona el enlace correspondiente, número 14.1.

Para conocer más leyendas de Latinoamérica, te sugerimos varios enlaces. Dirígete a www.pearsonhotlinks.com y escribe el título o ISBN de este libro. Después, selecciona el enlace correspondiente:

Leyendas prehispánicas mexicanas: 14.2   Leyendas ecuatorianas: 14.13
Leyendas guatemaltecas: 14.3y 14.4   Leyendas costarricenses: 14.14
Leyendas argentinas: 14.5   Leyendas colombianas: 14.15
Leyendas bolivianas: 14.6   Leyendas venezolanas: 14.16
Leyendas uruguayas: 14.7   Leyendas panameñas: 14.17
Leyendas chilenas: 14.8   Leyendas cubanas: 14.18
Leyendas paraguayas: 14.9   Leyendas dominicanas: 14.19
Leyendas hondureñas: 14.10   Leyendas nicaragüenses: 14.20
Leyendas peruanas: 14.11   Leyendas españolas: 14.21
Leyendas salvadoreñas: 14.12

Nota cultural

Puedes leer el libro del escritor Miguel Ángel Asturias (Premio Nobel de Literatura): *Leyendas de Guatemala.*

Puedes leer también las *Leyendas* de Gustavo Adolfo Bécquer, escritor del Romanticismo español.

Interculturalidad

Compara algunas de estas leyendas con leyendas de tu país. Elige una de tu país, y explícala en español a tus compañeros y tu profesor. Explica las principales características de las leyendas y analiza las similitudes y diferencias entre las leyendas en general.

Consejos para el examen

Una de las partes del examen es el ejercicio de Producción Escrita. A partir de varias opciones (5) deberás elegir una y redactar un texto con tus propias palabras e ideas. Cuando leas los enunciados de las opciones, elige una que conozcas el vocabulario y sepas como desarrollarla. No te dejes llevar por un título atractivo del que no conozcas vocabulario para redactarlo. Después, trata de usar sinónimos, antónimos y expresiones idiomáticas para darle un toque muy personal.

Creatividad, Acción, Servicio

Invita a la comunidad escolar a preparar una serie de leyendas, tradiciones y creencias de cada uno de los países representados, y crea una recopilación de los mismos. Se puede después editar y vender para entregar el dinero recogido a alguna organización local o foránea.

¿Hasta qué punto la tradición oral es importante en nuestra cultura? ¿Y en el lenguaje? ¿Estás de acuerdo con la opinión de que la tradición es a veces un lastre para el presente?

PRÁCTICA - TEXTOS DE EXÁMENES IB

ESPAÑOL B – NIVEL SUPERIOR – PRUEBA 1
Mayo 2010

TEXTO A

Ver la vida de otro color

❶ Lema', el nombre de la Asociación de Mujeres Tejedoras* con Tinta Natural dirigida por Rosalinda Tay, significa, en idioma maya, "tinte de árbol" (el "tinte" es una sustancia con la que se da color a un objeto). Y ciertamente sacar colores de los árboles es lo primero que hace este grupo de mujeres de San Juan La Laguna, a orillas del lago Atitlán. Ellas mismas se encargan también de crear los tejidos de algodón. Finalmente, tiñen (colorean) con productos naturales esos tejidos. Así preservan y valoran esta técnica ancestral de la cultura maya de Guatemala, ya que para ellas es fundamental respetar a la naturaleza y a sus antepasados.

❷ Las innovaciones que las mujeres han aplicado en sus tejidos son detalles elaborados con un pincel y nuevos tintes naturales en los tejidos.

❸ Así, estas 25 guatemaltecas mayas han cambiado también el colorido de su existencia. Como toda mujer moderna, distribuyen el tiempo diario entre los trabajos domésticos y sus actividades profesionales. "Buscamos que nos respeten y nos reconozcan. Pero también buscamos mercados para nuestros productos, porque queremos vivir de nuestro trabajo", dice Rosalinda. Así, con el apoyo de empresarios guatemaltecos, Rosalinda y su grupo contribuyen al desarrollo de San Juan La Laguna en lo cultural, lo económico y lo turístico.

❹ Confeccionan manteles, servilletas, bufandas, bolsos, hamacas, rebozos, cosmetiqueras, monederos, centros de mesa y cojines; todos en colores suaves, que contrastan con las tonalidades intensas de los trajes regionales de los pueblos mayas. Según las tejedoras, estos colores fuertes son producto de la influencia de los hilados teñidos con elementos químicos, de moda en el siglo XX.

❺ El apoyo de la mujer al hogar en San Juan La Laguna es importante, ya que, como en la mayoría de las comunidades indígenas de Guatemala, los trabajos agrícolas, tarea fundamental de las familias, así como otro tipo de empleos, no permiten satisfacer las necesidades básicas de subsistencia.

❻ Rosalinda tiene tres hijos: dos niñas que saben tejer, una de 9 y otra de 4 años, y un varón de 13, que ayuda también en tareas de la Asociación. Fue premiada con el galardón Héroe Anónimo Bancafé 2003 y logró El Premio Productividad en 2004, otorgado por la Fundación Soros.

• Tejedor: el que entrelaza hilos, lanas, etc., para formar telas

Edwin Castro, Revista AMIGA de Prensa Libre, Guatemala (Texto adaptado)

TEXTO A — VER LA VIDA DE OTRO COLOR

*Conteste a las siguientes preguntas **con palabras del texto** (párrafos ❶ y ❷).*

1   ¿Cuáles son las **tres** tareas que llevan a cabo estas mujeres mayas para completar su trabajo artesanal?   *[3 puntos]*

2   ¿Por qué para ellas es importante conservar el valor tradicional de su tarea?

3   ¿Cuáles son las novedades que las mujeres mayas han incluido en sus trabajos artesanales?   *[2 puntos]*

Solamente tres de las siguientes frases (A–H) son verdaderas según la información en el párrafo ❸. *Escriba las letras correspondientes.*   *[3 puntos]*

4   Estas mujeres mayas...   **A**

A   ***han modificado su modo de vivir.***

B   se dedican solamente a sus tareas artesanales.

C   intentan que su tarea como artesanas sea considerada noble y valiosa.

d   trabajan sin perseguir beneficios económicos.

E   viajan por el mundo mostrando sus productos.

F   han convertido su trabajo artesanal en un medio de vida.

G   sólo venden sus productos a integrantes de la comunidad indígena.

H   reciben ayuda económica de otros grupos sociales.

*Complete las siguientes frases **con palabras del texto**, (párrafos ❹, ❺ y ❻), como en el ejemplo.*

Ejemplo: La suavidad de los colores en los tejidos de algodón se opone a
las tonalidades intensas de los trajes regionales de los pueblos mayas

5   Las artesanas piensan que los colores intensos de los tejidos se deben a...

6   La principal actividad laboral de estos pueblos de Guatemala está representada por...

7   Es muy posible que las hijas de Rosalinda continúen con su tarea, ya que ambas...

© International Baccalaureate, May 2010

15

TEMAS OPCIONALES: COSTUMBRES Y TRADICIONES

FIESTAS Y CELEBRACIONES LAICAS Y RELIGIOSAS

Objetivos:
- Aprender sobre las fiestas y celebraciones laicas y religiosas
- Describir el significado de las fiestas mediante estímulos visuales
- Comparar con las celebraciones en su propia cultura (entrada de diario)

15.1 España

Tanto España como América Latina tienen un intenso calendario de fiestas y celebraciones. Aunque en su mayoría tienen origen religioso también las hay de origen profano, muchas veces basadas en las tradiciones y culturas de las civilizaciones precolombinas. En este capítulo vamos a estudiarlas con más detalle.

Texto

España es un país especialmente conocido por sus fiestas y tradiciones populares. A continuación haremos un recorrido por algunas de las más importantes fiestas que se desarrollan en territorio español.

El mes de febrero es el de los Carnavales en muchos pueblos y ciudades de España. Destacan los de Cádiz (Andalucía), con sus irónicas e ingeniosas chirigotas y comparsas; y los de Santa Cruz de Tenerife y Las Palmas de Gran Canaria (Islas Canarias) por su espectacularidad, que recuerda al famoso carnaval de Río, en Brasil.

El mes de marzo es el de Las Fallas de Valencia (Comunidad Valenciana). (El día grande es el 19 de marzo.) En estas fiestas se queman "ninots" (grandes muñecos) que representan personajes famosos y figuras alegóricas. Es una fiesta llena de ruido y color.

Actividad oral individual

Basándote en la fotografía, descríbela utilizando las preguntas que se ofrecen a continuación como orientación.

Ninots: ¿Una crítica social o una caricatura?

San José: ¿Siguen las Fallas siendo una fiesta con trasfondo religioso?

Las Fallas de Valencia ▶

En abril se celebra la Semana Santa en todo el país con las tradicionales procesiones religiosas. En ellas se conmemora la muerte y resurrección de Jesucristo. Destacan por su gran espectacularidad y belleza las de Sevilla y Málaga en Andalucía; solemnes y austeras son las de diversas ciudades de Castilla, pero igualmente destacables. También en este mes tenemos la popular fiesta de Moros y Cristianos (del 22 al 24), en Alcoy (Alicante), en honor a San Jorge. Se celebra desde hace más de 250 años, comenzando con el vistoso desfile de Alardos y recordando lo sucedido en la Reconquista en las batallas entre moros y cristianos. Igualmente, a finales de este mes se celebra en Sevilla la Feria de Abril. En ella se rinde culto a lo popular y lo típico andaluz. Termina después de una semana de vino de jerez, sevillanas y fiesta permanente en las múltiples casetas.

Mayo es un mes popular por la celebración de Romerías (fiestas populares en las que los habitantes de un lugar, tras asistir en un santuario a un acto religioso, se divierten con bailes, meriendas u otras distracciones). Destaca la del Rocío, una tradicional procesión andaluza por el campo, en la que, a caballo y en carruajes, van hasta la ermita de la Virgen del Rocío en Almonte, Huelva.

En junio se celebra el comienzo del verano en múltiples fiestas relacionadas con el fuego. La más conocida es la de la noche de San Juan (del 23 al 24 de junio). En ella se hacen hogueras y se participa en diferentes rituales en busca de la buena suerte para todo el año. Destaca en estas fechas la Fiesta de las Hogueras de San Juan en Alicante.

En julio se celebra la fiesta que, posiblemente, tenga más proyección internacional: hablamos de Los Sanfermines. Se trata de unas fiestas en las que participa gente de todo el mundo y en las que durante más de una semana a cualquier hora del día o de la noche las calles rebosan de gente y alegría. Su momento álgido del día se da todas las mañanas a las 8 cuando se celebran los populares encierros, en los que los toros corren por las calles de la ciudad rodeadas de mozos que demuestran su valor en esta peligrosa y pintoresca tradición

Actividad oral individual

Basándote en la fotografía, descríbela utilizando las preguntas que se ofrecen a continuación como orientación.
Una marea roja y blanca: Celebración popular de la fiesta
¡Pamplona no duerme!
Toros: ¿Cultura o tortura?

El chupinazo, el inicio de las fiestas, (12:00 el 6 de julio)

Agosto es el mes de muchas de las fiestas de las ciudades y los pueblos. En torno al día 15 de agosto, día de la Asunción de la Virgen, se celebran conciertos, verbenas, ferias por toda el territorio español. Destaca en estos días la Feria de Málaga, la gran fiesta del verano: la más abierta, cosmopolita e internacional de las ferias españolas. También en agosto, en Buñol (Valencia), se desarrolla la Tomatina, auténtica batalla campal a tomatazos que ha adquirido fama internacional en los últimos años.

En octubre (día 12) se celebra la fiesta de la Virgen del Pilar, patrona de España. Este día es el Día de la Hispanidad, celebrado tanto aquí como en Hispanoamérica, ya que recuerda la llegada de Colón a América.

El día 1 de noviembre es el Día de Todos los Santos, es un día en el que se recuerda y se rinde homenaje a los antepasados visitando los cementerios y llevando flores a las tumbas de los seres queridos.

En diciembre llegan las Navidades. Son las fiestas más familiares y populares del año. Empiezan con la Nochebuena, noche de encuentro familiar y fantástica cena culminada por los típicos turrones y las populares canciones navideñas: los villancicos. Sigue con el Día de Navidad, el 25, con nueva reunión familiar en otro copioso almuerzo. Tienen su punto culminante en la Nochevieja, cuya cena tiene colofón en las Doce uvas de la suerte con las que se despide el año y se da la bienvenida al Nuevo Año. Terminan el día 6 de enero con la celebración de Los Reyes Magos, día especialmente destacado para los niños al ser el día en el que se dan los tan esperados regalos de navidad.

spain-culture.com

Contenidos

1 Después de haber leído el texto anterior, haz *dos* listas distinguiendo las celebraciones religiosas de las laicas. Indica las palabras claves que te han ayudado a distinguirlas.

Fiestas religiosas	Fiestas laicas	Palabra(s) clave
Día de Todos los Santos		visitan cementerios

Interculturalidad

Entre las fiestas que aparecen, seguramente hay algunas que también se celebran en tu cultura, ¿puedes decir cuáles? ¿Hay alguna diferencia importante entre cómo se celebran en España y en tu país? ¿Qué fiestas o tradiciones son representativas de tu cultura?

Producción escrita

Imagina que has asistido como visitante a una de las fiestas explicadas anteriormente y te ha llamado la atención la actitud de los españoles ante las celebraciones. Escribe la entrada para la página de tu diario explicando a qué fiesta has asistido, en qué consiste y que aspectos te han llamado más la atención y por qué.

Texto

Religión y Religiosidad Popular

Las Peregrinaciones: El Camino de Santiago

La religiosidad popular es la del pueblo, la de la gente sencilla que expresa públicamente, con sincera espontaneidad, su fe cristiana, siguiendo tradiciones transmitidas de generación en generación, y que ha ido conformando la vida y las costumbres de todo un pueblo.

La afición de los españoles (especialmente de los andaluces) por los rituales festivo-religiosos
5 teatralizados, hay que encuadrarla en este ámbito. Procesiones y representaciones de Semana Santa, romerías, cabalgatas de reyes magos, representaciones de moros y cristianos, las cruces de mayo, danzas religiosas, peregrinaciones, etc; tienen su origen en una antigua mezcla de elementos sagrados y profanos que se han ido desarrollando desde tiempos inmemoriales, muchas veces ignorando las reiteradas reglamentaciones y prohibiciones de las instituciones eclesiásticas
10 al respecto. Al final, la Iglesia no ha tenido más remedio que transigir ante estas desviaciones y aceptarlas por temor a una separación definitiva entre la postura del catolicismo oficial y las expresiones de la religiosidad popular.

En este contexto hay que entender el origen de las peregrinaciones también. En especial de la más popular de todas ellas: la que recorre el Camino de Santiago hasta llegar a Compostela. La
15 historia religiosa oficial cuenta que "el Camino de Santiago y la devoción al Apóstol nacieron en los finales del primer milenio de la era cristiana como respuesta a la creencia y fervor popular de que en estos confines de Galicia y de España, en un campo de estrellas, se hallaba la tumba del Apóstol Santiago". Santiago el Mayor, hijo de Zebedeo, "uno de los predilectos del Señor y el primero en beber su cáliz de martirio", que había realizado su labor evangelizadora en tierras de la Hispania
20 romana (algo bastante cuestionable históricamente) para después morir martirizado en Palestina y ser su cadáver trasladado a Galicia. La historia nos dice otra cosa sobre esos restos encontrados en Compostela. Al parecer corresponderían a otra persona: Prisciliano, obispo de Ávila y de origen gallego. El cómo el culto a Prisciliano pasó a convertirse en culto a Santiago hay que entenderlo en el contexto de la expansión islámica hasta Europa y la necesidad de encontrar un mito, un símbolo
25 de fe que uniera a los cristianos y les diera fuerza para rechazar al enemigo invasor. Además, hay que recordar que la tradición de hacer el Camino de Santiago no es un fenómeno exclusivo que afecta sólo al mito del Apóstol, se enmarca claramente en la clave de las grandes peregrinaciones de la Edad Media (Jerusalén, Roma y Santiago pasarán a ser los tres grandes y competitivos focos de peregrinaciones) y en el entonces sumamente popular culto a las reliquias. Toda la crisis que
30 supuso el final del milenio tuvo este encauzamiento como camino de penitencia y conversión.

En definitiva, el Camino de Santiago reunirá durante siglos a gentes de todas las clases sociales que convivirán en sus diferentes recorridos sin otro bagaje que sus ganas de conocer, dirigidos por la fe y la religiosidad popular. Con el paso de los años y los cambios en las costumbres, no cabe duda de que muchos de los argumentos que motivan a recorrer esta ruta han cambiado. Al margen
35 de los estrictamente religiosos, los de índole deportiva, cultural y ecológica, se unen en estos modernos peregrinos que toman este camino como lugar de encuentro y de nexo entre culturas.

Manejo de texto

 1 Decide si los enunciados siguientes son verdaderos o falsos según la información del texto. Justifica la respuesta.

a La fe de la gente sencilla consolida las tradiciones.

b Los andaluces son los más religiosos de España.

c Siempre han convivido las tradiciones con la ética eclesiástica.

d El *Camino de Santiago* es una peregrinación que se originó en la Edad Media.

e La tradición está totalmente basada en hechos históricos.

f Santiago, Roma y Jerusalén son los tres destinos más importantes de las peregrinaciones.

g Hoy día el Camino conserva su puro origen religioso.

Actividad oral individual

Basándote en los estímulos visuales que se ofrecen a continuación, descríbelos utilizando las guías que se ofrecen y usa también la información pertinente que aportan los textos.

Orgullo de identidad. Matriarcado, aceptación y valoración de los homosexuales.

Tehuanas, mujeres del Istmo de Tehuantepec Oaxaca, México.

Orgullo y tradición Las Velas son fiestas tradicionales del Istmo de Tehuantepec que inician con una misa en honor de su santo patrono y continúan por la noche con una gran fiesta en la que la gente convive, baila, comparte la botana y realiza el cambio de mayordomía.

Al día siguiente, continúan con el recalentado y la regada, que es una tradición donde los organizadores de la Vela salen a la calle en carretas tiradas por un toro, muy adornadas con flores naturales o de papel, y van por las calles aventando flores, jarritos, dulces y utensilios de cocina, como recuerdos de la fecha.

Lee el texto y busca información sobre esta zona de México para realizar una actividad oral individual.

Las Velas de Juchitán

Fiesta de las velas en honor a San Vicente Ferrer en Juchitán, Oaxaca (México)

El Instituto Nacional de Antropología e Historia (INAH) a través de Turismo Cultural, ha organizado una visita a Juchitán, Oaxaca, en el mes de mayo, que es cuando se celebra una de sus tradiciones más importantes, la Fiesta
5 de Las Velas en honor de San Vicente Ferrer. El paseo incluye visitas a la zona arqueológica San José Mogote, Hierve el Agua y la playa.

El propósito del viaje es que la gente conozca las manifestaciones culturales de una sociedad que está
10 orgullosa de sus costumbres, raíces y de su lengua zapoteca, que les da vergüenza hablar; refiere el arqueólogo Eladio Terreros, en entrevista.

En el mes de mayo, la realización de la Vela es en distinción al Santo Patrono San Vicente Ferrer, pues entre
15 los lugareños Juchitán se conoce como Xhavizende que significa "lugar de San Vicente" aunque el nombre original de Juchitán es Xihitlán que significa "lugar de las flores".

Para realizar las Velas es necesario el trabajo en equipo, dedicación y ahorro económico, así como la solidaridad
20 entre los organizadores. Como parte de la reciprocidad, a la entrada de la fiesta los hombres entregan un cartón de cerveza y las mujeres una donación monetaria en un arreglo, ya sea en un pañuelo o una flor, a los mayordomos.

25 Otro asunto que es común al momento de abrir pista, es que las mujeres bailan entre sí; en este sentido no hay problemas de carácter social, es una forma muy particular de desarrollar este baile.

Quienes también participan en el baile son los muxes
30 (homosexuales travestis) que son bien vistos por esta sociedad, pues siempre están al cuidado de las labores

cotidianas, en particular las de la casa; mientras mujeres y muxes bailan, los varones están atrás bebiendo cerveza, como parte de su convivencia, de la festividad y el entorno
35 social.

Los invitados bailan a ritmo de los sones istmeños, como la Zandunga, La Martiniana, La Petrona, amenizados por uno o dos grupos musicales que prolongan la fiesta hasta el amanecer.

Transcurrida la mayor parte de la fiesta, alguno de los
40 organizadores se levanta a hacer el esperado anuncio, el cambio de mayordomía. Los mayordomos entrantes, mediante una ceremonia sencilla, establecen públicamente el compromiso de realizar la fiesta el año venidero.

45 La ruta de este Paseo Cultural iniciará con destino a la ciudad de Oaxaca, donde se visitarán la zona arqueológica de San José Mogote, ¿un sitio muy importante dentro de la sociedad mesoamericana por ser un asentamiento muy temprano, del Preclásico; además por la serie de restos
50 arqueológicos encontrados ahí, en especial la pieza de un danzante con un glifo, una de las primeras manifestaciones de la escritura, explicó Terreros.

En este recorrido también se visitará Hierve el Agua, donde se encuentran unas cascadas petrificadas, dado que el
55 agua que ahí fluye contiene muchos carbonatos, lo que ha permitido la formación tan particular del paisaje.

Finalmente, en el centro de Juchitán se podrán apreciar algunas señoras que se dedican al bordado de los trajes, con diseños de su imaginación; la visita al mercado en el
60 que venden totopos, tamales, pan, flores, así como alhajas de oro, entre otros productos.

Tehuanas con adornos característicos

Para más información y para ver algunos videos de Las Velas, dirígete a www.pearsonhotlinks.com y escribe el título o ISBN de este libro. Después, selecciona el enlace correspondiente, número 15.1, 15.2 y 15.3..

Actividad oral individual

Basándote en los estímulos visuales que se ofrecen a continuación, descríbelos utilizando las preguntas que se ofrecen y usa también la información pertinente que aportan los textos

¿Puedes recordar si has visto alguna vez algún traje de estas características? Seguramente has visto fotos o pinturas de la pintora mexicana Frida Kahlo. Busca alguna de las fotos donde aparece con trajes del Istmo.

Mujeres con trajes de tehuana ▶

Hierve el Agua, Oaxaca, México ▶

Costa Rica
Febrero

Fiesta de los Diablitos – Última semana de febrero. Sur de San Isidro del General en la aldea de Boruca de Rey Curre, es una reconstrucción de la lucha entre los indios (diablitos) y el español (un toro), donde las máscaras, coloridos trajes de madera, danzas y fuegos artificiales crean la escena. Hay venta de arte y se celebra la Feria de productos nacionales e importados.

conozcacostarica.com

Actividad oral individual

Basándote en el estímulo visual que se ofrece a continuación, descríbelo utilizando las preguntas que se ofrecen y usa también la información pertinente que aportan los textos.

 Para ver un video dirígete a www.pearsonhotlinks. com y escribe el título o ISBN de este libro. Después, selecciona el enlace correspondiente, número 15.4.

◄ Trajes de madera y máscaras de cartón

Influencia de la conquista en las fiestas tradicionales: Los diablitos luchan contra el toro.

Perú
Junio

Inti Raymi – Es la celebración más grande e impresionante, es un homenaje al Sol, el cual representaba al Dios más importante de la Cultura Inca. La ceremonia principal del día tiene lugar en las Ruinas de Sacsayhuaman, un hermoso paisaje natural a 2 km de Cusco, un reconocimiento al Sol.

La ceremonia empieza temprano el mismo día en el Q'oricancha (el Templo del Sol, en la ciudad del Cusco) y en la Plaza de Armas (el Haucaypata, en los tiempos de los incas). Alrededor del mediodía los concurrentes se dirigen a Sacsayhuaman, dónde se simula el sacrificio de dos llamas.

El 24 de Junio, uno de los días más cortos (fríos) en el hemisferio sur, el Inti Raymi era organizado por los Incas (posiblemente el 21 de Junio), porque ellos tenían miedo de que el Sol (su Padre) los abandonase (a sus hijos).

dosmanosperu.com

Para más información sobre Inti Raymi, y para ver algunos fotos y videos, dirígete a www.pearsonhotlinks.com y escribe el título o ISBN de este libro. Después, selecciona el enlace correspondiente, número 15.5, 15.6 y 15.7.

Actividad oral individual

Basándote en los estímulos visuales que se ofrecen a continuación, descríbelos utilizando las preguntas que se ofrecen y usa también la información pertinente que aportan los textos.

El culto al sol en Perú . La importancia del sol.

 Ceremonia de Inti Raymi ; Sol, luz y vida

Interculturalidad

El 21 de junio es una celebración importante en los países del hemisferio norte: es el día más largo. ¿Qué importancia tiene este día en tu país? ¿Sabes de algún país donde se celebre esta fecha?

¿Cómo se celebra en tu país?

Haz una presentación oral sobre el 21 de junio y compara los dos hemisferios.

Consejos para el examen

A la hora de elegir el tema de redacción en la Producción Escrita, ten en cuenta el dominio de vocabulario que tengas para cada opción: Elige la opción con la que mejor puedas expresarte. No elijas un tema que te resulte atractivo y luego no tengas vocabulario suficiente para desarrollarlo.

Creatividad, Acción, Servicio

Crea un calendario de fiestas nacionales y de todos los países representados en la comunidad escolar. Se puede vender y utilizar los fondos para algún proyecto de ayuda.

Las costumbres y tradiciones son ahora meramente parte del folclore de un país. Cuando viajamos, conocemos inmediatamente todas las tradiciones que son importantes. ¿Estás de acuerdo con esta afirmación?

PRÁCTICA - TEXTOS DE EXÁMENES IB

ESPAÑOL B – NIVEL SUPERIOR – PRUEBA 1
Noviembre 2008

TEXTO D

Programa Municine para jóvenes

En enero de 2005 se puso en marcha el Programa de la Educación en Valores Municine, a cargo de la gerencia de la participación vecinal de la municipalidad de Lima, con el fin de organizar actividades de promoción sobre los valores humanos dirigidas a alumnos de primaria y secundaria, padres de familia y a toda la comunidad.

En ese contexto se dispuso que la actividad principal de este plan fuera la proyección de películas con contenidos de valores humanos en los colegios, centros poblados o asentamientos humanos, instituciones e, incluso, en establecimientos penitenciarios.

Según Sandro Caller, jefe de Municine, el programa se formó porque observaron que en los lugares donde la municipalidad de Lima tiene injerencia no había espacios de recreación sana. El "esquineo" para los jóvenes es una situación muy normal y deviene en pandillaje, al igual que en los grupos dedicados al alcohol y las drogas. Todo esto los hizo reflexionar sobre su rol como gerencia de participación vecinal y sobre lo que hacían ante estas conductas inadecuadas.

Así, decidieron crear una herramienta innovadora, como es tener cines móviles en carpas que se trasladan por diversos lugares, y que se pueden instalar tanto en una zona urbana con todas las comodidades como en un asentamiento humano recién constituido. Las películas eran previamente seleccionadas por psicólogos, educadores y comunicadores sociales. De esta manera se pretendía: promover en la población de las zonas urbano-marginales la adquisición y el fortalecimiento de los valores humanos y las habilidades sociales para la prevención de las violencia juvenil. El 60 % de los alumnos que visualizaron la película obtuvo un grado óptimo de comprensión y asimilación de los valores humanos tratados.

El plan alcanzó en dos años y medio más de 135.000 beneficiarios. Una muestra reciente de esta ampliación fuera del ámbito de Lima metropolitana, se apreció en el sur del país, específicamente en Pisco, cuando Municine llevó distracción a los grandes y chicos de esa ciudad afectados por el terremoto del 15 de agosto para que niños y adultos olvidaran por algunos momentos los malos episodios vividos.

Incluso este apoyo se ha ampliado, pues Municine y el programa Bibliotecas Comunales Solidarias han preparado actividades como lectura de cuentos infantiles, espectáculos de títeres y payasos para los más pequeños; enseñanza de ajedrez y damas para los más jóvenes; al igual que proyecciones documentales y películas de contenido educativo para toda la familia.

Los pobladores de Pisco cuentan, actualmente, con módulos de lectura itinerantes que se desplazan a diferentes zonas donde están las familias damnificadas. Estos módulos tienen libros a su disposición y bibliotecólogos para atender a los lectores, así como un equipo de comunicadores y sociólogos.

www.andina.com.pe

TEXTO D — Programa Municine para jóvenes

Realice la siguiente tarea basándose sólo en la información del texto D. Escriba 100 palabras como mínimo. No se limite a copiar grandes fragmentos del texto.

A usted le han encomendado, como representante de una agrupación cultural juvenil y solidaria, hacer un estudio previo sobre las necesidades y condiciones para que Municine repita esta experiencia de cine juvenil en otro lugar de similares características a las del texto. Escriba el informe correspondiente que se publicará en la revista de la mencionada agrupación.

© International Baccalaureate, November 2008

TEMAS OPCIONALES: COSTUMBRES Y TRADICIONES

GASTRONOMÍA Y TRADICIONES CULINARIAS

Objetivos:
- Aprender sobre la cultura gastronómica de los países de habla hispana
- Dar instrucciones para elaborar recetas de cocina
- Aprender léxico especializado en la gastronomía
- Escribir una crítica gastronómica
- Crear carteles de promoción culinaria
- Explicar el fenómeno de la cocina fusión mediante estímulos visuales

En este capítulo, vamos a hablar de recetas de cocina, principalmente de Hispanoamérica, y algunas españolas. Queremos que te fijes en como se dan las instrucciones para realizar esas recetas, y que después practiques las instrucciones con recetas de tu país o cualquier otro.

Gramática en contexto

Instrucciones

En español, hay varias formas de dar instrucciones. Podemos usar:
- la forma impersonal
- el infinitivo
- las expresiones que indican obligación o necesidad:

    hay que + infinitivo

    tener que + infinitivo
- el presente (tú / nosotros)
- el futuro
- el imperativo (usamos el imperativo para pedir directamente acciones a otros)

Analiza las recetas, sus distintos ingredientes, los variados tipos de comida de diferentes países y la importancia que la comida tiene en distintas culturas. Explica esas diferencias, sus posibles razones, y la influencia que pueden tener en la idiosincrasia de cada país.

16.1 Recetas e instrucciones

Lee las recetas siguientes y fíjate en el uso de los verbos. Haz una lista con todos los verbos que no conoces y su significado, y fíjate muy bien en la forma en que todos aparecen.

Al finalizar este apartado, el grupo recopilará recetas de distintos países, en el que se deben reflejar todas las formas posibles de dar instrucciones.

Texto 16.1.1

RECETA 1:

Huevos rellenos de atún

Instrucciones

En una cacerola **se pone** el aceite a calentar y enseguida **se agrega** la cebolla, el tomate y el atún y **se mezcla** muy bien.

Se ponen los huevos a cocer, **se quita** el cascarón y con mucho cuidado **se parten** por la mitad y **se saca** la yema.

Se revuelve la mayonesa y la crema, enseguida **se rellenan** los huevos con el atún y **se pone** una cucharada de crema y mayonesa

Las yemas **se desmoronan** con las manos y **se espolvorean** encima de la crema de cada huevo.

Ingredientes:

12 huevos
1 lata de atún
½ cebolla finamente picada
1 tomate finamente picado
1½ cucharada de mayonesa
1½ cucharada de crema
aceite

Gramática

Fíjate en los verbos en **negrita**. Esta forma es **impersonal**. Quiere decir que al hablar, lo hacemos para un publico en general y no concreto, y que no queremos dirigirnos a los interlocutores de forma directa.

Producción escrita

Ahora escribe una receta de tu país utilizando esta forma impersonal.

Actividad oral individual

Busca una fotografía de la receta que has elegido y explícasela de forma oral a tus compañeros.

Gramática

Impersonal

Cortar	Lavar	Poner

Se corta la cebolla. **Se cortan** las patatas.

Se lava la verdura. **Se lavan** las fresas.

Se pone el agua. **Se ponen** los ingredientes.

El pronombre **se** más la tercera persona singular o plural del presente de indicativo.

Texto **16.1.2**

RECETA 2:

Mangomole

Instrucciones

Picar finamente el mango, el tomate, el cilantro y especialmente la cebolla roja.

Colocar los ingredientes anteriores en un bol de vidrio (el metal reacciona con el jugo de limón y puede afectar la mezcla).

Añadir poco a poco el jugo de limón, la sal, la pimienta, el tomate, y la cebolla.

Mezclar todo cuidadosamente hasta lograr un aspecto homogéneo.

Dejar reposar 1 hora en el refrigerador para que los sabores se combinen e intensifiquen.

Servir acompañado de galletitas.

Ingredientes:

1 mango grande
1 cebolla roja grande
1 tomate grande
1 rama grande de cilantro
jugo de limón,
sal
pimienta al gusto

Huevos rellenos de atún

Gramática

Infinitivo

Esta receta utiliza el infinitivo para dar las instrucciones. No se dirige directamente a ningún interlocutor. Es útil cuando no sabemos como dirigirnos a nuestros hablantes; cuando dudamos entre usar un registro formal o informal.

Usamos el infinitivo también con las formas *hay que* y *tener que* que expresan obligatoriedad.

(General) Hay que   lavar, cortar, etc.

(Específico) Tener + que   poner, añadir, etc.

"Hay que cortar las patatas."

*"Tien**es** que pelar la cebolla."*

Texto

RECETA 3:

Tarta de queso

Instrucciones

Primero **encendemos** el horno a 200º para que se caliente.

En un bol **mezclamos** el queso, los yogures naturales, los huevos, la harina y el azúcar y **batimos** bien.

Luego **untamos** un molde redondo con mantequilla y **echamos** la mezcla. Introducimos la tarta en el horno y **bajamos** la temperatura a 170º.

Horneamos entre 20 y 25 minutos. Pasado este tiempo, **comprobamos** que está lista pinchando la tarta con un palillo. Si el palillo sale limpio, **apagamos** el horno y **dejamos** la tarta dos minutos más.

Seguidamente **dejamos** un rato la tarta a temperatura ambiente y luego la **introducimos** en el frigorífico.

A la hora de servir, **decoramos** la tarta con rebanadas de fresa.

Ingredientes:

1 tarrina de queso crema
3 yogures naturales
3 huevos
3 cucharadas de harina
10 cucharadas de azúcar
mermelada de fresa
mantequilla

Gramática

Fíjate en las palabras en **negrita**. Esta receta usa el presente de indicativo para la persona **nosotros**, que sirve para dirigirnos a un público en general sin individualizar. También se puede utilizar cuando no sabemos muy bien que registro usar.

También se usa con las personas **tú** y **vosotros** cuando te diriges a un público informalmente; o **vos** en algunos países latinoamericanos.

Producción escrita

Escribe ahora la receta de tu plato preferido (de un país distinto al tuyo), utilizando la persona tú o vos.

RECETA 4:

Salsa mexicana

Instrucciones

Pica todos los ingredientes y **revuélvelos**, **sazónalos** con sal, y listo!!

Ingredientes:

3 tomates grandes
1 cebolla grande
3 chiles de árbol
3 chiles serranos
2 chiles jalapeños verdes
2 chiles habaneros
1 ramita de cilantro
sal

Gramática

Imperativo

Picar	Revolver	Sazonar

La tercera persona del presente de indicativo es exactamente igual que el modo imperativo para la persona "**tú**" en todas las conjugaciones.

Pica
Revuelve
Sazona

Con el imperativo pedimos favores, damos órdenes, permiso, instrucciones, sugerencias, consejos, y también expresamos invitaciones.

Pica el cilantro
Revuelve los ingredientes
Sazona con sal y pimienta

Texto 16.1.5

RECETA 5:

Licuado de frutas (fresa y plátano)

Instrucciones

1 **Lave** bien las fresas.
2 **Ponga** el plátano y las fresas en la licuadora.
3 **Añada** el vaso de leche, la granola y la miel.
4 **Licue** todo muy bien.
5 **Sirva** el licuado en un vaso grande.

Fíjate en los verbos en **negrita**. Explica en que modo aparecen

Ingredientes:

1 vaso de leche
3 fresas grandes
3 cucharadas de granola
1 cucharada de miel
½ plátano

Interculturalidad

Hay cuatro formas distintas para el imperativo, que dependen de la persona a la que nos dirigimos. Es muy importante, para evitar problemas culturales, distinguir el registro apropiado (la forma en que nos dirigimos) para cada situación dependiendo del nivel de confianza con los interlocutores:

- registro informal: cuando hablamos con amigos, jóvenes o familiares.
- registro formal: cuando hablamos con personas que no conocemos, que son mayores, o que ocupan un puesto importante.

Esta diferencia de registro no es muy importante en España en general, ya que el tratamiento es informal, (excepto en situaciones laborales, legales…) pero si lo es en Latinoamérica, donde las diferencias sociales son más marcadas. Es preferible optar por el tratamiento formal si no estamos seguros. Tu interlocutor, si prefiere el tratamiento informal te dirá:

"*Háblame de tú…*", o "*Tutéame…*".

En tu lengua, ¿hay formas distintas de tratamiento que necesitan un registro diferente para hablar con la gente?

Explícalo a tus compañeros y da algunos ejemplos.

¿Crees que es importante para hablar tu lengua distinguir el registro? ¿Por qué?

Producción escrita

Opción 1: Imagina que eres un crítico de cocina y has probado las recetas que aparecen anteriormente. Escribe una crítica para una revista gastronómica explicando cual te ha parecido la mejor y por qué, y cuál ha sido la peor. Aconseja a los posibles clientes.

Opción 2: Se va a celebrar la Feria de la Alimentación en tu ciudad y tú vas a participar en el equipo organizador. Diseña el cartel (afiche) que se va a distribuir explicando los detalles de la feria, los países participantes, los platos presentados etc. Invita a la gente a participar.

 Recetas de Hispanoamérica

Ahora usa los enlaces siguientes para acceder a videos con distintas recetas de países hispanoamericanos.

Te damos tres recetas por país, que hemos elegido al azar. Tu puedes buscar otras, ya sea en video o en un libro de recetas. Hay también muchos programas de recetas en televisión, que puedes ver a través de Internet, generalmente en *YouTube*.

Para ver los videos con las recetas, dirígete a www.pearsonhotlinks.com y escribe el título o ISBN de este libro. Después, selecciona el enlace correspondiente:

ARGENTINA
Para masa para empanadas — 16.1

BOLIVIA
Para pique a lo macho — 16.2

COLOMBIA
Para camarones entomatados — 16.3

COSTA RICA
Para prestiños — 16.4

CUBA
Para paleta lechón asado estilo cubano — 16.5

CHILE
Para pastel de choclo — 16.6

ECUADOR
Para bistec guayaco — 16.7

EL SALVADOR
Para pollo campero — 16.8

GUATEMALA
Para quesadilla — 16.9

HONDURAS
Para ver varias comidas y escuchar una canción,
pan de coco y baleadas — 16.10

MÉXICO
Para pastel de carne —16.11

NICARAGUA
Para nacatamales nicaragüenses — 16.12

PANAMÁ
Para pastel de papaya — 16.13

PARAGUAY
Para chipa — 16.14

PERÚ
Para cebiche (ceviche) peruano — 16.15

PUERTO RICO
Para bistec encebollado — 16.16

URUGUAY
Para tortas fritas — 16.17

SANTO DOMINGO
Par habichuela con dulce — 16.18

VENEZUELA
Para comida venezolana — 16.19

Producción escrita

De las recetas, vistas elige cinco distintas, las que te parezcan más apetitosas, o fáciles, o extrañas, y escríbelas de acuerdo con las instrucciones que las personas en los videos dan. Usa distintas formas para dar las instrucciones.

Actividad oral interactiva

Después, realiza un video o i-movie y explica esas mismas recetas oralmente.

Nota cultural
La tortilla en España es un plato elaborado a base de huevos. En México y otros países de América Latina se llama *tortilla* a una torta hecha de harina de maíz.

 16.3 # Recetas de España

Texto **16.3.1**

Tortilla española para 4 personas

Esta es la receta de uno de los platos más populares de la cocina española. Es sencillo de hacer, pero darle el punto tiene un poco de misterio…

Preparación

Se pelan las patatas y se cortan muy finas. Se corta la cebolla muy fina.

Se fríen las patatas en bastante aceite para que no se peguen, a medio freír las patatas se le añade la cebolla y se termina de freír. En un recipiente se baten bien los huevos. A las patatas una vez fritas se les escurre el aceite y se mezclan con los huevos en un bol.

Esta mezcla se pone en la sartén previamente escurrida de aceite y se hace por una cara, una vez cuajada, se le da la vuelta con ayuda de un plato y se fríe por el otro lado dándoles las vueltas que haga falta hasta que quede doradita por los dos lados a gusto personal.

Se puede comer caliente, fría y en tacos como aperitivo, así como en bocadillo.

Ingredientes:

4 huevos
5 patatas medianas
1 cebolla mediana
aceite de oliva

Comentarios de los lectores de la receta

Si se echa un poco de levadura en los huevos, la tortilla queda mucho más esponjosa... se lo dice una española.

Subido por Cristina

Uno de los platos más ricos de la cocina española que cada familia hace con sus pequeños trucos.

Subido por Linda

La tortilla si la haces a fuego vivo queda un poco cruda por dentro, para mí ese es el punto exacto como me gusta, por eso sólo le doy vuelta y vuelta.

Subido por Oriana

En lugar de echar levadura, que deja de ser auténtica, prueben batiendo las claras aparte y luego mezclándolas con las yemas, quedará muy esponjosa.

Subido por Raquel

¡Es la torta más riquísima del mundo, sensacional! MMMM... DE CHUPARSE LOS DEDOS

Subido por Máxima

En Chile también hacemos una tortilla a la española con papas chips (papas fritas en bolsa para picoteo), cebolla a la juliana frita, con longaniza en rodajas también frita (se hace junto con la cebolla) se junta todo con los huevos batidos (primero las claras a punto de nieve luego las yemas) con una pizca de polvos de hornear y las papas fritas. Queda delicioso.

Subido por Carmen Gloria

Contenidos

1 Basándote en el apartado *Preparación,* identifica las palabras que significan:

a fijarse al fondo de la sartén

b quitar el exceso de líquido

c sólida, aglutinada

d del color del oro

2 Completa las siguientes oraciones con la información que se ofrece en **Comentarios de los lectores,** y escribe la letra correspondiente. ¡*Cuidado*! Hay más frases de las necesarias.

a Si se añade levadura…

b Cada familia española…

c Si el fuego está demasiado caliente…

d En vez de añadirle levadura…

e La variante chilena de la tortilla…

1 …puede batir las claras y las yemas por separado

2 …puede ponerle una salsa de huevo

3 …la tortilla queda más jugosa

4 …resulta menos compacta

5 …tiene un sabor más dulce

6 …contiene además embutidos

7 …tiene su forma de hacer la tortilla

8 …solo come tortilla con patatas de bolsa

3 Finalmente, ¿Qué expresión de una lectora significa '*exquisito*'?

Producción escrita

Has estado viviendo temporalmente en España y te ha sorprendido el "culto a la comida" que tienen los españoles y la importancia que le dan a la sobremesa. Escríbele un correo electrónico (email) a un amigo o amiga explicando como te ha impactado o sorprendido esta costumbre.

La cocina Española moderna

A finales del siglo XX el resurgimiento de actividades hosteleras y la cocina "de autor" hace que empiecen a nombrarse ciertos cocineros. En muchos casos las recetas clásicas se "interpretaban" fuera de los cánones culinarios
5 establecidos, buscando una modernidad o una combinación de sabores nueva a partir de la cocina española clásica. De esta forma aparecen cocineros como Juan María Arzak, Santi Santamaría, Karlos Arguiñano. La influencia de la televisión hace que algunos de ellos divulguen platos y
10 recetas entre la población española, que muestra elevadas audiencias. Algunos de ellos no siguen las recetas clásicas del recetario español e intentan innovar. Nacen nuevos conceptos en torno a costumbres españolas sobre el comer, de esta forma en el norte surge la idea de la cocina en
15 miniatura fundamentada en llevar los tradicionales pintxos (tapas típicas del País Vasco) a la alta cocina.

Algunos de ellos empiezan a ser reconocidos internacionalmente a comienzos del siglo XXI, abriendo escuela con el nuevo concepto de la cocina denominado:
20 nueva cocina, tal es Ferrán Adrià (trabajando en El Bulli). La elaboración de platos con nuevos conceptos culinarios (aires, humos, espumas, esferificaciones, etc.), ingredientes, y estilos hace que aparezca entre los cocineros el "efecto Adriá". Surgen conceptos en la nueva cocina como el
25 deconstructivismo. Aparecen, al mismo tiempo, también críticos de las nuevas corrientes culinarias, y éstas se centran en gastrónomo y cocinero Santi Santamaría.

Una técnica de la nueva cocina española

Paella valenciana: cocina española
internacional

Se sigue utilizando lo autóctono español como estilo, pero con otro
concepto. Se comienza a incorporar moluscos españoles típicos
30 (mejillones, almejas) en la alta cocina. Se comienza a encontrar
nuevas estructuras en los platos. Guarniciones integradas en los
propios platos, las sopas emplatadas en las que se emplean sopas
frías tan españolas como el gazpacho. Las salsas clásicas de la
alta cocina se adaptan a la cocina española, se emplea el aceite de
35 oliva en lugar de las mantequillas, las vinagretas se interpretan
de nuevo, las salsas emulsionadas se recomponen. Los fondos
con nuevas texturas, las sopa-salsa (concepto de Ferrán Adriá
en el Bulli), la nueva cocina española que rompe la estructura
clásica de los menús y sirve los clásicos platos española. Surgen
40 las enseñanzas y corrientes de la nueva gastronomía molecular.
El ejemplo de Ferrán en el Bulli crea escuela, a pesar de su éxito en
2010 anuncia su cierre en los próximos años.

Contenidos

1 ¿A qué se llama "cocina de autor"?

2 ¿Cómo dice el texto que los programas culinarios en televisión "tienen éxito"?

3 ¿En qué consiste "*la cocina en miniatura*"?

4 ¿Qué es la "*nueva cocina*"?

5 ¿Qué novedades introduce la nueva cocina en los platos clásicos?

Fusión con otras culturas

En la actualidad la creciente inmigración hace resurgir la posibilidad de que exista en un futuro una cocina fusión de diversos países con la cocina española, tal y como ha ocurrido en otros países europeos. La aparición de nuevos productos culinarios en los mercados, así como de tiendas que ofrecen productos étnicos, hace que exista un intercambio de experiencias culinarias.

Actividad oral individual

Explica la evolución de la gastronomía española o los cambios en la manera de comer de los españoles según los contenidos de los textos y las imágenes de los estímulos visuales.

Tapas clásicas variadas
¿**Tapan** los efectos del alcohol?

Tapas-fusión: La influencia del este

Casa Botín: Un clásico que no pasa de moda

Interculturalidad

¿Ocurre en tu país un fenómeno parecido?

¿Existe *"un culto a la comida"* en tu cultura de origen?

Consejos para el examen

Para escribir una crítica deben tenerse en cuenta ciertas condiciones:

* Expón tu opinión de una manera clara al principio
* Apoya tu opinión con evidencias
* Aconseja (favorablemente)a los lectores

En este caso se trata de una crítica gastronómica y debes elegir tanto la mejor receta como la peor con lo cual debes aplicar las instrucciones en los dos casos, positivo (la mejor receta) y negativo (la peor). Finalmente debes aconsejar a los clientes y animarlos a que prueben la mejor receta (en tu opinión).

Creatividad, Acción, Servicio

Organiza junto con estudiantes del colegio que hablen otras lenguas, un "Día Internacional" en el que podéis preparar platos de distintos paises. Durante este día, se puede vender el recetario incluyendo recetas en distintas lenguas. Los beneficios se pueden destinar a alguna organización de ayuda local o internacional.

o

Se va celebrar la **Fiesta de la alementación** en el colegio para una obra social y los platos internacionales van a estar representadas. Debes organizar los tuestos, los platos, los ingredientes y los precios que se pueden cebrar a los participientes.

PRÁCTICA - TEXTOS DE EXÁMENES IB

ESPAÑOL B – NIVEL SUPERIOR – PRUEBA 1

Noviembre 2001

TEXTO B

DULCES DE ANTAÑO Y DE SIEMPRE

JÓVENES EMPRESARIOS ECUATORIANOS RESCATAN RECETAS TRADICIONALES

Para tres jóvenes empresarios ecuatorianos, preservar las tradiciones culinarias se convirtió en un jugoso negocio. Su empresa, Dulces Tradicionales del Ecuador, nació hace cuatro años, cuando la propuesta de negocio de los tres socios resultó premiada en un certamen juvenil organizado por la Fundación Esquel.

Esta Fundación les facilitó 3500 dólares para analizar el mercado antes de iniciar la producción. Los jóvenes reunieron cinco grupos representativos de personas de diferentes edades. Así descubrieron que a los consumidores les gustan los dulces tradicionales pero que les resultaba difícil encontrarlos y no les gusta comprarlos en bolsas de plástico que no están selladas. Al cabo del estudio, los nuevos empresarios eligieron un nombre [- 13 -] sus productos, Los Dulces de Antes, y prepararon planes de comercialización y distribución.

Uno de los primeros desafíos [- 14 -] encontrar gente que [- 15 -] confeccionando dulces tradicionales y que fueran proveedores confiables.

Encontrar clientes tampoco resultó tan fácil [- 16 -] esperaban, recuerda Vintimilla. "Lo más difícil fue convencer a alguien de comprar el mismo producto que ha estado en el mercado por años, pero que ahora viene en un paquete diferente. Nos preguntaban: "¿Cómo [- 17 -] que es de buena calidad?", relata el joven empresario.

Cuando Ecuador cayó en una crisis económica se mantuvieron estables [- 18 -] una recesión que ha azotado a empresas de todos los tamaños. La pequeña empresa ha demostrado que los dulces de antaño tienen futuro en Ecuador.

TEXTO B — DULCES DE ANTAÑO Y DE SIEMPRE

Basándose en el texto (párrafos 1 y 2), indique si las frases siguientes son verdaderas o falsas. Justifique su respuesta con palabras del texto.

Ejemplo: Unos jóvenes salvan del olvido una tradición culinaria ecuatoriana.　　　*VERDADERA*

Justificación:　　　*rescatan recetas tradicionales*

1　Los jóvenes empresarios ecuatorianos obtuvieron bastante dinero con la empresa que montaron.

2　Para dar los primeros pasos en el negocio, los jóvenes empresarios tuvieron que reunir todo el dinero que ellos tenían ahorrado.

3　Los empresarios sólo preguntaron a jóvenes como ellos si les interesaban todavía los dulces tradicionales.

4　Cuando los jóvenes tuvieron la idea de crear su empresa, pensaron enseguida en como se llamaría.

Seleccione la opción correcta para cada espacio numerado en el texto. Indique, escribiendo A, B, C o D, la opción que corresponde a la respuesta correcta.

5
- A　en
- B　on
- C　por
- D　para

6
- A　fue
- B　será
- C　estaría
- D　es

7
- A　llegó
- B　seguía
- C　llevaba
- D　terminó

8
- A　que
- B　como
- C　cuando
- D　así que

9
- A　he sabido
- B　sepas
- C　sabemos
- D　supimos

10
- A　gracias a
- B　por debajo
- C　a pesar de
- D　al igual que

© International Baccalaureate, November 2001

TEMAS OPCIONALES: SALUD

SALUD Y BELLEZA: TRASTORNOS ALIMENTARIOS

17

Objetivos:

- Conocer los conceptos de salud y belleza en las culturas de habla hispana
- Demostrar estos conceptos mediante la descripción de estímulos visuales
- Preparar un informe sobre los desórdenes alimentarios
- Indicar prioridades/obligaciones
- Relacionar la estética con el arte (ensayo de opinión)

Para más información sobre la anorexia en Paraguay y para leer el artículo entero, dirígete a www.pearsonhotlinks.com y escribe el título o ISBN de este libro. Después, selecciona el enlace número 17.1.

Este capítulo trata sobre una de las obsesiones más frecuentes entre la gente joven: la obsesión por la belleza. Para llegar a ser bella se sacrifica la salud hasta extremos peligrosos. Vamos a estudiar los trastornos alimentarios en sus dos vertientes, por la falta de nutrición (anorexia y bulimia) y por exceso (el sobrepeso).

17.1 Trastornos alimentarios

Texto 17.1.1

Anorexia en el Paraguay

La situación de las jovencitas según los especialistas – monografias.com.

Anorexia

La anorexia es una enfermedad que se caracteriza por el miedo intenso a ganar peso y por una imagen distorsionada del propio cuerpo (dismorfofobia). Conduce a un grave adelgazamiento debido a una dieta exagerada y a un exceso de ejercicio. No se asocia con ninguna otra enfermedad orgánica previa. Se presenta habitualmente en adolescentes, especialmente en las
5   mujeres. La enfermedad produce alteraciones en los ciclos hormonales, una inmunodepresión con aumento del riesgo de infecciones, y aproximadamente entre el 5 y el 18% de los anoréxicos muere por desnutrición. Los pacientes también padecen a menudo bulimia, que consiste en ingerir enormes cantidades de alimentos y después provocar el vómito para permanecer delgados; los vómitos repetidos alteran el equilibrio
10 hidroelectrolítico, produciendo, en general, hipopotasemia que puede afectar al funcionamiento cardiaco. Muchos pacientes con anorexia nerviosa nunca acuden al médico, por lo que no se conoce con
15 exactitud la frecuencia de aparición de la enfermedad.

Definición En griego anorexia (anorexis) significa *"falta de apetito"*. A los especialistas no les gusta restringir esta definición al hecho de que una persona no tenga ganas de comer. Van mas allá, ven
la anorexia como un trastorno alimentario que conjunta un anhelo de perfeccionismo corporal y una fobia hacia la obesidad. Para ellos es una enfermedad crónica, progresiva y mortal. Trastorno caracterizado por una distorsión de la imagen corporal, un miedo extremo a la obesidad, rechazo a mantener peso mínimo normal.

Síntomas

Pérdida importante de peso. Vértigo y dolor de cabeza. Amenorrea. Insomnio. Anemia, afectación
del sistema inmunitario... Deshidratación. Vasoconstricción periférica, hipotensión, bradicardia, arritmias. Daños renales y hepáticos. Problemas digestivos: disfagia, náuseas, vómitos, estreñimiento... Erosiones dentales.

Con el mantenimiento obstinado de la actitud de rechazo de la alimentación se llega, de forma progresiva, a un estado de decaimiento físico, acompañado de estreñimiento y amenorrea. Por otra
parte, resulta también característica la marcada ausencia de conciencia de enfermedad y de deseos de curación, así como la existencia de un tipo específico de relación de la enferma con su familia.

El diagnóstico de la anorexia se basa en la presencia de ciertas características. En este sentido conviene recordar los criterios considerados para el diagnóstico de la anorexia psíquica:

- Rechazo a mantener el peso corporal por encima del mínimo normal para la edad y talla.
- Miedo intenso al aumento de peso o a ser obeso incluso con peso inferior al normal.
- Distorsión de la apreciación del peso, el tamaño o la forma del propio cuerpo.
- En las mujeres, ausencia de al menos tres ciclos menstruales consecutivos en el plazo previsto (amenorrea primaria o secundaria).

Posibles causas

- Se presenta generalmente entre adolescentes y de sexo femenino.
- Resulta frecuente encontrar en estas adolescentes fuertes problemas de aceptación a su contexto socio económico cultural, y viceversa.
- No existen claros limitantes expuestos por los padres o tutores en su educación.
- Existe ausencia real en calidad y tiempo por parte de la mayoría de los padres.
- Él más importante desde mi punto de vista; la educación que recibe o recibió el adolescente se encuentra influenciada en gran medida por ideologías retomadas de los medios masivos de comunicación.

La causa de la anorexia es desconocida, aunque se ha defendido la existencia de una alteración funcional primaria del hipotálamo, las alteraciones hipotalámicas asociadas desaparecen con el aumento de peso. También los aspectos culturales son importantes en la anorexia: la búsqueda de
la salud y la esbeltez es una poderosa fuerza en la moderna sociedad occidental y puede reforzar el miedo a la gordura en pacientes con anorexia establecida o hacer que los casos limitados entren de lleno a la enfermedad. También la profesión puede desempeñar un papel importante, como por ejemplo las bailarinas desean un peso corporal menor 10 veces superior al de la población general, asimismo los deportistas, especialmente los corredores suelen buscar una disminución de grasa
corporal con niveles muy bajos de un siete por ciento. No hay una causa única de los trastornos del comer. Un número de factores, incluyendo las presiones culturales y familiares, los desajustes químicos y emocionales y los trastornos de la personalidad, colaboran como gatillos para ambas la anorexia y la bulimia, aunque cada tipo de trastorno es determinado por diferentes combinaciones de estas influencias. Es sobre todo la mujer quien está sufriendo la presión sociocultural y estética,
a favor de un cuerpo delgado. Dicha presión no es la causa de los trastornos alimentarios, pero

sí justifica que haya una preocupación mayor por un cuerpo delgado en las mujeres que en los varones. Pero hay que tener en cuenta que además de la influencia de las modelos, existen otras causas que inciden en el desarrollo de estos trastornos alimentarios. La vulnerabilidad biológica de la adolescencia y los problemas familiares y sociales pueden combinarse con un clima social

60 determinado para originar la conducta alimentaría típica de los anoréxicos. La pérdida de peso conduce a la malnutrición, que a su vez contribuye a los cambios físicos y emocionales del paciente y perpetúa el círculo vicioso que se sintetiza en el modelo psicosocial de la anorexia nerviosa.

65 Los pacientes con anorexia nerviosa pueden sufrir una muerte súbita secundaria a una taquiarritmia ventricular, el riesgo de muerte aumenta con pérdida de peso mayor del 35%, probablemente a causa de la deficiencia proteica. Como no existe un depósito de reserva proteica, el descenso de la masa magra provocado por la inanición produce una alternación de las enzimas y estructuras celulares esenciales.

Tipos

70 El término de **anorexia** a secas significa estado de inapetencia. Se puede clasificar en tres tipos según la causa:

1 Anorexia orgánica: Habitualmente debido a una enfermedad subyacente que provoca inapetencia.

2 Anorexia funcional: Es la forma más frecuente de anorexia en el niño que suele ser debida a
75   una alteración en el desarrollo del hábito alimentario.

3 Anorexia nerviosa: Enfermedad, propia del sexo femenino y de la adolescencia, en la que la inapetencia tiene un origen psicológico; inicialmente conservan el hambre pero se niegan a comer para adelgazar y mejorar su imagen corporal. El diagnóstico de "anorexia nerviosa"
80   debe establecerse cuando se produce una percepción delirante del cuerpo (se siguen viendo gordas pese a estar delgadas), persiste la anorexia y se cumplen otros criterios propios de la enfermedad. En fases finales pueden producirse trastornos endocrinos (falta o desorden de reglas, etc.), depresión, ansiedad, etc. El tratamiento en fases avanzadas puede ser muy difícil y requiere, entre otras medidas, psicoterapia.

monografias.com

Para más información sobre la anorexia, dirígete a www.pearsonhotlinks.com y escribe el título o ISBN de este libro. Después, selecciona el enlace correspondiente, número 17.2, 17.3, 17.4 y 17.5.

Contenidos

Ahora contesta con tus propias palabras las siguientes preguntas sobre el texto leído.

1 ¿Cuáles son las carecterísticas de la anorexia?

2 ¿Cómo podemos definir la bulimia?

3 Explica los síntomas de la anorexia.

4 Explica las probables causas de la anorexia.

5 ¿Cuántos tipos de anorexia hay según el texto? Explica las diferencias.

6 ¿Crees que la situación de las jóvenes en Paraguay es similar a la de otros países? ¿Por qué?

Actividad oral individual

Campaña contra la anorexia y la bulimia, de Hoy.com.ec

(Quito, sábado 5 de febrero de 2011)

Hemos seleccionado algunas de las fotos premiadas en el concurso organizado por este diario en línea:

¡Unos centímetros no definen lo que vales! – Diana

Descripción de la foto: Muestro la importancia de hacer ver que no importan las medidas, son los detalles que nos hacen únicos. Es importante conocerse a sí mismo para quererse por lo que tenemos adentro, no sólo admirar nuestro aspecto exterior.

Más que una imagen – Isabel – México

Descripción de la foto: Tú eres mucho más que sólo un cuerpo... la talla es lo de menos, vales más que eso, ámate por TODO lo que eres.

Libérate de los números – Claudia – Venezuela

Descripción de la foto: No dejes que un número te defina, tú te defines... Quiérete... y libérate de los números...

Lucha por tu vida — Gracia — México

Descripción de la foto: Es necesario tener fuerza de voluntad para así emprender una lucha por salvar nuestra vida de los trastornos alimenticios.

¿Qué te parecen estas fotos? Descríbelas, explica con tus palabras la fuerza de la imagen, la composición de la misma, y la explicación que cada una de las cuatro participantes premiadas en el concurso ha dado en el apartado *Descripción de la foto*. ¿Crees que son buenas fotos? ¿Te parece que transmiten claramente la intención de cada participante?

Interculturalidad

¿Es la anorexia o la bulimia un problema en tu país? ¿Conoces a alguien que ha sufrido, o sufre todavía, alguno de estos desórdenes alimenticios? ¿Cuál es tu opinión al respecto?

Producción escrita

Las consecuencias de los desordenes alimenticios son un tema preocupante, pero que a veces no se reconocen abiertamente. Prepara un informe sobre estos desórdenes en tu comunidad invitando a tratarlos de forma más abierta en los medios de comunicación y promoviendo campañas para combatirlos. Prepara tu propia campaña contra la anorexia y la bulimia. Crea folletos informativos y pósters o afiches para la campaña.

SOBREPESO EN MÉXICO

A la fecha más de 4 millones de niños entre los 5 y los 11 años tienen exceso de peso, mientras que uno de cada tres adolescentes lo padecen.

El exceso de peso corporal (sobrepeso y obesidad) y sus complicaciones son actualmente uno de los retos más importantes de salud pública en el mundo. En México, tan sólo de 1980 a la fecha, la prevalencia de sobrepeso y obesidad se ha triplicado en todas las edades, regiones y grupos socioeconómicos, y continúa creciendo a un ritmo alarmante, lo que ha llevado a nuestro país a ocupar el segundo lugar en obesidad en el mundo.

Respecto a la población infantil y adolescente, el aumento del sobrepeso y obesidad durante los últimos años en nuestro país es alarmante, la prevalencia combinada de sobrepeso y obesidad se presenta en uno de cada cuatro niños y en uno de cada tres adolescentes. Asimismo, a causa del sobrepeso y la obesidad se presentan en los niños, niñas y adolescentes enfermedades que pueden afectar sus vidas y que antes eran exclusivas de los adultos, como la diabetes mellitus tipo 2, hipertensión arterial, aumento de triglicéridos y colesterol, entre otros.

ANTECEDENTES: ¿CUÁL ES LA PROBLEMÁTICA A CONSIDERAR?

De 1980 a la fecha, la prevalencia de sobrepeso y obesidad se ha triplicado.

Más de 4 millones de niños de entre los 5 y los 11 años tienen sobrepeso y obesidad.

El 70% de los escolares no realiza actividad física regular.

Los escolares consumen 561 calorías en el refrigerio escolar y no 275 que es lo recomendado.

El costo total del sobrepeso y la obesidad **se ha duplicado en 8 años.**

10 OBJETIVOS PRIORITARIOS

1 Fomentar la **actividad física**.

2 Aumentar la disponibilidad de **agua simple potable**.

3 **Disminuir** el consumo de azúcar y grasas en bebidas.

4 Incrementar el consumo diario de **frutas y verduras,** leguminosas, cereales de granos enteros y fibra en la dieta.

5 **Disminuir el** consumo de azúcares y otros edulcorantes calóricos.

6 Disminuir el consumo diario de **grasas saturadas** en la dieta y reducir al mínimo las **grasas trans**.

7 Disminuir el **consumo diario** de sodio.

8 **Etiquetado útil**, de fácil comprensión y del fomento del alfabetismo en nutrición y salud.

9 **Lactancia materna** exclusiva.

10. Control de **tamaños de porción** recomendables en la preparación casera de alimentos y en alimentos procesados.

METAS 2012

En niños de 2 a 5 años, revertir el crecimiento de la prevalencia del sobrepeso y la obesidad a menos de lo existente en 2006. En la población de 5 a 19 años, detener el avance en la prevalencia del sobrepeso y obesidad. En la población adulta, desacelerar el crecimiento de la prevalencia del sobrepeso y obesidad.

insp.mx

Contenidos

A partir de la lectura del texto, realiza las actividades siguientes y contesta las preguntas.

1 Selecciona los datos relevantes del texto.

2 Convierte los 10 objetivos prioritarios en 5 ideas fundamentales.

3 Según esos 10 objetivos, ¿cuáles dirías que son las causas principales de la obesidad y el sobrepeso?

4 ¿Cuáles son los propósitos para el año 2012 para reducir el problema del sobrepeso en México?

Gramática

Fíjate en la forma en que se listan los objetivos prioritarios; lo que es necesario hacer para acabar con el sobrepeso. Aparecen en infinitivo (excepto 8, 9 y 10, en los que el verbo no va dirigido a la población en general).

Hay otras formas de expresar lo mismo. Observa las siguientes tablas y los ejemplos posteriores.

Hay que Tener que Deber	+ infinitivo	

1 Hay que **2** Tenemos que **3** Debemos	fomentar aumentar disminuir	la actividad física. la disponibilidad de… el consumo de…

Te Le Les	sugerimos recomendamos aconsejamos	que	+ subjuntivo	

4 Te **5** Le **6** Les	sugerimos recomendamos aconsejamos	que que que	incrementes disminuya disminuyas	el consumo de…

Te Le Les	sugerimos recomendamos aconsejamos	+ infinitivo

7 Te **8** Le **9** Te	sugerimos recomendamos aconsejamos	incrementar disminuir disminuir	el consumo de

Imperativo (tú, usted)	

10 Disminuye… / Disminuyan…	el consumo diario de

Producción escrita

Tu comunidad sufre los problemas del sobrepeso: Elabora un cartel/manual dando consejos sobre como evitarlo y aportando soluciones.

Interculturalidad

¿Hay en tu país problemas de sobrepeso? Explica las razones por las que una persona puede llegar a esta situación en tu país, y las soluciones que se proponen.

Actividad oral individual

Después de observar los estímulos visuales que se ofrecen, responde a las preguntas a pie de página haciendo una comparación en la evolución de los cánones estéticos.

La maja vestida de Goya

Rubia con rosa de Renoir

El palco de Renoir

Compara las fotos que te presentamos con fotos de actualidad. Busca fotos de pasarelas moda de los últimos años. ¿Hay diferencias entre las mujeres representadas?

¿Salud y Belleza? ¿Es verdaderamente estética la delgadez excesiva?

¿Para presumir hay que sufrir?

Producción escrita

El arte como espejo del ideal de belleza. Escribe un ensayo de opinión sobre las diferencias de estética y belleza a lo largo de la historia basándote en los ejemplos de las ilustraciones. ¿A qué se deben los cambios en tu opinión? ¿Qué factores contribuyen?

¿A qué crees que se debe la diferencia estética entre las pinturas de siglos anteriores los pintores actuales, y las modelos de los últimos años?

¿Puede haber una relación entre la anorexia y la bulimia y los cánones de belleza que imperan en nuestra sociedad?

¿Quién, por qué y cómo se decide lo que es bello? ¿Ha sido siempre la delgadez una expresión de belleza?

Busca imágenes en pinturas, esculturas, fotografías, etc. sobre los cambios en el concepto de belleza a través de la historia. Te recomendamos buscar más pinturas de Goya y de un pintor muy famoso por sus "gordos", el colombiano Botero, así camo, fotos de las pasarelas de moda más importantes.Compártelos con tus compañeros y discutid los motivos de dichos cambios y su influencia estética en cada época.

Y, ¿de qué forma afectan o pueden afectar esos cánones a las personas que sufren de sobrepeso?

Consejos para el examen

"Cantidad no es necesariamente calidad."

Para escribir un ensayo de opinión debes empezar por una introducción clara del tema que expones, luego desarróllalo de un modo convincente y apóyate en ejemplos. Escribe una conclusión corta, no repitas lo que escribiste en la introducción.

No escribas en exceso, concéntrate en las directrices y así evitarás repetirte y cometerás menos errores de estructura.

Creatividad, Acción, Servicio

Organiza una día de **Asuntos globales**, en donde especialistas pueden explicar los problemas causados por los trastornos alimentarios. Debes organizar el día completo, localizar a los especialistas disponibles, y distribuir el horario del día, invitando a toda la comunidad escolar. También se puede organizar una exposición pictórica en donde se presente una retrospectiva de los cánones de belleza.

TEXTO B

Reconocido desfile madrileño rechaza a las modelos extremadamente delgadas

❶ *Durante la Semana Internacional de la moda, que se celebra cada dos años en Madrid, la Pasarela Cibeles ha rechazado para su próxima cita a un 30% de las modelos que desfilaron en la pasada edición al no presentar un aspecto saludable, es decir, unos 56 kilos para una estatura de 1,75. Este criterio roza el establecido por la Organización Mundial de la Salud (OMS).*

❷ La viceconsejera de Economía e Innovación Tecnológica de la Comunidad de Madrid, Concha Guerra, anunció el acuerdo alcanzado para que las modelos que desfilen en la nueva edición de Pasarela, difundan una imagen que responda a la realidad. Este anuncio se realiza tras la reunión que Guerra mantuvo con las principales agencias de modelos, representantes de la Asociación de Creadores de Moda y expertos en el ámbito de la endocrinología y nutrición.

❸ Guerra ha dicho que, consciente de la influencia de la Pasarela Cibeles porque "es el espejo de muchas jóvenes", se ha trabajado para que las modelos sean más saludables y se ha decidido adoptar el criterio de masa corporal como referencia, al entender que las tallas no están homologadas ni son las mismas en todos los países, aunque en España se realizará un estudio para estandarizarlas.

❹ En la próxima edición de Pasarela Cibeles, las modelos responderán a estos cánones, que ya se han respetado en la preselección de candidatas a mostrar las propuestas para la primavera-verano de 2007. Estos parámetros han sido constatados por expertos en nutrición y endocrinología y se repetirán antes de los desfiles, ha añadido Guerra. Es la primera vez que una pasarela internacional adopta medidas para evitar transmitir unos cánones de belleza que, asociados a la extrema delgadez, pueden provocar trastornos de salud como la anorexia y la bulimia. También se han puesto en marcha medidas como la de impedir la participación de menores de 18 años y que el maquillaje de las chicas no oculte rostros demacrados.

❺ La doctora Monereo ha recordado que la pasión por la delgadez es un riesgo para la salud. No sólo hay peligro de padecer anorexia y bulimia, sino que también se desarrollan a largo plazo problemas de fertilidad, hormonales y de osteoporosis. Monereo ha distinguido entre delgadez y anorexia, una enfermedad "multicausal", no sólo derivada de la moda y de la publicidad, sino que es un problema social cuya solución "depende de todos".

❻ Óscar Benito, conocido diseñador, se ha mostrado negativo ante esta medida y ha hablado de la "involución" que, según él, esto significa. "Si ahora se prohíbe desfilar chicas y se tienen que retirar conocidos modelos de belleza, también habría que prohibir los anuncios de perfumes y descolgar muchos cuadros de los museos", explicó. "Creo que los diseñadores no podemos hacer nada", se ha quejado.

❼ [– X –] la pasarela de Barcelona no haya seguido los pasos de la de Madrid, su director Joseph María Donat ha manifestado que "[– 19 –] menos se ofenda a la gente, mejor, [– 20 –] las modelos están pagadas con dinero público, [– 21 –] en el caso de Madrid". Monereo ha recordado que conviene continuar pesando y midiendo a las modelos, a lo que Donat ha contestado entre risas "[– 22 –] nos ayudan a nosotros, pesándolas antes".

TEXTO B — RECONOCIDO DESFILE MADRILEÑO RECHAZA A LAS MODELOS EXTREMADAMENTE DELGADAS

Conteste las siguientes preguntas basándose en los párrafos ❶, ❷ *y* ❸ *del texto.*

1   ¿Por qué los organizadores de la Pasarela Cibeles no permitirán desfilar a una buena parte de las modelos que sí lo hicieron en la temporada anterior?

2   El objetivo del pacto establecido es que las modelos...

3   ¿A quiénes se quiere dar ejemplo con estas medidas?

4   ¿A qué otra palabra del texto se refiere las en "estudio para estandarizarlas". (última frase del párrafo ❸)

Indique la opción correcta y escriba las palabras del texto que justifiquen su respuesta (párrafos ❹ *y* ❺*).*

Ejemplo: Las nuevas pautas sobre la forma física de las modelos han sido consultadas a los especialistas. Verdadero

Justificación: _____ *Estos parámetros han sido constatados por expertos* _____

5   En otros lugares del mundo se han aplicado las mismas normas de conducta sobre la belleza.

6   Se pretende que las modelos no escondan el mal estado de su cara con cosméticos.

7   Según la doctora Monereo, el problema de la delgadez y de la anorexia debe ser resuelto a nivel sanitario.

Basándose en el párrafo ❺, *busque una palabra del texto que signifique*

Ejemplo: decir _____ *ha hablado* _____

8   en este momento

9   algunos

10   apartar

11   lamentar

Basándose en el párrafo ❼, *relacione cada espacio numerado con uno de los elementos de la siguiente lista.* **Cuidado:** *Hay más palabras de las necesarias.*

ASÍ	CUANTO	NI SIQUIERA
AUNQUE	DE MODO QUE	PUESTO QUE
COMO	EN CUANTO A	SIN EMBARGO

Ejemplo: [– X –] _____ *aunque* _____

12   _____

13   _____

14   _____

15   _____

TEMAS OPCIONALES: SALUD
MEDICINA ALTERNATIVA

18

Objetivos:
- Considerar algunos métodos de medicina alternativa
- Justificar los usos de la medicina homeopática
- Describir las ventajas de estas alternativas a través de estímulos visuales
- Usar expresiones idiomáticas relacionadas con el tema
- Escribir el guión de una conferencia abordando este tema
- Organizar los datos aprendidos para escribir un artículo

En este capítulo se exploran dos aspectos de la llamada *medicina alternativa*, es decir aquella que no practica los métodos clásicos. Nos vamos a centrar en la homeopatía y la risoterapia.

18.1 **Tratamientos naturales**

Texto **18.1.1**

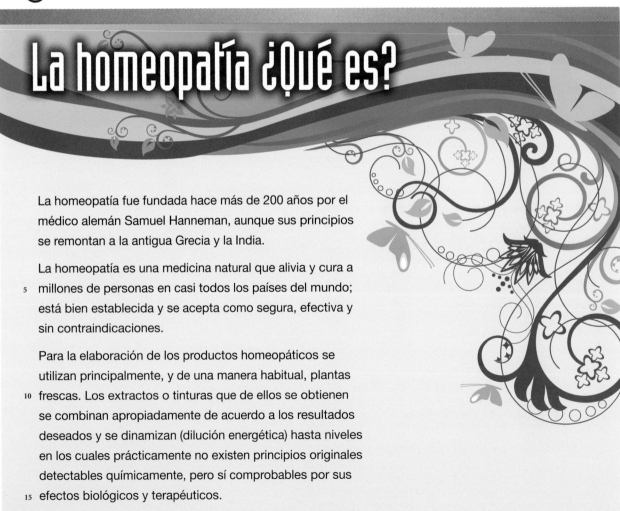

La homeopatía ¿Qué es?

La homeopatía fue fundada hace más de 200 años por el médico alemán Samuel Hanneman, aunque sus principios se remontan a la antigua Grecia y la India.

La homeopatía es una medicina natural que alivia y cura a
5   millones de personas en casi todos los países del mundo; está bien establecida y se acepta como segura, efectiva y sin contraindicaciones.

Para la elaboración de los productos homeopáticos se utilizan principalmente, y de una manera habitual, plantas
10 frescas. Los extractos o tinturas que de ellos se obtienen se combinan apropiadamente de acuerdo a los resultados deseados y se dinamizan (dilución energética) hasta niveles en los cuales prácticamente no existen principios originales detectables químicamente, pero sí comprobables por sus
15 efectos biológicos y terapéuticos.

Por lo anterior, y por otros fenómenos, se infiere que la acción de los productos homeopáticos es de una manera fisio-energética, siguiendo las leyes de la física cuántica y no de la química, *por lo tanto no debe esperarse sabor, olor ni color alguno; de lo contrario* no es un producto homeopático.

Indicaciones y recomendaciones:

- No hay contraindicaciones con ningún tratamiento.
- Todo el mundo puede consumir las medicinas homeopáticas, incluso mujeres embarazadas y niños, siempre bajo supervisión del médico homeópata.
- El vehículo de ingestión debe ser un poquito de agua a temperatura ambiente.
- Al indicarse tomar fuera de los alimentos, debe ser alrededor de un minuto antes o después de las comidas principales.
- Las contraindicaciones de los componentes son mínimas, por lo que no debe esperarse sabor, olor o color alguno, de lo contrario no es un producto homeopático.
- A pesar de observarse resultados rápidos, es necesario un consumo continuado de alrededor de mes y medio, o dos meses promedio.
- Se pueden ingerir una o más formulaciones simultáneamente, de acuerdo a las recomendaciones de su terapeuta.

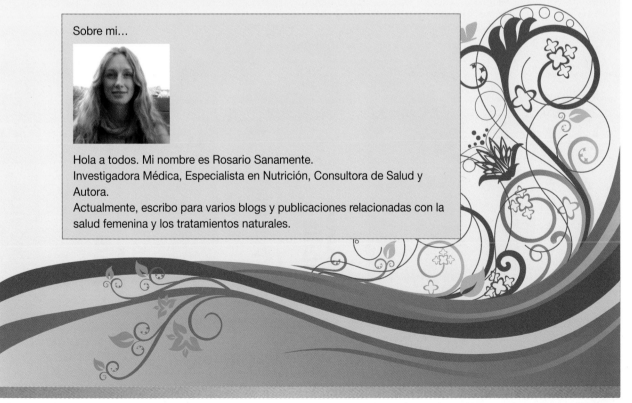

Sobre mi…

Hola a todos. Mi nombre es Rosario Sanamente.
Investigadora Médica, Especialista en Nutrición, Consultora de Salud y Autora.
Actualmente, escribo para varios blogs y publicaciones relacionadas con la salud femenina y los tratamientos naturales.

Para más información sobre plantas medicinales y la medicina alternativa, dirígete a www.pearsonhotlinks.com y escribe el título o ISBN de este libro. Después, selecciona el enlace correspondiente, número 18.1, 18.2, 18.3, 18.4 y 18.5.

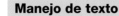

Manejo de texto

1 Lee el texto e indica si los enunciados son verdaderos o falsos, justificando con elementos del texto.

   a La homeopatía es la medicina alternativa más extendida.

   b La medicina homeopática es inofensiva.

   c Los productos homeopáticos son principalmente de producción industrial.

   d Los productos se distribuyen en diferentes colores o sabores.

2 Ahora lee *Indicaciones y recomendaciones* y completa la siguiente actividad. Identifica las oraciones que signifiquen:

   a Es compatible con otros medicamentos.

   b Es necesaria la vigilancia del especialista.

   c El líquido para ayudar a tragarlo.

   d No tomar junto con la comida.

   e Si hay color o sabor no es auténtico.

   f Debe tomarse por un periodo de tiempo.

   g Es posible tomar más de un producto.

Productos homeopáticos

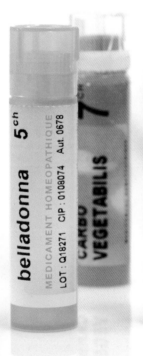

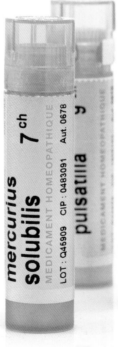
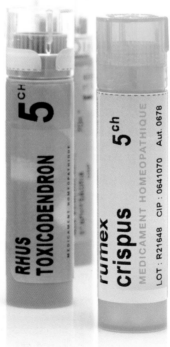

innatia.com

Risoterapia

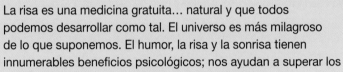

La risa es una medicina gratuita… natural y que todos podemos desarrollar como tal. El universo es más milagroso de lo que suponemos. El humor, la risa y la sonrisa tienen innumerables beneficios psicológicos; nos ayudan a superar los
5 problemas que se nos presentan de la mejor manera.

- La risa previene enfermedades del corazón, ya que una de las principales causas de ataques al corazón son el miedo y el enojo.
- Reírse nos hace sentir vivos y reduce el nivel de estrés.
- El humor es el camino más directo para conectarse con uno mismo y mejorar la
10 relación con los demás.
- En el trabajo, la gente puede aprender a usar la risa para incrementar tanto la satisfacción personal como la productividad.
- Ante una situación que provoca emociones negativas, lo mejor es apelar al humor como herramienta para solucionar y superar el problema.

15 **Beneficios físicos de la risa**: se suele decir que la risa es el aerobic del alma debido a que, cuando nos reímos de verdad y a carcajadas, ejercitamos todos los sistemas de nuestro cuerpo.

Si se piensa en la última vez que te reíste de verdad y se recuerda cómo nos dolía todo el cuerpo al dejar de reír, es porque se ha hecho ejercicio. Nuestro
20 sistema cardiovascular, por ejemplo, se ejercita cada vez que el ritmo cardíaco y la presión sanguínea aumentan para luego descender nuevamente. Nuestra agitada respiración crea un vigoroso intercambio de aire en los pulmones y constituye un saludable ejercicio para el sistema respiratorio. Además nuestros músculos liberan tensiones cada vez que se contraen y relajan. Por último, hay que tener en cuenta
25 que 20 segundos de carcajadas supone el mismo ejercicio para el corazón que 3 minutos de remo.

Los problemas y la risa: por lo general cuando estamos dentro de algún problema que nos aqueja tendemos a preocuparnos, a deprimirnos, etc. Esto en lugar de ayudar empeora la situación. Si en lugar de elegir el sufrimiento, elegimos
30 la risa y aprendemos a encontrar el humor aún en los momentos difíciles dejaremos a un lado la actitud compasiva hacia nosotros mismos, dejaremos de sentir lástima por nosotros mismos y en lugar de la compasión ejercitaremos mecanismos cerebrales que nos ayudarán a encontrar la mejor solución a nuestros problemas.

Sufrir ante los problemas representa una actitud negativa ante la vida, reír en medio
35 de los problemas representa una actitud positiva, la diferencia es considerable tomando en cuenta que la risa provoca respuestas fisiológicas beneficiosas en

nuestro cuerpo, como la liberación de hormonas endorfinas (analgésico natural de nuestro organismo) y la reducción del cortisol, que deprime nuestro sistema inmunológico y que se libera, sobre todo, como resultado del estrés al que estamos

40 sometidos.

Por último, levántate siempre con una sonrisa en los labios, observa a tú alrededor y descubre en todas las cosas el lado bueno y bonito; piensa en lo afortunado que eres al tener todo lo que tienes; ayuda a los demás, sin pensar que vas a recibir nada a cambio; mira a las personas y descubre en ellas sus cualidades y dales

45 también a ellos el secreto para ser triunfador y que de esta manera, puedan ser felices. Deseo que podamos encontrar la tan ansiada felicidad dentro de nosotros mismos y así reflejarla a los que nos rodean, porque entre más personas sean felices menos violencia habrá en este mundo.

innatia.com

Actividad oral individual

Basándote en la fotografía, descríbela utilizando como guía las preguntas que se ofrecen.

La risa: ¿para uso exclusivo de los niños?

Las ventajas de la risa: "Reírse como un niño"

"Reírse con ganas"

Contenidos

1   Según el texto, la risoterapia ayuda a superar problemas tanto físicos como mentales: ¿Puedes completar la tabla con 5 o 6 ejemplos de cada uno?

Problemas físicos	Problemas mentales
ataques al corazón	*depresión*

Entrevista a Mari Cruz García Rodera

Mª Cruz García Rodera

Gelotóloga, diplomada en Kinesiología, diplomada en Medicina Natural y de Técnica Naturista Desbloqueante Regenerativa (TNDR) por Escuela Dr. Cayo Martín, diplomada Técnicas de Drenaje Linfático, diplomada tres niveles de Macrobiótica, diplomada en Naturopatía Holística, diplomada en Shiatsu y Digitopuntura, diplomada en Cosmetología y Estética, y diplomada
5 *como Técnico Superior en Hipnosis, Precursora de la Terapia/Dinámica de la Risa en España y fundadora del centro Escuela Salud Inteligente de Barcelona.*

La terapia de la risa actualmente es conocida en el mundo entero, en España se ha instaurado ya desde hace 11 años y casi todas las personas la conocen.
Entrevistamos a Mª Cruz García, toda una autoridad a nivel internacional de la Dinámica y Terapia
10 de la Risa, pionera de ésta escuela en nuestro país, que ha aportado experiencias novedosas y reconocimiento científico a nivel mundial.

NEUS: Mª Cruz, ¿cómo se te ocurrió hacer algo así?

Mª CRUZ: Tanto en mi vida, como en mi experiencia profesional, a través de la observación, comprendí las consecuencias de las personas obsesionadas y susceptibles a diferencia de las
15 *personas cooperadoras e integradoras.*

Desde muy pequeña, observé que las personas que tenían más sentido del humor, las personas que se reían con facilidad se conservaban más sanas. Se tomaban las cosas, incluso las desdichas y los cambios de otra manera. Había algunas personas que ante una desgracia o un problema, se descolocaba una familia o vidas enteras, sufrían mucho, y había otras
20 *personas que además de estar afectadas por esos cambios, por esos problemas, por esas desgracias, no solamente intentaban entender lo que estaba pasando sino que ayudaban a los demás en esos duelos, y la clave era siempre la risa y el humor. Ya de pequeña observé que cuando alguien se moría había mucho dolor, mucha desgracia, y a veces había duelos muy largos y de mucha agonía, de muchos meses e incluso años.*

25 *Y ante la misma situación, otras personas con pérdidas más grandes, como perder a un niño, una madre... eran capaces de sentir ese dolor, pero también de ayudar a los otros a salir más fácilmente de ese sufrimiento tan profundo que produce la pérdida de un ser que se va por el vacío que queda en la familia.*

Entonces comprendí, con el paso de los años, que era la risa, acompañada del llanto liberador
30 *que tenían estas personas capaces de superar la tristeza y sanar los corazones heridos con una risa y el humor muy fresco y reparador.*

Por otro lado, siempre me ha apasionado estudiar e investigar el cuerpo humano y todas las medicinas complementarias, qué piensan los chinos, qué piensan los africanos, qué piensan los indios nativos americanos, qué piensan los europeos... de una enfermedad, de un dolor

35 *de cabeza, de una indigestión, de un problema, de cualquier bloqueo, del estrés... siempre me gustó investigar en otras culturas y otras posibilidades y me di cuenta que en todas las medicinas alternativas de todo tipo jugaba también un papel muy importante la risa y observaba que las personas que se curaban antes, que tenían mucha más paciencia, un punto de sabiduría muy especial y que además estaban muy atentos, muy alerta y muy perceptivos,*

40 *eran personas que desarrollaban un humor muy especial y una risa muy fácil y fluida. Observé entonces que no es ya cuánto sabes de medicina y cuánto aplicas, sino cómo te tomas la vida y cómo haces más fácil la vida a los demás, y cómo haces que cada uno sea su propio médico, que cada uno aprenda de su calidad de vida y cómo mejorarla, o cuánto estás tú implicado en tu propia vida y según lo que tú atraes y te manejas en todo lo que te ocurre.*

45 *También vi el tema de la risa y el buen humor. Total, que se convirtieron para mí en personas muy especiales, los observé durante años y años, cómo viven ellos, cómo envejecen, cómo ven la vida, cómo ayudan a los demás, cómo se quejan, dónde está su punto más débil y sus momentos más delicados...*

NEUS: ¿Y a qué te dedicabas por aquel entonces?

50 *Mª CRUZ: Yo siempre me dediqué a las medicinas alternativas, todo lo que era el culto al ser humano: a la belleza, a la imagen, al mundo de la estética, la medicina natural... desde muy pequeña siempre me gustó este tema. Me he pasado la vida estudiando, he sido estudiante e investigadora. Coleccionaba diplomas del mundo de las terapias naturales, me gustaba. Y aún me inquieto y todo aquello que pueda investigar... sobre todo que funcione y conocer muchas*

55 *culturas, porque cada cultura tiene su belleza, su experiencia, su linaje y su profundo respeto que es bueno siempre compartirlo con los otros.*

Luego me di cuenta de qué tipo de personas se reían más. Las personas más mayores, los adolescentes, los adultos o los niños. Y me di cuenta de que los grandes maestros eran los niños. Curiosamente los niños, pertenecen a un mundo donde todo va más rápido, todo es

60 *más mágico, todo es más idealizado y mucho más fantasioso. Y siempre están invocando a los seres más mágicos y más poderosos:*

¡Vamos a jugar a los príncipes!, ¡Pues yo voy a jugar a ser un monstruo intergaláctico! ¡Pues yo seré el mago Merlín! Y lo mejor de ellos es que invocan también al entusiasmo y a la alegría. Para ellos cualquier instante es único. Viven sólo en el presente y a cada instante. Cualquier

65 *cosa que quieren la quieren con todo su cuerpo. Con toda su fe y todo su entusiasmo y toda su implicación, por lo cual acaban o en una profunda satisfacción o en una profunda pataleta y un llanto enorme que se enteran todos los vecinos.*

Deberíamos escuchar y aprender más de los niños.

También tomar más en cuenta lo que ellos opinan de la vida, y de nosotros. Tal vez tienen

70 *muchas claves que ofrecernos, y tal vez tienen muchísimas más alternativas y tenemos más de lo que podamos imaginar que aprender de ellos.*

Incluso hay otras culturas en las que a los niños se les considera grandes maestros, porque ellos tienen un punto sorprendente, chocante, contradictorio y muchas veces imprevisible, de cosas que la mente puede ofrecernos y ayudarnos y sernos muy útiles.

75 *En todos los años en los que llevamos investigando la risa, los niños para mí han sido los grandes maestros. Ellos tienen la posibilidad de crecer, de expandirse, de expansionarse en todo su mundo, sin embargo el adulto a mayor edad, se encoge y se seca. Por eso algo está pasando, y algo tenemos que aprender de ellos, que tienen esa capacidad de vida, de expresión y de aprendizaje.*

80 **NEUS: ¿Por qué crees que ocurre esto, que una persona conforme se hace mayor pierde su risa y la capacidad de reír?**

Mª CRUZ: La risa está relacionada con el entusiasmo y con la dignidad. Está relacionada con lo que tú te mereces: lo mejor de lo mejor. Y eso es algo que se vive, se vive permanentemente, en cada latido de tu corazón. Estás viviendo en tu propia dignidad y
85 *tu predilección. En qué es importante para ti y qué es lo que a ti te hace sentir viva. Ese espíritu de entusiasmo con tu adornamiento. El estar adornado de dignidad, es lo que está más relacionado con la risa. Tu capacidad de sentirte digna de lo mejor de la vida, y ahí es cuando evidenciamos el resultado de lo contenta que te tienes a ti misma. Porque la risa es el resultado de lo contento que te tienes a ti mismo. Una frase que ya nos caracteriza… por*
90 *lo tanto, está siempre basado en cómo tú puedes vivir tu vida con toda la plenitud, desde las pequeñas cosas a los grandes acontecimientos.*

Cómo puedes vivir desde el corazón, sintiendo las cosas, no solamente oyéndolas o hablando de ellas, sino sintiéndolas que es lo más importante, y ahí está muy implicada la risa. La risa es el tono, la vibración, el eco, el sonido, de cómo tú te envuelves y desenvuelves en la vida. Es la
95 *forma que tú tienes y el fondo de tu corazón, de lo contento que tú te cuidas y te mimas, por lo tanto, llegado un momento, parece que la persona, en su día se vuelve más rutinaria, más superficial… ya no se entusiasma tanto, ya no vive tanto las cosas, y ese es el gran peligro para el niño que llevamos dentro, el secreto de la juventud eterna.*

Y es cuando empezamos a envejecernos, nos torcemos como se tuerce nuestro corazón. Nos
100 *vamos secando, como se seca realmente es la palabra tal cual: secándonos. Y se pierde el brillo de los ojos, la tonicidad muscular, el tono de la voz… Y es cuando empezamos a arrugarnos, a secarnos y a mirar hacia abajo.*

Es mejor mirar hacia el horizonte, y cuanto más arriba mejor porque así tenemos más visión, más diámetro para controlar y ver qué es lo mejor para nosotros, y
105 *nos da la capacidad de sentir, sobretodo la dignidad de ser felices.*

organizacionmundialdelarisa.com

Contenidos

1 Basándote en el recuadro de la introducción, responde:

a ¿Cómo se llama la especialidad que estudia la risa?

2 Ahora, contesta a las siguientes preguntas con la información que da esta entrevista:

a ¿Por qué empezó Mª Cruz su trabajo de terapia de la risa?
b ¿Cómo descubrió la importancia de la risa?
c ¿Por qué prefiere Mª Cruz las medicinas alternativas?
d ¿Cómo relaciona el buen humor con la infancia?
e ¿Piensa Mª Cruz que se pierde la dignidad con los años?
f ¿Cómo lo expresa?

Actividad oral individual

Basándote en los estímulos visuales, descríbelos explicando las diferentes expresiones idiomáticas que las acompañan.

"No puede pegar ojo."

"No puede conciliar el sueño."

"Pasa las noches en blanco."

o

"Duerme toda la noche de un tirón."

"Duerme como un lirón."

Insomnio

"Supermujer: Trabajo dentro y fuera de casa"

"El peso de la responsabilidad"

"¿Sexo débil?"

"Ritmo de vida"

"Subir, escalar, triunfar"

"La cabeza me va a estallar"

Estrés

Ansiedad

Los estímulos visuales presentan tres trastornos propios de nuestro tiempo: El insomnio, la ansiedad y el estrés:

¿Pueden la homeopatía o la risoterapia combatirlas? ¿Medicina tradicional o alternativa? ¿Qué reflejan las expresiones?

Producción escrita

Opción 1: El ritmo de vida actual puede conllevar a la inestabilidademocional; te han pedido que des una conferencia para tus compañeros de colegio sobre este tema. Reproduce el texto de la conferencia.

Opción 2: El insomnio y la ansiedad empiezan cada vez a edad más temprana. ¿Piensas que las tecnologías avanzadas y el abandono de métodos naturales tienen influencia en esta situación? Escribe un artículo de opinión desarrollando este tema.

Consejos para el examen

Las expresiones idiomáticas son muy útiles y pueden darle riqueza al lenguaje escrito; sin embargo, debes tener cuidado a la hora de utilizarlas. Debe contextualizarse el uso mediante el registro (algunas expresiones no se ajustan a un texto formal) y la frecuencia (nunca debe abusarse de ellas).

El lenguaje coloquial invita al uso de estas expresiones. En los estímulos visuales puedes explicar lo que significan al tiempo que describes la imagen.

Creatividad, Acción, Servicio

Organiza jornadas de juegos, representaciones teatrales, y lecturas de cuentos (Cuentacuentos) para los alumnos más pequeños en las cuales éstos puedan participar, disfrutar, reír y finalmente aprender algo nuevo sobre otras culturas.

Mucha gente piensa que la medicina alternativa es de ignorantes.

¿Tu qué opinas?

*En la entrevista que viene a continuación faltan las preguntas del periodista
que están en el cuaderno de preguntas.*

TEXTO A

Eduardo Estivil

Experto en sueño

❶ El doctor Eduardo Estivil vive en un estado de comunión casi diaria con sus lectores; muestra orgulloso un fajo de cartas de padres de toda Europa, América y hasta de Australia que le dan las gracias porque con su libro ha enseñado a dormir a los niños, y ahora toda la casa descansa, la pareja funciona y el trabajo ha dejado de ser un suplicio. Habla con verbo suelto y amable, la mirada siempre fija y un brillo de entusiasmo en los ojos. Lo cierto es que aparenta haber dormido bien.

Periodista: **[- X -]**

❷ El número de horas que nos dan una buena vigilia. El concepto es más importante que la cantidad. Dormimos para estar despiertos: durante la noche el cerebro genera la vigilia. De hecho, sabemos que existen neurotransmisores que se van produciendo durante la noche y que son responsables de mantener la vigilia. Y hasta que no se ha completado este trabajo, no nos despertamos correctamente.

Periodista: **[- 1 -]**

❸ No entramos en la interpretación, sino en por qué se sueña, por qué unos recuerdan más los sueños, etc.Parece que recuerdan más quienes se despiertan más, y por eso las personas mayores los recuerdan más. Es imprescindible un cierto grado de vigilia para recordar.

Periodista: **[- 2 -]**

❹ Hace un siglo dormíamos como promedio una hora más. Como no había luz la gente dedicaba más tiempo a dormir. De hecho, la luz es la que informa a nuestro cerebro de que hay que descansar. Por eso la gente que trabaja de noche y tiene que dormir de día sufre graves dificultades para conciliar un sueño correcto.

Periodista: **[- 3 -]**

❺ Tiene una repercusión clarísima sobre la vigilia en tres campos: pérdida de memoria, falta de concentración y aumento de la irritabilidad. Además, la persona que duerme poco tiene mayor riesgo de fatiga durante el día. Esto provoca una menor alerta, y la menor alerta significa que ante situaciones críticas, como por ejemplo la de conducir, hay mayor peligro de accidente.

Periodista: **[- 4 -]**

❻ En esencia, sería acostarse, tener un período de relajación, leyendo un poco o escuchando música o sin hacer nada especial y tener un sueño continuado. No es problema que la persona tenga breves despertares durante la noche y que se vuelva a dormir.

Periodista: **[- 5 -]**

❼ No, está en función del grado de vigilia que necesita cada uno, que es variable. La gran mayoría, el 90 por 100 de la población adulta, necesita entre 7 y 8 horas. En cambio, una persona a partir de los 65 ó 70 años reduce sus horas nocturnas a unas 6, aunque necesita más siestas durante el día.

TEXTO A — Eduardo Estivil

*Al texto A le faltan las preguntas del periodista, que están en esta página. Indique qué pregunta le parece más adecuada para cada espacio numerado en el texto. Se le da un ejemplo. **Cuidado:** Hay más opciones de las necesarias.*

Ejemplo: [-X-]   ..B..

1 _____
2 _____
3 _____
4 _____
5 _____

A ¿Cuál es el trastorno del sueño más frecuente?
B **¿Cuánto necesitamos dormir?**
C ¿Por qué hablamos mientras dormimos?
D ¿El dormir poco puede afectar a la salud?
E ¿La vida moderna dificulta el dormir bien?
F ¿Estudia usted el significado de los sueños?
G ¿Hay un mínimo número de horas para todos?
H ¿Por qué dormimos?
I ¿Qué es dormir bien?

Busque en el texto las palabras o expresiones que significan:

6   paquete *(párrafo 1)*
7   tortura *(párrafo 1)*
8   ácilmente *(párrafo 1)*
9   parecer *(párrafo 1)*
10 comunicar *(párrafo 4)*
11 padecer *(párrafo 4)*
12 cansancio *(párrafo 5)*
13 disminuir *(párrafo 7)*

© International Baccalaureate, November 2001

TEMAS OPCIONALES: OCIO

VIAJES

19.1 Hispanoamérica

En este capítulo vamos a viajar por Hispanoamérica. Hemos elegido un lugar al azar, o alguna característica de cada uno de los 19 países hispanoamericanos y los hemos ordenado alfabéticamente.

Introducción

Imagínate que tienes un año entero de vacaciones y que has decidido pasar todo ese año practicando tu español en los países de Latinoamérica en los que se habla este idioma. Lee la información que incluimos sobre el lugar elegido, y después busca más información sobre otras ciudades, posibles actividades, historia, arqueología, artesanía, etc. Busca también mapas, horarios de trenes, autobuses, aviones, etc. Nosotros hemos utilizado la página web de las distintas oficinas de turismo de cada país y te invitamos a hacer lo mismo. Pero como bien sabrás hay muchas otras páginas donde puedes encontrar toda esa información.

ARGENTINA

Córdoba – turismo rural

En la provincia de Córdoba, así como en otros lugares de Argentina, el turismo rural es una excelente opción que nos permite conectarnos con la vida rural de campo, sus costumbres, actividades campestres, por lo que es ideal para una escapada de fin de semana, para hacer miniturismo junto a la familia en cualquier época del año, ya que las sierras cordobesas debido a su venerable clima pueden visitarse en cualquier temporada.

Estancias rurales en Córdoba

Este tipo de establecimientos son los indicados cuando de turismo rural se trata. Adaptados para la ocasión, hay estancias de todas las categorías, comodidades y presupuestos. Las estancias rurales en Córdoba se posicionan como una nueva opción turística, alejada de los tradicionales hoteles.

Se trata de establecimientos de alta gama que se destacan por su atención personalizada, en medio de paisajes serranos inigualables. Las estancias rurales son establecimientos ideales para aquellos viajeros que buscan alejarse de las grandes ciudades, entrar en contacto con la vida rural, saborear las tradicionales comidas regionales donde no falta el asado, y respirar aire puro.

turismoargentina.com

Texto 19.1.2

BOLIVIA

Apreciando el pasado. – La Paz, Sucre y Salar de Uyuni, 7 días / 6 noches

Día 1 Llegada al Aeropuerto Internacional de la ciudad de La Paz. Traslado al Hotel. Breve city tour para conocer la ciudad.

Día 2 Excursión día completo con almuerzo a las impresionantes ruinas arqueológicas pre-incas de Tiwanaku, continuación de viaje a Copacabana visitando el Lago Titicaca de los Incas y la Isla del Sol. + almuerzo.

Día 3 Traslado al Aeropuerto, vuelo aéreo a la ciudad de Sucre, traslado al Hotel. Almuerzo. Por la tarde paseo de 3 horas por la ciudad visitando los principales museos y monumentos históricos de la ciudad.

Día 4 Visita del Parque Cretácico 5 Km., el yacimiento de Huellas de Dinosaurios más grande del mundo. Almuerzo. Visita al mercado artesanal de Tarabuco (día domingo) ó excursión al Núcleo Indígena Jatun Yampara 23 Km. de la ciudad (todos los días), proyecto de rescate de la ancestral cultura Yampara, inolvidable experiencia de convivencia y apreciación de las costumbres y tradiciones indígenas (mas información en www.jatunyampara.com). Existe la posibilidad de pernoctar en el lugar en viviendas nativas turísticas.

Día 5 Traslado por carretera asfaltada a la ciudad de Potosí (3 horas), visita del mercado minero y subida e ingreso a una mina. Almuerzo. Por la tarde, visita de la ciudad recorriendo sus estrechas calles coloniales apreciando los principales monumentos históricos, portadas e ingresando a la Casa de la Moneda. Traslado en movilidad privada por carretera ripiada a la ciudad de Uyuni. Traslado al Hotel de Sal.

Día 6 Retorno a la ciudad de Sucre o pernocte en Potosí para extender su viaje al Salar de Uyuni

Día 7 Traslado al aeropuerto para tomar vuelo a la Paz o Sta. Cruz y tomar conexiones de salida de Bolivia.

CHILE

Isla Robinson Crusoe, 1 día

Fue descubierta en el año 1574 por el marinero español Juan Fernández y bautizada originalmente con el nombre de "Santa Cecilia", luego denominada "Más a Tierra", por la evidente proximidad al continente a diferencia de los otros dos islotes, y actualmente conocida como "Robinson Crusoe".

Desde su primera aparición en la historia, el archipiélago no concitó mayor interés, salvo para algunas expediciones de corsarios y piratas. Tuvieron que pasar casi dos siglos para que se le reconociera cierta importancia. En 1704 el marinero inglés **Alejandro Selkirk** fue abandonado en la isla y rescatado cuatro años y cuatro meses después de haber vivido en extrema soledad en aquellos parajes aún desolados. Este hecho inspiró la famosa novela del escritor Daniel Defoe "**Robinson Crusoe**" y gatilló el interés por la isla.

En 1750 se funda el pueblo de **San Juan Bautista**, ubicado en la bahía de Cumberland, que por su aislamiento fue utilizada por España como colonia penal. Allí llegaron, en 1814, notables patriotas chilenos desterrados después del Desastre de Rancagua.

Entre los muchos misterios que rodean al archipiélago destaca la creencia popular de la existencia de un tesoro enterrado hace mucho tiempo en la isla Robinson Crusoe y que correspondería a un tributo azteca de 800 barriles de oro, cifra que hoy ascendería a más de 10 billones de dólares. Esto ha atraído a miles de personas como el estadounidense Bernard Keisser quién busca el tesoro desde 1998.

En la actualidad el poblado de San Juan Bautista cuenta con alrededor de 600 habitantes que viven principalmente de la pesca artesanal. El lugar cuenta con los servicios básicos como teléfono, posta de salud y carabineros, restaurantes y lugares para divertirse.

COLOMBIA

CARTAGENA DE INDIAS

Cartagena de Indias es una ciudad fantástica que guarda los secretos de la historia en sus murallas y balcones, en sus construcciones y en sus angostos caminos de piedra.

Encantos de la ciudad amurallada

La magia de Cartagena reposa en los cimientos de sus fortificaciones, la calidez de su gente, la riqueza material de su arquitectura y las infinitas expresiones culturales de un pueblo aguerrido y valiente.

Esta ciudad desborda romanticismo y cuenta anécdotas fascinantes en las esquinas de calles y plazas, y en el límite de sus murallas, que aguardan el ocaso para evocar las luchas del pasado.

En días de sol, Cartagena vibra como el color de sus fachadas y la brisa del mar llega para refrescar un intenso recorrido por los callejones de la ciudad antigua.

Los monumentos se levantan solemnes, antiguos claustros, iglesias, baluartes y vestigios de cruentas batallas son el testimonio de hombres y mujeres invencibles que concedieron libertad a la "ciudad heroica".

Al caer la noche, Cartagena es cálida, irradia luz propia, cobra vida y se transforma. Crea una atmósfera única que enamora a sus huéspedes y los transporta a tiempos olvidados sobre un carruaje guiado por caballos.

Desde las murallas, con una hermosa vista al mar, la euforia crece y una fiesta inagotable espera la llegada de los primeros rayos de sol para llevarse consigo el misterio de la noche.

Así es Cartagena. Una ciudad que relata su pasado, entrega historias fascinantes y renace en el tiempo.

Un destino perfecto

Declarada por la UNESCO Patrimonio Cultural de la Humanidad en 1984, Cartagena suma a los encantos de su arquitectura colonial, republicana y moderna, los atractivos de una intensa vida nocturna, festivales culturales, paisajes exuberantes, magníficas playas, excelente oferta gastronómica y una importante infraestructura hotelera y turística.

Es placentero recorrer las calles y observar las construcciones coloniales, el Palacio de la Inquisición, la Torre del Reloj, las murallas y el Castillo de San Felipe de Barajas, además de disfrutar la brisa cálida y tranquila desde sus parques y plazas.

La gastronomía es también una fiesta en la ciudad. Las alternativas se multiplican para los viajeros que buscan experimentar sabores nuevos y exóticos de la cocina local e internacional.

Las opciones de alojamiento son diversas. Es posible escoger tradicionales hoteles coloniales o exclusivos boutique que proporcionan una experiencia única por sus detalles y servicios personalizados.

Cartagena entrega todo el encanto de su historia y el legado de ancestros que la hicieron grande y la convirtieron en uno de los destinos turísticos más importantes del país.

COSTA RICA

Costa Rica tiene algo para todos sus visitantes; cualquiera que sea su interés; aventuras en la jungla, eco-turismo, excursiones, parques nacionales como Chirripo, Santa Rosa, Guanacaste, Corcovado, Tortuguero y Manuel Antonio; montañas, volcanes, observación de aves, observación de quetzales, tours de aventura, pesca deportiva, buceo, observar de ballenas y delfines, rápidos en balsa (white water rafting), surfing, canopy tours, golf, paseos a caballo, caminatas por el bosque tropical lluvioso, hoteles todo incluido o simplemente relajarse en una hermosa y retirada playa tropical de arena blanca.

Venga a un destino inexplorado y uno de los sitios más exóticos en el mundo, colmado con una gran cantidad de impresionantes distinciones, sobresaliendo entre ellas, volcanes ardientes, playas prístinas, ríos caudalosos, selvas y bosques tropicales vírgenes, fauna abundante, ¡belleza natural impresionante!, gente calurosa y hospitalaria y mucho, mucho más!

Parque Nacional Isla del Coco
Tamaño: 73.100 hectáreas.
Distancia de San José: 650 kilómetros.
Acampar: No se permite.
Senderos: Sí.
Temporada Seca: enero a marzo.

La isla del Coco es un bouquet verde y exuberante en medio del océano, descubierta por el piloto español Joan Cabezas en1526. Gracias a sus árboles de palma y abundante agua potable, esta isla oceánica se ha convertido en un lugar de renombre en el mundo entero. Durante los siglos XVII y XVIII fue una guarida excelente para los piratas, que florecieron en las costas pacíficas de la América Española.

Esta isla se encuentra localizada aproximadamente 500 kilómetros fuera de la costa pacífica de Costa Rica, y se cree que existen varios tesoros escondidos dejado por antiguos bucaneros entre 1684 y 1821.

Además de las riquezas materiales este lugar es único por su flora y fauna, marina y terrestre.

Científicos y naturalistas de todo el mundo utilizan esta isla como una estación de investigación permanente, convirtiéndola en un laboratorio biológico de los más grandes del mundo.

Hasta la fecha se han logrado identificar 97 especies de aves, de las cuales tres son autóctonas de esta área, así como dos especies únicas a la isla de reptiles y 20% de los insectos no se encuentran en ningún otro lado.

La vegetación predominante incluye grandes árboles endémicos, así como helechos y coníferos.

Aves como el cuco y el Atrapa Mosca de la Isla del Coco viven entre otros animales más comunes como felinos, cerdos y venados.

La costa rocosa se encuentra rodeada por acantilados de hasta 183 metros de altura y está lleno de cavernas acuáticas, rodeadas de agua increíblemente transparente, rica en vida silvestre.

Los tiburones abundan por doquier, especialmente gigantescos tiburones martillo, pero también son comunes los aletas blancas y se han visto hasta tiburones ballena en las cercanías.

Otros especimenes del mundo marino que habitan estas islas son mantas, delfines, atún y dorada.

Texto 19.1.6

CUBA

La cultura en Cuba

La cultura en Cuba se manifiesta de forma muy diversa. Hay ciudades como La Habana y Santiago de Cuba donde se manifiesta su magia, integrada por una mezcla de lo español con lo africano, lo francés y lo asiático. Pero la propia ubicación geográfica del país ha favorecido la penetración de múltiples influencias y corrientes exteriores. Esto puede explicar la proyección de lo autóctono y lo internacional en el discurso artístico-creativo de la Cuba de hoy.

En la literatura, las bellas artes, el ballet, el cine, hay inscritos grandes nombres de artistas cubanos. En el campo de la música, Cuba goza de un reconocimiento universal con el aporte de ritmos de gran aceptación tales como el danzón, el son, el bolero, el mambo y el cha cha cha, entre otros.

En la Isla están abiertos 265 museos, más de 100 galerías de arte, unos 70 teatros, 120 editoriales, 354 bibliotecas públicas, 315 casas de la cultura, 46 escuelas de arte y una Escuela Internacional de Cine en San Antonio de los Baños.

Por declaración de la UNESCO, el país tiene seis Patrimonios Culturales de la Humanidad: el Centro Histórico de La Habana Vieja y el sistema de fortalezas de la ciudad, el Centro Histórico de Trinidad, el Valle de los Ingenios, el Castillo de San Pedro de la Roca del Morro, las ruinas de los cafetales franceses de la Gran Piedra y el Parque Nacional Desembarco del Granma.

El cubano se manifiesta en su carácter alegre y en su sentido innato de la musicalidad y el ritmo que tienen su máxima expresión en las fiestas populares tradicionales que se celebran en la Isla. Se pueden destacar los carnavales de Santiago de Cuba, las Parrandas de Remedios y las fiestas de las charangas. Todas ellas complementan el acervo cultural de un país que es todo música, fiesta, baile y folclore.

ECUADOR

Cuenca – Circuitos y Rutas Turísticas

Dentro de las rutas que se pueden realizar en la ciudad de Cuenca y sus alrededores existen alternativas naturales y culturales:

La ruta de las artesanías

En el centro histórico se ubican la gran mayoría de los locales artesanales de la ciudad. Usted puede encontrar sombreros de paja toquilla, hojalatería, joyería, cerámica, tejidos y cuero en el sector ubicado entre las calles Gran Colombia, Presidente Borrero, Calle Larga y Juan Montalvo. Además en la Calle General Torres y Simón Bolívar existe una plaza artesanal, con 100 centros artesanales, en donde se conjugan las más bellas obras de artesanías de distintos puntos de la geografía azuaya.

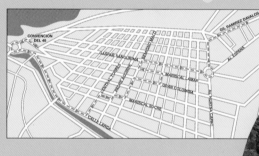

¿A dónde ir y qué ver en Cuenca?

Parque Nacional El Cajas (PNC)
A tan solo 30 minutos de Cuenca está el parque nacional El Cajas; un complejo de más de 200 lagunas...

Atractivos Naturales
Ubicada en los Andes Ecuatorianos, la ciudad de Cuenca goza de privilegiadas condiciones ambientales...

Museos
Gran parte de la identidad de Cuenca, a través de los siglos, está guardada en sus obras artísticas...

Iglesias
Como muestra de la religiosidad y el estilo artístico de la sociedad española que llegó a nuestras tierras...

Parques y Plazas
Cuenca posee parques y plazas que completan una ciudad que se ha conservado casi intacta a través del tiempo...

Edificios Patrimoniales
En la ciudad de Cuenca predomina la herencia española que nos fue dada hace más de 400 años...

Sitios Arqueológicos
La historia de Cuenca, indica que muchas culturas, civilizaciones, imperios y conquistadores...

EL SALVADOR

Turismo verde en El Salvador

Turismo Verde es la actividad de recreación, ocio, interpretación que se realiza en áreas ecológicas como Parques Nacionales, Corredores Biológicos, Montañas, etc. Está muy relacionado con el Ecoturismo y con el Turismo Rural por las buenas prácticas de sostenibilidad con que se desarrolla y por el tipo de escenarios en los cuales se realiza.

El Salvador es un país bendecido por la naturaleza en cuanto a su clima, la fertilidad de sus tierras, su luz y otras condiciones naturales, por lo tanto tiene mucho potencial en este tipo de turismo, son varios destinos que El Salvador posee con muy buena infraestructura turística para este segmento, entre ellos podemos citar:
Parque Natural Cerro Verde, Parque Deininger, Parque El Imposible y el Parque Montecristo

GUATEMALA

Petén

En esta región se puede apreciar en su máximo esplendor la grandeza de la Civilización Maya, a través de fascinantes sitios arqueológicos como el Parque Nacional Tikal, declarado Patrimonio Natural y Cultural de la humanidad por UNESCO; Yaxhá, Ceibal, Aguateca, San Bartolo, así como El Mirador, donde se ubica la pirámide más grande del mundo.

Es el más septentrional de los departamentos de la República: colindando al norte y al oeste con México y al este con Belice. Su extenso territorio esta considerado corno uno de los pulmones del planeta Tierra, debido a su exuberante vegetación. El departamento cuenta con varias zonas protegidas, destacando la Reserva de la Biosfera Maya, con más de un millón de hectáreas de bosque subtropical húmedo. Es el departamento con la vegetación más rica y abundante del país así como de fauna sumamente variada.

El nombre del departamento se deriva de vocablos precolombinos, ya que los mayas designaban "petenes" a sus islas, haciéndolo extensivo más tarde a todo el departamento. También sobresale por ser uno de los principales territorios de asentamiento de la cultura Maya en el periodo Clásico. Lo más recomendable para visitar este departamento es trasladarse por vía aérea desde ciudad de Guatemala, (30 minutos de vuelo aproximadamente) o bien por vía terrestre, (de 10 a 12 horas de viaje). En las poblaciones de Flores y Santa Elena encontrará todas las facilidades para la contratación de servicios. (hoteles, restaurantes, guías y vehículos de doble transmisión).

HONDURAS

Culturas Vivas

"Los más de trescientos años de historia colonial hispánica en Honduras, dejaron su huella en las numerosas construcciones religiosas, civiles y militares."

Más de un centenar de iglesias con ricas improntas y en su interior rica imaginería, platería y pintura que habla por si sola de la importante explotación minera que vivió la antigua Provincia de Honduras. Comayagua, Yuscarán, Tegucigalpa, Omoa, Trujillo y Gracias son algunos de los mejores ejemplos de este patrimonio.

La historia colonial de Honduras comienza en Trujillo en el año 1502,en su cuarto y último viaje al Nuevo Mundo, Colón se convierte en el primer europeo en tocar tierra americana. Un sacerdote que formaba parte de su tripulación, celebró la primera Misa en el Nuevo Mundo, en Punta Caxina.

MÉXICO

Cristianización, conquista...

Leyenda de los volcanes amantes

Este estado y su capital, Puebla de Zaragoza, conocida como Ciudad de los Ángeles, son consentidos de quienes buscan folclor, construcciones coloniales y gastronomía.

El estado de Puebla es uno de los destinos más representativos del México tradicional, hospitalario, artesanal, colorido y lleno de sabor que enamora a sus visitantes.

Según cuentan las leyendas, la ciudad de Puebla tuvo un origen divino, ya que fueron ángeles quienes, tirando de cordeles, trazaron sus calles en el sitio indicado por Dios.

Visitar Puebla es garantía de disfrutar de las delicias de la gastronomía: mole poblano, pipián, exóticos escamoles y gusanos de maguey o el tradicional "mole de caderas" de Tehuacán, en donde también se cocina un "pan de muerto" con mucho folclore. La repostería local también es digna de mención gracias a los dulces típicos.

En el estado se pueden visitar la pirámide e iglesia de Cholula o lugares de encanto étnico combinado con costumbres españolas, como Cuetzalan, Huejotzingo o Santa María Tonantzintla. Para los niños, existe un parque zoológico en Valsequillo y una amplia variedad de plazas y corredores en la capital.

Puebla es la ciudad con un mayor número de iglesias del país (se estima que 365) ya que fue el corredor entre la Ciudad de México y Veracruz, funcionando como reserva militar, minera y religiosa.

La antigua capital religiosa de la Nueva España es parte de la lista de Patrimonios Culturales de la Humanidad desde 1987 por sus bellos edificios coloniales de estilo barroco y el empleo de talavera en portales y cúpulas que han ganado fama internacional por su esplendor.

Fundada en 1531, alberga 310 edificaciones que datan de los siglos XVI y XVII, 61 de ellas fueron destinadas al culto religioso y 71 a fines educativos y servicios asistenciales. Casi todas ellas ahora operan como museos, entre los que destaca el de Arte Virreinal, con piezas de imponente belleza.

Entre las más visitadas se encuentran la Catedral, el Templo de Santo Domingo, el antiguo Palacio del Ayuntamiento, la Casa de los Muñecos, el Templo de la Compañía, el Edificio Carolino, la Casa del Alfeñique y numerosos templos católicos.

Esta es una ciudad que cuenta con atractivos para todo tipo de visitantes; desde sitios arqueológicos, museos y galerías hasta centros de diversión nocturna y restaurantes que dejarán satisfechos a los más exigentes.

Texto 19.1.12

NICARAGUA

Cayos Miskitos

El Archipiélago se localiza a 80 kilómetros al noroeste de Bilwi, sus extraordinarias aguas de color turquesa permiten apreciar los bancos de hierbas submarinas, está enclavado en pleno Mar Caribe, en un área de 40 kilómetros, está rodeado de arrecifes coralinos, y ubicado sobre una plataforma marina poco profunda con una afloración coralina cubierta de manglares que rodean la laguna de agua semidulce o salobre.

El núcleo del archipiélago lo integran más de 70 islotes de coral de diversos tamaños. El fondo marino de los Cayos Miskitos son los paisajes oceánicos más bellos de todo el Caribe. La pesca en los arrecifes coralinos es abundante, donde los pescadores Miskitos instalan casas palafíticas o estructuras de tambos donde se albergan en temporada de pesca de langostas.

Los fondos de los cayos, ricos en algas, albergan las más grandes colonias de tortugas verdes vegetarianas del Caribe. Las tortugas han constituido tradicionalmente una de las comidas básicas de la población local. También hay en los cayos buena cantidad de tortugas carey, tan apresada por su caparazón y también en peligro de extinción.

En los Cayos Miskitos (Miskito Cays), parte de los atractivos como actividades que se pueden desarrollar en estos cayos es la pesca artesanal, observación de aves, buceo profesional o amateur, convivencia con sus habitantes y sus costumbres.

PANAMÁ

Pintorescos pueblitos de la montaña

En la provincia de Coclé, cerca de la ciudad capital, existen pequeñas comunidades establecidas entre los montes, entrelazadas por una red de carreteras y caminos. Este circuito de gran atractivo paisajístico y cultural incluye pueblos como El Copé, en lo alto de las montañas, La Pintada, Las Minas, Tambo, Toabré, Churuquita Grande y otros más. El fresco clima de altura y los ondulantes caminos invitan a un recorrido pausado y tranquilo, visitando los poblados de casas tradicionales cuyas paredes de adobe y techos de tejas artesanales desafían el tiempo, mientras se disfruta el paisaje y se penetra en la esencia...

Texto 19.1.14

PARAGUAY

Principales 10 razones para visitar Paraguay

A continuación te citamos unas 10 razones para que no dejes de
hacer turismo en el Paraguay.

Un destino por descubrir
Un destino exótico del que poco se sabe, siendo este el atractivo
para visitarlo y descubrirlo. Les invitamos a apreciar los más
atractivos Paisajes de Paraguay.

Ubicación Geográfica
La propia ubicación natural, en el corazón de Sudamérica (Ver Mapa
de Paraguay), facilita incluirlo en circuitos turísticos con los países
de la región. Su capital Asunción esta a muy poco tiempo de vuelo
desde Buenos Aires, Montevideo, Santa Cruz de la Sierra, Santiago
de Chile, São Paulo, Río de Janeiro, Curitiba y Foz de Iguazú (incluso
esta última también tiene muy fácil acceso por carretera).

Clima y Temperatura
Con un clima subtropical y una temperatura anual promedio de 25°,
los visitantes pueden disfrutar de las actividades al aire libre, en un
ambiente sin contaminación y libre de polución.

Hotelería y Transportación
Hoteles de todas las categorías ofrecen al turista un
servicio personalizado de calidad internacional.
Los servicios terrestres son realizados
con buses modernos equipados con
aire acondicionado, además de gran
cantidad de servicios de taxis y alquiler
de autos.

Servicios

Los paraguayos son amables y hospitalarios por naturaleza, dispuestos siempre a brindar el mejor servicio. Con certeza los guías multilingües, altamente capacitados satisfarán a los más exigentes visitantes.

Seguridad

Paraguay por las características de sus habitantes, mantiene un estilo de vida tranquilo en contraste con otros países del mundo, hecho que propicia seguridad y descanso a quienes lo visitan.

Costumbres, Gastronomía, Artesanías y Folklore

* Asunción: Un lugar imperdible es la estación de ferrocarril, donde se puede realizar un viaje en locomotora a vapor que funciona desde el año 1867.

* Pueblos artesanales: Alrededor de Asunción encontraremos pueblos donde se fabrican artesanías de todo tipo, también la Villa Veraniega San Bernardino a orillas del Lago Ypacarai.

* Misiones jesuitas: Hacia el sur de Asunción se encuentran diferentes reducciones Jesuitas. Las Reducción de Trinidad es patrimonio de la Humanidad y es la que mejor restaurada se encuentra.

* Chaco Paraguayo: Región donde se combinan los bosques y el desierto, considerada como el segundo Pulmón de Sudamérica. Su atractivo principal es su peculiar flora, en la fauna se destacan el Tagua, el Yaguareté, Mborevi y el León Americano.

Compras

Tanto en Asunción como en Ciudad del Este, en modernos shoppings o en las tiendas de los microcentros el visitante podrá comprar productos artesanales y artículos importados de marcas de renombre internacional.

Precios y economía

En ningún lugar de Sudamérica y probablemente en ninguna parte del mundo se ofrecerán precios tan competitivos como los existentes en Paraguay, hecho recientemente publicado en la prensa internacional.

Asunción, la capital de Paraguay, recientemente ha sido nuevamente electa como "la capital más barata del mundo".

Texto

PERÚ

Las Líneas de Nasca figuran, sin duda, como una de las recompensas entre las atracciones turísticas del Perú. A 434 km. al sur de Lima, en las Pampas de Nasca o San José, se encuentra un inmenso desierto que se extiende desde las faldas de los Andes hasta el océano Pacífico.

Este desierto es el sitio de los famosos y espectaculares dibujos que representan animales (aves, reptiles y felinos), líneas y figuras geométricas, algunas visibles desde la tierra y otras desde el aire. Existe una torre de observación, pero el mejor escenario es el panorama aéreo. Se cree que los dibujos fueron hechos por antiguos peruanos alrededor del año 1000 d.C., incluso a pesar de existir huellas indicando que la zona fue ocupada desde 300 a.C. Las primeras exploraciones en la zona, en 1926, estuvieron dirigidas por el arqueólogo peruano Teodoro Mejía Xesspe, quien creía que las líneas eran caminos sagrados hechos por los Nasca. Más tarde, entre 1939 y 1940, el Dr. Paul Kosok de la Universidad de Long Island, Nueva York, sugirió una posible relación con la astrología y señaló que las líneas podían ser parte de un calendario astrológico. En 1946, la matemática alemana María Reiche, inspirada en la tesis del Dr. Kosok, se embarcó en la difícil tarea de realizar estudios y mediciones de estos enigmáticos dibujos.

La Dra. Reiche proclamó que Nasca es uno de los más importantes monumentos de los antiguos peruanos y uno de los más significativos de las civilizaciones precolombinas del continente americano. Uno de los aspectos impresionantes de estas figuras es la escala de sus diseños, algunos gigantes y otros relativamente pequeños, todos mostrando perfectas proporciones artísticas que se habrían logrado, según la Dra. Reiche, gracias a un proceso de ampliación utilizando cuerdas con medidas predeterminadas y excelentes conocimientos de geometría. Después de medir e identificar las orientaciones de la luna y del sol en relación a las posiciones de los dibujos, la Dra. Reiche sostuvo que servían para observar el horizonte, representar constelaciones, reconocer las estaciones del año e indicar el momento apropiado para plantar y cosechar. No hay espacio suficiente en este compendio para explicar la importancia de los hallazgos hechos por la Dra. Reiche en cuanto al significado de cada figura. Ella declaró: "Como he mencionado algunas veces, incluso a pesar de las diversas opiniones que existen sobre estos dibujos y sus significados, una cosa es cierta, y es que la existencia de estas figuras demuestra que los habitantes de la costa peruana alcanzaron un insospechado grado de cultura".

turismoperu.com

Texto 19.1.16

PUERTO RICO

San Juan, su capital, propone una amplia oferta cultural y de ocio a todo aquel que viaje a Puerto Rico. Su casco histórico amurallado, conocido como el Viejo San Juan, es famoso por los imponentes fuertes coloniales españoles de San Felipe del Morro, San Cristóbal y La Fortaleza, declarados Patrimonios de la Humanidad por la UNESCO, así como por la Catedral Metropolitana y la Plaza de Armas. En el norte de la isla destacan otras ciudades como Dorado, con una interesante oferta de campos de golf; Vega Baja, con maravillosas playas como Cerro Gordo; el Parque Nacional Cavernas del Río Camuy -un tesoro geológico de pasadizos subterráneos-, y el Radiotelescopio y Observatorio de Arecibo -el más grande del mundo-. Además, existen numerosos complejos turísticos en Condado e Isla Verde –en el municipio de Carolina-, así como animados casinos, exclusivas tiendas, modernos restaurantes y clubes nocturnos de salsa.

En la costa oeste de Puerto Rico encontramos algunas de las mejores playas para surfear como Tres Palmas o Sandy Beach, y bellos enclaves para practicar snorkeling como Playa Tamarindo, Playa Boquerón y la Isla de Desecheo. Una de las mayores curiosidades de la zona se da en la bahía bioluminiscente de Parguera, cuyas aguas brillan cuando son agitadas por el oleaje por obra de los organismos microscópicos que las habitan. También merece la pena visitar el pueblo de Rincón, conocido por sus bellas puestas de sol. En el sur, Ponce es una de las joyas de la isla, un auténtico museo al aire libre con más de mil edificios históricos de distintos estilos arquitectónicos. El interior de Puerto Rico está coronado por la Cordillera Central, de origen volcánico, un edén para quienes buscan viajes relacionados con el ecoturismo, mientras que la región del este agrupa interesantes ciudades como Las Piedras -famosa por su artesanía y jeroglíficos indígenas-, Río Grande –donde se emplaza el Bosque Pluvial El Yunque- y Fajardo -la marina más grande del Caribe desde donde pueden visitarse dos hermosas islas, Culebra y Vieques, con arrecifes coralinos y espectaculares playas como Flamenco y Bahía del Sol.

Texto 19.1.17

SANTO DOMINGO

Turismo Santo Domingo

Vive el Caribe y disfruta de La República Dominicana... ¡aquí es <u>verano</u> todo el año!

La música, la población, el clima...

Santo Domingo – La Capital

Más de 2 millones y medio de habitantes viven en esta gran metrópoli del Caribe. Santo Domingo es una ciudad llena de vida donde sus habitantes transitan durante el día y la noche sin parar. Coches particulares, autobuses o guaguas públicas cargadas de gente, motos, camiones y carros convierten a esta ciudad en la más ruidosa de la Isla. La mayoría de sus calles están trazadas en cuadrícula, similar a la de las grandes urbes de los Estados Unidos, influencia norteamericana que se deja notar en el nombre de muchas de sus avenidas y calles – Winston Churchill, John F. Kennedy, Abraham Lincoln, entre otras...

El sitio más tranquilo y apacible de la ciudad es la **Zona Colonial**, situada al lado del cauce del Río Ozama, nos muestra un gran pasado histórico de la primera ciudad fundada por Cristóbal Colón en el Nuevo Mundo.

URUGUAY

PUNTA DEL ESTE

"La Suiza de América"

Punta del Este es reconocido internacionalmente como el principal balneario de América. Se ubica en el departamento de Maldonado, a tan sólo una hora y media de la capital del país.

Divide el mar entre el Río de la Plata y el Océano Atlántico. El balneario creció hacia el oeste formando Punta Ballena y hacia el este creando La Barra y José Ignacio.

La extraordinaria variedad de ofertas como la belleza natural que rodea la península hacen de Punta del Este un lugar único.

Entre los deportes más destacados, podemos mencionar el surf, windsurf, jet-ski, motonáutica, vela, pesca, yachting, polo, golf, tenis y rugby.

Restaurantes, pubs, discotecas, tiendas de antigüedades, galerías de arte y miles de personas día y noche llenan las calles de Punta del Este en busca de diversión.

Texto 19.1.19

VENEZUELA

La Selva, adéntrate en lo salvaje

Ocupando aproximadamente el 25% del territorio nacional, en esta región se encuentra el Escudo Guayanés, una de las formaciones geológicas más antiguas del mundo, infrayacen en los llanos y forman parte del basamento de Los Andes.

Esta tierra de majestuosos tepuyes abarca los estados de Delta Amacuro, Bolívar y Amazonas y posee el segundo río más largo de Sur-América, el Orinoco, el cual forma en su nacimiento una formación deltáica que otorga su nombre al estado en el que se encuentra. Es impactante recorrer estos "caminos de agua" y observar la jungla en todo su esplendor.

Estas tierras se caracterizan por poseer bosques pluviales siempre verdes, o como también se le conoce "selva del Amazonas". Imponentes tepuyes se elevan en estos increíbles paisajes dando una impresión de estar realizando un viaje al pasado, en donde se observa el salto de agua más alto del mundo, El Kerepacupay Vena, también conocido como Salto del Ángel, llegando a alcanzar los 972 m de altura. Con todas estas características es fácil deducir que es en este mágico lugar donde se encuentra la fauna y flora más exótica que se pueda observar con unas 9.000 especies de plantas, esta zona está protegida casi en su totalidad por Parques Nacionales, entre los que se encuentran Canaima y la Serranía de la Neblina.

Sin lugar a dudas, la selva amazónica es un lugar que todos los habitantes del mundo deberían visitar alguna vez en la vida.

Manejo de texto

1 Después de haber leído las ofertas de viaje por América Latina, divide dichas ofertas en diferentes categorías: Viaje cultural, Viaje de aventura, Viaje de descanso, Viaje a parques naturales.

CULTURAL	AVENTURA	DESCANSO	PARQUES NATURALES

2 Elije la propuesta que te resulte más atractiva y crea tu propio itinerario explicando que vas a hacer, que medio de transporte vas a utilizar, los lugares que vas a visitar, las actividades que vas a realizar, y cuanto tiempo vas a estar en cada ciudad y/o país. Puedes simplemente elegir un país y conocerlo a fondo o visitar un grupo de países.

3 Con la ayuda de los mapas y de la información sobre viajes dentro de cada país, organiza un itinerario con mucho detalle.

Producción escrita

Opción 1: Imagina que estás viajando por uno o varios de los países que se han descrito. Escribe un blog sobre tu viaje, en el que incluyes fotos y toda la información que te parezca interesante.

Opción 2: Has viajado por un país hispanohablante y has decidido alojarte a régimen de Turismo Rural. Las condiciones de tu refugio no eran las que se ofrecían en la agencia de viajes (lugar aislado, difícil acceso, habitaciones sin acondicionar, comida sin elaborar…) Escribe la carta (o correo) de reclamación a la agencia de viajes quejándote sobre los servicios y rogándoles que te devuelvan el dinero.

Opción 3: Elige uno de los países que aparecen en la lectura y crea a partir de ahí el folleto informativo que distribuirá una agencia de viajes entre sus clientes.

Opción 4: Has visitado uno de los países más exóticos de América Latina y te han sorprendido las costumbres y los modos de vida. Hazle una entrevista a una persona local preguntándole sobre los puntos que te hayan causado más interés. Reproduce la entrevista.

Actividad oral individual

Mira todas las fotografías que aparecen ilustrando los textos y lee los titulares. A partir de ahí, prepara una presentación oral que describa el estímulo y que conecte con la cultura sobre la que has estudiado.

19.2 España

El Camino de Santiago

Por último vamos a realizar un recorrido por España: el Camino de Santiago. ¿Sabes algo sobre este famoso *Camino*? Antes de leer el texto que te incluimos a continuación, busca información: cuándo se inició y por qué, cuantas rutas hay, cuánto puede durar el recorrido, partes de Europa en dónde puede iniciarse el *Camino* y, para terminar, ¿cómo es posible que hoy en día esté tan de moda realizarlo? El itinerario que aparece en el mapa es el conocido como el Camino Francés.

Para más información sobre viajes en tren y en bicicleta dirígete a www.pearsonhotlinks.com y escribe el título o ISBN de este libro. Después, selecciona el enlace correspondiente, número 19.1, 19.2, 19.3 y 19.4.

Nota cultural
Películas relacionadas con este tema:
Diarios de motocicleta (2004) de Walter Salles, sobre un viaje en moto, de Ernesto Che Guevara y su amigo Alberto Granado, por Sudamérica.
Y tu mamá también (2001), de Alfonso Cuarón. Con un interesante viaje en coche desde México Distrito Federal, a las costas del Pacífico, en el suroeste de México.
The Way (2010), de Emilio Estevez, sobre un padre que quiere recuperar el cuerpo de su hijo, muerto mientras realizaba el Camino de Santiago.
Al final del camino (2009), de Roberto Santiago, sobre las relaciones de pareja y aventuras durante el recorrido del Camino de Santiago.

Mapa del Camino Francés ▶

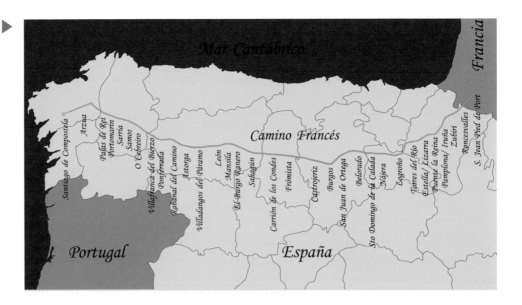

ESPAÑA**CULTURA**

Preparar el Camino de Santiago

En esta página se incluyen algunos consejos y cosillas que pueden ser útiles a la hora de preparar el Camino de Santiago.

Preparativos para hacer el Camino

Vamos a lo que vamos... Si te has decidido a hacer el Camino habrá algunas cosas que
5 tendrás que preparar antes de salir:

¿Cuándo ir?: En teoría, se debe preparar el camino para llegar a Santiago el día 25 de Julio (día del apóstol). Es lo que hacen miles de personas... ¿Cuál es el problema? Pues eso, que lo hacen miles de personas y el Camino está bastante colapsado, los albergues repletos y los establecimientos que atienden a los peregrinos desbordados (esto pasa sin ser Año
10 Jacobeo, así que imagina este año...). Si tus intereses religiosos son tan fuertes, adelante; si no, yo elegiría una época más tranquila (como la primavera) para hacer el Camino.

El itinerario: Lo primero es decidir el punto de partida y la ruta a seguir. Como se ha dicho antes, el itinerario más famoso y utilizado es el camino francés. Por eso encontrareis fácilmente documentación de esta ruta si es la que finalmente elegís. Es conveniente, una
15 vez que se tenga la documentación sobre la ruta y los albergues, hacer una planificación de las etapas que se realizarán. Por ahí recomiendan hacer entre 25 y 30 kilómetros diarios y descansar una jornada cada siete días. Yo prefiero hacer menos kilómetros, andar tranquilamente, disfrutar de los paisajes y conocer cada uno de los maravillosos pueblos que se cruzan en el trayecto.

20 **La acreditación de peregrino:** Para hacer uso de los albergues, es necesario poseer un documento que te acredite como peregrino. Puedes conseguir esta acreditación a través de las autoridades eclesiásticas de cualquier ciudad española o en iglesias, ayuntamientos y comisarías de policía de las ciudades y pueblos del Camino. En esta acreditación aparece tu nombre y el punto de partida de tu viaje. A lo largo del Camino
25 puedes ir añadiendo sellos que acrediten los puntos por los que has pasado. Una vez en Santiago, podrás conseguir la Compostela (documento que certifica que has hecho el camino) en la oficina del peregrino si has recorrido más de 100 kilómetros.

La mochila: Perfecto, ya tienes lista la ruta y la acreditación de peregrino. Ahora hay que hacer la mochila. ¿Qué llevar? Depende, sobre todo, de la época del año en que
30 hagas el Camino. A pesar de todo, ten en cuenta que al tercer día te va a pesar hasta el alma... Mi recomendación es:

- Calzado cómodo para andar. El camino no tiene grandes dificultades y, si hace buen tiempo, es mejor utilizar unas zapatillas de deporte cómodas (si llueve, ya es otra cosa...).

35 - Calzado cómodo para descansar. Es importante tener unas zapatillas cómodas para descansar los pies después de una jornada de camino.

- Un saco de dormir. Si se va a dormir en albergues, no es necesario un saco de alta montaña. Lo importante es que pese poco.

- Un poncho para la lluvia. Es importante llevar un impermeable que cubra la
40 mochila. Una solución clásica de emergencia para la lluvia son las bolsas grandes de basura.

Ropa: Lo mínimo. Si se va en verano, se puede subsistir con tres mudas de ropa interior (que se lavan diariamente y se secan colgadas a la mochila al andar), unos pantalones cortos para andar, otros largos para ponerse "de limpio", tres camisetas
45 de manga corta y un jersey para la noche. Si vas en época de lluvia, la cosa cambia. Ten en cuenta que, por mucho impermeable que lleves, terminarás con los pies empapados y si llevas pantalones largos también. Yo recomiendo llevar pantalones cortos para andar, miles de calcetines y botas de montaña que resistan bien la lluvia. Recuerda siempre la regla de oro: lo que llevas, pesa.

50 - Un sombrero o gorra para el sol (si se va en verano)
- Una cantimplora (o la clásica botella de agua). Ojo, las fuentes no son tan abundantes como cabría pensar.
- Una navaja multiusos
- Una linterna
55 - Un pequeño botiquín. Ten en cuenta que las rozaduras, ampollas y torceduras son lo más común.
- La documentación recopilada con las etapas a realizar, los puntos de interés, las direcciones y teléfonos importantes, etc.

Hacer el Camino
60 Algunas cosas a tener en cuenta a la hora de hacer el Camino son:

Sobre los albergues:

Aunque hay albergues a lo largo de todo el camino francés, la mayor concentración se da en la comunidad gallega. Suele haber albergues cada 10 o 15 kilómetros.

65 Los albergues son gratuitos, aunque se puede dar una cantidad de dinero como agradecimiento.

Se da prioridad en el alojamiento a los peregrinos que hacen el Camino andando frente a los que lo hacen en bicicleta.

Conviene consultar con otros peregrinos las características de los albergues visitados y por visitar. Ellos te indicarán los mejores y te aconsejarán los que debes evitar (que
70 también los hay).

Sobre las distancias: La información sobre distancias entre etapas es, en ocasiones, contradictoria dependiendo de la fuente consultada. Ten en cuenta, a la hora de planificar, que puedes encontrarte con cinco kilómetros extra en cualquier momento.

Otros peregrinos son la mejor fuente de información. Ten en cuenta que algunos han
75 hecho el Camino en numerosas ocasiones, conocen los lugares que merece la pena visitar y los que conviene evitar. Habla con la gente.

Consejos varios: Si llueve, compra un periódico. Sus hojas absorben muy bien la humedad y te ayudarán a secar el calzado por dentro.

spain-culture.com/caminodesantiago.ws

Peregrinos haciendo el Camino ▶

Actividad oral individual

Describe los estímulos visuales utilizando como guía las preguntas que se ofrecen

Ciudad medieval, peregrinos modernos

¿Religión o superstición?

 Para más información
sobre viajes a pie, dirígete a
www.pearsonhotlinks.com
y escribe el título o ISBN
de este libro. Después,
selecciona el enlace
correspondiente, número
19.5 y 19.6.

◀ Catedral de Santiago de
Campostela

Producción escrita

Mira el mapa que reproduce el "Camino francés" y lee las instrucciones para preparar el itinerario. Imagina
que has hecho a pie un tramo del Camino. Escribe la entrada en una página de tu diario dónde describas
las impresiones más destacadas de tu recorrido.

Interculturalidad

Compara los países que has visto en este capítulo, sus posibles itinerarios, paisajes, interés histórico,
geográfico, cultural, etc., con tu propio país. ¿Hay alguno que se parezca al tuyo? O ¿hay algunas
características semejantes? Busca fotos y haz una presentación oral describiendo tu país, y compáralo con
las fotos de uno o más de los países hispanohablantes explicando esas semejanzas.

Consejos para el examen

En este capítulo se ofrece la oportunidad de relacionar los estímulos visuales con aspectos de la cultura.
Al describir la fotografía debes resaltar lo que representa culturalmente y dar pie a una conversación
basada en el evento cultural representado por la imagen.

Te recordamos que la conversación libre tras la descripción debe relacionarse con otro de los temas
opcionales que hayas estudiado.

Creatividad, Acción, Servicio

Reúne, con otros estudiantes si es necesario, dinero a través de distintas actividades, para poder realizar
un viaje dentro del país, o fuera, con la intención de aprender algo nuevo y a la vez colaborar con algún
proyecto de interés.

 Fijándote en los países
incluidos en este capítulo,
¿puedes pensar en
razones geográficas
y climatológicas
que justifiquen
ciertas características
idiosincrásicas? ¿Crees
que la geografía y el
clima pueden tener
alguna influencia en
la idiosincrasia de los
pueblos?

PRÁCTICA - TEXTOS DE EXÁMENES IB

ESPAÑOL B – NIVEL MEDIO – PRUEBA 1
Noviembre 2009

TEXTO B

Ecuador: un país estratégico para el turismo

El turismo es una importante fuente de recursos económicos para Ecuador y eso tiene sus razones.

❶ Si usted es un amante de la naturaleza, en la ruta del Cotopaxi podrá conocer el volcán activo más alto del mundo, el Cotopaxi. La accidentada geografía del sur de los Andes ecuatorianos brinda paisajes inigualables, lugares ideales para aquellas almas solitarias que buscan la calma lejos del ruido y el estrés de las grandes ciudades. Este parque natural es un paraíso mágico para experimentar la adrenalina del deporte de aventura, pescar, observar maravillosas especies exóticas de animales y plantas (Ecuador está considerado como uno de los 17 países donde está concentrada la mayor biodiversidad del Planeta), y descubrir ruinas milenarias.

❷ Además conocerá a los encantadores habitantes de lugares donde las costumbres se mantienen intactas, al igual que sus secretos culinarios, y sus artesanías. De este modo, al visitar mercados de más de 500 años de historia, usted podrá adquirir un sinfín de artículos típicos fascinantes.

❸ Ecuador posee una amplia gama de culturas. En sus tres regiones continentales conviven 13 nacionalidades indígenas, que tienen su propia cosmovisión. Y, en las urbes, viven principalmente mestizos, blancos y afroecuatorianos.

❹ El idioma oficial es el castellano, [– X –] hay además otras muchas lenguas indígenas. Muchas de estas nacionalidades y pueblos aprovechan los recursos de la tierra [– 18 –] dar vida a la artesanía. La forma de vida de los pueblos, su religión, mitos e imaginarios aparecen representados alternativamente [– 19 –] la producción de tejidos, la fabricación de sombreros o el tallado de madera. Hombres y mujeres saben cómo dominar y dar forma al barro [– 20 –] a las fibras vegetales.

www.vivecuador.com (Texto adaptado)

TEXTO B — ECUADOR: UN PAÍS ESTRATÉGICO PARA El TURISMO

Basándose en los párrafos ❶ y ❷, relacione cada principio de frase de la columna de la izquierda con el final adecuado de la columna de la derecha para formar frases completas, como en el ejemplo.

Ejemplo: El Cotopaxi... (B) es el volcán más importante de Ecuador.

1   El Sur de los Andes…

2   El deporte en la zona…

3   El habitante típico del lugar…

4   El pasado histórico…

A   ofrece paisajes de mucha tranquilidad.

B   **es el volcán más importante de Ecuador.**

C   es un volcán inactivo.

D   provoca muchos accidentes.

E   es habitualmente muy simpático y amigable.

F   es bastante poco comunicativo.

G   permite cazar variadas especies de animales.

H   está presente en los objetos tradicionales que se venden.

I   es especialmente atractivo para los que aman el peligro.

J   ya no deja huellas en los lugares comerciales.

Busque en el párrafo ❸ la/s palabra/s o expresiones equivalentes a las siguientes.

5   Grupo humano originario

6   Manera de interpretar el mundo   *Llene cada espacio en blanco del párrafo* ❹ ❺ *con una de las palabras que vienen a continuación. CUIDADO: Hay más palabras que espacios.*

CON	NI	POR
DE	PARA	Y
EN CAMINO	**PERO**	

Ejemplo: [– X –] _____ pero _____

7   _____

8   _____

9   _____

TEMAS OPCIONALES: OCIO
JUEGOS Y DEPORTES

Objetivos:
- Analizar el papel de los deportistas famosos como ídolos de la juventud
- Describir estímulos visuales relacionados con los triunfos deportivos
- Utilizar la información pertinente para preparar una entrevista
- Aprender sobre las diferencias culturales del deporte
- Conocer juegos tradicionales de la cultura hispánica
- Describir visualmente esta cultura popular
- Usar estímulos visuales para explicar la adición al juego
- Utilizar información para escribir una carta formal

Este capítulo está dedicado a dos actividades de ocio muy populares en la cultura hispanohablante: los deportes y los juegos de sociedad. Vamos a empezar hablando de una estrella del deporte (Rafael Nadal) y seguimos con el fenómeno futbolístico. Finalizamos con juegos de sociedad, o apuestas, y exploramos una consecuencia negativa de su uso: la ludopatía.

 20.1 ## Los deportes

Actividad oral individual

Rafael Nadal ▶

Basándote en la frase de Gasol en la página siguiente, y en la fotografía de Rafael Nadal, descríbela respondiendo a la pregunta que se ofrece como guía.

Rafa: Ejemplo para los jóvenes. ¿Son los deportistas de élite modelo de conducta?

Texto 20.1.1

RAFAEL NADAL – una biografía

"Rafa Nadal nos hace vibrar, es un gusto verle sobre la pista. Es muy bueno para España que haya salido alguien que es un ejemplo para los jóvenes. Seguro que crea escuela y habrá más tenistas en el futuro." Pau Gasol

- Sus padres se llaman Ana María Parera y Sebastián Nadal y nació en Manacor, Mallorca en las Islas Baleares.

- Es sobrino del futbolista Miguel Ángel Nadal. Aunque al principio fue conocido por este hecho, con el tiempo se ha ganado un nombre y se le conoce sólo como tenista.

- En la final de la Copa Davis 2000, y como premio a sus buenos resultados en las categorías inferiores, Rafael Nadal fue el encargado de portar la bandera española en la presentación de los equipos.

- Rafa Nadal ganó su primer torneo a los ocho años, en Baleares. Ha batido récords de precocidad en el circuito uno detrás de otro. Es el jugador que ingresó antes – a los 17– años – en la selecta lista de los 100 mejores tenistas del mundo que elabora la ATP. También tras Michael Chang, es el segundo jugador más joven en ganar un torneo Masters Series. Y también, con 17, llegó a la tercera ronda de Wimbledon. Además, ha sido el jugador más joven en ascender al quinto puesto de la Lista de Entradas desde que lo lograra Michael Chang.

- Tuvo que abandonar los estudios en 4° de ESO para dedicarse al tenis exclusivamente.

- Rafael Nadal es el más joven ganador de la Copa Davis con 18 años y 187 días, superando al australiano Pat Cash, 18 años y 215 días. Nadal ya era el jugador español más joven en debutar en una eliminatoria de Copa Davis, cuando disputó su primer partido el seis de febrero de 2004.

- En 2004 ganó su primer torneo del circuito ATP al derrotar en la final de Sopot al argentino Acasuso. Además, fue finalista en Auckland, mientras que ganó el título de dobles en Chennai, junto a Robredo. Además, fue el gran protagonista junto a Carlos Moyá en la consecución de la Copa Davis en la final disputada en Sevilla ante Estados Unidos.

- Su tenis está basado en la constancia, en no dar ningún punto por perdido y en no temer a ningún rival. Su autoconfianza es tal que su frase más oída es "Mi modelo soy yo. Siempre he estado el primero en las distintas categorías y trato de seguir mi propio rastro".

- Rafa Nadal es una persona sencilla, humilde y muy madura.

- Tras la brillante campaña del año 2008 con su victoria en Wimbledon y su histórica final contra Roger Federer, Rafa se ha proclamado el jugador número 1 del tenis mundial.

- En 2010 ha conseguido incluirse en el exclusivo grupo de los 7 tenistas que han ganado los cuatro Grand Slam en la historia.

- Además del tenis le gusta ir a pescar, jugar al golf y a la Playstation.

Contenidos

1 Completa las siguientes frases según el sentido del artículo:

a Al principio fue reconocido como el sobrino de un futbolista…

b Llevó la bandera española…

c Ha sido el jugador más joven…

d Rafael es más joven que…

e En general, 2004 fue…

f Sus mayores virtudes como tenista son…

g Sus virtudes personales son…

h Finalmente, en 2008…

i Le gustan otros deportes como…

Producción escrita

Con toda la información que has obtenido tras la lectura de este texto debes preparar una entrevista a Rafael Nadal. Debes guiarte por el contenido del texto; imagina que cada párrafo es la respuesta a una pregunta; no te olvides de hacer las modificaciones necesarias en las respuestas de Nadal (10 preguntas y 10 respuestas).

Actividad oral individual

Triunfo de Nadal en el Open de Estados Unidos 2010
¡Sueño logrado! ¡Los Cuatro Grand Slam!

Basándote en la fotografía, descríbela ayudándote de los títulos que se ofrecen como guía.

Sueños: ¿Qué pasa cuando no se realizan nuestros sueños?

Fútbol: Pasión por el deporte

El fútbol es el deporte rey tanto en España como en América Latina. La proclamación de España como Campeona del Mundo en el Mundial de Sudáfrica 2010 no ha hecho sino aumentar esta pasión, ¿o quizá fanatismo?, por este deporte. Lionel Messi, jugador argentino, ha ganado el Balón de Oro por sus éxitos en la temporada futbolística. Las selecciones de Uruguay y México también cuentan con éxitos importantes en su historia deportiva.

Popularidad del fútbol

A propósito del mundial de Sudáfrica 2010 el mundo se puso a la expectativa durante treinta días de todo lo acontecido en este gran torneo. Una de las cosas que más ha llamado la atención es como el fútbol une a las personas, a las culturas de todo el mundo y como los pueblos se unen a una sola voz para disfrutar de todo lo que puede ofrecer el futbol a cualquier nivel. Es impresionante como las personas pueden disfrutar de los torneos de fútbol sacándole el máximo de provecho. Una de las cosas más importantes en este sentido tiene que ver directamente con todo lo relacionado a la popularidad. Todos sabemos que el fútbol es el deporte con una mayor cantidad de aficionados en todo el mundo pero que sobre todo es un deporte que tiene millones de adeptos y que ahora ha estado ganando muchos aficionados más.

Actividad oral individual

◀ ¡CAMPEONES! Johannesburgo
11 de julio de 2010

Basándote en la fotografía, descríbela ayudándote de los títulos que se ofrecen como guía.
El fútbol ¿más que un deporte?

Texto **20.1.3**

Escuelas de fútbol en toda América Latina

Una de las cosas que han sorprendido mucho en los últimos años es como en algunos países donde no se juega fútbol por tradición, como es el caso de la República Dominicana, haya algunas iniciativas donde se estén abriendo escuelas de fútbol en muchos lugares, lo cual es algo que está atrayendo a más personas al mundo del fútbol. Ya hay incluso universidades, como es el caso de la UNPHU, que dentro de su matrícula deportiva incluyen el fútbol y tienen una escuela con entrenadores de Argentina. También en la ciudad de Santo Domingo hay una escuela de fútbol en un colegio donde los jóvenes van a jugar y a practicar por las tardes y también tienen una escuela de verano especializada en esto. Hay otros países como Puerto Rico que han ido aprendiendo la lección y practicando mucho fútbol lo cual ha llevado este deporte a un nivel de negocio bastante importante.

Actividad oral individual

Argentina: Leyendas vivas del fútbol ▶

Para más información sobre la relación entre deporte y salud, dirígete a www.pearsonhotlinks.com y escribe el título o ISBN de este libro. Después, selecciona el enlace número 20.1.

Basándote en la fotografía, descríbela ayudándote de los títulos que se ofrecen como guía.
Diego Maradona ¿Ídolo o víctima? "La fama es efímera".

Texto 20.1.4

Prospectivas para el mundial de fútbol

El mundial de fútbol que fue celebrado en Sudáfrica ha creado un ambiente mundialista en todas partes. Hoy en día las personas son más aficionadas al fútbol que en otras épocas. Lo más importante de todo esto es que el fútbol se ha convertido en un ente en el que muchas personas pueden disfrutar en todo el mundo. El futuro del fútbol de cara a los próximos campeonatos es muy positivo ya que el mundial ha influido mucho en el gusto de muchos jugadores, que están aprendiendo a sacarle provecho y ventajas a todo lo que el fútbol en sí representa. Los nuevos aficionados del fútbol serán mucho más populares en los próximos años y esto es gracias a esta nueva etapa.

acecmt.com

Actividad oral individual

◀ La pasión por el deporte: Los aficionados llenan los estadios cada domingo.

Basándote en la fotografía, descríbela ayudándote del título que se ofrece como guía.

Fútbol: ¿deporte de masas o negocio de unos pocos?

Contenidos

1 Expresa tu opinión o tus reacciones ante las opiniones (o afirmaciones) que aparecen en los textos:

a *El fútbol une a las personas, a las culturas de todo el mundo. Los pueblos se unen en una sola voz.*

b *Todos sabemos que el fútbol es el deporte con una mayor cantidad de aficionados en todo el mundo.*

c *En algunos países donde no se juega fútbol por tradición, hay algunas iniciativas donde se están abriendo escuelas de fútbol en muchos lugares, lo cual es algo que está atrayendo a más personas.*

d *Hoy en día las personas son más aficionadas al fútbol que en otras épocas.*

e *El mundial ha influido mucho en el gusto de muchos jugadores, que están aprendiendo a sacarle provecho y ventajas a todo lo que el fútbol en sí representa.*

 Para más información sobre deportes, dirígete a www.pearsonhotlinks.com y escribe el título o ISBN de este libro. Después, selecciona el enlace número 20.2.

Producción escrita

Opción 1: Leyendo sobre los países de habla española, has descubierto que allí los deportes no son parte integral de la vida escolar sino actividades de tiempo libre. Escribe un artículo para una publicación juvenil de deportes explicando lo que piensas y si te parece que los deportes deben ser parte de los programas educativos.

Opción 2: ¿Es el fútbol un negocio más que un deporte? Escribe un ensayo donde analices esta afirmación y justifícalo con ejemplos concretos. (Fichajes millonarios, traspasos, etc.)

20.2 Los juegos de sociedad

Texto 20.2.1

Juego Tradicional de Lotería en México

Juego Tradicional de la Lotería en México

El juego de la Lotería, muy popular en México, es un juego de azar que se juega colocando frijoles u otras semillas sobre tablas con diferentes ilustraciones según aparezcan éstas al extraerlas de un mazo o baraja de 54 cartas. Su manera de jugarse es muy similar a la de otro juego muy popular y más extendido: el bingo. En esta variante las tablas no contienen imágenes o ilustraciones sino números. Las ilustraciones del juego mexicano representan personajes de la vida diaria como el catrín o el borracho, fenómenos naturales como la luna o el perico y seres míticos o sobrenaturales como el diablo o la muerte.

Modo de jugar

En el juego de la Lotería es necesario el gritón, persona que improvisa versos o rimas para describir la ilustración, en muchos casos estos versos reflejan temas de actualidad y siempre deben provocar a los jugadores. Normalmente el gritón abre el juego con esta frase: "¡Se va y se come con la vieja del pozole!" o "¡Come y se va corriendo!"

Los jugadores deben estar prestando atención ya que el gritón no puede volver a cantar una carta anterior. Según las cartas van siendo cantadas, los participantes van poniendo las semillas u otro marcador como monedas o piedrecitas sobre sus tablas. Gana el primero que llene la tarjeta que normalmente contiene entre 9 y 12 ilustraciones. El ganador debe gritar ¡Lotería! o ¡Buenas! para dar el juego por terminado.

Hay ocasiones, como en ferias u otros eventos, donde suele jugarse con dinero o compitiendo para ganar un premio. Para participar en esta modalidad cada participante debe pagar una cuota que se entrega al gritón o a un asistente. El total del dinero acumulado se llama "la vaquita" por la tradición mexicana en la que las comunidades rurales contribuyen con un dinero para comprar una res para celebrar una comida colectiva.

Cuando se juega sin una apuesta de dinero o por un premio se llama jugar "de a frijolito" por ser los frijoles los que van marcando en la tarjeta las ilustraciones que se cantan.

Aunque la Lotería suele jugarse en lugares públicos como ferias o festivales, también es una actividad de ocio casero y familiar; por eso es muy popular y está a la venta en los mercados públicos y en las papelerías de las ciudades.

Actividad oral individual

◄ Juegos de mesa: la Lotería entre amigos

¿Se juega por frijoles o por pesos?

◄ Popularidad del Juego de la Lotería entre todas las clases sociales

¿Son las mujeres más aficionadas a este juego?

Basándote en los estímulos visuales y en la información que has aprendido tras la lectura del texto, descríbe las fotografías ayudándote de las preguntas que sirven de guía.

Contenidos

1 Después de leer la descripción del juego de la Lotería completa las siguientes actividades.

   a ¿Qué tres objetos son necesarios para jugar a la Lotería?

   b ¿Cómo se llama al conjunto de las 54 cartas?

   c ¿En qué tres categorías se dividen las ilustraciones de las cartas?

   d ¿Cuál es el papel de *El Gritón*?

   e ¿Cuáles son las partes más importantes en el desarrollo del juego?

   f ¿Qué es *la vaquita*?

   g ¿Por qué se llama así?

   h ¿Qué quiere decir jugar *de a frijolito*?

Adicción a los juegos de azar

Otros nombres: jugador compulsivo, jugador patológico, ludopatía

Muchas personas disfrutan de los juegos de azar, ya sea apostándole a un caballo o jugando al póquer por Internet. La mayoría de las personas que juega no tiene ningún problema, pero algunas otras pierden el control sobre el juego. Los signos de que existe un problema incluyen:

- pensar continuamente en el juego
- mentir acerca del juego
- utilizar tiempo familiar o laboral para el juego
- sentirse mal después de jugar pero no dejar de hacerlo
- jugar con el dinero que se necesita para otras cosas

Muchas personas pueden controlar el juego compulsivo con medicinas y terapia. Los grupos de apoyo también pueden ser de ayuda.

nlm.nih.gov

Actividad oral individual

Ludópata: ¿Obsesión por el juego? ▶

"Las cartas boca arriba": La verdad de los juegos de apuestas.

◄ Efectos colaterales:

La ludopatía lleva al consumo excesivo de tabaco y alcohol.

Basándote en los estímulos visuales, descríbelos sirviéndote de los titulares que sirven de guía.

Producción escrita

Un miembro de tu familia o un amigo está empezando a jugar de un modo compulsivo según muestran los cinco puntos que describen la sintomatología de un ludópata en el texto; escribe una carta/ correo a un psicólogo explicándole la situación y solicitando consejos para ayudarlo.

Interculturalidad

¿Son populares los juegos de azar en tu cultura? ¿Se juegan apuestas?

¿Qué deporte es más popular? ¿Son los deportes parte de la educación o del ocio?

Consejos para el examen

Ten cuidado con el uso del registro, lo más importante es que seas coherente con su uso y no aparezcan los dos registros alternándose a lo largo de tu redacción. Opta por el más apropiado a la tarea y al mensaje y sé constante.

Recuerda: Los verbos para el registro formal (usted) adoptan la forma de la tercera persona. Pueden usarse imperativos para ambos registros pero es más elegante utilizar los mandatos indirectos con presente de subjuntivo (Siéntese [mandato]/Le ruego que se siente [mandato indirecto]).

Creatividad, Acción, Servicio

Puedes entrenar a estudiantes menores o a sus compañeros en los deportes, o juegos, en los que seas experto. Organiza un calendario de acuerdo con las estaciones del año.

 Hay deportistas que ganan muchísimo. ¿Crees que se lo merecen cuando son verdaderamente excepcionales? ¿Son todos los grandes deportistas un modelo a seguir para la juventud en general? Explica tus opiniones al respecto.

PRÁCTICA - TEXTOS DE EXÁMENES IB

ESPAÑOL B – NIVEL MEDIO – PRUEBA 1
Noviembre 2010

TEXTO C

El verano más feliz de mi vida

❶ Acababa de romperme la rodilla. Yo era alero-pivot en mi equipo de baloncesto y en una de las jugadas pisé mal. Seguí jugando con la rodilla rota hasta el final del partido, pero ya en frío, me di cuenta de que no podía andar…

❷ La operación era sencilla porque se trataba sólo de extraer el cartílago de la rodilla. Me lo sacaron en Lugo: una intervención quirúrgica, cuatro días de tenerme internada, y nada de eso me importó. Yo esperaba el verano, pero cuando salí del hospital, escayolada* hasta medio muslo, ya sabía que no iba a poder nadar ni bailar ni correr. Sólo la idea de llevar una muleta y la importancia que eso me daba a mis 13 años, me sirvieron de consuelo. Por aquella época acababan de abrir el pub Leyton. Cuando la música empezaba a sonar en ese lugar ruidoso y agitado, yo, con la pierna inmóvil, me quedaba sentada.

❸ Todas las mujeres deberían de tener una pierna escayolada; eso te convierte en mejor persona. A hacerme compañía se quedaban aquellos precisamente a los que yo nunca haría caso en circunstancias normales. Así me fijé en Antonio, que me venía a ver los primeros días a casa, cuando todavía no podía ni andar. Tenía una delgadez extrema y aparatos en los dientes. Cuando hablábamos, me miraba a los ojos, cosa que no hacía ningún chico de mi pueblo, y con los infrarrojos de la discoteca, su cara parecía la de un animal acosado que no toma la iniciativa, pero te mira de frente, dispuesto a actuar cuando sea necesario.

❹ Antonio era el único que se ofrecía a acompañarme, y a mí me daba una vergüenza horrorosa aquel largo trayecto a su lado que se hacía infinito, porque yo avanzaba a saltitos de poco más de una baldosa, y todo ese tiempo de sufrimiento y costoso avance aún me daba para pensar que si no tuviera la pierna escayolada, Antonio nunca se habría atrevido a acercarse a mí. Cuando doblábamos la primera esquina, yo ya empezaba a angustiarme y cuando, con mi difícil marcha, pasábamos por delante de la puerta de su casa, una nube de bochorno me cubría entera.

❺ Al tercer o cuarto día empecé a sentirme tranquila a su lado. Yo creo que lo que a mí me contrariaba tanto, la lentitud exasperante, a Antonio era lo que más le gustaba. Al sexto o séptimo día, cuando yo ya andaba mucho mejor, me sentía muy cómoda y el camino comenzó a hacerse más corto. Además, nunca llegábamos hasta mi portal; él me dejaba en el semáforo, unos metros antes.

❻ La última semana antes de que me quitaran la escayola, Antonio parecía un poco más triste y nervioso. El día antes de viajar a Lugo para desprenderme al fin de aquella coraza que me hacía más lenta y más buena, Antonio y yo caminamos despacio y avanzamos hasta mi portal. Allí Antonio me acercó los labios y sentí el frío de sus dientes torcidos y sus ojos que buscaban los míos.

❼ – Mañana te quitan la escayola.

–Ya.

– ¿Y a qué hora vuelves?

– No sé.

Antonio se quedó mirándome y luego me dijo algo que no he leído después en ningún libro.

– Mañana ya no querrás que yo te acompañe. Si lo hiciera, ya no tendrías más remedio que casarte conmigo, y tú aún tienes que recuperarte. Pero si algún día cuando seas mayor vuelves a romperte una pierna, llámame, ¿vale?

❽ Antonio se fue y mi madre bajó para ayudarme a subir las escaleras. Al día siguiente me quitaron la escayola, pero ya no encontré por la tarde a Antonio en el pub. No sufrí por él. No me hizo llorar.

No sé si fue el verano más feliz de mi vida, pero hasta es posible que sí.

* escayola: material duro que se emplea para inmovilizar la parte del cuerpo que ha sufrido una fractura.

Luisa Castro (escritora española) (Texto adaptado)

TEXTO C — EL VERANO MÁS FELIZ DE MI VIDA

Basándose en los párrafos ❶, ❷ y ❸ del texto, conteste a las siguientes preguntas o indique la opción más apropiada, según corresponda.

23 ¿Qué expresión del texto indica que la protagonista tomó conciencia de su lesión cuando ya no estaba en movimiento?

Complete el cuadro siguiente, como en el ejemplo.

En la expresión…	la/s palabra/s…	en el texto se refiere/n a…
Ejemplo: Me lo sacaron en Lugo… (*línea 6*)	"lo"	cartílago
24 la importancia que eso me daba… (líneas 9 –10)	"eso"	
25 ese lugar ruidoso y agitado… (línea 11)	"ese lugar"	

26 ¿Por qué la protagonista piensa que "…tener una pierna escayolada… te convierte en mejor persona"? (línea 13)

    A   Porque permite conocer nuevos pubs.

    B   Porque permite valorar a la gente de otra manera.

    C   Porque deja tiempo libre para escuchar música.

    D   Porque crea interés por actividades desconocidas.

27 Cuando la protagonista compara la cara de Antonio con la de "un animal acosado que no toma la iniciativa, pero te mira de frente, dispuesto a actuar cuando sea necesario", (líneas 18–19) ¿qué características de Antonio intenta destacar?

    A   Es valiente e impetuoso.

    B   Es sincero y agresivo.

    C   Es cauteloso y valiente.

    D   Es paciente e hipócrita.

Busque entre las líneas 23 – 25 las expresiones equivalentes a las siguientes.

28 a mí me daba una vergüenza horrorosa (línea 20)

29 costoso avance (línea 22)

Las siguientes frases referidas a los párrafos ❺ y ❻ son verdaderas o falsas. Indique con [✔] la opción correcta y escriba las palabras del texto que justifican su respuesta. Ambas respuestas son necesarias para obtener un punto. Se facilita un ejemplo.

Ejemplo: Con el correr del tiempo, la protagonista tomó con calma la compañía de Antonio. ✔

Justificación: … Al tercer o cuarto día empecé a sentirme tranquila a su lado.

30 A Antonio le molestaba caminar al ritmo de la protagonista.

Justificación:

31 En los últimos días que pasaron juntos, a Antonio le cambió el estado de ánimo.

Justificación:

32 El último día que Antonio acompañó a la protagonista, los dos chicos hicieron el mismo camino de siempre.

Justificación:

33 Antonio besó a la protagonista.

Justificación:

Basándose en el párrafo ❼, conteste con palabras tomadas del texto.

34 ¿Cuál es la expresión que indica que a la protagonista le resultaron muy extrañas las palabras de Antonio?

35 ¿Qué situación en la vida de la protagonista debería repetirse para que ellos vuelvan a verse cuando pase el tiempo?

36 La expresión que cierra el cuento, "No sé si fue el verano más feliz de mi vida, pero hasta es posible que sí", deja ver el sentimiento que predomina en la protagonista pasados los años. ¿Cuál es?

    A   Frustración

    B   Angustia

    C   Nostalgia

    D   Esperanza

TEMAS OPCIONALES: CIENCIA Y TECNOLOGÍA
CIENCIA Y ÉTICA

Objetivos:
- Tomar partido en un tema polémico
- Utilizar el conocimiento aprendido para elaborar un artículo de opinión
- Describir fotografías alusivas a lo anterior
- Producir diferentes tipos de texto basados en temas polémicos
- Describir problemas éticos a través de fotografías

Este capítulo trata de temas con un fondo de polémica; hablamos del poder del hombre para tomar decisiones que quedan por encima de sus posibilidades. Quizá somos técnicamente perfectos pero ¿nos estamos convirtiendo en éticamente inhumanos? ¿Hay límites que no se deben sobrepasar?

 Clonación, ciencia y ética

 Texto

Clonación, Ciencia y Ética

por Fernando Pascual

La sociedad tiene que promover también en el mundo de la investigación y la ciencia valores y principios fundamentales. El respeto a los derechos humanos debe exigirse a toda persona capaz de actuar de modo libre y responsable, también al científico.

Las Naciones Unidas no han alcanzado un acuerdo acerca de la prohibición de la clonación humana: ¿Por
5   qué se ha llegado a esa situación? Por un lado, un amplio grupo de países apoyaba la propuesta de Costa Rica en la que se prohibía tanto la clonación reproductiva como la llamada clonación terapéutica. Por otro lado, Bélgica y un número minoritario de países defendían prohibir solamente la clonación reproductiva y dejar libertad a las naciones para legislar la clonación terapéutica. Un tercer grupo de países propusieron posponer la discusión, propuesta que fue finalmente aceptada.

10   Detrás de estas discusiones se esconde un problema más profundo. Por un lado hay que defender la libertad de la investigación, un margen para que los científicos puedan trabajar, y por otro, reconocer la intervención legítima de la sociedad para poner límites éticos que garanticen respeto y seguridad.

La ciencia busca conocer. Para ello, usa los procedimientos más eficaces y lleva a cabo aquellos experimentos que permitan mejores resultados. Pero no todo experimento es ético. Se han dado casos
15   de científicos que se han valido de la violencia, del robo o del engaño, que han abusado de los enfermos de forma inhumana, que sueñan con el dinero y la fama y se someten sin escrúpulos a proyectos de gobernantes. Afortunadamente son los menos.

Aquí conviene aclarar una cosa: La así llamada clonación terapéutica es también clonación reproductiva, en el sentido de que produce (reproduce) un individuo humano que tiene un material genético casi totalmente

20 idéntico (al menos en el núcleo) a otro individuo ya existente. ¿Cuál es, entonces, la diferencia entre estos dos tipos de clonación? Mientras la clonación reproductiva dejaría nacer al individuo clonado, la así llamada clonación terapéutica lo habría fabricado para experimentar con él y luego destruirlo, lo cual es un acto que atenta gravemente contra el respeto debido a todo individuo humano, incluso al que es producido por clonación. En otras palabras, es mucho más grave la clonación terapéutica que la reproductiva, y el hecho

25 de que algunos países y científicos defiendan la terapéutica no puede sino ser motivo de condena y de rechazo por parte de quienes defienden los derechos humanos.

Cuando un laboratorio de reproducción artificial tiene en sus manos los óvulos de varias mujeres, los espermatozoos de varios hombres, y otros tejidos de adultos, fetos o embriones, de hombres y de animales, sabe muy bien que puede hacer, a escondidas, experimentos ilegales. Puede clonar, puede crear

30 embriones para investigación, puede hacer híbridos entre hombres y animales. Los estados, ciertamente, deberán promover sistemas de control, pero lo principal está en la formación ética del científico.

La ciencia ofrece a la humanidad un número creciente de descubrimientos. Cada nueva frontera conquistada abre nuevas posibilidades. Orientar bien todo este cúmulo de saberes depende de la ética. No basta con enseñar en la universidad lo que es posible hacer, sino lo que es correcto. El respeto al

35 hombre, a cada hombre, desde que inicia su existencia como cigoto hasta que muere, debe ser el criterio de discernimiento fundamental para juzgar las acciones de los científicos. Fuera de ese respeto podrán darse descubrimientos importantes, pero será mucho más lo que se pierda. No vale la pena vivir en un mundo técnicamente perfecto y éticamente inhumano.

arbil.org

Contenidos

NS 1 ¿Sabes diferenciar entre clonación reproductiva y clonación terapéutica?

2 ¿Puedes dar dos ejemplos donde podría utilizarse la clonación terapéutica?

3 ¿Con cuál de las tres opciones de voto estarías más de acuerdo?

4 ¿Qué te parece más prioritario, defender la ciencia o mantener un límite ético?

5 ¿Está el autor a favor o en contra? Cita tres ejemplos que justifiquen tu elección.

6 ¿Qué te sugiere la frase final del artículo: "*técnicamente perfecto, éticamente inhumano*"?

Producción escrita

Según un libro que has leído, la sociedad en el futuro va a perder su contenido humano a favor de la ciencia y la tecnología. Escribe un artículo para la revista de tu colegio expresando tus sentimientos sobre este tema. ¿Es cierto que nos estamos deshumanizando?

Actividad oral individual

Clones (clonación por gemelación)

¿Son los gemelos clones naturales?

Basándote en el estímulo visual que se ofrece, descríbelo ayudándote con el titular y la pregunta que sirven como guía.

21.2 La eutanasia

Actividad oral individual

La eutanasia: El final de la vida, ¿un acto de cariño?

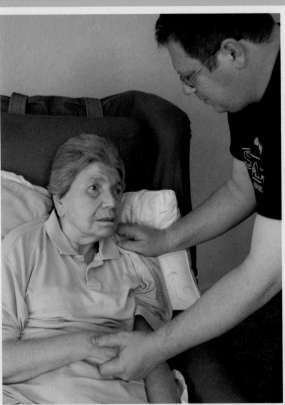

¿Ayudar a morir?

¿Prolongar la vida?

¿Anticipar la muerte?

Basándote en el estímulo visual que se ofrece, descríbelo ayudándote con las preguntas que sirven como guía.

Texto

¿Qué es la eutanasia?

Asociación catalana de estudios bioéticos (ACEB)

La Organización Mundial de la Salud (OMS) define la eutanasia como aquella *"acción del médico que provoca deliberadamente la muerte del paciente"*.

Esta definición resalta la intención del acto médico, es decir, el querer provocar voluntariamente la muerte del otro. La eutanasia se puede realizar por acción directa: proporcionando una inyección letal al enfermo, o por acción indirecta: no proporcionando el soporte básico para la supervivencia del mismo. En ambos casos, la finalidad es la misma: acabar con una vida enferma.

Esta acción sobre el enfermo, con intención de quitarle la vida, se llamaba, se llama y debería seguir llamándose homicidio. La información y conocimiento del paciente sobre su enfermedad y su demanda libre y voluntaria de poner fin a su vida, el llamado suicidio asistido, no modifica que sea un homicidio, ya que lo que se propone entra en grave conflicto con los principios rectores del Derecho y de la Medicina hasta nuestros días.

¿Cómo queremos morir?

■ Todos queremos una buena muerte, sin que artificialmente nos alarguen la agonía, ni nos apliquen una tecnología o unos medios desproporcionados a la enfermedad.

■ Todos queremos ser tratados eficazmente del dolor, tener la ayuda necesaria y no ser abandonados por el médico y el equipo sanitario cuando la enfermedad sea incurable.

■ Todos queremos ser informados adecuadamente sobre la enfermedad, el pronóstico y los tratamientos que dispone la medicina, que nos expliquen los datos en un lenguaje comprensible, y participar en las decisiones sobre lo que se nos va a hacer.

■ Todos queremos recibir un trato respetuoso, que en el hospital podamos estar acompañados de la familia y los amigos sin otras restricciones que las necesarias para la buena evolución de la enfermedad y el buen funcionamiento del hospital.

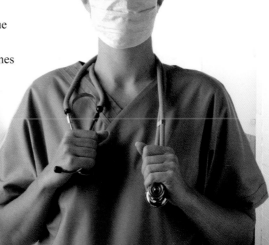

(ACEB)

Contenidos

 1 Lee la introducción hasta *"hasta nuestros días"* y responde:

a ¿Estás de acuerdo con los enunciados anteriores?

b ¿Hay alguna diferencia ética entre la eutanasia directa y la indirecta?

c ¿Se debe considerar la eutanasia como una clase de homicidio?

d ¿Cómo se explica el punto anterior en el caso del suicidio asistido?

2 Ahora lee *¿Cómo queremos morir?* y comenta sobre lo siguiente:

a ¿Es cierto que todos queremos morir de la misma manera?

b ¿Tenemos derecho a otras opciones?

Producción escrita

Opción 1: ¿Técnicamente perfectos o éticamente inhumanos? Desarrolla tu opinión sobre este enunciado reflejando los puntos a favor y en contra y llegando a una conclusión reflexiva sobre el tema. Puedes enfocarlo a la eutanasia, a la clonación, a la fecundación artificial, etc.

Opción 2: Escribe el guión de un discurso sobre la eutanasia (a favor o en contra) que pronunciarás en tu colegio.

Opción 3: Escribe una reseña cinematográfica sobre la película Mar adentro protagonizada por Javier Bardem y Belén Rueda sobre el caso de Ramón Sampedro.

Película aconsejada:
Mar adentro,
protagonizada por (Javier Bardem y Belén Rueda) dirigida por Alejandro Amenábar basada en hechos reales.

Finalizamos con una serie de cuestiones éticas que se plantean en el uso de la biología. Algunas pueden resultar aceptables a simple vista, otras con ciertas reservas y otras totalmente inaceptables. Esta es la introducción a un libro titulado **"GEN-ética"** ¿Comprendes el juego de palabras?

 21.3 # Cuestiones éticas actuales de la biología

Texto **21.3.1**

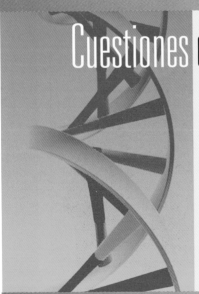

Cuestiones éticas sobre los usos de la genética

GEN-ética por Javier Temes Rodríguez

La actividad humana está sometida a leyes éticas. Los objetos en sí mismos son neutros. Lo que está sometido a imperativos éticos es el uso que hagamos de ellos, es decir nuestros actos.

La ciencia en sí no es ni buena ni mala. Lo que puede ser bueno o malo es el uso que se haga de ello. A raíz de nuevos descubrimientos van surgiendo nuevos interrogantes éticos. Veremos aquí, muy brevemente, algunas de los temas que suscitan mayor interés con respecto a las nuevas posibilidades que se abren en el campo de la biología y en concreto las relacionadas con la genética.

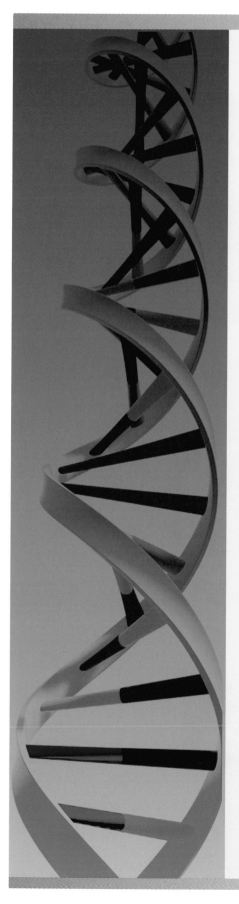

- Armas biológicas: Un paso más en la incoherente carrera por alcanzar mayor poder. No tienen ninguna justificación, se mencionan aquí para conocer un poco sus características y alertar sobre sus grandes peligros.

5 - Alimentos transgénicos: ¿Son la solución al problema del hambre en el mundo?, ¿Son un lucrativo negocio para las multinacionales? ¿Son seguros?

- Mal uso del diagnóstico genético: Son grandes los beneficios que pueden aportar estos nuevos conocimientos, pero su mal uso

10 y abuso puede agravar las discriminaciones que ya existen hoy en día. Por ejemplo estas técnicas sólo deberían ser obligatorias en caso de que la enfermedad pudiera curarse o hubiera tratamiento. Si no, lo único que obtenemos es un motivo más para discriminar a las personas que lo poseen.

15 - La eugenesia y la modificación de la línea germinal humana: ¿Quién debe decidir qué genes debe tener un futuro ser humano: la madre, los progenitores, el Estado, un comité de expertos, un comité de ética?

- Investigación en embriones humanos: Patentar la vida ¿A quién

20 pertenecen los genes? En 1981 se produjo la primera patente de un ser vivo, era una bacteria comedora de petróleo. ¿Es ético poseer en exclusiva el conocimiento de un gen? ¿No son los genes algo del patrimonio de la identidad? ¿Se puede patentar la Humanidad?

25 Relacionado con estos temas podemos hacernos preguntas como las siguientes: ¿Podrá la biología molecular crear seres "humanos" según los caprichos de dictadores, por ejemplo esclavos, soldados? ¿O según los caprichos de las multinacionales, mano de obra barata y embrutecida dispuesta a llevar a cabo tareas ingratas? ¿O según

30 los criterios de visionarios como podrían ser Frankenstein y su *monstruo*?

¿Son, o pueden ser, peligrosos los medicamentos y alimentos producidos por ingeniería genética?

¿Pueden los organismos modificados genéticamente destruir

35 nuestro equilibrio ecológico?

Determinación del sexo de los descendientes implica profundos cambios sociales ¿Debería prohibirse?

La eterna pregunta ¿todo lo que se puede hacer (técnicamente) se debe hacer (éticamente)?

Actividad oral individual

Basándote en la información del texto y en los estímulos visuales, desarrolla una presentación usando los titulares y las preguntas que se ofrecen como guía.

Manifestación en contra de los alimentos transgénicos ▶

¿Alimentan el bolsillo de las multinacionales?

La eugenesia triunfa a la manera de mercado ▶

¿Discriminación? ¿Racismo?

Diagnóstico genético preimplantacional ▶

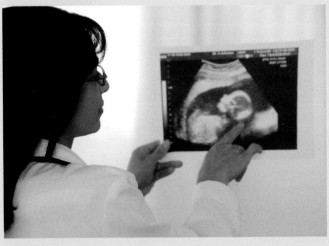

¿La vida en sus manos?

Contenidos

 Para más información sobre los temas éticos que se tratan en el capítulo, dirígete a www.pearsonhotlinks.com y escribe el título o ISBN de este libro. Después, selecciona el enlace correspondiente, número 21.1, 21.2 y 21.3.

Después de leer la lista de cuestiones éticas, decide en qué categoría incluirías a Cada una: Aceptable (1), con reservas (2), inaceptable (3) y Explica tus razones.

Cuestiones éticas	Categoría	Razones
Armas biológicas		
Alimentos transgénicos		
Diagnostico genético		
Eugenesia		
Investigación en embriones		

Producción escrita

Un famoso científico ha visitado tu colegio y os ha hablado de las cuestiones éticas relacionadas con la genética: Se puede usar la ciencia siempre y cuando no se traspasen los límites de la ética. A la salida de la presentación, tú le haces una entrevista para la publicación científica de tu colegio. Transcribe el texto de la entrevista.

Consejos para el examen

Para escribir una reseña cinematográfica debe explicarse someramente el argumento de la película y como está planteado, en este caso, *Mar adentro,* se trata de la eutanasia y de algún modo, se muestra a favor de esta práctica. Debe hablarse de la interpretación de los actores en sus papeles y de cómo el director ha logrado su objetivo. La conclusión incluirá la opinión personal del crítico (tú en este caso) e invitará al publico a ver la película o lo contrario.

 La ética y no debería inmiscuirse en la ciencia. El concepto moral no tiene valor frente a la importancia de la ciencia en la sociedad. ¿Estás de acuerdo? ¿Crees que la lengua puede ser modificada a causa de ciertos avances científicos?

Creatividad, Acción, Servicio

Puedes organizar debates en el colegio sobre la ética y la ciencia. Invita a todos los estudiantes del colegio a participar con sus trabajos artísticos, representaciones, etc.

PRÁCTICA - TEXTOS DE EXÁMENES IB

ESPAÑOL B – NIVEL SUPERIOR – PRUEBA 1

Noviembre 2010

TEXTO A

¡UNA LIPOSUCCIÓN A LOS 14!

España es el país occidental donde más operaciones se realizan en adolescentes: 40.000 anuales. Aitana y Eugenia se operaron de las orejas y liposucción a los 13 y 14 años, respectivamente. Marina tuvo que esperar a crecer para aumentarse el pecho.

Una paciente de la doctora Gutiérrez, cirujano plástico, Aitana (13 años) se ha operado de otoplastia (corrección de las orejas). Desde los 8 años Aitana ha vivido obsesionada con ocultar sus orejas, algo que no le han puesto fácil los chicos de su edad. "Sólo me hacía coletas en mi casa, por la noche, y me daba tanta pena ver mis orejas que siempre terminaba llorando".

El caso de Eugenia es aún más especial: se le practicó una liposucción con el consentimiento de sus padres a los 14 años. Esta operación, en la mayoría de los casos, se debe de hacer después de los 18. "Yo me cuidaba pero, por más que lo intentaba, adelgazaba poquísimo y las cartucheras seguían ahí. Recurrí a la liposucción como último recurso, antes de hacer cualquier locura o de caer en una anorexia", reconoce Eugenia.

Marina Cordero lleva desde los 15 años suspirando por un poco más de volumen en el escote. Por fin el año pasado su cuerpo alcanzó el desarrollo total (con 20 años) y se sumó a las más de 25.000 cirugías de aumento de pecho que se realizan en España cada año (récord mundial absoluto, sobre todo gracias a chicas menores de 25 años). Esta operación, la de aumento de pecho, es la que más cuesta asumir a los padres españoles.

Detectar la madurez. Contra este tipo de intervención, la que se realiza en un adolescente inmaduro, está actuando el área de Sanidad correspondiente. Pretende poner freno a las decisiones motivadas por inseguridad en uno mismo o por desconocimiento real de los riesgos. Lo malo, según muchos cirujanos, es que la medida está hecha de espaldas a estos profesionales que, cuando lo son de verdad, son los primeros en poner un filtro a los adolescentes que no ven preparados. "En relación a los adolescentes, habría que controlar más los lugares en los que se operan sin ningún tipo de seguridad. Hay peluquerías que hacen relleno de labios, y médicos sin titulación específica que se atreven con los aumentos de pecho de forma incontrolada. Eso sí es peligroso para los adolescentes", explica Gutiérrez.

Más del 11% de los españoles se ha operado alguna vez de estética, con un gasto superior a los 600 euros, según la Sociedad Española de Cirugía Estética. Eso supone 380.000 intervenciones anuales, lo que coloca a este país en el cuarto puesto a nivel mundial en número de operaciones de estética (sólo por detrás de Estados Unidos, México y Argentina). Para el presidente de la Sociedad mencionada anteriormente, "esto ocurre porque tenemos un nivel económico muy alto y porque somos un país mediterráneo donde el culto al cuerpo tiene mucha importancia". Y el fenómeno va a más, de un 5 a un 10% de incremento anual. Que España sea el país [– *X* –] los adolescentes recurren [– **22** –] a la cirugía [– **23** –] tendría que hacernos reflexionar a todos. Porque [– **24** –] los pequeños dan tanta importancia a su apariencia física, seguro que algo tiene que ver [– **25** –] la educación y los valores que les marcamos nosotros.

Una liposuction a los 14!, Magazine, El Mundo, España (2008).

TEXTO B — ¡UNA LIPOSUCCIÓN A LOS 14!

*Conteste a las siguientes preguntas **con palabras tomadas del texto**. (líneas 1 a 9)*

1   ¿Qué grupo de población se ve afectado por este tipo de cirugía, según el texto?

2   ¿Qué parte de su cuerpo escondía Aitana antes de operarse?

3   ¿Qué acababa haciendo Aitana cuando contemplaba lo que para ella era un problema?

*Las siguientes frases referidas a las líneas 10 a 19 son verdaderas o falsas. Indique la opción correcta y escriba **las palabras del texto** que justifican su respuesta. **Ambas respuestas** son necesarias para obtener un punto. Se facilita un ejemplo.*

Ejemplo: Los padres de Eugenia estaban de acuerdo con su operación.   Verdadero

Justificación: …Se le practicó una liposucción con el consentimiento de sus padres _____

4   Eugenia decidió someterse a esta operación como opción final.

5   Marina Cordero se aumentó el pecho a los 15 años.

6   Las mujeres españolas mayores de 25 años son las que se hacen más operaciones de aumento de pecho.

Busque entre las líneas 20 a 23, las palabras o expresiones que significan:

Ejemplo: descubrir _____ detectar _____

7   intentar

8   parar

9   resolución

10   peligro

Basándose en las líneas 24 a 33 del texto, indique la opción correcta (A, B, C o D).

11   Los lugares donde se operan los adolescentes

    A   no tienen ningún peligro para ellos.

    B   son hospitales especializados en cirugía.

    C   algunos deberían estar más controlados.

    D   son aceptados por los padres.

12   En España se practican tantas operaciones de cirugía estética porque en este país

    A   está de moda.

    B   la apariencia física es fundamental.

    C   es más barato que en otros países.

    D   son más seguras que en otros países.

*Basándose en las líneas 34 a 36, complete los espacios en blanco con palabra(s) tomada(s) de la lista siguiente. **CUIDADO:** Hay más palabras de las necesarias.*

a pesar de	es posible que	quizás
con	más	respecto a
donde	puesto que	si

Ejemplo: [– X –] _____ donde _____

13   _____

14   _____

15   _____

16   _____

IMPACTO DE LA TECNOLOGÍA EN LA SOCIEDAD

Antes de leer este capítulo te invitamos a ver *El cambio sucede* en el siguiente enlace:

Para más información sobre la tecnología de la información y el futuro de internet, y para ver *El cambio sucede* y *El futuro de Internet*, dirígete a www.pearsonhotlinks.com y escribe el título o ISBN de este libro. Después, selecciona el enlace correspondiente, 22.1 y 22.2.
Probablemente ya han quedado desfasados, pero todavía sirven para darnos una idea de la importancia de la web, el Internet y la tecnología en general.

Objetivos:
- Analizar el impacto de la tecnología en la sociedad
- Describir los fenómenos más importantes
- Explorar ciertos usos sociales de la tecnología
- Comparar los diferentes tipos de medios de información en el pasado y hoy día

22.1 Influencia de la tecnología

Tecnologías de la información y la comunicación (TICs o IT) y su influencia

Según wikipedia.org:

Al hablar de Tecnologías de la Información y la Comunicación, nos referimos a las técnicas que se emplean para difundir cualquier tipo de información, entre las que destacan el Internet y las telecomunicaciones en general.

Estas tecnologías de las información y la comunicación tienen como objetivo mejorar las condiciones de vida de los seres humanos. Ofrecen la posibilidad de un acceso a la información para un mayor número de gente, y por lo mismo, pueden ayudar a difundir los valores de libertad y democracia, así como a propagar los conocimientos en general y favorecer el contacto entre gente en distintas y diversas zonas del planeta.

En la actualidad es casi imposible imaginar un mundo sin computadoras, sin Internet o sin tecnología. Millones de personas viven prácticamente conectados durante todo el día, a través de sus móviles, laptops, enviando y recibiendo mensajes, fotos, documentos, revisando las redes sociales, buscando información sobre tráfico y transportes, comprando y vendiendo, en contacto directo con jefes, colegas, socios, organizando reuniones de trabajo, haciendo compras, etc. Es la era de la información, que empezó con el teléfono y la telegrafía (siglo XIX) y que ha proliferado con las posibilidades que las computadoras y el Internet crearon durante el siglo XX.

Para más información sobre los riesgos y peligros de las redes sociales, Facebook y la seguridad o inseguridad del internet, dirígete a www.pearsonhotlinks.com y escribe el título o ISBN de este libro. Después, selecciona el enlace correspondiente, 22.3, 22.4, 22.5, 22.6 y 22.7.

Hay indudablemente muchísimas ventajas generadas por las nuevas tecnologías, pero también una gran variedad de desventajas.

Hemos seleccionado algunos textos que nos dan una idea de la influencia que las TICs tienen en nuestras sociedades.

Texto

Flashmob: La nueva moda callejera que cobra vida a través de Internet

Posteado por: estelagonzalez | 1-mayo-2010

Cada vez goza de más seguidores y no tiene una finalidad clara, sólo pasárselo bien y llamar la atención de aquellos que se los cruzan por la calle.

El término Flashmob proviene del inglés y se traduciría como 'multitud instantánea'. De ahí se puede definir como
5   "grupo de personas que se reúne para llevar a cabo una acción determinada".

El primero se llevó a cabo en Nueva York en el año 2003, en unos grandes almacenes donde un grupo de personas se pusieron alrededor de una inmensa alfombra de alto precio. Cuando el dependiente de la tienda se les acercaba para atenderles, siempre respondían que vivían todos juntos a las afueras de la gran ciudad y que iban a comprar la "alfombra del amor".

10   Desde entonces, los casos de flashmob se sucedieron unos tras otros hasta convertirse en una moda creciente. Cualquier lugar es bueno para hacerlo, y cuanto más público haya alrededor mucho mejor.

En Internet se suceden multitud de videos de algunos de estos hechos en distintos sitios del mundo: En alguna estación de tren de repente suena una música y un par de viajeros comienzan a bailar y cada vez son más los que se unen hasta formar una impresionante coreografía; o en un supermercado, de repente, todos los clientes se quedan
15   'congelados' y no se mueven hasta que suena un silbato.

Uno de los flashmob más sonados, y que está teniendo un gran éxito mediático debido a su gran despliegue, fue el celebrado en Chicago en septiembre del pasado año. Black Eyed Peas actuaba en la presentación del programa de la conocida periodista Oprah Winfrey y para sorpresa de la misma, las más de veinte mil personas que acudieron a la presentación comenzaron a bailar por grupos hasta terminar todos juntos, la famosa canción de 'I Gotta Feeling'.

20   En nuestro país también se han celebrado muchos de estos encuentros. El último en Sevilla el 13 de Febrero. Multitud de personas se habían dado cita en el centro de la ciudad a través de Internet para hacer un flashmob dividido en cinco pasos: Congelamiento, abrazos y besos para todos, caminar en fila detrás de personas con el mismo color de camiseta, y pelea de globos.

Sin olvidar que tras este divertido encuentro hay que seguir caminando por la calle como si nada hubiera pasado.

25   Sin duda, con la gran cobertura que se le está dando en los medios de comunicación y en Internet, esta nueva forma de expresión está haciendo que cada vez sean más las veces que se organice este evento y que la gente se sienta con ganas de participar en uno de ellos.

Flashmob: Describe la imagen.

Contenidos

1 Nombra cinco características de un flashmob.

2 Cita 3 lugares y 3 ejemplos de flashmobs realizados.

Producción escrita

Organiza un evento de "multitud instantánea" en tu colegio, y envíalo por correo electrónico, o a través de un blog, a tus compañeros. Tienes que dar todos los detalles de que tipo de flashmob quieres realizar, y todos los pasos a seguir. No olvides mencionar el lugar, la hora y el día, así como la ropa que quieres que usen.

Texto 22.1.2

La vida a través de la webcam

Las imágenes de Internet generan nuevos lenguajes documentales

Internet | 26/01/2011 – 06:38h

Confesiones 2.0. Elena Trapé acaba de estrenar **Blog**, una **película-documental** que refleja las intimidades de un grupo de adolescentes que comparten un sueño común, se graban con la **webcam** y hablan a través de las **redes sociales**.

Pero no es la primera en querer mostrar miedos y soledades quinceañeras expuestos en Internet. En el 2008, el realizador americano Brody Condon reunía en el documental **Without Sun** varios clips colgados en la red en los que diferentes personas contaban ante la cámara sus experiencias con substancias psicodélicas.

Una historia con otro tono y otro estilo, pero que consiguió enganchar a un público que veía en la propuesta una nueva dimensión del 'Found Footage', que consiste en mezclar escenas de films conocidos con imágenes cotidianas grabadas por aficionados.

Algo de collage audiovisual tiene también el documental **Because we are visual**, de los realizadores belgas Olivia Rochette y Gerard-Jan Claes, que puede verse estos días en el festival **Hors Pistes** del Centro Pompidou de París. Se trata de una cinta que retrata el mundo de los videobloggers, con declaraciones entrecortadas de adolescentes con el pecho y el alma al descubierto. Una propuesta conmovedora y sutil que, según dice la crítica francesa, aboga por "un nuevo uso de la imagen".

En el mismo sentido y el mismo festival, el 29 de enero, se emite **The Incredible Live Streaming Found Footage**, una performance de varios estudiantes de las universidades Paris-I y Paris-VIII, así como de la escuela de Bellas artes de Saint-Étienne, en la que se construyen narraciones curiosas a partir de perlas encontradas en la red sobre el tema del deporte. Músculo y sudor. Esta vez, sin confesiones, pero sin concesiones.

Contenidos

1   ¿Cuáles son las posibilidades de las webcams, según el texto anterior?

Actividad intertextual

Escribe una especie de guión y después, utilizando una cámara (webcam), crea:

- un collage visual, o
- un performance, o
- una película documental, o
- mezcla imágenes de películas con entrevistas a tus compañeros.

Después presenta los resultados ante tus compañeros y explica las dificultades que encontraste para realizar tu trabajo.

Texto

Email [   ]   Pasword [   ]

Encontrar pareja a través de Internet

02-ago-2010 <u>Krista Moreno</u>

Cada vez más personas utilizan internet en su vida diaria. Recurren a ello para usos tan variopintos que van desde buscar información, comprar, estudiar, escuchar música, ver películas e incluso para entablar amistades y encontrar pareja.

Conscientes de ello, han surgido en los últimos años diversas páginas web dedicadas a ello, unas
5   totalmente gratuitas, otras abonando un dinero.

Ventajas e inconvenientes

Entre las ventajas de entablar relación por Internet destacan las siguientes:

Ayuda a personas que se sienten solas, que les cuesta relacionarse, por falta de tiempo o timidez.

10   Siendo sinceros al rellenar el perfil, se puede contactar con gente similar en gustos e intereses.

Uno se puede abrir más y vencer la timidez que se puede dar en otro tipo de encuentros.

Se puede conocer a mucha gente, que de otras
15   formas sería más difícil.

Si finalmente no se encuentra la media naranja, sí se pueden hacer buenas amistades.

Los inconvenientes que pueden surgir son los siguientes:

20   Se pueden encontrar personas falsas, amparadas en el anonimato de Internet y que realmente no buscan pareja, sino otro tipo de relaciones o pasar el rato.

Se puede mentir acerca de datos importantes como edad, físico, situación, etc.

25 Puede llegarse a idealizar una relación con alguien que, conociendo en otros medios, quizás no pasaría.

Qué tipo de relaciones se pueden buscar por Internet

Desde buscar amistades con intereses comunes, pasando por contactos y búsqueda de pareja. Las personas solteras o separadas que se sienten solas, pueden encontrar ayuda en la web de
30 zonasingle un punto de encuentro donde poder contactar con personas solteras en la propia comunidad.

En esta página se crean, además, grupos para salir y divertirse, siendo una buena oportunidad para relacionarse y encontrar la posible media naranja.

Existe otra página MeBuscarás.com, con una sección específica para gaysylesbianas.

35 Páginas más veteranas como match.com, llevan años creando parejas, al igual que meetic.es.

La oferta es muy amplia, son webs muchas de ellas presentes en varios países, tal como Pership. com, disponible en nueve países europeos, donde se pueden encontrar todo tipo de relaciones.

suite 101.net

Contenidos

1 Y tú, ¿qué opinas sobre el hecho de buscar pareja a través del Internet? ¿Conoces a alguien que haya encontrado pareja así?

Producción escrita

Escribe una carta formal a una persona que no tiene pareja, animándola a apuntarse a una de las webs de relaciones. Explícale las ventajas de utilizar esas webs, pero infórmale también sobre los posibles inconvenientes. Basa tu carta en la información del texto anterior.

Para más información sobre el tema, dirígete a www.pearsonhotlinks.com y escribe el título o ISBN de este libro. Después, selecciona el enlace 22.8.

Sobre el mismo tema, te recomendamos ver la película *Caravana de mujeres* de William Wellman; un western del año 1951 que trasformó la vida de Plan, un pueblo del Pirineo español en 1985, cuando una serie de jóvenes decidieron poner un anuncio en un periódico e invitar a mujeres a visitarles en el pueblo con fines de matrimonio. Hace poco celebraron las Bodas de Plata de los matrimonios que llegaron a realizarse durante la primera visita

Interculturalidad

Haz una presentación comparando los medios utilizados en distintas épocas y lugares, para conseguir pareja. Busca información sobre otros países.

Y en tu país, ¿se utilizan las webs para conseguir pareja? ¿Está aceptado socialmente? Explica de qué forma se realizan los matrimonios en tu país.

Texto

Mirar y comprar arte con un clic

Por Alicia de Arteaga La Nación

Viernes 11 de febrero de 2011

A veces el éxito puede ser la razón de un fracaso. Y esto es lo que sucedió en la primera edición de VIP Art Fair. Fueron tantos los potenciales clientes que se conectaron al mismo tiempo con el ánimo de chatear con el *marchand* o de visitar la trastienda de la galería virtual, que el sistema colapsó. La señal de alarma sonó al mismo tiempo en White Cube, de Londres, en Ruth Benzacar, de Buenos Aires y en Gagosian, de Nueva York. Luego de poner paños fríos a tanto mouse enardecido, los galeristas recomendaron la visita virtual y concretar las compras y las consultas vía e-mail. En una palabra, una buena idea sin la herramienta tecnológica afinada para concretarla. Sin embargo, el gran paso está dado; la iniciativa de los galeristas organizadores de VIP ha sido una pica en Flandes, el germen de una nueva manera de comercializar arte. Cuando Dedé Brooks llegó a Buenos Aires en los años noventa para presentar el proyecto de Sotheby's On line parecía una

iluminada anunciando una utopía. ¿Comprar obras estimadas en millones de dólares por Internet? Sonaba lindo, pero imposible. La rubia, CEO del gigante del arte, salió a la cancha antes de tiempo.

Pero otros jugadores están cosechando pingües ganancias con las ventas *on line*. No le tembló el pulso para hacer clic al comprador que ofertó tres millones de dólares por una vasija. En el más suculento balance de 245 años de historia, Christie's celebró un 28 por ciento de ventas por Internet. Confidencialidad, comodidad y ubicuidad son algunas de las virtudes de un sistema que funda su éxito, básicamente, en la confianza. En este terreno, Sotheby's y Christie's corren con ventaja: llevan dos siglos y medio vendiendo arte con tres golpes de martillo. Ahora, para entrar en el juego, basta con un clic.

@alicearte

lanacion.com

Contenidos

1 ¿Qué crees que significa la expresión: *una pica en Flandes*? Explícalo por escrito en tu cuaderno y discútelo con tus compañeros y tu profesor.

2 ¿Cuáles son las ventajas de este tipo de compra-venta de arte por Internet, según el autor del artículo? Escríbelas en tu cuaderno.

 Para más información sobre la primera edición de VIP Art Fair, dirígete a www.pearsonhotlinks.com y escribe el título o ISBN de este libro. Después, selecciona el enlace 22.9.

Producción escrita

Explica con tus propias palabras las razones del fracaso del evento VIP Art Fair. Sugiere una posible solución para llevar a cabo una nueva Feria del mismo tipo. Explica también la importancia y significado de esta primera edición, aunque haya fracasado.

Interculturalidad

Busca enlaces sobre algunos lugares interesantes de tu país y tradúcelos al español para compartirlos después con tus compañeros en una presentación oral.

Aquí te añadimos unos enlaces a videos de *realidad virtual* (otra de las ventajas de las TICs) sobre algunas maravillas arquitectónicas e históricas en ciudades españolas, y sobre el Camino de Santiago (Cap. 19). Para más información y para ver los videos, dirígete a www.pearsonhotlinks.com y escribe el título o ISBN de este libro. Después, selecciona el enlace correspondiente, 22.10, 22.11 y 22.12.

Texto 22.1.5

¿Soy adicto a Facebook?

En medio del rigor académico de las universidades y del deseo de compartir información y, por qué no, de distenderse un poco, nació Facebook. Y parece que llegó para quedarse. ¿O el que llegó para quedarse eres tú? Relájate, afina tu sentido del humor y lee este artículo que contestará a tu pregunta: ¿Soy Adicto a Facebook?'.

5   El adicto a Facebook se siente realmente popular cuando alguien le 'etiqueta' en una foto. Le hace sentir que realmente tiene una oportunidad de mostrar a los otros cómo sobresale entre los demás. También se siente importante cuando un 'mini-feedback' es un tema candente de discusión durante un tiempo entre sus amigos.

Un adicto se siente halagado hasta con el más mínimo atisbo de contacto o visita a su perfil: 10   su ego agrandado generalmente lo toma como una señal de que la persona desea flirtear con él o ella. Se siente orgulloso/a de sus 'amigos' de Facebook a los que nunca ha conocido (ni conocerá...) personalmente. Tan pronto como conoce a una persona en la vida real, el adicto a Facebook apenas puede esperar llegar a su casa para buscarla en Facebook y leer su perfil. (Si existe...)

15   Ahora que todo el mundo puede unirse a Facebook, el adicto a primer nivel se siente estafado porque siente que su tan amada comunidad online está perdiendo exclusividad.

En el afán por tener cada vez más "amigos", el adicto compulsivo suele presionar a sus conocidos de la vida real para que acaben por unirse a Facebook para que puedan hacerlo también sus "amigos" en el mundo virtual. Su fotografía del perfil ha llegado a formar parte 20   del esquema corporal del adicto a Facebook. Cree que realmente se ve como esa imagen, la mejor, en todo momento.

El adicto a Facebook por Excelencia crea grupos, a veces hasta con nombres medio estúpidos del tipo "tiendas de golf", "guía fuerteventura de negocios" o "la bulimia y los dientes". Luego emprende su cruzada evangelizadora para hacer unir al grupo a cuanto ser vivo halle a su paso, 25   ya sea que se lo cruce en la comunidad Facebook o no. Una de las máximas realizaciones en la vida personal y social de un adicto a Facebook es que alguien le desee "feliz cumpleaños" en su pared. Si logra tal cosa, siente que ya ha vivido lo suficiente.

Un poco en broma, otro poco en serio, he desarrollado diez de los síntomas más clásicos y notorios de la adicción a Facebook. Aunque quizá no te creas un adicto, ¿has meditado sobre 30   cada uno de los puntos? ¿Cuántos coinciden con las conductas que tienes? Piensa, ¿Soy Adicto a Facebook?, entonces lee nuevamente este decálogo y recuerda que Facebook es hermosa, pero además hay una vida aún más valiosa fuera de ella.

Para más información sobre las ventajas de las TICs, dirígete a www.pearsonhotlinks.com y escribe el título o ISBN de este libro. Después, selecciona el enlace correspondiente, número 22.13 y 22.14.

editum.org

Contenidos

1 Enumera *diez* de los síntomas del adicto a Facebook, según el texto anterior.

2 Y tú, ¿eres un adicto según esas características? Explica oralmente porque si o porque no lo eres.

Producción escrita

Escribe un diario, al menos durante dos semanas, sobre el uso que haces de Internet, tu acceso a redes sociales, correo electrónico, bajar música, ver películas, videos, etc. Anota el tiempo que utilizas cada día y da cuenta exacta de lo que haces. Detalla también lo que deberías haber hecho durante ese tiempo, o lo que podrías haber hecho en relación con tu trabajo escolar. Al finalizar esas dos semanas (como mínimo), escribe un artículo en el que expliques como has usado el Internet y si el resultado ha sido favorable o desfavorable.

Actividad oral interactiva

En clase, realizad un debate sobre el uso de Internet y comparad las notas de cada uno de los diarios.

Texto

Los adolescentes con dependencia de móvil fracasan en la escuela

ABC | MADRID Publicado Domingo, 05-04-09 a las 07:06

Un estudio realizado por investigadores del Departamento de Medicina Preventiva y Salud Pública de la Universidad Autónoma de Madrid (UAM) concluye que la dependencia del teléfono móvil entre los adolescentes está muy relacionada con el fracaso escolar.

El estudio se realizó entre 1.328 adolescentes con edades comprendidas entre los 13 y los 20 años, según informó la universidad.

Además, el uso intensivo del móvil se asocia preferentemente a varios factores: sexo femenino, ir a una escuela de ámbito rural, buena economía familiar, fumar, un consumo excesivo de alcohol y presentar síntomas depresivos.

Asimismo, alrededor de la mitad de los jóvenes que participaron en el estudio universitario manifestaron llevar el teléfono móvil a la escuela y casi la mitad de los mismos lo mantienen encendido en clase.

Las recomendaciones para un uso responsable de estos aparatos de telefonía pasan por proporcionar el móvil a los jóvenes a una edad en la que tengan criterio correcto para su uso, utilizar tarjeta de prepago mejor que contrato para ayudar a los jóvenes a limitar y controlar los gastos, enseñarles a desconectar sus teléfonos en lugares inapropiados, como en las consultas médicas, y prohibir a los estudiantes que lo lleven a la escuela.

abc.es

Para más información sobre la dependencia de los jóvenes, dirígete a www.pearsonhotlinks.com y escribe el título o ISBN de este libro. Después, selecciona el enlace 22.15.

Producción escrita

Opción 1 Realiza un cuestionario para los alumnos de tu clase o escuela, con preguntas sobre el uso del móvil.

Debes descubrir si:

- los estudiantes mantienen el móvil encendido durante las clases,
- lo utilizan durante las clases,
- hay alguna relación con el sexo, zona donde viven, o su estatus social,
- hay relación con el éxito o fracaso escolar.

Opción 2 Escribe una carta formal a los padres de familia sobre la influencia de los móviles pueden tener en el éxito o fracaso escolar de sus hijos.

Sugiéreles una serie de recomendaciones para el uso del móvil: durante el día y la noche, dependiendo del lugar en que estén (de visita, en el colegio, en el autobús o tren, en el cine, etc.)

Mucha gente hoy en día cree necesario tener el móvil siempre encendido y enviar constantemente mensajes a amigos o familia. Otros piensan que a pesar de tanta tecnología y comunicación, la gente está aislada y sola. ¿Tu qué crees? ¿Crees que alguien que pertenece a las redes sociales como Facebook o Bebo, tiene más amigos que las personas que evitan esas redes?

Consejos para el examen

Las entradas de un diario pueden resultar atractivas, pero deben planificarse adecuadamente. Primero, se debe decidir si quiere desarrollarse el tema con una o con varias entradas; cada una debe llevar su fecha correspondiente y una especie de saludo o introducción ("querido diario" no resulta siempre apropiado al contenido) que refleje los sentimientos del escritor. También se aconseja un cierre o despedida con el toque personal oportuno. En este capítulo se trata de hacer entradas durante un tiempo sobre los usos que has hecho de la tecnología, puedes hacerlo en *tiempo real* y con *usos reales*

Creatividad, Acción, Servicio

Organiza una serie de *flashmobs* en el colegio con contenidos de interés para toda la comunidad. También puedes organizar discusiones sobre el uso y abuso de Factbook o cualquier otra de las llamadas redes sociales.

TEXTO D

E-learning: ventajas y desventajas

Lo más destacado en las técnicas de formación dentro de la empresa contemporánea es un conjunto de procedimientos formativos basados en Internet que se denomina e-learning. Uno de los principales inconvenientes que enfrenta el e-learning es que sustituye el contacto cara a cara por la interacción a través del correo electrónico o el chat, con lo que la enseñanza se despersonaliza.

También se dice que la formación a través de e-learning es de menor calidad que la formación presencial, ya que, se piensa, en ésta los contenidos son adaptables a las necesidades de cada grupo y a las mentes de los diferentes trabajadores, mientras que el e-learning presenta contenidos homogéneos a nivel mundial y es muy poco flexible a los intereses de cada comunidad. Sin embargo, esta homogeneidad hace que los contenidos puedan ser recibidos por un gran número de estudiantes a la vez, en toda la compañía y en todos los países. Así, se genera interacción a nivel mundial.

Para la empresa, la implementación del sistema demanda altos costes de desarrollo iniciales, pero, como el curso se replica para muchos alumnos en cualquier tiempo y en cualquier lugar, para los estudiantes los precios no son caros.

Por otra parte, a menudo es el propio alumno el que marca el ritmo de aprendizaje, aunque con frecuencia los estudiantes se quejan de una desorientación general en el acceso a la información, pues la única manera de navegar en la red es ir seleccionando vínculos y referencias cruzadas, que no siempre son claros.

Para una gran parte del alumnado el hecho de que un porcentaje altísimo de documentos esté solamente en inglés supone un gran obstáculo. Sin embargo, todos se benefician de la circunstancia de que pueden acceder cuantas veces quieran al material de la red. La rapidez de información es otro de los grandes méritos del sistema.

La utilización de e-learning en las empresas no implica que toda la formación pueda impartirse a través de la tecnología. La forma de transmisión propia del e-learning enriquece el contenido formativo en determinadas áreas, pero los formadores deberán asumir la enseñanza presencial cuando sea crucial la interacción "cara a cara". Ningún medio va a poder, por sí solo, satisfacer todas las necesidades de formación de la empresa, por lo que se tenderá a la complementariedad.

El hecho es que el e-learning está aquí y que sus posibilidades tecnológicas crecen y amplían el mundo del conocimiento... La plenitud es cuestión de tiempo.

TEXTO D — *E-LEARNING*: VENTAJAS Y DESVENTAJAS

*Realice la tarea siguiente. Incluya todos los datos pertinentes que encuentre usando solamente la información del Texto D. Escriba 100 palabras **como mínimo**. No se limite a copiar grandes fragmentos del texto.*

Este año ha participado de un curso de Economía que empleaba el sistema de *e-learning*. Como usted está convencido de que es fundamental la inclusión del e-learning como procedimiento de formación, decide señalar todas las ventajas que los estudiantes pueden obtener de esta técnica en el discurso que presentará en la próxima clase de español. Escriba el texto de ese discurso.

LITERATURA

COMO AGUA PARA CHOCOLATE DE LAURA ESQUIVEL

El objetivo de esta sección literaria es promover la creatividad a través de la lectura de dos obras con el fin de elaborar un Trabajo Escrito basado en algún aspecto de ellas. Se aconseja la lectura de la obra completa pero haciendo hincapié en los pasajes que sugiere la guía, pues servirán de ayuda a la hora de elegir el aspecto y el formato del trabajo.

Objetivos:
- Familiarizarse con el lenguaje literario en prosa y en drama
- Aislar elementos o pasajes esenciales en las obras leídas
- Utilizar información para desarrollar el Trabajo Escrito
- Practicar diferentes formatos y tipos de texto a través de las obras literarias estudiadas
- Lograr un argumento razonado donde se presenten ideas de forma coherente

Introducción

La novela *Como agua para chocolate* es un relato fantástico que gira sobre los efectos que produce la comida en el comportamiento de los protagonistas. Está pensado como un "libro de cocina" donde se presenta una receta por cada mes.

El título de la novela se inspira en un refrán mexicano: "Estar como agua para chocolate" que indica estar a punto de hervir (literalmente) y a punto de sucumbir a la pasión amorosa (figurativamente) lo que le ocurre a Tita con Pedro a lo largo de la narración.

Guía de lectura

Cada capítulo (receta del mes) sigue la siguiente estructura:

Ingredientes: La lista de ingredientes que componen cada platillo *(no olvidemos que se trata de un libro de cocina)*.

Manera de hacerlo: Aquí se mezclan las instrucciones para cocinar la receta con las circunstancias que rodean a los personajes.

Fragmento relevante de la novela: Para demostrar los efectos que los platillos tienen en los personajes de la narración.

Tortas de Navidad *Enero*

La hija de Esperanza (sobrina nieta de Tita)
está preparando esta receta y nos introduce
en el mundo de la cocina que nos va a guiar a lo largo de la narración.
Recordamos con ella el nacimiento de Tita con los presagios que conlleva:

- ¿Cuáles son estos presagios y como los muestra el texto?
- Explica la importancia que los olores de la cocina van a tener en la vida de Tita
- ¿Qué explicación se encuentra al frecuente llanto de Tita en el vientre de su madre y durante su alumbramiento?

La relación entre Tita y Mamá Elena es tensa: Las dos son demasiado parecidas para llevarse bien, sin embargo Tita es la que debe someterse a la tiranía de la madre.

- ¿Por qué quiere Mamá Elena que sus hijas la llamen *mami*?
- ¿Qué importancia tiene el tono de Tita al dirigirse a su madre?

La resolución de Mamá Elena de casar a Pedro con Rosaura
provoca diversas reacciones entre las mujeres de la familia:
se ponen de manifiesto las características que van a
identificar a cada personaje de la novela.

- ¿Cuál es la reacción general a la entrada de Chencha?
- ¿Qué significado tienen las Tortas de Navidad?
- Explica: *Cambiar unos tacos por unas enchiladas*

Pasamos a la receta, que interrumpe la trama de la
historia: nos recuerda que estamos leyendo un recetario
escrito por Tita.

Observamos que Tita mantiene su serenidad mientras
cocina, pero la pierde cuando Mamá Elena confirma la
noticia: Pedro va a casarse con Rosaura.

- ¿Qué significado tiene el frío que siente Tita?
- ¿Te atreves a predecir el papel que va a desempeñar la colcha en la narración?

Vocabulario

La mollera, la sesera, la cabeza

Derivados de llorar: sollozos, llanto, lagrimeo

Una nalgada, un azote

Tomillo, laurel, cilantro (otras hierbas aromáticas)

Doblegar, someter, claudicar

Albergar (fig.), poseer, dar asilo

Agasajar, obsequiar, convidar

Charola, cafetera, tetera, jarra, jarro

Atropelladamente, torpemente, atolondradamente

"Al sereno", al fresco, al relente

"De golpe y porrazo", de repente, súbitamente

Sobrecogedor, escalofriante, que produce miedo

Pastel de Bodas "Chabela"

Febrero

Después de repasar los ingredientes, nos damos cuenta de que a simple vista son muy sencillos pero de primera calidad: sin embargo al leer la manera de hacerse queda claro que la elaboración del Pastel de Bodas resulta bastante más compleja. Tita y Nacha están preparando el pastel, y antes de que Tita llore sobre la masa, se explica a modo de curiosidad como se conservan los huevos.

- ¿Qué significado le das a la sencillez y calidad de los ingredientes, y a lo complicado de su elaboración?
- ¿Puedes explicar el proceso de la conservación de los huevos?
- ¿Por qué se opta por este procedimiento, y qué conexión puede tener con la trama del relato?

Durante la ceremonia religiosa, Tita deja volar su imaginación y recuerda escenas de su niñez. Eso hace que su expresión parezca satisfecha:

- ¿Cómo muestra el texto esta satisfacción de Tita?
- ¿Qué prueba el dominio de los 4 caballos?
- ¿Con qué animal compara la autora a Tita y por qué?

Tras la ceremonia llega el momento de las felicitaciones a los contrayentes: el abrazo de Pedro a Tita revela sus verdaderos sentimientos.

- ¿Cómo responde Tita a la declaración de Pedro?
- ¿Cómo recupera Tita momentáneamente la vitalidad perdida?
- ¿Qué efecto produce en ella la mirada de Mamá Elena?

Mamá Elena amenaza a Tita si vuelve a acercarse a Pedro, pero Tita está feliz a pesar de todo (Pedro la ama) y, a su manera, está disfrutando del casamiento.

- ¿Qué significado tienen las palabras de Mamá Elena?
- ¿Qué actividades propias de una boda realizan los novios?
- ¿Por qué quiere Tita correr hacia Nacha?

Los invitados han comido el pastel y sus efectos no se hacen esperar; primero se trata de una nostalgia que se convierte en una rara intoxicación íntimamente ligada a las emociones que siente cada uno.

- ¿Qué interpretación puede darse al llanto?
- Compara el llanto de Pedro y el de Mamá Elena.
- ¿Qué significa la vomitona colectiva?
- ¿Por qué es Tita la única no afectada?

Pastel de Bodas

Vocabulario

Granulado, en forma de grano, en polvo

Tamizar, colar, cerner, cribar

Raspadura, peladura, cáscara

Cacerola, olla, puchero, sartén, orza

Huevos: clara, yema.

Batir, mezclar

Anexar, añadir, agregar

Espeso, denso, consistente

Sebo de carnero, grasa, manteca

Lechada de cal, cemento, yeso

Desbocarse, perder el bocado (control de la rienda)

Remembranzas, recuerdos, añoranzas

Apacible, sereno, pacífico, tranquilo

Anhelar, desear fervientemente

Fogoso, ardiente, impetuoso

"Cuando tú vas, yo ya fui y vine"

"Hacerse la mosquita muerta"

"Manual de Carreño" sobre las buenas maneras y Reglas de Urbanidad

Ensimismada, aislada en si misma

Adueñarse, apoderarse

"Hacerle lo que el viento a Juárez"

Explica el significado de las expresiones *en cursiva*.

Texto **23.3**

Codornices en Pétalos de Rosas
Marzo

En esta receta los ingredientes resultan bastante más sofisticados, lo cual también se pone de manifiesto en las emociones representadas en el contenido del capítulo.

En la manera de hacerse, queda patente el efecto de las rosas y las espinas y nos adelanta el efecto químico que puede producirse a causa de la sangre.

- ¿Qué doble significado podemos darle aquí a la expresión *pincharse los dedos*?
- ¿De qué se vale Mamá Elena para apartar a Pedro de Tita?
- ¿Qué consecuencias trae la muerte de Nacha?
- Explica el último párrafo con tus propias palabras.

En la elaboración de la receta se ve todavía más clara esta complejidad: se cuida hasta el mínimo detalle.

- ¿Qué detalles se mencionan y a qué se refieren exactamente?

La contraposición de Rosaura queda patente en su falta de habilidad como cocinera.

- ¿Por qué intenta Rosaura preparar la comida?
- ¿Por qué rechaza los consejos de Tita?
- ¿Qué final tuvo la comida preparada por Rosaura y que consecuencias trajo?

Vamos a centrarnos en las dos reacciones de Mamá Elena ante la comida presentada por Rosaura y la exquisita presentación de las codornices de Tita:

- ¿Qué tono usa para dirigirse a Pedro en ambos casos?
- ¿Qué efectos produce la sangre de Tita en las rosas de Pedro?
- ¿Puedes explicar el efecto *emisor-médium-receptor*?

Por último, hablaremos de los efectos que las codornices producen en Gertrudis y como están descritas: No olvidemos que Gertrudis es la hija del amor *verdadero* de Mamá Elena y por ello representa unas características diferentes a las del resto de la familia.

- ¿Cómo es el ideal masculino de Gertrudis, y quién lo representa?
- ¿Cómo intenta Gertrudis olvidar los pensamientos que pasan por su cabeza?
- ¿Por qué se encuentra Tita en esa actitud inmóvil?

Tras esta escena, Gertrudis es finalmente poseída por el efecto afrodisíaco de las rosas y *ardiendo de amor* escapa con el capitán villista de sus sueños. Mamá Elena, tan falta de caridad como de costumbre, reniega de su hija.

Codornices en pétalos de rosas

Vocabulario

Castañas, almendras, avellanas, nueces (frutos secos)

Fécula (harina de los cereales)

Pinchazo, piquete, pellizco

Artes de prestidigitación, malabarismos

"Sabores, olores, texturas y lo que éstas pudieran provocar"

Eslabones, partes de una cadena

Desplumar, eviscerar, vaciar, atar, freír

Comal (Utensilio de cocina, redondo, que sirve para preparar las tortillas y calentar otros productos.)

"El arroz se le batió, la carne se le saló y el postre se le quemó"

Cosquilleo, cosquillas

Villista, partidario de Pancho Villa

Para más información sobre la revolución mexicana, dirígete a www.pearsonhotlinks.com y escribe el título o ISBN de este libro. Después, selecciona el enlace correspondiente, número 23.1.

Texto 23.4

Mole de Guajalote con almendra y ajonjolí

Abril

Los ingredientes de este platillo sirven para elaborar una salsa densa y rica en todo tipo de sabores, asimismo los sentimientos que representa son una gama de las diferentes texturas presentadas en esta receta.

- ¿Puedes diferenciar los ingredientes dulces de los salados?
- ¿Y los picantes de los aromáticos?
- ¿Qué representa cada textura en relación con los sentimientos?

En la manera de hacerse comenzamos por un proceso muy anterior al de la preparación del platillo: Desde la alimentación del guajolote (pavo), hasta la elaboración de la salsa, pasando por su sacrificio y conservación.

- ¿Qué dan de comer al guajolote antes de sacrificarlo y por qué?
- ¿Cómo se consigue una carne tierna y sabrosa?

Este platillo se prepara con motivo del bautizo de Roberto (primer hijo de Pedro y Rosaura). Tita siente un cariño especial por este niño; Pedro lo siente también a su manera.

- ¿Qué significado tienen todos los regalos y atenciones que recibe el bebé Roberto?
- ¿Cuál es la ironía del cariño que muestra Tita hacia el bebé?
- ¿Qué sentimientos se trasmiten de Tita a Pedro desde la cocina?

Vemos a continuación que Rosaura no puede amamantar a Roberto y necesitan los servicios de una nodriza (ama de cría), pero por desgracia ella sufre un accidente el mismo día de la preparación para el bautizo.

- ¿Por qué eligieron a esta nodriza en particular?
- ¿Qué significado puede tener la coincidencia de su accidente y la preparación del mole?

Se dan los últimos pasos a la receta, que hace Tita sola, pues Chencha sale en busca de una nueva nodriza. La situación revolucionaria lo hace difícil y Chencha regresa sin haberla encontrado. La situación es dramática, pues Roberto rechaza cualquier tipo de alimento.

- ¿Qué diferentes estrategias emplea Tita para calmar a Roberto?
- ¿Qué le lleva a Tita a ofrecer su pecho al bebé?

Milagrosamente, del pecho de Tita brota leche, Tita misma no se lo explica, pero Roberto, satisfecho, se queda plácidamente dormido. La intervención de Pedro completa este cuadro entrañable y familiar.

- ¿Qué significa la fuerza de la succión de Roberto?
- ¿Por qué termina brotando leche del pecho de Tita?
- ¿Por qué no se sorprende Pedro ante la escena?
- ¿Qué explicación existe para la mezcla de sentimientos?

Una vez más, la llegada de Mamá Elena corta la magia entre los dos enamorados.

Mole de guajalote

Vocabulario

Un puño, un puñado (lo que cabe en un puño)

Cebar, engordar, sobrealimentar (se refiere a animales de granja)

La víspera, el día anterior a algo importante.

Ameritar, merecer, recibir los méritos

Vajilla, cubertería, cristalería

Nodriza, ama de cría, aya

Balacera, tiroteo, disparos cruzados

Espesar, ponerse denso, reducir el agua.

Rebozo, pañoleta, echarpe, toquilla

Chupón, chupete, tetilla (para calmar a los bebés)

Un chisguete, un chorrito

Saciar, llenarse por completo, satisfacer el hambre

Embelesado, gratamente sorprendido

Amor, deseo, ternura, lujuria, vergüenza, temor

 Para escuchar una canción sobre el mole, dirígete a www.pearsonhotlinks.com y escribe el título o ISBN de este libro. Después, selecciona el enlace correspondiente, número 23.2.

Texto 23.5

Chorizo Norteño
Mayo

Los ingredientes de este platillo son ásperos y picantes como los sentimientos que se despiertan en este capítulo. Vamos a enfrentarnos una vez más con la intransigencia de Mamá Elena incluso en los momentos más dolorosos. Las consecuencias de estos hechos en Tita no se hacen esperar.
- ¿Podrías darle una interpretación a los ingredientes de la lista?

Para enfatizar en la tirantez existente entre madre e hija, se incluye la escena del baño.
- ¿Cómo trata Tita a Mamá Elena mientras la está bañando?
- ¿Qué significan los "jalones" (tirones) de pelo?
- ¿Por qué insulta Mamá Elena a Tita?

Pedro, Rosaura y el niño se han trasladado a San Antonio y Tita ha perdido el interés en lo que la rodea, no tiene las ganas necesarias para preparar el chorizo y sólo está interesada en un pequeño pajarillo.
- ¿Por qué quiere Chencha que Tita obedezca a su madre?
- ¿Para qué elaboran el chorizo?
- ¿Tienen estos acontecimientos relación con la revolución?

Se rememora aquí como Mamá Elena era capaz de romper una sandía con sus propias manos, y como una situación relacionada con esta fruta provocó que Mamá Elena quisiera enviar a Pedro lejos de Tita.
- ¿Qué sugiere la conexión entre comer sandía y la agitación de Pedro?
- ¿Qué mezcla de olores exhala el cuerpo de Tita?
- ¿Qué le produce miedo a Tita en su relación con Pedro?

Mamá Elena rompe de nuevo el encanto de una situación, y al mismo tiempo impide que pueda cometerse una falta *"irreparable"*.

Tras esto, Mamá Elena resuelve que Pedro se aleje de Tita cuanto antes.
- ¿En qué consiste el sacrificio de Tita?

Finalmente Tita vuelve al presente, a la vida rutinaria del rancho y a la presencia de su madre; pero un acontecimiento trágico hace que toda su buena voluntad y su disposición desaparezcan.
- ¿Qué noticias trae Chencha?
- ¿Cómo las reciben Mamá Elena y Tita respectivamente?
- ¿Qué ha causado la muerte de Roberto?

A consecuencia de todo, el chorizo se pudre al recibir las caricias de Tita: igual que su alma.

Después de esta escena, Tita sube a refugiarse en el palomar y cae en un silencio del que nadie puede distraerla. Se toma la decisión de llevarla a la frontera, a la casa del Doctor Brown, y así se hace. Tita se va envuelta en su colcha, que como sus fríos y soledades, ha crecido y ya tiene muchos metros de longitud.

Vocabulario

Lumbre, fuego, fogón, estufa, cocina

Semillas, simientes, pepitas, pipas, huesos

Lombrices, gusanos, orugas

Pichón, cría de paloma

Descomponerse, pudrirse, estropearse, arruinarse

Embutidos de carne: cecina, jamón, tocino

Manteca, grasa de cerdo

Proeza, acto heroico o difícil

Aminorar, hacer menor, hacer más llevadero

Tinieblas, oscuridad

Jalar, tirar (de una persona)

Palpar, tocar, sobar

Chocar, enojar, enfadar, poner de mal humor

"Petatearse", morirse (coloq)

Masa para hacer fósforos *Junio*

Esta es la única receta que no describe un platillo de cocina. Su misión no es culinaria (Tita se ha negado a comer), sino instructiva y práctica. Al mismo tiempo tiene cualidades premonitorias y nos pone sobre aviso acerca de lo que puede ocurrir cuando se siente una pasión demasiado fuerte.

El Doctor Brown elabora esta receta ante la mirada inexpresiva de Tita, quien cubierta con su colcha, no puede quitarse el frío ni del cuerpo ni del alma.
- ¿Qué representan la colcha y el frío de Tita?
- ¿A qué se deben los síntomas de locura de Tita?
- ¿Cómo la trata el doctor en su enfermedad?

La explicación química del experimento es de gran importancia pues refleja las reacciones que se producen en los humanos a través de sus emociones. La frialdad científica de la reacción se combina con la calidez de la historia recopilada por la abuela del doctor.
- ¿En qué consiste exactamente el experimento químico para hacer fósforos?
- ¿Puedes explicar el proceso comparativo que hace la abuela del doctor?
- ¿Puedes identificar el sentido de la vela, el oxigeno, la caja de cerillos y el detonador?
- ¿Cómo funciona cada elemento?

Tita está vacía, se encuentra desprovista de sentimientos o motivaciones que le hagan sentir que la vida merece la pena. La historia de los cerillos también refleja este estado de ánimo.
- ¿Por qué están húmedas las cerillas de Tita?
- ¿Cuáles son los detonadores del fuego de Tita?
- ¿Qué viento maligno apaga todos sus fósforos?

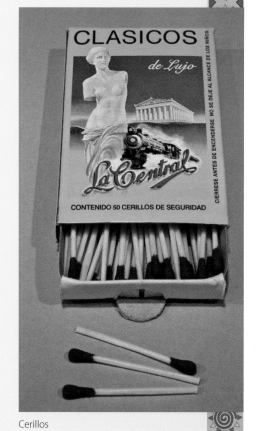

Cerillos

Por último el doctor le aconseja como pueden secarse los cerillos húmedos, y le da la advertencia final: todo debe hacerse con mesura y prudencia; no deben encenderse todos los fósforos a un tiempo. La frase con la que finaliza el capítulo *"el alma desea integrarse al lugar de donde proviene"* tiene una gran importancia en el desenlace de la novela.
- ¿Qué significan las lágrimas de Tita?
- ¿Qué significado oculto puede tener el túnel de fuego en la posterior resolución de esta historia?

Vocabulario

Nitro (nitroglicerina), explosivo

Onza, unidad de peso (200g)

Dracma, unidad de peso química

Minio, colorante para metales y metaloides

Un estambre, un hilo, una madeja de lana

Manicomio, casa de salud mental, residencia psiquiátrica

Campana de ensayos, tubos,

El aliento, el aire, la respiración

Reavivar, volver a activar, regenerar

Errante, vagabunda, nómada

Gélido, frío, desapacible

Caldo de Colita de Res *Julio*

El sentido del caldo es dar calor y reconfortar, si a eso le añadimos el amor puesto al cocinarlo, comprenderemos que Tita no sólo se recupere sino que rememore su pasado más feliz.

En la manera de hacerse, se hace hincapié en el sentido que debe tener un caldo:
- ¿Qué explicación tiene "*ser caldoso sin caer en lo aguado*"?

Chencha (en representación de Nacha) lleva el caldo "mágico" que logra que Tita recupere su cordura.
- ¿Qué añora Tita mientras escucha los pasos de John?
- ¿Qué cosas se le han negado a Tita, y cómo se representan?
- ¿Cuáles son los efectos que el caldo produce en Tita?

Mientras tanto, y como siempre representando los polos opuestos, Mamá Elena sufre los efectos contrarios al probar el caldo.
- ¿Por qué le sabe amargo el caldo?
- ¿Por qué teme Mamá Elena que Tita quiera envenenarla?
- ¿Cómo reacciona Tita ante la decisión tomada por su madre?

Chencha es el enlace entre los dos mundos; juega un papel muy importante a lo largo de la narración: Aquí también ha sufrido física y moralmente.
- ¿Qué aspectos positivos se presentan ante Chencha con su nuevo trabajo?
- Explica: "*No hay pan que no cueste una torta*".

La intuición de Mamá Elena no había disminuido con su debilidad física, e incluso enferma, consigue hacerles la vida imposible a los que la rodean.
- ¿Cuál es la decisión que toma Chencha?
- ¿Cómo reacciona Tita?
- ¿Por qué rechazan las cocineras quedarse en el rancho?
- ¿Qué medidas toma Mamá Elena para evitar el envenenamiento?

Después de esta larga enfermedad Mamá Elena muere, pero no descansa en paz. Su corazón alberga demasiado odio y resentimiento.

Tita tiene el campo libre para preparar su boda con John. ¿Estará Pedro de acuerdo con esta decisión?

Vocabulario

Rozarse, tocarse ligeramente, relacionarse

Ajuar, equipo de novia (sábanas, mantelerías, ropa de casa)

Costuras, puntos de sutura

Desgarrar, cortar, romper

Burlarse, reírse, menospreciar

Agrura, sabor agrio, sin dulzura

"*Plato de segunda mesa*"

Sordomudo: ni oye ni habla (ciego, cojo, manco)

Champandongo *Agosto*

Este platillo es uno de los más elaborados de este recetario. Los ingredientes son numerosos y de una gran variedad. De la misma manera, los acontecimientos que se describen despliegan una gran diversidad: desde la muerte de Mamá Elena al nacimiento de Esperanza (la niña necesita el olor de la cocina para dormir), pasando por la petición de mano de Tita y los atroces celos de Pedro. Esta mezcla de sucesos podría también formar un *"champandongo"*.

• ¿Qué sugiere aquí la palabra *"champandongo"*?

En la manera de hacerse se ponen de manifiesto las contradicciones del alma de Tita: para preparar un platillo que necesita tiempo y dedicación, ella se siente apresurada y sin prestarle la atención que se requiere.

• ¿Qué significa el llanto de Tita en esta ocasión?
• ¿Por qué no siente Tita la tranquilidad necesaria para preparar este platillo?
• ¿Qué papel juega Esperanza en el corazón de Tita?

Vamos a centrarnos en la petición de mano: los personajes se identifican claramente con sus sentimientos y representan asimismo una serie de valores: Rosaura, la matrona tradicional; Pedro, el hombre de la casa; John, el eterno enamorado; y Tita, la confundida novia.

• ¿Por qué Tita olvida los detalles de esta cena en particular?
• ¿Qué intención tiene la discusión sobre política entre Pedro y John?
• ¿Cómo tiene lugar la petición de mano?

Champandongo

Tita quiere casarse cuanto antes para alejarse de Pedro y evitar la tentación, pero John pospone la boda pues quiere invitar a su tía Mary que vive en el norte de los Estados Unidos. Se formaliza el compromiso con la entrega de un anillo de brillantes.

• ¿Qué le recuerda a Tita el fulgor del anillo?
• ¿Cuál es el significado del poema de Nacha?
• ¿Cómo interpreta Rosaura las lágrimas de Tita?

Otra formalidad en una petición de mano es el brindis con champaña. En este caso Pedro brinda con tal fuerza que rompe su copa salpicando a los demás.

• ¿Puedes darle sentido a esto?

Finalmente tiene lugar la cena, que en este caso no tiene nada de extraordinario, pero que sirve para templar los ánimos de los cuatro comensales.

• ¿Qué interés se merece la comida para las personas sensatas?
• ¿Cómo ayuda Chencha a relajar el ambiente de la mesa?
• ¿Por qué no está la comida tan deliciosa como de costumbre?
• ¿Qué significado tiene ahora el champandongo?

Tras esta escena se produce la consumación del amor físico entre Pedro y Tita, con la consiguiente aparición del fantasma de Mamá Elena, que recrimina la actitud de los amantes.

Vocabulario

Premura, prisa, apresuramiento
Cocer, hervir, freír, asar, dorar, hornear
Canastilla, canasta, cesto
Almidonar, planchar con almidón
"Sacar a colación"
Hosca, seca, sin simpatía
Destellos, reflejos, fulgor
Rocío, escarcha

Para más información sobre cacao y chocolate en Oaxaca, México, dirígete a www.pearsonhotlinks.com y escribe el título o ISBN de este libro. Después, selecciona el enlace correspondiente, número 23.3 y 23.4.

Texto **23.9**

Rosca de Reyes y chocolate

Este platillo representa una de las partes más dulces de la historia. Así y todo, la amargura del cacao también queda patente en algunos de los hechos que suceden en este capítulo.

Revisamos los ingredientes y vemos que son necesarias varias clases de cacao y que el azúcar puede elegirse *"al gusto"*:
- ¿Cómo puede interpretarse esto?

Esta receta hace honor al título de la novela: *"Estar como agua para chocolate"*.
- ¿Se refleja esto en el ánimo de los personajes?

La Rosca de Reyes es un platillo muy tradicional, que lleva una sorpresa dentro (generalmente una figurita de porcelana) y que da buena suerte al comensal que la encuentre.

Leemos en la manera de hacerse el complicadísimo proceso para elaborar un buen chocolate a la taza.
- ¿Qué características son aconsejables para elaborar un buen chocolate?
- ¿Sabes qué importancia tiene el cacao en la cultura mexicana?
- ¿Puedes contar en qué consiste la *"manteca de cacao"* y para qué sirve?

El fantasma de Mamá Elena ha empezado a aparecerse para recriminarle a su hija su mala conducta. Por otro lado, Rosaura ha engordado terriblemente y como consecuencia de esto, ha desarrollado una flatulencia y un mal aliento que la están alejando definitivamente de Pedro.
- ¿Cómo se muestra el deterioro de las relaciones entre Pedro y Rosaura?
- ¿Por qué le preocupa a Rosaura que Pedro pueda repudiarla?

Rosaura recurre a Tita en busca de ayuda. Al fin y al cabo es su hermana, pero sigue existiendo una barrera insalvable entre las dos.
- ¿Cómo reacciona Tita al saber el destino que le espera a Esperanza?
- ¿Cómo demuestra Tita su culpabilidad ante Rosaura?
- ¿Cómo se combate el mal aliento, y qué significado tiene?

Rosaura sale triunfante de esta entrevista mientras que Tita siente que ha traicionado a todos los que la rodean: Pedro, John, Rosaura, e incluso ella misma.
- ¿Cómo se representa esta traición hacia cada uno de ellos?

Se corta esta tensión dramática volviendo a la preparación del platillo. Una vez más demuestra una serie de complicaciones en su elaboración.
- ¿Qué puede significar la elaboración de las diferentes masas?
- ¿Y el proceso de aumentar de tamaño antes de hornearla?

El capítulo termina con la llegada de Gertrudis, hoy esposa del capitán Juan Alejandrez, deseosa de comer la Rosca de Reyes con su familia. La llegada de Gertrudis en una inyección de optimismo.

Septiembre

Roscón de Reyes

Vocabulario

Fingir, pretender, representar un papel

Quedamente, bajito, sin ruido

Causar estragos: producir una reacción fuerte

Dar al traste: malograr, terminar

Gargarismos: gárgaras, para la garganta o irritaciones bucales

Pestilente, hediondo, de muy mal olor

Resarcir, restituir, compensar

Raspa, badila, espumadera.

Texto **23.10**

Torrejas de Natas

Octubre

Este es el platillo más simpático de la narración, además de mostrar el lado más amable de los personajes.

Los ingredientes son simplísimos, pero todos dulces; sin embargo la manera de hacerse es más compleja: esto muestra que las cosas más importantes en la vida de cada uno son las más sencillas.

Una vez más, la coprotagonista de este platillo es Gertrudis, ella se lo pide a Tita como despedida.

- ¿Qué representa para Gertrudis la elaboración de esta receta?
- ¿Qué relación existe entre las dos hermanas?
- ¿Por qué consigue Tita la paz durante la visita de Gertrudis?

Tita tiene la sospecha de estar esperando un hijo de Pedro. No lo ha confesado a nadie todavía, y Gertrudis es la depositaria de sus confidencias: de una manera sencilla ésta le explica que la diferencia entre el bien y el mal (la verdad y la mentira) es relativa, y así juntas, analizan los acontecimientos de la historia de Tita.

Aparece un personaje nuevo traído al rancho con el ejército de Gertrudis.

- ¿Quién es Treviño?
- ¿Qué acontecimientos provocan su violenta conducta?
- ¿Qué siente hacia Gertrudis?

Dejamos a Treviño y Gertrudis en la cocina preparando el almíbar para las torrejas, ninguno de los dos tiene idea de cómo hacerlo, pero Tita no está disponible y Gertrudis no quiere irse sin comerlas.

- ¿Son capaces Treviño y Gertrudis de interpretar una receta de cocina?
- ¿Están las instrucciones lo suficientemente claras?
- ¿Qué quiere decir esto, teniendo en cuenta el contexto?
- ¿Logran conseguir un almíbar en su punto?

Tras la marcha de Gertrudis, Tita vuelve a preocuparse por su embarazo, que no es tal sino psicológico. Tiene una conversación con Pedro acerca de su *"futuro hijo"* y un enfrentamiento con el fantasma de su madre, que desaparece para siempre no sin antes vengarse de Pedro: éste se quema dramáticamente tras una noche de ronda.

Así las cosas regresa el Doctor, pero Tita ya ha tomado su decisión: no puede casarse con el Doctor Brown.

Vocabulario

Nata, crema fresca de la leche

Almíbar, caramelo, sirope

Ralo, liso, suave, (escaso)

Horquilla, rejilla de la lumbre, pasador del pelo

Cuajar, solidificar

Desahogarse, confesarse con alguien

Resquemores, miedos ocultos

Agobiar, entorpecer, apabullar

Casa de lenocinio, prostíbulo, casa de mala reputación, burdel

Saña, rencor, odio acumulado

Pundonor, honorabilidad, saber estar

Apechugar, cargar con las consecuencias, responsabilizarse de algo

Lizado, aperlado, a punto de bola: almíbar según los grados de solidez

Texto 23.11

Frijoles gordos con Chiles a la Tezcucana

Noviembre

La situación en el rancho no es agradable: Pedro ha quedado seriamente lesionado con las quemaduras, Tita sabe que aunque no espera ningún hijo de Pedro, no podrá casarse con John, y encima viene a cenar la tía Mary con el fin de conocerla y anunciar la boda.

Damos un vistazo a los ingredientes: todos típicos y nutritivos, con algún toque exótico.
- ¿Cómo se relaciona esto con la escena?

Tita está esmerándose en la preparación de este platillo, pues no puede decepcionar a la tía Mary que ha viajado desde tan lejos.
- ¿Por qué se había pospuesto la visita de la tía Mary?
- ¿Qué quiere compensar Tita al elaborar un platillo tan delicioso?
- ¿Qué significa "*quedarse como las migajas de un pastel*"?
- ¿Por qué se ve obligada a preparar ese platillo especialmente?

Tita sigue dándole vueltas a sus sentimientos, John es una buena persona, ella sería capaz de amarlo, pero la naturaleza misma se revela ante los sentimientos de Tita.
- ¿Qué les ha ocurrido a las gallinas? ¿Sabrías interpretarlo?
- ¿Qué significado tiene la presencia de los pañales de Esperanza?
- ¿Qué conclusiones saca Tita de esta experiencia?

Rosaura está bastante insoportable, ha determinado que Tita no se acerque a Esperanza y al tiempo, no se ha reconciliado con Pedro. Además su presencia física sigue siendo bastante repulsiva.

Tita entra en la cocina a preparar la comida, pero algo extraño ocurre allí.
- ¿Por qué no están cocidos los frijoles?
- ¿Cómo soluciona Tita este contratiempo?
- ¿Qué momento de felicidad evoca su memoria?

Tiene lugar la cena, Tita le confiesa al Doctor que no puede casarse con él. John, tan comprensivo, acepta las explicaciones de Tita aún asegurándola que la amará siempre.

Aquí se cierra una escena con un punto de suspense que se clarificará al comienzo del próximo capítulo, último y desenlace de esta novela.

Vocabulario

Tesquite, sazonador que sirve para ablandar

Restablecerse, curarse, reponerse de una enfermedad

Migajas, restos, sobras

"Brillar por su ausencia"

Alharaca, alboroto

Brincar, saltar

Pañales, ropa interior para bebés

Riña, pelea, lucha

Zafarse, escaparse, huir

Tornado, remolino

Crudo, sin cocinar

Chiles en nogada

Diciembre

¡Llegamos al fin!

Han pasado los años y estamos ante los preparativos para la boda de Alex (hijo del Doctor) y Esperanza (hija de Pedro y Rosaura). Rosaura ha muerto a causa de sus flatulencias y así Esperanza se ha visto libre para casarse.

El platillo que se presenta es uno muy elaborado, que además Tita cocina con gran primor dándole los colores de la bandera mexicana.
* ¿Te atreverías a interpretar la larga lista de los ingredientes?

La manera de hacerse es extremadamente laboriosa, pero aquí Tita pone todo su empeño, y especialmente y más que nunca, todo su *amor*.
* ¿En qué consiste el proceso de preparar las nueces? ¿Por qué?
* ¿Por qué se quedan solas Tita y Chencha en esa tarea?
* ¿Con qué actividades destructivas identificamos a Mamá Elena?

La boda es un éxito y el platillo estrella ha desaparecido de los platos, pero un efecto sorprendente se apodera de todos los invitados: la irresistible llamada de la naturaleza para hacer el amor.
* ¿Quién es la primera que lo manifiesta y por qué?
* ¿Cómo reaccionan los demás invitados?
* ¿Y los novios?
* ¿Y Pedro y Tita?

Chiles en nogada

Pedro y Tita no se han librado del impulso mágico que les rodea. El único inmune a estos efectos es John Brown.
* ¿Le encuentras alguna explicación a esto?

Tita y Pedro logran consumar su amor, pero Pedro muere (entrega su vida) en este acto. Tita no puede concebir la vida sin él y empieza a ingerir cerillas que reproducen paso a paso lo que el Doctor explicó en su momento.
* ¿Puedes recordar este proceso?
* ¿Cómo se lleva cabo en este momento?
* ¿Qué efectos produce y cómo son interpretados?

Y ahora sí que llegamos al feliz término.

La hija de Esperanza nos regresa a la realidad recordando ella misma su infancia y la influencia que la comida ha producido en su vida.
* ¿Por qué sobrevivió el recetario al incendio del rancho?
* ¿A qué se debe la fertilidad de la región?
* ¿Qué similitudes ves entre Tita y su sobrina-nieta?
* ¿Hay algún motivo para que esté cocinando "*Tortas de Navidad*"?
* ¿Dónde reside la inmortalidad de Tita?

Vocabulario

Pelar, quitar la piel, desprender la cáscara

"*Al pie del cañón*"

Desbandada, escapatoria, huida

Urgir, sentir la urgencia, la prisa

"*Dar rienda suelta*"

¿De qué forma la literatura a través del género de la novela puede transmitir la historia de un país? ¿Sirve la literatura para entender la historia?

Lectura:

Como agua para chocolate de Laura Esquivel (cualquier edición en español)

Material de apoyo:

Como agua para chocolate película de Alfonso Arau

Sugerencias para el Trabajo Escrito:

1   Escribe la página del diario (o sucesivas entradas) de uno de los protagonistas (Tita, Gertrudis, Rosaura) donde se demuestren hechos relevantes y su participación directa. *Ejemplo:* Gertrudis: los efectos de las codornices y/o las torrejas de nata y el descubrimiento del secreto de Mamá Elena.

2   Escribe un artículo periodístico donde se relaten noticias del progreso de la Revolución Mexicana según aparecen en la obra. (Ataque al rancho, violación de Chencha…)

3   Escribe una entrevista a cualquiera de los personajes centrada en alguno de los conflictos de la obra: a Pedro preguntándole por su doble juego con Tita y Rosaura; a Mamá Elena por su despotismo y crueldad…

4   Escribe un folleto informativo centrado en la gastronomía mexicana según aparece descrita a través de las recetas del libro. Puedes añadirle un toque *mágico* y explicar los efectos que produce comer los platillos.

5   Escribe un guión cinematográfico basado en una de las escenas.

Consejos para el examen

Al realizar tus comentarios literarios, debes tener en cuenta los siguientes aspectos en una novela:

- Personajes, tema principal, contexto histórico y localización geográfica.
- Lenguaje y estilo literario.
- Punto de vista del narrador.
- Narración y descripción
- Tono
- Boom latinoamericano y realismo mágico.
- Distintos estilos literarios.
- Estructura de la novela y relación con el contenido.
- Géneros literario: diarios, novelas autobiográficas, literatura de viajes, novelas picarescas, moriscas, pastoriles, relatos, cuentos, etc.

Creatividad, Acción, Servicio

Realiza exhibiciones relacionadas con las obras leídas, que sirvan de promoción para la lectura y que relacionen las artes en general.

LITERATURA

LAS BICICLETAS SON PARA EL VERANO DE FERNANDO FERNÁN-GÓMEZ

Objetivos:
- Familiarizarse con el lenguaje literario en prosa y en drama
- Aislar elementos o pasajes esenciales en las obras leídas
- Utilizar información para desarrollar el Trabajo Escrito
- Practicar diferentes formatos y tipos de texto a través de las obras literarias estudiadas
- Lograr un argumento razonado donde se presenten ideas de forma coherente

 Introducción

En esta obra dramática se recogen las aspiraciones de un grupo de personajes que pierden la *"ocasión histórica"* de la proclamación de la Segunda República Española: cambiar de vida y cambiar la vida. Esta derrota se resume en la frase final de la representación cuando Don Luís le dice a su hijo: *"sabe Dios cuando habrá otro verano"*. El título de la obra sugiere que hay un tiempo para cada cosa y *Las bicicletas son para el verano* pero la guerra acaba con todo tipo de esperanzas.

Las bicicletas… no es una obra social, los personajes no están exactamente oprimidos o explotados, tampoco luchan por una conquista de clase, ni sus ideologías están claramente definidas al comienzo de la guerra.

La vida en España es esa continuidad, pero con algunos *"desgarrones"* que nos presenta Fernán-Gómez en su obra; uno de esos factores es precisamente la recuperación del verano perdido. *"Pero no ha llegado la paz, Luís, ha llegado la victoria"* dice Don Luís cuando se acaba el tiempo acotado en su obra y se acaba el tiempo de libertad *"hasta que llegue otro verano"*.

Estructura dramática

- Prólogo
- Primera Parte (7 cuadros)
- Segunda Parte (8 cuadros)
- Epílogo

La obra presenta una estructura circular en tanto que los personajes empiezan y terminan en el mismo espacio escénico, un descampado en la Ciudad Universitaria, y hablan del mismo tema: la guerra.

Espacio

Representa la atmósfera donde se mueven los personajes y su comportamiento según sean o estén en el interior o en el exterior.

Espacios escénicos: Ciudad Universitaria (A); Comedor de casa de Doña Dolores (B); Cuarto de Luís (C); Cuarto de María (D); Comedor de casa de Doña Antonia (E); Sótano (F); Parque (G)

Para más información sobre la guerra civil, dirígete a www.pearsonhotlinks.com y escribe el título o ISBN de este libro. Después, selecciona el enlace correspondiente, número 24.1, 24.2, y 24.3.

De esta relación se deduce que solamente hay dos espacios exteriores (prólogo, epílogo y cuadro II) y el resto de las escenas ocurren en un espacio cerrado, un inmueble, aunque en tres zonas diferentes.

Tiempo

La acción de la obra transcurre entre unos días antes del comienzo de la guerra civil y unos días después de su finalización, es decir, que dura tres años aproximadamente. El autor nos da suficientes datos para situar la obra y muchos de los cuadros en su momento histórico. El procedimiento varía, pero veremos algunos ejemplos: alusiones a personajes históricos, referencias a hechos históricos concretos, películas que citan los personajes, acontecimientos personales, indicaciones temporales acotadas, etc.

Efectos especiales

A lo largo de la obra nos encontramos con dos realidades interrelacionadas: la realidad interior de los personajes (vida doméstica con sus quehaceres y preocupaciones), y la realidad exterior (circunstancias creadas por la guerra que van envolviendo a todos los vecinos de la casa).

El papel de los efectos especiales es muy importante porque es el modo de presentar el mundo exterior, el de la guerra. La realidad exterior que los vecinos no pueden controlar: la radio, las bombas, las ametralladoras, la luz, los timbrazos, las sirenas y los aporreos a las puertas son elementos sonoros para enfatizar ciertas escenas e incrementar su dramatismo.

Lenguaje

La forma de elocución del género dramático es el diálogo.

En *Las bicicletas...* los diálogos, muchas veces triviales, desarrollan temas humanos. El lenguaje empleado por los personajes es familiar o coloquial y a veces, vulgar, según la condición social del personaje. No se incluye ningún monólogo, pues el autor quiere darle a su obra un aire de crónica familiar donde todos los problemas familiares y consecuencias de la guerra se nos presentan a través de conversaciones entre los miembros de la familia protagonista o entre miembros de las otras familias que viven en el mismo edificio. A pesar de esto, se trata de un lenguaje vivaz sin que abunden los parlamentos largos, lo que imprime una agilidad a la acción.

Si bien el diálogo es la parte fundamental, no debemos pasar por alto las acotaciones, que son elementos descriptivos donde el autor nos muestra su punto de vista sobre el montaje de la obra: descripción física y psíquica de los personajes, posición en escena, lenguaje gestual, vestimenta, decorados, efectos sonoros y lumínicos, y otros elementos que configuran el espacio escénico.

Personajes

El autor presenta 23 personajes, la mayoría vecinos y parientes, que viven en un mismo inmueble de viviendas alquiladas.

La adscripción política e ideológica de las distintas familias ofrece una representación de los dos bandos que se enfrentan fratricidamente. Sin embargo el autor no se manifiesta políticamente y trata a todos los personajes con la misma ternura.

Todos los protagonistas están marcados por las consecuencias de la guerra, todos sufren y todos tienen capacidad para sobrevivir, no observamos rencor ni rebeldía y eso se muestra cuando, siendo de ideologías enfrentadas, la evolución de la guerra no cambia sus relaciones.

No hay personajes malos: la maldad está en el exterior, en la guerra, en la sociedad que ha provocado una guerra civil.

Todos los personajes reaccionan y evolucionan al paso del tiempo.

24.2 Contenido

Tema principal: las consecuencias de la guerra

Se muestran los hechos cotidianos de una serie de familias que intentan sobrevivir a esas graves consecuencias. La guerra sucede fuera de escena y es el marco para presenciar la crónica de las desgracias y la miseria que se genera en la familia de Don Luís y en las de sus vecinos.

El autor utiliza la técnica del contrapunto (conflicto externo/conflicto familiar) para dramatizar esta crónica familiar donde la "intrahistoria" se superpone a la historia.

Temas laterales: el hambre, las relaciones amorosas, la bicicleta

Una de las secuelas de la guerra es la escasez de alimentos. A lo largo de la obra se ofrece un muestrario de las comidas de las distintas familias.

A través de los distintos cuadros asistimos a la evolución de las relaciones entre los distintos personajes; en la mayoría de ellos podemos observar una relación amorosa que, en función a las circunstancias que viven, no siempre termina felizmente.

Cartel original de la película basada en la obra de Ferán-Gómez

Prólogo

La obra se inicia con esta escena donde Pablo y Luís, dos amigos adolescentes, juegan a la guerra en un descampado de la Ciudad Universitaria. Se presenta la guerra como un absurdo en el juego bélico de los dos amigos y se nos muestra la ingenuidad de Luís y Pablo que creen imposible una guerra en una ciudad como Madrid. Curiosamente, la acción de este prólogo tiene lugar en la Ciudad Universitaria que tan trágico protagonismo tuvo en el marco bélico de la capital de España. Este prólogo sirve para darse cuenta, al final de la obra, de las consecuencias de una guerra real, aquélla que parecía imposible a los ojos de los dos adolescentes.

- ¿Por qué les parece imposible que ocurra una guerra?
- ¿Qué valor simbólico puede tener el hecho de que esta escena se represente en el exterior?
- ¿Qué alusiones en el tiempo se muestran en este prólogo?
- Comprueba la verosimilitud y frescura del lenguaje de Luís y Pablo.
- ¿Cómo se muestra la personalidad de Luís al comienzo de la obra?
- ¿Resulta premonitorio que esta escena ocurra justo antes de comenzar la guerra o es una incongruencia?

ALFREDO MATAS presenta

LAS BICICLETAS SON PARA EL VERANO

AMPARO SOLER LEAL · AGUSTIN GONZALEZ · VICTORIA ABRIL

Dirigida por

FERNANDO FERNAN GOMEZ · **JAIME CHAVARRI** · Guión SALVADOR MALDONADO

Cuadro I

Este cuadro tiene lugar en el comedor de Doña Dolores, es una habitación amplia con balcones a la calle, lo cual viene a demostrar que la familia pertenece a la clase media.

Se han elegido dos fragmentos de este cuadro que llamaremos Cuadro I (a) y Cuadro I (b)

Cuadro I (a)

Escena entre Doña Dolores y su hija Manolita que sirve como introducción a estos personajes, seguida por la entrada de Don Luís, que nos pone al corriente de los acontecimientos cotidianos de ese verano de 1936, donde en el ambiente se anunciaba la guerra.

- ¿Qué función desempeña el comedor de casa de Doña Dolores?
- ¿Qué alusiones a hechos históricos se citan en este cuadro?
- Señala las peculiaridades del lenguaje (el contenido afectivo supera al lógico).
- Las intervenciones de Don Luís solucionan o suavizan las crisis familiares: comenta la tensión que se genera y las réplicas de Don Luís.

Cuadro I (b)

En este segundo fragmento se presenta al personaje de Luís (espejo de su padre) y aparece por primera vez la mención a *"la bicicleta"* que ha dado título a la obra. Se evidencian los rasgos que caracterizan la personalidad de padre e hijo.

- ¿Cómo influyen los hechos políticos en la vida de la gente de la calle?
- Señala elementos donde se refleje la carga irónica de este diálogo.
- ¿Cuál es el motivo por el que Luís no tiene bicicleta?
- ¿A qué acuerdo han llegado Luís y su padre?
- Luís da la vuelta al argumento: ¿a qué nuevo acuerdo llegan finalmente?

Cuadro II

La acción transcurre en un parque y es otra de las pocas escenas que tienen lugar en el exterior. La protagonizan Luís y su amiga Charito y sirve para demostrar la razón por la que Luís quería una bicicleta ese verano.

- ¿Qué tipo de poema le escribe Luís a Charito?
- ¿Qué demuestran los cambios de lenguaje de Luís?
- ¿Por qué quiere Luís una bicicleta en realidad?

Cuadro III

La escena tiene lugar en el comedor de Doña Antonia, más oscuro y lóbrego que el de Doña Dolores. Se celebra que Julio (el hijo algo retrasado, o *"memo"* que diría Don Luís) ha encontrado un empleo y sirve de pretexto para que conozcamos al vecindario.

- ¿Sobre qué temas versa la conversación de los vecinos?
- ¿Cómo se manifiesta la ideología política de ellos?
- ¿Qué importancia tienen las acotaciones en este cuadro?

Cuadro IV

En este cuadro se produce el estallido de la guerra; nos encontramos en casa de Doña Dolores a donde van llegando sucesivos personajes con las noticias confusas de lo que está ocurriendo. Vemos el contraste entre la conversación de Julio y Manolita, la aparición de Luís anunciando la sublevación de los militares y las subsecuentes reacciones de todos los presentes.

- ¿Cómo es el lenguaje en el diálogo entre Julio y Manolita?
- ¿A través de quién y cómo nos enteramos de las sublevaciones?
- ¿Qué es lo que más preocupa a los miembros de la familia y a los vecinos?
- ¿Qué contrastes lingüísticos se observan en las reacciones de los personajes?
- ¿Qué papel representa la radio en esta escena?

Escena de la Guerra Civil Española

Cuadro V

En este cuadro se ponen de manifiesto por primera vez ciertos acontecimientos que marcarán a la familia protagonista y a sus vecinos durante los años siguientes. Se caracteriza esta representación por su ausencia de amargura ante las adversidades, intercalando escenas íntimas llenas de ternura. Debemos hacer hincapié en la añoranza que por el pasado se ve en los adultos.

Cuadro V (a)

La importancia del abastecimiento de alimentos, tan preciosos solamente unos meses después, da comienzo a esta escena en el comedor de Doña Dolores, y una vez más se resalta el paralelismo entre *"la anormalidad"* (tratamiento de la comida) y *"la normalidad"* (conversación entre Luís y su madre sobre las aspiraciones de su padre en tiempos pasados).
- En este fragmento hay varias alusiones a acontecimientos históricos, ¿Puedes señalarlas?
- ¿Qué profesión tiene el casero y por qué resulta tan peligrosa?
- ¿Qué cualidades de Don Luis admira Luisito?
- ¿Qué nos enseña esta escena sobre la personalidad de Don Luís?

Cuadro V (b)

Aquí se trata de la profesión elegida por Manolita en un tiempo donde trabajar fuera de casa no era común para las mujeres. El hecho de que esas aspiraciones profesionales se dirijan al teatro, hace todavía más fuerte el rechazo de la sociedad. Solamente Don Luís nos da a entender que la de actor/actriz es una profesión como otra cualquiera.
- ¿Qué actitud presenta Manolita ante las críticas adversas?
- ¿Cómo reacciona Don Luis ante las noticias?
- ¿Cómo son el tono y el lenguaje que emplea don Luis?
- ¿Por qué es hipócrita el comportamiento de Doña Dolores?

Cuadro V (c)

En el último fragmento que presentamos de este cuadro se acentúa la tensión dramática y se hace evidente la presencia de una guerra en el exterior que afecta la vida interior de la familia. En este momento, incluso se incurre en un riesgo físico.
- ¿Qué importancia tienen los efectos especiales en esta escena?
- ¿Podrías enumerarlos y describirlos?
- ¿Qué representan en realidad las contradicciones en las medidas de seguridad?
- ¿Qué demuestra el lenguaje de Don Luís al final de este cuadro?

(Fotograma de la película de Jaime Chávarri)

Cuadro VI

En el Cuadro VI (que hemos omitido) se presenta el despertar sexual de Luisito y sus acercamientos a Maria.

Cuadro VII (a)

Aquí en este cuadro se analizan las reacciones de la familia ante este comportamiento.
- ¿Cómo reacciona cada miembro de la familia?
- ¿Qué representan estas reacciones tan diversas?
- Explora en detalle las acotaciones. ¿Qué importancia tienen aquí?

Cuadro VII (b)

En esta parte se llega al desenlace de la situación planteada en el fragmento anterior. Se decide despedir a María y mandarla a su pueblo.
- ¿Qué tiene de feudal esta decisión?
- ¿Cómo plantea Don Luís la situación a María?
- ¿Cómo acepta María su destino?

Cuadro VII (c)

Tras este cuadro acaba la primera parte. Hasta ahora los hechos cronológicos se han seguido fielmente y hemos vivido estos hechos desde el comienzo de la guerra en julio hasta el final de este cuadro, en noviembre de 1936.

- ¿Puedes explicar el significado de los efectos especiales?
- ¿Qué esperanzas tiene el pueblo de Madrid a esas alturas?
- ¿Quién puede ganar la guerra en ese momento?
- ¿Qué significan las noticias de la radio, las marchas de la calle y los diversos ruidos de fondo que se escuchan?

Cuadro VIII

A partir de este cuadro da comienzo la segunda parte de la obra. Se ha producido por primera vez una elipsis temporal larga, en la que se manifiestan los cambios físicos experimentados en los personajes y los cambios sociales ocurridos en el transcurso de la contienda.

Esta escena ocurre en el cuarto de Luisito donde él y Pablo hablan de trabajo, lectura y la vida en general. Hay un fragmento donde el lenguaje empleado es un poco fuerte, especialmente para la descripción del amor libre.

Cuadro IX

Aparece el personaje de Anselmo, militante anarquista, que nos va a representar esta ideología y su repercusión, en un momento en el que el bando republicano llevaba cierta ventaja sobre los nacionales de Franco.

- El lenguaje que emplea Anselmo es malsonante, lo que forma parte de su propia idiosincrasia, y también de un código restringido: señala las expresiones vulgares. ¿Emplea alguna frase sin ellas? ¿Cuál puede ser la causa?
- Anselmo actúa como fuente de información del exterior: ¿infunde su presencia algún tipo de esperanza para la familia?
- Esta escena provoca un contrapunto entre el optimismo exterior y el pesimismo que se respira en la casa. ¿Cómo se pone de manifiesto?

Cuadro X

Escena en el comedor de Doña Antonia donde está reunida esta última con sus vecinas Doña Dolores y Doña Marcela. Los dos temas de conversación versan sobre el comportamiento de las mujeres y los cambios que poco a poco van operándose en la sociedad.

- ¿Qué representa el personaje de Doña Marcela?
- ¿A qué cambios sociales se refiere el texto concretamente?
- ¿Qué hechos históricos se ratifican?
- ¿Cómo afecta a las mujeres el transcurso de la guerra?
- ¿Qué significado tiene el papel de Rosa?

Cuadro XI

Este cuadro nos presenta dos nuevas crisis que se podían anticipar: el embarazo de Manolita y la verdadera personalidad de Rosa. Es interesante reconocer el cambio experimentado por Doña Dolores o, mejor dicho, sus reacciones diferentes ante los problemas propios que ante los ajenos.

- ¿Cuál es el móvil dramático sobre el que gira este cuadro?
- Repasemos a Manolita: ¿está de acuerdo su filosofía de la vida con la relación que ha mantenido con el miliciano?
- ¿Cuál es su actitud al quedarse soltera y embarazada?
- Vayamos a Doña Antonia: ¿cómo reacciona ante la relación de su hijo Pedro y Rosa al enterarse de quién es Rosa?

Cuadro XII

La acción transcurre en el sótano de la casa, donde hay amontonados grandes cajones de madera y algunas cajas de cartón y figuras grandes de vírgenes y santos de escayola, que demuestran que este habitáculo se usaba como almacén del escultor y casero del inmueble. Este cuadro nos sirve para conocer e interpretar las reacciones de los vecinos y la casera.

Suenan constantemente explosiones de obuses.
- ¿Qué valor simbólico tiene la inclusión del sótano?
- ¿Qué personajes aparecen por primera vez en el sótano?
- La adscripción ideológica de las distintas familias aparece claramente en este cuadro: ¿puedes identificarla?
- ¿Representan realmente a los dos bandos que se enfrentan? ¿Por qué?

Fernando Fernán-Gómez

Cuadro XIII (a)

En el comedor de Doña Dolores se encuentran María, la antigua criada, con su marido Basilio, el de la tienda de coloniales. Ambos han prosperado mucho, lo que contrasta con el aspecto famélico de la familia protagonista, simbolizado aquí en el hijo de Manolita.
- ¿Qué imagen nos da Basilio de la guerra?
- ¿Qué quiere expresarse con la alusión a Anselmo?
- ¿Qué significa la alusión a la Segunda Guerra Mundial?

Cuadro XIII (b)

Escena cumbre de la obra donde se pone de manifiesto la picaresca para conseguir comida. El hambre es, con diferencia, el mayor problema de las familias de Madrid a estas alturas de la guerra. Las lentejas ("*píldoras de la resistencia*") eran la alimentación básica de Madrid junto con chirlas, chicharros y algunas hortalizas.

El cuadro acaba trágicamente con la única muerte real de uno de los personajes.

- ¿A qué se debe la larga duración de este cuadro?
- ¿Cómo se manifiesta el dramatismo que produce el hambre?
- ¿Cómo se presencia el derrumbe moral de la familia?
- ¿Puedes explicar el episodio de las lentejas?
- ¿En qué momento de este episodio se ve claramente la ideología de Don Luís?
- ¿Qué conclusión sacamos de este episodio?
- ¿Qué significa la muerte de Julio?

Cuadro XIV

De nuevo la acción en el sótano de la casa, con las mismas cajas de cartón, los mismos cajones de madera y los mismos santos de escayola. Pero algo ha cambiado: es el fin de la guerra y se vislumbran los planes para el futuro dependiendo del bando en que se luchara, ya que España ha quedado dividida.

- ¿Qué sucesos, uno histórico y otro anecdótico, se mencionan en este cuadro?
- ¿Qué contraste se observa en el uso de los verbos por parte de Luís y Doña María Luisa?
- ¿Qué denota este contraste?
- ¿Cómo se ve el futuro de Doña María Luisa y su familia?
- ¿Cómo se ve en el caso de la familia de Don Luís?

Cuadro XV

Ha llegado la "*paz*", y con ella la vuelta a la "*normalidad*", pues la vida sigue. En este cuadro se viven algunas de las represalias tomadas por los vencedores, los cambios de la legislación y un tipo muy curioso que surgió a partir de estos tiempos de escasez: el estraperlista.

- ¿A qué represalias nos referimos en la introducción del cuadro?
- ¿Cómo es la actitud de Doña Marcela?
- ¿Qué ha pasado con María?
- ¿Qué ha hecho Basilio exactamente?

Continuamos en casa de Don Luís, para presenciar el desenlace de otro de los personajes: Pablo, el amigo de Luisito. Además, seguimos viendo los cambios y las discriminaciones sociales que se llevaron a cabo por el nuevo gobierno militar.

- ¿Qué le ha pasado a Luís en la calle?
- ¿Qué cambios discriminatorios menciona?
- ¿Qué ha ocurrido con la familia de Pablo?
- ¿Qué simboliza el brindis con una copa de anís?

Para más información sobre Fernando Fernán-Gómez, dirígete a www.pearsonhotlinks.com y escribe el título o ISBN de este libro. Después, selecciona el enlace número 24.4.

Epílogo

Este epílogo ocurre durante la celebración del *"Día de la Victoria"* y tiene lugar en el mismo descampado de la Ciudad Universitaria donde comenzó la obra. Pero muchas cosas son diferentes tras estos tres años.

- ¿Cómo se les presenta la vida a Don Luís y a Luisito?
- ¿Qué diferencia hay entre "paz" y "victoria"?
- ¿Para qué quería Luís la bicicleta?
- ¿Cuándo habrá "otro verano"?

Lectura

Las bicicletas son para el verano de Fernando Fernán-Gómez (en cualquier edición; Ejemplo: Colección Austral)

Material de apoyo

Las bicicletas son para el verano película dirigida por Jaime Chávarri

Sugerencias para el Trabajo Escrito

1. Escribe la página del diario de alguno de los protagonistas: Luisito, Don Luis, Manolita, etc.

2. Escribe una artículo sobre el impacto de Guerra Civil Española en la gente de a pie.

3. Escribe un boletín informativo o un guión para la radio, con las noticias sobre el desarrollo de la guerra.

4. Entrevista a uno de los personajes confrontándolo según su idea política (Doña Maria Luisa, franquista; Anselmo, anarquista).

5. Cambia la escena final de la obra para que tenga un final feliz.

Consejos para el examen

Al realizar tus comentarios literarios, debes tener en cuenta los siguientes aspectos en una obra dramática:

- Estructura o división de la obra: en actos, unidades, partes, escenas, cuadros, prólogos, epílogos, etc.
- Uso de diálogos, monólogos, soliloquios, etc. Observa en qué situaciones se usan y sus objetivos.
- Uso de acotaciones: a partir de ellos sabemos la forma en que el autor visualiza la representación de su obra y sus personajes.
- Y por supuesto debes hacer referencias al tema principal, personajes, vestuario, escenografía, lenguaje utilizado por los personajes, tono, etc.

Creatividad, Acción, Servicio

Organiza junto con otros estudiantes la presentación de una obra teatral para el resto de la comunidad escolar. Podéis cobrar y destinar los fondos a algún proyecto social.

 ¿Es el teatro un género adecuado para presentar temas históricos? En qué difiere el genero teatral del resto de los géneros literarios? ¿Crees que hay alguna relación entre teatro y cine?

Capítulo Veinticinco

Teoría del Conocimiento

Introducción

Según la guía del programa de Teoría del Conocimiento, TdC:

El curso de TdC, un elemento distintivo del Programa del Diploma, promueve el pensamiento crítico acerca del conocimiento como tal, con la intención de ayudar a los jóvenes a encontrar sentido en lo que encuentran a su paso. En el núcleo de TdC encontramos preguntas tales como: ¿Qué se considera conocimiento? ¿Cómo crece? ¿Cuáles son sus límites? ¿A quién pertenece el conocimiento? ¿Cuál es el valor del conocimiento? ¿Cuáles son las implicaciones de tener o no conocimientos?

El programa de TdC es un programa de actividades distintas y debates destinados a conseguir la participación activa de todos los estudiantes en la busca de cuestiones relacionadas con el conocimiento; la forma en que se adquiere dicho conocimiento y el cuestionamiento sobre la validez del conocimiento en general.

La TdC promueve el internacionalismo:

Los objetivos generales de TdC incorporan muchos de los atributos necesarios para ser un ciudadano del mundo: conciencia de uno mismo, una actitud reflexiva y crítica, interés por los puntos de vista de otras personas, y sentido de la responsabilidad. (p. 5)

Respecto al lenguaje, la guía (pp. 16–18) incluye todo un apartado que te recomendamos leer:

El lenguaje es algo tan inherente a la actividad humana que es fácil darlo por supuesto. Las cuestiones relacionadas con el lenguaje y el conocimiento requieren ser examinadas cuidadosamente para reconocer su influencia en el pensamiento y en el comportamiento. *(p. 16)*

El aprendizaje de una segunda lengua conlleva destrezas y competencias no solo lingüísticas sino sociolingüísticas, pragmáticas e interculturales.

Debe evidenciarse la conexión que existe entre la TdC y la adquisición de una lengua, tanto materna como extranjera, para asegurarse de que esas destrezas y competencias quedan asimiladas a través del programa.

Debemos investigar las aplicaciones que en el proceso de aprendizaje de una lengua extranjera tienen las cuatro formas del conocimiento: razón, emoción, percepción y lenguaje.

> *El aprendizaje de una segunda lengua implica la adquisición de una segunda identidad. ... El aprendizaje de una segunda lengua es a menudo el aprendizaje de una segunda cultura. La cultura es una parte profundamente arraigada en lo más profundo de una cultura – es la parte más visible y disponible de esa cultura. Así que la visión del mundo de una persona, su propia identidad, su forma de hablar, de pensar, de actuar, de sentir, y de comunicarse, pueden verse alteradas por el cambio de una cultura a otra.*
>
> (Brown, H. Douglas "Learning a second culture" in *Bridging the cultural gap in language teaching*. Cambridge Language Teaching Library, Cambridge University Press, 1996: 33-46)

El alumno de una lengua extranjera, de acuerdo con la mayoría de autores y estudios, no solo debe recibir información sobre aspectos culturales de los países en donde la lengua es hablada, sino ser capaz de comparar esas características con las suyas propias, fomentando así una actitud de comparación, comprensión y aceptación de lo que es diferente así como de lo que es parecido. Los profesores, para poder conseguir una participación positiva de los estudiantes, deben también conocer su propia cultura, y ser capaces de respetar y fomentar el respeto por las culturas de cada uno de sus alumnos a la par que la de la lengua estudiada.

Ahora te incluimos algunos artículos interesantes sobre lengua y pensamiento, conocimiento de lenguas, el peligro de desaparición de algunas lenguas, y un ejercicio práctico sobre el simbolismo del color verde.

25.1 Lengua, Pensamiento y Desarrollo Humano: Reflexión para una Didáctica de la Lengua

Bartolo García Molina, M.A.
Universidad Autónoma de Santo Domingo (UASD)

La lengua y el conocimiento

Los filósofos, los psicólogos y los lingüistas han debatido mucho la relación existente entre **lenguaje** y **pensamiento**, y sobre la posibilidad de que uno puede existir sin el otro. Ahora no me ocuparé de esa interesante discusión, sino de la relación de la lengua y el conocimiento y su implicación, en el proceso docente. Me ocuparé de la función de la lengua en la percepción del mundo por parte de los humanos y la organización y comunicación de esas percepciones.

Si nuestra lengua tuviera sólo seis o siete categorías de colores, todas las gamas de colores se reducirían a esas posibilidades, porque esas serían las casillas taxonómicas que ofrecería la lengua. Como cada lengua tiene su forma peculiar de clasificar las percepciones del mundo sensible, nos encontramos a cada momento con conceptos que son intraducibles, como sucedió con los rusos, ya fuera de moda, *glasnost* y *perestroika*. A ese rol que tiene la lengua, muy bien se le puede llamar función **taxonómica**.

Íntimamente ligada con la función taxonómica está la posibilidad de construir el **concepto** y por tanto, el **conocimiento**. Es inconcebible el **conocimiento conceptual** sin la lengua, pues ésta es la que sirve de soporte al mismo. Por eso se ha planteado que la lengua es soporte del pensamiento. En efecto, sin la lengua, el pensamiento sería muy elemental, en caso de que se demostrara que fuera posible. Desarrollar el pensamiento y por tanto, el intelecto implica, desarrollar la lengua. No puede haber intelectual verdadero sin desarrollo de la lengua.

Si se admite el papel fundamental de la lengua en la construcción del conocimiento, hay que reivindicar para la lengua, la función **cognitiva**.

Esa función cognitiva de la lengua sería prerrequisito para la comunicación conceptual. Gracias a la lengua se clasifican y conceptualizan las percepciones. Pero también se comunican.

La **comunicación** sería la tercera función esencial o fundamental de la lengua. En ella, sin embargo, se subsumen las dos anteriores, y por supuesto, todas las demás. Sin conocimiento conceptual, la comunicación sería tan elemental, que estaría muy próxima a la de los animales irracionales. La lengua no es el único medio o sistema de comunicación, pero es el más eficaz y más eficiente.

Un replanteamiento de las funciones de la lengua, nos llevaría a clasificarlas en **fundamentales** o **esenciales**: taxonómica, cognitiva y comunicativa; y en accesorias o secundarias: expresiva, estética, apelativa, fática, metalingüística, y referencial, pudiéndose muy bien fusionarse la expresiva y la estética en la función artística; la apelativa y la fática, en la función fática; y la metalingüística y la referencial, en la función referencial.

25.2 La lengua y el conocimiento

Aprendizajes que se deben contemplar en el curriculum como fundamentos del pensamiento crítico y la competencia comunicativa

Aprender a conocer	aprender a comprender aprender a observar aprender a leer aprender a investigar
Aprender a aprender	aprender a crear métodos aprender a inferir aprender a sistematizar
Aprender a desaprender	
Aprender a reaprender	
Aprender a comunicar	aprender a pensar aprender a organizar aprender a redactar aprender a hablar
Aprender a hacer	aprender a aplicar aprender a producir
Aprender a ser	aprender a amarse aprender a amar aprender a perdonar aprender a ayudar aprender a valorar aprender a disfrutar aprender a escuchar
Aprender a emprender	aprender a soñar aprender a planificar aprender a ejecutar aprender a evaluar
Aprender a convivir	aprender a respetar aprender a tolerar aprender a escuchar

25.4 Relación pandisciplinaria de la lengua (macroeje transversal de todos los saberes)

Corolario

De todo lo que se trata este artículo, se desprende que el aprendizaje adecuado de la lengua es la base fundamental para todas las clases de saberes. Ayudar a aprender bien la lengua es ayudar a aprehender y expresar coherente y claramente las percepciones del mundo. Sin aprendizaje adecuado de la lengua, no hay posibilidad de aprendizaje intelectual adecuado ni de desarrollar la competencia comunicativa Enseñemos la lengua y ayudemos a aprehenderla y a aprender a usarla. Así estaremos contribuyendo al desarrollo cualitativo de la educación.

Actividad:

Después de leer el artículo anterior, ¿te parece importante el proceso de enseñanza-aprendizaje de las lenguas? ¿No crees que algunas veces se minimiza la importancia de la lengua?

25.5 Acerca del conocimiento de las lenguas

Darío Marimón, Fundación Tres Culturas del Mediterráneo, Sevilla

La importancia de las traducciones y del conocimiento de las lenguas de origen y destino han sido cruciales a lo largo de la historia ya que han vehiculado el saber filosófico, científico y técnico entre las diferentes culturas. Dicha importancia se acrecienta cuanto más alejadas son ambas lenguas desde un punto de vista lingüístico, y menor es el número de personas de una y otra sociedad capaz de utilizarlas como instrumento.

En este sentido, las traducciones de obras griegas y arábigas a las lenguas vernáculas del latín han sido, como sabemos, uno de los elementos más importantes para la transmisión de los conocimientos en nuestro pasado, y promover adelantos técnicos, ideológicos y literarios en las culturas receptoras de las mismas. De dicha transmisión es destacable el hecho de que los medios técnicos con los que se contaban eran rudimentarios, ya que se realizaron en una época en la que aún no existía la imprenta y la labor de copia era realizada a mano. Éste es el motivo de que muchas obras se hayan perdido, total o parcialmente. La historia de la destrucción y pérdida de dichos volúmenes pertenece a la historia negra de la humanidad, ya que en su mayoría fue realizada por el hombre, llevado en muchos casos por el fanatismo y la intolerancia.

Hoy día, sin embargo, vivimos una época en la que los medios tecnológicos superan con creces los de hace sólo 10 o 15 años, e infinitamente más aquellos con los que contaban nuestros antepasados.

Pero, paradójicamente, dichos adelantos no han sido puestos aún de una forma estructurada al servicio de la transmisión del conocimiento, por lo que ésta no ha sufrido un crecimiento exponencial como el de las tecnologías.

En primer lugar, el conocimiento de las lenguas por parte de la población sigue siendo escaso, especialmente de aquellas más alejadas del latín, como es natural. Por esta misma razón, su desarrollo en escuelas, instituciones educativas y universidades debería ser reforzada, así como el de los elementos culturales propios de las mismas. Este paso es fundamental por razones puramente ideológicas. En el marco de la Alianza de Civilizaciones se subraya la necesidad de romper las barreras físicas, culturales, lingüísticas y sociales que dividen las sociedades, de manera que las diferencias propias de cada grupo, sean las que sean, constituyan un elemento positivo dentro de la sociedad global. Esto sólo se consigue a través de una transmisión de conocimientos que se realice de forma fluida, de manera que se acepte la diversidad cultural en el seno de nuestras sociedades. Para lograr este objetivo es necesario promover la enseñanza de las lenguas y de los elementos culturales propios de otras sociedades.

La realidad es, sin embargo, otra. El número de traducciones realizadas del árabe, hebreo o cualquier otra lengua que no sean las lenguas estándares no deja de ser casi testimonial. Si bien las traducciones se han incrementado en los últimos años, dicho incremento no supone un cambio significativo en el espectro global del mundo editorial. Dicho aumento ha sido debido a dos factores principalmente: en primer lugar, al hecho que notables intelectuales árabes o hebreos han logrado saltar esa barrera cultural (en algunos casos por recibir laureles que potencian su difusión, como es el Premio Nobel). Pocos han sido los elegidos, pero de una forma u otra han arrastrado a otros escritores y sus obras han sido traducidas al castellano y otras lenguas europeas, con peor o mejor resultado en cuanto a difusión y alcance social. El segundo motivo, que va en cierta forma unido al primero, es el hecho de que actualmente la política internacional gira en torno al mundo árabe y mediterráneo, y cualquier temática relacionada con esta área geográfica y cultural tiene un valor añadido por el interés que despierta en los lectores.

Es necesario, por tanto, potenciar desde las instituciones una política de traducción de obras literarias y ensayos a las lenguas europeas, que propicie un conocimiento directo de otras culturas.

Dicha política tiene que estar reforzada desde las instituciones, ya que dejarla al albur del mercado supone que la traducción de dichas obras se reduzca considerablemente y se limite a aquellos autores de más actualidad. En este sentido, la protección y el apoyo al mundo de la traducción suponen un elemento fundamental. Resulta desolador, por ejemplo, que en el actual programa de traducción literaria Cultura 2007, de la Unión Europea, no se contemplen lenguas como el árabe y el hebreo, ¡siquiera como lenguas utilizadas en Europa en el pasado!, y sí el latín y el griego clásicos.

Por otra parte, sería muy interesante utilizar las nuevas tecnologías, potenciando las traducciones de páginas web y la creación de otras que tengan como objetivo dar a conocer la literatura y el pensamiento del mundo árabe y hebreo, ya que la lengua sigue siendo una barrera que el público general no puede cruzar. Hoy día, aquel autor o autores que no tienen un espacio en el mundo virtual apenas existen, y a través de este tipo de iniciativas – las existentes hasta ahora son creadas de forma artesanal y realizadas por iniciativa personal (blogs) de especialistas del mundo árabe y hebreo, con pocos recursos y mucho esfuerzo– se lograría crear centros virtuales de conocimiento a través de los cuales se podría propiciar la difusión de obras en otras lenguas procedentes de culturas vecinas.

Actividad:

¿Te parece importante utilizar la web para traducir autores y lenguas poco usadas hoy en día? ¿Sería necesario promover la enseñanza de lenguas extranjeras y el conocimiento directo de otras culturas, aunque no tengan influencia económica?

3000 lenguas en peligro de extinción

Desde el mati ke, que hablan tres personas en Australia, al galés, el escritor y viajero Mark Abley recorre los idiomas amenazados

Jacinto Antón – Barcelona – El País

Sólo tres personas hablan el mati ke, una lengua de los aborígenes australianos, y están muy viejos, y además a dos, hermano y hermana, les impide comunicarse entre ellos un tabú tribal... Aun así, al mati ke le va mejor que a otros. Como los ya extinguidos damin – que hablaban los jóvenes iniciados, previa dolorosa subincisión en el pene, de tres pequeñas islas al sur de Nueva Guinea y hurón (los antaño hoscos hurones hablan hoy francés), una lengua en la que para decir "ellos saludaron con respeto" se usaba una sola palabra: "tehonannonronkwanniontak" – "se engrasaron el cuero cabelludo muchas veces". El último hablante competente de ubyk – lengua de las montañas del Cáucaso- murió, *hélas,* en 1992, y el yuchi, de la antaño próspera tribu del mismo nombre en Oklahoma, pinta fatal.

Esta es una parte del trágico estadillo de las lenguas amenazadas, según el interesante y ameno libro *Aquí se habla* (RBA), que cifra en unas 6.000 lenguas las que aún se escuchan en el mundo y advierte de que es sumamente probable que a finales del siglo XXI de ellas queden un máximo de 3.000 – y sólo 600 aseguradas. El autor del libro es Mark Abley, escritor, poeta y editor residente en Montreal que ha viajado alrededor del planeta buscando lenguas en peligro de extinción y hablando con sus últimos usuarios en un periplo físico y lingüístico que une aventura vital y cultural a partes iguales. También humor: "El yiddish es una lengua para realistas", reflexiona el autor en el libro tras citar el proverbio yiddish "si la abuela tuviera pelotas, habría sido un abuelo".

Abley evita el tono especializado que a veces hace incomprensibles, dice, los libros de los lingüistas. El autor, que se encuentra estos días en Barcelona, considera las lenguas, todas ellas, un patrimonio cultural irrenunciable. "La diversidad de las lenguas es lo que nos hace humanos", afirma. No considera que las lenguas sean una barrera. "La gente en realidad se enfrenta por otras cuestiones; mire en Irlanda del Norte: tener la misma lengua no ha impedido precisamente el enfrentamiento".

Al ser interrogado acerca de la lengua más extraña, Abley, tras precisar que siempre se trata de que es extraña "para nosotros, no para ellos", cita el murrinh-patha, cuya aritmética se detiene en el numero 5 aunque tiene 31 pronombres (que el hablante no sabe contar, claro), o el mohawk, una lengua aglutinante en la que se puede decir casi todo con sólo dos palabras. No deja de ser extraño también, indica, que para los lokelele del este del Congo la misma frase "asoolamba boili" signifique, variando sólo la entonación "estoy mirando la orilla del río" o "estoy hirviendo a mi suegra".

Muchas de esas simpáticas lenguas están condenadas a desaparecer, "quizá no del todo, pero sí como instrumentos de comunicación; es decir, quedarán canciones o bailes, pero no gente que las hable". En el capítulo optimista de las resurrecciones, Abley cita como más clara la del hebreo, que hasta hace relativamente poco era sólo una lengua religiosa y carecía de términos para *bicicleta* o *helado*. El escritor señala la emoción que le causó personalmente oír a dos niños hablar manx, el idioma de la isla de Man, que se creía desaparecido ya. Algo así como encontrar un celacanto en versión lingüística.

Abley tiene un flaco por el galés, idioma de la familia de su mujer, una preferencia que también tenía Tolkien: sus elfos, explica, hablan una lengua inventada que es mezcla de galés y, en la gramática, finés. ¿Y el catalán? "Su futuro me parece asegurado. La opinión general es que le va muy bien. Desde Gales se mira su marcha con sana envidia".

Lenguas en extinción; UNESCO al rescate

Guillermina Guillén, El Universal

De las 63 que hay en el país, 20 están por desaparecer, según la Comisión Nacional para el Desarrollo de los Pueblos Indígenas. Naciones Unidas propone el uso de internet para evitar la debacle lingüística mundial

Hace dos años, cuando en la Presidencia de la República se determinó instalar un Consejo de asesores indígenas para promover la participación de todos los pueblos en los temas que les afectan, se presentó un problema: los "aguacatecos" y los "tecos" no fueron localizados de modo que el listado se elaboró sin ellos.

Se supo que hasta el año 2000 habían sido ubicados 50 hablantes del teco y 59 del aguacateco en Chiapas y, sin ser un pronunciamiento oficial; con su exclusión del grupo de 123 consejeros indígenas del presidente Vicente Fox, los hablantes del Teco y el Aguacateco han sido dados por desaparecidos.

El ciberespacio es, hoy, la alternativa que Naciones Unidas propone a nuestro país y a otras 199 naciones del mundo para evitar esta debacle lingüística y lo enfatizará este martes 21 de febrero, fecha destinada para conmemorar el "Día Internacional de la Lengua Materna", para "proteger el patrimonio inmaterial de la humanidad y preservar la diversidad cultural" pues se estima que más del 50% de las 6 mil lenguas que se practican en el planeta, están en peligro de desaparición.

De acuerdo con un *Atlas de las lenguas en peligro en el mundo* promovido por la Organización de las Naciones Unidas para la Educación, la Ciencia y la Cultura, UNESCO, México ha perdido 110 idiomas a lo largo de su historia. El chiapaneco y el cuilateco habían sido los últimos. Dejaron de ser registrados a partir de la segunda mitad del siglo XX.

La iniciativa de Naciones Unidas ubica a México como una de las naciones prioritarias porque posee al mayor contingente indígena de América, es decir, unos 10 millones de hablantes de 63 lenguas originarias o maternas, además del español. Este país – se afirma – tiene la mayor diversidad lingüística no sólo por la cantidad practicada, sino por la variedad de sonidos, estructuras gramaticales y por las formas de ver el mundo ahí contenidas.

Norte y sur bajo amenaza

De acuerdo con la Comisión Nacional para el Desarrollo de los Pueblos Indígenas, CDI, de las 63 lenguas habladas, casi 20 están por desaparecer pues cada una tiene menos de mil practicantes; sin contar que se perdieron 40 en menos de 100 años.

En Chiapas y en Baja California, están la mayor parte de las lenguas amenazadas del país pues además de las citadas, también ha disminuido el número de hablantes en la primer entidad del motocintleco o mochó (692); cakchiquel (675) y del lacandón o hach t´an (896); mientras que en Baja California están por perderse el kiliwa o ko'lew que era practicado sólo por 107 indígenas, en su mayoría adultos y ancianos; el cochimí (226); el kumiai o kumeya (328) y el pai pai o akwa'ala (418). En Campeche están por extinguirse el ixil (224), el quiché (524) y el kekchí (987); en Coahuila el kikapú o kikapoa (251); en Sonora el cucapá o es pai (344); el pápago o tohono o'otam (363) y el seri (716); en tanto que Oaxaca, la entidad con más indígenas del país está por perder el ixcateco, lengua que tenía 816 hablantes frente a los 800 mil practicantes del zapoteco.

En total suman apenas 7 mil 676 hablantes que equivalen al 0.31% de la lengua más utilizada a nivel nacional que es el náhuatl o mexicano. El español no está reconocido en la Constitución como lengua oficial y, desde marzo de 2003, la Ley General de Derechos Lingüísticos de los Pueblos Indígenas valora a las lenguas originarias como "nacionales".

Ciberespacio, la opción

Koichiro Matsuura, director General de la UNESCO, ha hecho un llamado a todas las fuerzas políticas, económicas, y a la sociedad civil, para que asuman la causa de las lenguas y su diversidad en el ciberespacio y señala que este organismo está dispuesto a apoyar facilitando el debate, la negociación y a que se realicen acciones multilaterales eficaces y duraderas en ese sentido; pero es necesaria la participación generalizada.

"La promoción de las lenguas en el ciberespacio nunca será una realidad sin la participación de todos los agentes y entidades interesados, de carácter tanto político como social o académico", indica.

Las actividades de la UNESCO en el campo de las lenguas incluyen especialmente una "Iniciativa B@bel" que debería estar ya en funciones pues fue lanzada desde hace tres años y pretende desarrollar herramientas – para la traducción automática – que faciliten la comunicación multilingüe en el ciberespacio; pero no se ha concretado.

En su iniciativa asegura que el despliegue vertiginoso de los medios de comunicación ha propiciado situaciones de conflicto entre las lenguas y cada vez más están desapareciendo.

"Cada lengua refleja una visión única del mundo y la forma en la que una comunidad ha resuelto sus problemas en su relación con el mundo. Los pueblos han formulado su pensamiento, su sistema filosófico y el entendimiento del mundo que les rodea. Por eso, con la muerte y desaparición de una lengua, se pierde para siempre una parte insustituible de nuestro conocimiento del pensamiento y de la visión del mundo", destaca.

De acuerdo con los expertos, la extinción de las lenguas se debe a que sufren la presión de fuerzas militares, económicas, religiosas, culturales, e incluso la educación. Aunque también hay factores internos, como los cambios de actitud hacia ellas de parte de sus hablantes que, por vergüenza u otros factores, dejan de practicarlas. La UNESCO considera que la lengua de una comunidad está en peligro cuando 30% de sus niños no la aprende, y entre las causas están el desplazamiento forzado de la comunidad, el contacto con una cultura más agresiva o acciones destructivas de los miembros de una cultura dominante. También el riesgo está en los de otras lenguas del entorno "culturalmente agresivas". El estudio establece grados de riesgo: desde las potencialmente amenazadas porque el número de niños que las aprenden disminuye; las moribundas o extintas; las lenguas en peligro, en los que los hablantes son adultos, o los seriamente en peligro, que sólo cuentan con hablantes de mediana edad o ancianos.

Actividad:

¿Te parece importante evitar que desaparezcan las lenguas? ¿Cuál crees que puede ser una solución para evitar este problema?

25.7 El significado de las palabras

De José Prieto

Esta actividad puede usarse en Lengua y Literatura, Lengua A: Literatura, B y Ab Initio. Los alumnos pueden discutir en español o en su propia lengua pero presentarán sus conclusiones en español. Para profundizar, hay lecciones sobre el mismo tema en la CPL (OCC).

Verde

1 Buscar en el diccionario la palabra *verde*.

2 Leer las siguientes expresiones:

> Lo pusieron **verde.**
> Ese futbolista está muy **verde.**
> Un chiste **verde**
> Ojos **verdes**
> Una fruta **verde**
> Un viejo **verde**
> Piensa en **verde**
> Es un **verde** relajante.
> Vino **verde**
> Verde que te quiero **verde.**
> Semáforo en **verde**
> Aceitunas **verdes**

3 En parejas o grupos
Escribe las definiciones de cada expresión.
Contesta estas preguntas:

a   ¿Qué relación hay entre significado y expresión? ¿Hay lógica?

b   ¿Cómo llegaste a entender cada significado, porque te lo dijeron, lo dedujiste, lo intuiste…?

c   ¿Puede una persona no hispana entender estas expresiones por sí misma?

d   ¿Por qué?

e   ¿Funcionan estas expresiones en otras lenguas?

f   ¿Cómo se llega a relacionar verde con ecología?

g   ¿Podría usarse otro color para el mismo fin?

4 ¿Qué conclusiones sacas de esta actividad?

¿Significa *verde* lo mismo en tu lengua materna? ¿Podrías tú explicar el simbolismo de los colores en tu propio idioma y cultura?

Elige un color, o varios, y explica algunas de las expresiones que se utilizan en tu idioma con ese color.

Algunas de las preguntas, aparecidas en las listas **Títulos prescritos para Teoría del Conocimiento** de cada año, relacionadas con el lenguaje son las siguientes:

1 "Nuestro vocabulario no sólo comunica nuestro conocimiento: da forma a lo que *podemos* saber". Evalúe esta afirmación con referencia a diferentes áreas de conocimiento.

2 Discuta las funciones del lenguaje y la razón en la historia.

3 "Vemos y entendemos las cosas tal como somos, no tal como son." Discuta esta afirmación en relación con al menos dos formas de conocimiento.

4 Para comprender algo, se debe confiar en la experiencia y la cultura propias. ¿Significa esta afirmación que es imposible tener conocimiento objetivo?

5 ¿Tiene el lenguaje la misma importancia en distintas áreas del conocimiento?

26

CLAVES PARA EL ÉXITO
EN LA ASIGNATURA DE ESPAÑOL B
(NM Y NS)

Durante el curso

Tú eres el principal responsable de tu propia educación y de tu aprendizaje. Por lo mismo, debes crear una serie de estrategias que te ayuden a consolidar lo que aprendes tanto en clase con tus profesores, como en casa, a tu ritmo. El aprendizaje de una lengua requiere mucho tiempo y mucho esfuerzo. Se dice que para aprender una lengua tienes que estar en contacto con esa lengua. Si tienes la suerte de tener amigos que hablen español, practica con ellos lo más posible. A ellos les gustará compartir su lengua contigo y ayudarte a entenderla, así como sus costumbres y su cultura. Por otro lado, si no tienes la suerte de tener acceso a hispanohablantes, tendrás que encontrar tu propia forma de crear situaciones de contacto. Hoy en día el Internet nos da infinitas posibilidades para acceder a, prácticamente, todas las lenguas del mundo. Así que cada día, aunque sea por poco tiempo, tienes que buscar algún programa de radio o televisión, alguna página de ejercicios gramaticales, alguna tira cómica, alguna película originaria de los países que hablan español, e incluso acostumbrarte a ver cualquier película con subtítulos o audio en español. Poco a poco aprenderás formas de expresión coloquiales y otras más formales. En este libro te incluimos algunas de las páginas web que puedes consultar para ampliar los conocimientos sobre los temas de la asignatura. A través de esos enlaces podrás acceder a muchísimos más.

Preparación del examen

Por otro lado, es importante que conozcas a fondo el programa, los temas que debes conocer, y la forma de evaluación. Aquí te damos una explicación detallada de las distintas partes de la asignatura y su evaluación. Recuerda que tienes que cubrir todas las partes del programa (temas troncales, temas opcionales y literatura en NS).

Temas

El curso consta de cinco temas: los tres temas troncales obligatorios y dos temas elegidos de entre las cinco opciones. En cada uno de los cinco temas estudiados, deben cubrirse al menos dos aspectos.

Tu profesor/a normalmente decidirá los temas que vais a preparar.

Literatura (solo NS)

Leer literatura en la lengua objeto de estudio puede significar disfrutar de un viaje por la cultura o culturas objeto de estudio. Esta lectura te ayudará a ampliar su vocabulario y a utilizar la lengua de manera más creativa, así como a desarrollar destrezas de lectura fluida, fomentar destrezas de interpretación y deducción y contribuir al entendimiento intercultural.

Objetivos de evaluación

En el curso de Lengua B existen seis objetivos de evaluación. Los alumnos deben ser capaces de:

1 Comunicarse con claridad y eficacia en diversas situaciones, demostrando competencia lingüística y entendimiento intercultural

2 Utilizar un lenguaje apropiado para una variedad de contextos interpersonales o culturales

3 Comprender y utilizar la lengua para expresar distintas ideas y reaccionar ante ellas de forma correcta y fluida

4 Organizar las ideas sobre diversos temas de manera clara, coherente y convincente

5 Comprender y analizar una variedad de textos orales y escritos, y responder a preguntas o tareas sobre ellos

6 Comprender y hacer uso de obras literarias escritas en la lengua objeto de estudio (sólo en el NS)

Asegúrate de realizar los ejercicios que te proponemos a lo largo del libro y leer siempre algo más sobre los temas tratados.

El programa de Español B (NM y NS) consta de dos tipos de evaluación: interna (se evalúa internamente y se modera externamente) y externa (se evalúa externamente).

26.1 | Evaluación interna

La evaluación interna se basa tanto en los contenidos presentados en los Temas Troncales (Actividad oral interactiva) como en los Opcionales (Actividad oral individual) y evalúa las destrezas productivas e interactivas. El valor de este componente es de 30% sobre el total. La evaluación interna debe realizarse en su totalidad en la lengua objeto de estudio, incluida la presentación del alumno (nombre, colegio e información sobre el alumno). Debe realizarse durante el segundo año del curso.

Evaluación Interna 30%	
(Evaluada internamente por el profesor y moderada externamente por el BI)	
Actividad oral interactiva 10%	Actividad oral individual 20%
Basado en temas troncales 3 actividades en el aula (una de ellas debe ser de comprensión auditiva)	Basado en opciones Conversación y discusión con el profesor (10 min) Las fotografías tendrán un título o leyenda y se relacionarán con los temas opcionales. Nivel Medio: El alumno elige entre dos fotografías. Nivel Superior: El alumno recibe una fotografía.
Criterios	
A: Destrezas Productivas 5 puntos	A: Destrezas Productivas 10 puntos
B: Destrezas receptivas y de interacción 5 puntos	B: Destrezas receptivas y de interacción 10 puntos

Actividades orales interactivas

Todas están basadas en los Temas Troncales y deben de realizarse al menos tres en un periodo de dos cursos. La actividad con calificación más alta será incluida para la Evaluación interna del alumno.

Tipos de actividades:
- Presentaciones individuales seguidas de preguntas **Actividad oral interactiva Cap. 1**
- Debates (apoyando posturas opuestas) **Actividad oral interactiva Cap. 5**
- Discusiones tras la proyección de una película u otra actividad oral
- Entrevistas (juego de rol)
- Presentaciones en grupos sobre el mismo tema **Actividad oral interactiva Cap. 9**
- Mesas redondas (puestas en común)

Todas estas actividades se pueden encontrar en los distintos capítulos de los Temas Troncales.

El valor total de este componente es 10% y se evalúa según los siguientes criterios:

NIVEL SUPERIOR

Criterios	0	1	2	3	4	5
A: Destrezas productivas	El trabajo no alcanza los estándares	Dominio limitado de la lengua hablada	Dominio de la lengua bueno con limitaciones	Dominio de la lengua bueno	Dominio de la lengua muy bueno	Dominio de la lengua excelente
B: Destrezas interactivas y receptivas	El trabajo no alcanza los estándares	Ideas simples se comprenden con dificultad; interacción limitada	Ideas simples se comprenden con ciertas limitaciones; interacción adecuada	Ideas simples se comprenden bien; buena interacción	Ideas complejas se comprenden bien; muy buena interacción	Ideas complejas se comprenden muy bien; interacción excelente

NIVEL MEDIO

Criterios	0	1	2	3	4	5
A: Destrezas productivas	El trabajo no alcanza los estándares	Dominio muy limitado de la lengua hablada	Dominio limitado de la lengua hablada	Dominio de la lengua bueno pero con limitaciones	Dominio de la lengua bueno	Dominio de la lengua muy bueno.
B: Destrezas interactivas y receptivas	El trabajo no alcanza los estándares	Ideas simples se comprenden con gran dificultad; interacción muy limitada	Ideas simples se comprenden con dificultad; interacción limitada	Ideas simples se comprenden relativamente bien; interacción adecuada	Ideas simples se comprenden bien; buena interacción	Ideas complejas se comprenden bien; interacción muy buena

Actividad oral individual

Está basada en los Temas Opcionales y se lleva a cabo en el segundo semestre del segundo año.

Las instrucciones son iguales para el Nivel Medio y el Nivel Superior, sin embargo se espera mayor profundidad y dominio del lenguaje en este último. Los criterios de evaluación son también diferentes.

Parte A:

Estímulo visual relacionado con uno de los temas opcionales estudiados. La foto tiene que ser auténtica, no sirven caricaturas o tiras cómicas ni otras manipulaciones. Se ofrecen un par de titulares y subtitulares para ayudar a la presentación.

Antes de la actividad, el alumno de NM elegirá entre dos estímulos visuales ofrecidos por el profesor y relacionados con los Temas Opcionales que hayan estudiado. El alumno de NS recibirá una fotografía elegida por el profesor. Habrá una preparación de 15 minutos antes de la presentación.

Presentación sobre el estímulo

El alumno debe hacer una descripción de la escena representada en la fotografía conectándola con el tema que representa y como enlaza con otros aspectos de este tema en una presentación de 3–4 minutos.

Parte B:
Conversación sobre el estímulo visual

Tras la descripción del estímulo se abre una conversación relacionada con lo que representa y el tema opcional que describe. Tendrá una duración de 3–4 minutos.

Es posible utilizar el resto del tiempo con los contenidos visuales pero es aconsejable aprovechar lo estudiado en otros temas opcionales para enriquecer la conversación.

El valor de este componente será 20% según los siguientes criterios de evaluación.

NIVEL SUPERIOR

Criterios	0	1–2	3–4	5–6	7–8	9–10
A: Destrezas productivas	El trabajo no alcanza los estándares	Dominio limitado de la lengua hablada	Dominio de la lengua bueno con limitaciones	Dominio de la lengua bueno	Dominio de la lengua muy bueno	Dominio de la lengua excelente
B: Destrezas interactivas y receptivas	El trabajo no alcanza los estándares	Ideas simples se comprenden con dificultad; interacción limitada	Ideas simples se comprenden con ciertas limitaciones; interacción adecuada	Ideas simples se comprenden bien; buena interacción	Ideas complejas se comprenden bien; muy buena interacción	Ideas complejas se comprenden muy bien; interacción excelente

NIVEL MEDIO

Criterios	0	1–2	3–4	5–6	7–8	9–10
A: Destrezas productivas	El trabajo no alcanza los estándares	Dominio muy limitado de la lengua hablada	Dominio limitado de la lengua hablada	Dominio de la lengua bueno pero con limitaciones	Dominio de la lengua bueno	Dominio de la lengua muy bueno.
B: Destrezas interactivas y receptivas	El trabajo no alcanza los estándares	Ideas simples se comprenden con gran dificultad; interacción muy limitada	Ideas simples se comprenden con dificultad; interacción limitada	Ideas simples se comprenden relativamente bien; interacción adecuada	Ideas simples se comprenden bien; buena interacción	Ideas complejas se comprenden bien; interacción muy buena

Expectativas (alumno y profesor)

- El oral individual debe llevarse a cabo durante el segundo año del programa.
- El oral individual está sometido a una moderación externa. Las muestras se elegirán al ingresar las calificaciones totales de la evaluación interna.
- El profesor debe seleccionar estímulos visuales relacionados con los Temas Opcionales estudiados en clase.
- El alumno de Nivel Medio debe elegir uno entre dos y preparar su presentación privadamente. En Nivel Superior el alumno no elige.
- La presentación tendrá lugar a continuación, a ser posible sin interrupciones, y después se procederá a la conversación.

- La duración total para ambos niveles (NM/NS) será de 8–10 minutos
- El profesor debe animar la conversación pero nunca dominarla.

 ## II Evaluación externa

Evaluación Externa 70%		
Destrezas receptivas	Destrezas productivas escritas	Destrezas receptivas y productivas escritas
Prueba 1 25%	**Prueba 2 25%**	**Trabajo escrito 20%**
Ejercicios manejo texto 4 textos basados en temas troncales	Ejercicio de redacción (250–400) a elegir entre 5 basados en las opciones NM y NS Sección A : 250 palabras NS Sección B: 150 palabras	Lectura intertextual de un ejercicio NM 300-400 +100 NS 500–600 +150 (fundamentación)
Sin diccionario		Con diccionario
Se evalúa con esquemas de calificación	Se evalúa con criterios de evaluación	Se evalúa con criterios de evaluación
Las pruebas se preparan y evalúan externamente		Se realiza en clase bajo supervisión

Contenidos y Manejo de texto

Prueba 1

Prueba 1	25%
Destrezas receptivas	
Se basa en los Temas Troncales	
Cuaderno de textos	Cuaderno de preguntas y respuestas
NM 4 textos – NS 5 textos	Preguntas y actividades basadas en los 4/ 5 textos
Se evalúan la comprensión y la interpretación de los textos.	
Textos y preguntas diferentes para NM y NS	

Este componente se basa en los contenidos de los Temas Troncales y evalúa destrezas receptivas a través de la comprensión de lectura y actividades integradas en el manejo de textos.

Este componente se presenta en dos cuadernos separados para facilitar el trabajo del alumno: Cuaderno de textos y cuaderno de preguntas y respuestas.

El cuaderno de textos consta de 4 textos para NM y 5 textos para NS de variado nivel de dificultad y el cuaderno de preguntas y respuestas contiene preguntas y actividades basadas en esos textos. Se evalúan la comprensión y la interpretación de los textos, no el conocimiento sobre los contenidos.

El formato es muy semejante para Nivel Medio y Nivel Superior; sin embargo los textos y las preguntas son más elaborados para este último.

El valor de este componente será 25%.

Tipos de actividades
- Decidir si los enunciados son verdaderos o falsos con la justificación correspondiente.
- Selección de preguntas y respuestas: concretas y generalmente respondidas con las *palabras del texto*
- Encontrar sinónimos en el texto: palabras y expresiones
- Relacionar fotografías con sus descripciones correspondientes
- Emparejar elementos de dos columnas para formar oraciones

- Seleccionar de una lista aquellas ideas o conceptos que aparecen en el texto
- Completar oraciones con elementos del texto
- Completar un fragmento del texto con figuras de cohesión (conectores)
- Buscar el referente de una palabra (pronombres)
- Relacionar párrafos con sus titulares
- Relacionar preguntas y respuestas en una entrevista
- Actividades de respuesta múltiple
- Completar cuadros con información pertinente

Producción escrita

Prueba 2

Prueba 2		25%
Destrezas productivas escritas		
NM	NS	
Sección A	Sección A	Sección B
Basado en las opciones	Basado en las opciones	Basado en los troncales
Ejercicio redacción	Ejercicio redacción	Escrito
250–400 palabras	250–400 palabras	150–250 palabras
A elegir entre 5	A elegir entre 5	Parte de un texto

Sección A (NM/NS)

La producción escrita se basa en los contenidos de los Temas Opcionales. El número de palabras prescrito para cada tarea es de 250–400 para ambos Niveles (Medio y Superior).

Los alumnos deberán elegir una tarea entre las cinco que se ofrecen (una para cada Opción) y desarrollarla según las instrucciones:

Propósitos de los textos
- Descripción (objetiva)
- Narración (Imaginativa/Evocativa)
- Interacción (Escrita/Oral)
- Explicación
- Argumentación
- Análisis y crítica
- Transcripción

Tipos de textos
- Folletos informativos
- Diarios
- Cartas
- Correos electrónicos
- Informes
- Ensayos de opinión
- Conferencias
- Discursos
- Artículos periodísticos
- Reseñas (Bibliográficas/cinematográficas)
- Entrevistas
- Carteles/Posters

Formatos

Folletos, Carteles, Posters

1   Título

2   Frases cortas

3   Gráficos, Dibujos

Entradas/Páginas de diario

1   Fecha

2   Entrada/saludo

3   Tono íntimo

4   Despedida

Cartas (formales)

1   Fecha y lugar

2   Encabezamiento/saludo formal

3   Contenidos (registro y tono formal)

4   Despedida formal

5   Firma

6   (Posdata)

Cartas (informales)/Correos electrónicos

1   Fecha

2   Saludo informal

3   Contenidos (registro y tono informal)

4   Despedida corta y firma

Informes

1   Título

2   Contenidos objetivos

3   Explicación apoyada en ejemplos

4   Cierre

Ensayos de opinión

1   Titulo/tema

2   Desarrollo (opinión personal apoyada con ejemplos concretos)

3   Conclusión

Conferencias/Discursos

1   Saludo al público (en general)

2   Dependiendo del público al que se dirige: registro formal/informal

3   Contenido apropiado

4   Conclusión

5   Despedida adecuada

Artículos periodísticos

1   Título (y nombre del autor)

2   Explicación del tema/aspecto

3   Posición del autor

4   (Firma/nombre del autor)

Reseñas bibliográficas o cinematográficas

1   Presentación del contenido (libro o película)

2   Valoración

3   Distinción de aspectos positivos y negativos

4   Recomendaciones

5   Conclusión

Entrevistas

1   Presentación del personaje entrevistado y saludo

2   Forma de dialogo (iniciales de identificación)

3   Preguntas organizadas

4   Respuestas coherentes y detalladas

5   Registro variable (depende de entrevistador/entrevistado)

6   Agradecimientos y despedida

El valor de este componente será 25% según los siguientes criterios:

NIVEL SUPERIOR

Criterios	0	1–2	3–4	5–6	7–8	9–10
A: Lenguaje	El trabajo no alcanza los estándares	Dominio del lenguaje limitado y poco efectivo	Dominio generalmente apropiado aun con errores	Dominio efectivo a pesar de ciertos errores	Dominio del lenguaje bueno y eficiente	Dominio del lenguaje muy eficiente
B: Mensaje	El trabajo no alcanza los estándares	El mensaje no se ha comunicado	El mensaje se ha comunicado parcialmente	El mensaje se ha comunicado relativamente bien	El mensaje se ha comunicado bien	El mensaje se ha comunicado muy bien
C: Formato	**0** El trabajo no alcanza los estándares	**1** El tipo de texto no es reconocible	**2** El tipo de texto apenas es reconocible o resulta inapropiado	**3** El texto es a veces reconocible y apropiado a la tarea	**4** El tipo de texto es generalmente reconocible y apropiado	**5** El texto es claramente reconocible y apropiado

NIVEL MEDIO

Criterios	0	1–2	3–4	5–6	7–8	9–10
A: Lenguaje	El trabajo no alcanza los estándares	Dominio del lenguaje inapropiado	Dominio del lenguaje limitado y poco efectivo	Dominio generalmente apropiado aun con errores	Dominio efectivo a pesar de ciertos errores	Dominio del lenguaje bueno y eficiente
B: Mensaje	El trabajo no alcanza los estándares	El mensaje no se ha comunicado	El mensaje apenas se ha comunicado	El mensaje se ha comunicado parcialmente	El mensaje se ha comunicado relativamente bien	El mensaje se ha comunicado bien
C: Formato	**0** El trabajo no alcanza los estándares	**1** El tipo de texto no es reconocible	**2** El tipo de texto apenas es reconocible o resulta inapropiado	**3** El texto es a veces reconocible y apropiado a la tarea	**4** El tipo de texto es generalmente reconocible y apropiado	**5** El texto es claramente reconocible y apropiado

Sección B (NS solamente)

Los alumnos de Nivel Superior deberán completar una segunda actividad a partir de un fragmento corto provisto por IB. El objetivo será escribir un argumento razonado en respuesta a un estímulo relacionado con los Temas Troncales. El texto puede ser un informe o comentario sobre una figura pública. La respuesta consiste en conectar con detalles del texto para desarrollar un conocimiento del tema y probar lo estudiado (y aprendido) a través de los Temas Troncales. Se evaluará la capacidad de expresar sus reflexiones y respuesta personal al estímulo escrito.

Ejemplo: Basándote en el siguiente enunciado da una respuesta personal y justifícala eligiendo un tipo de texto de los que has estudiado en clase. Escribe 150–250 palabras.

"Debido a la proliferación de los contactos sociales en internet, parece que somos capaces de tener más amigos que nunca."

Criterios de evaluación Sección B

(NIVEL SUPERIOR solamente)

Criterios	0	1–2	3–4	5–6	7–8	9–10
A: Lenguaje	El trabajo no alcanza los estándares	Dominio del lenguaje limitado y poco efectivo	Dominio generalmente apropiado aun con muchos errores	Dominio efectivo a pesar de ciertos errores	Dominio del lenguaje bueno y eficiente	Dominio del lenguaje muy eficiente
B: Argumento/ discusión	El trabajo no alcanza los estándares	Desarrollo de ideas muy pobre; argumento poco claro y no convincente	Desarrollo de ideas pobre; argumento raramente claro o convincente	Desarrollo de ideas bueno en ocasiones; argumento con cierta claridad y a veces convincente	Desarrollo de ideas bueno y metódico; argumento claro y en su mayoría convincente	Desarrollo de ideas muy bueno y metódico; argumento siempre convincente

26.3 III Trabajo Escrito

Trabajo escrito 20%	
Destrezas receptivas y productivas escritas	
Nivel Medio	Nivel Superior
Lectura intertextual	Escritura creativa
Temas troncales	Una de las dos obras literarias
Ejercicio escrito 300–400 palabras	500–600 palabras
Debe incluir una fundamentación:	
100 palabras	150 palabras
Duración: 3 a 4 horas (si no son seguidas el profesor debe guardar los trabajos hasta la(s) próxima(s) sesión/ sesiones	
Dos partes:	
1. Tarea	
Actividad escrita Formato de la lista "tipo de textos", de la prueba 2 Basado en información de 3 textos cortos (300–400 palabras) y diferentes seleccionados por el profesor	Actividad escrita creativa Formato de la lista "tipo de textos", de la prueba 2 Basado en los temas de literatura.
2. Fundamentación	
100 palabras presentar el trabajo, especificar objetivo(s) explicar cómo los han logrado	150 palabras presentar el trabajo, especificar objetivo(s) explicar cómo los han logrado

NIVEL MEDIO

Este componente consiste en una lectura intertextual relacionada con los Temas Troncales seguida de un ejercicio escrito entre 300 y 400 palabras y una fundamentación de 100 palabras. Esta actividad tiene lugar durante el segundo año del programa y tiene un valor del 20%.

El trabajo consta de dos partes: La tarea y la fundamentación.

La tarea

Actividad escrita que puede elegir cualquiera de los formatos listados en "Tipos de textos" en la Prueba 2 (Producción escrita) con un enfoque específico y que pueda desarrollarse satisfactoriamente entre 300 y 400 palabras.

El contenido estará relacionado con los Temas Troncales y basado en la información reunida a partir de 3 textos cortos y diferentes (artículo, blog, entrevista, etc.) seleccionados por el profesor.

La fundamentación

Debe escribirse una fundamentación de 100 palabras con la introducción de la tarea (Tipo de texto), sus objetivos y como los objetivos se han cumplido.

Se ofrece un ejemplo:

Tema troncal	Enfoque	Recursos	Tema del trabajo	Tipo de texto	Título del trabajo	Fundamentación
Asuntos globales	Entrada ilegal de inmigrantes	1. Entrevista con un inmigrante 2. Artículo periodístico con la intervención de las autoridades en un puesto fronterizo. 3. Folleto de una ONG de ayuda al inmigrante. (Ninguna de estas fuentes se ha leído previamente en clase)	¿Por un mundo mejor? Esclavos modernos	Entrevista/Carta al director	"Cruzando el estrecho"	Una explicación de las razones por las que se ha elegido el tema y el tipo de texto.

Expectativas

El alumno debe:

- Demostrar su conocimiento del Tema Troncal estudiado.
- Organizar la información de los recursos en una forma apropiada al tipo de texto.
- Utilizar la información de los recursos sin copiar indebidamente.
- Usar el lenguaje requerido a la tarea y el tipo de texto.

El profesor debe:

- Seleccionar tres textos pertenecientes al mismo Tema Troncal que se usarán para un máximo de 12–15 alumnos. La longitud de los textos originales no debe exceder las 400 palabras.
- Procurar un resumen de los textos en los que se basa el Trabajo Escrito.
- Asegurarse que los alumnos eligen su opción de forma personal y que la opción no se repite por otro estudiante.
- Familiarizar a los alumnos con los criterios de evaluación ya que no es su papel leer o corregir dicho Trabajo Escrito.

Criterios de evaluación

Criterios	0	1–2	3–4	5–6	7–8	
A: Lenguaje	El trabajo no alcanza los estándares	Dominio del lenguaje poco apropiado	Dominio limitado y en general poco eficaz	Dominio efectivo a pesar de muchos errores	Dominio del lenguaje eficiente incluso con ciertos errores	
	0	**1**	**2**	**3**	**4**	
B: Contenido	El trabajo no alcanza los estándares	Uso limitado de los recursos; no cumple los objetivos del razonamiento	Se usan los recursos y se cumplen los objetivos parcialmente	Se usan los recursos y se cumplen generalmente los objetivos	Se utilizan bien los recursos y se cumplen los objetivos en su mayoría	Uso eficiente de los recursos y se cumplen los objetivos
	0	**1**	**2**	**3**	**4**	
C: Formato/ Tipo de texto	El trabajo no alcanza los estándares	El tipo de texto es irreconocible	El texto es poco reconocible o inadecuado	El texto es a veces reconocible y adecuado	El texto es claramente reconocible y adecuado	
	0	**1**	**2**	**3**		
D: Fundamentación	El trabajo no alcanza los estándares	La fundamentación no está clara	La fundamentación tiene alguna relación con el trabajo	La fundamentación está clara y directamente relacionado con los recursos		

NIVEL SUPERIOR

Este componente consiste en un trabajo de escritura creativa desarrollado entre 500 y 600 palabras y basado en una de las dos obras literarias leídas en el programa. Esta actividad tiene lugar durante el segundo año del programa y tiene un valor del 20%.

El trabajo consta de dos partes: La tarea y la fundamentación.

La tarea

Actividad escrita creativa que puede elegir cualquiera de los formatos listados en "Tipos de textos" en la Prueba 2 (Producción escrita) con un enfoque específico y que pueda desarrollarse satisfactoriamente entre 500 y 600 palabras.

El contenido estará relacionado con los temas de Literatura y podrán desarrollarse en forma de entrevista a un personaje, una página de su diario o inventarle un nuevo final a la obra.

La fundamentación

Debe escribirse una fundamentación de 150 palabras con la introducción de la tarea (Tipo de texto), sus objetivos y cómo los objetivos se han cumplido.

Se ofrece un ejemplo:

Recurso	Tema	Tipo de texto	Fundamentación
Obra dramática	Diálogo entre dos personajes	Entrevista a uno de ellos	Una explicación de las razones por las que se ha elegido el tema y el tipo de texto, con un resumen del texto literario

Expectativas

El alumno debe:

- Usar de forma eficaz el rango de vocabulario para la tarea
- Crear un trabajo basado en una obra literaria
- Manejar eficientemente el tipo de texto elegido para su desarrollo.

El profesor debe:

- Guiar a los alumnos en la elección de la tarea
- Asegurarse que los alumnos eligen su opción de forma personal y que la opción no se repite por otro estudiante
- Familiarizar a los alumnos con los criterios de evaluación ya que no es su papel leer o corregir dicho trabajo escrito.

Criterios de evaluación

Criterios	0	1–2	3–4	5–6	7–8	
A: Lenguaje	El trabajo no alcanza los estándares	Dominio limitado y en general poco eficaz	Dominio efectivo a pesar de muchos errores	Dominio del lenguaje eficiente incluso con algunos errores	Dominio del lenguaje eficaz	

	0	1–2	3–4	5–6	7–8	9–10
B: Contenido	El trabajo no alcanza los estándares	No se hace uso de las obras literarias	Poco uso de las obras literarias	Cierto uso de las obras literarias	Uso correcto de las obras literarias	Uso eficiente de las obras literarias

	0	1	2	3	4	
C: Formato/ Tipo de texto	El trabajo no alcanza los estándares	El texto es a veces reconocible y adecuado	El texto es generalmente reconocible y adecuado	El texto es claramente reconocible y adecuado	El texto es reconocible, adecuado y convincente	

	0	1	2	3		
D: Fundamentación	El trabajo no alcanza los estándares	La fundamentación no está clara	La fundamentación tiene alguna relación con el trabajo	La fundamentación está clara y directamente relacionado con los recursos		

Lista de Temas que pueden estudiarse tanto en Troncales como en Opcionales

- Minorías
- Conductas sociales
- Migración
- Celebraciones religiosas
- Prejuicio y discriminación
- Influencia interlingüística
- Alimentación
- Tabúes y creencias

INDEX

Los números en *cursiva* indican fotografías.

R